编辑委员会

缪因知　成协中　丁晓东　胡永恒　郭剑寒　贺　剑
任启明　褚福民　王　炜　傅　强　沈朝晖　尤陈俊

本辑主编

尤陈俊　缪因知

声　明

　　本刊的各篇文章仅代表作者本人的观点和意见，并不必然代表编辑委员会的任何意见、观点或倾向，也不反映北京大学的立场。特此声明。

《北大法律评论》编辑委员会

中文社会科学引文索引(CSSCI)来源集刊

 北大法律評論

PEKING UNIVERSITY LAW REVIEW

第10卷·第1辑(2009)

《北大法律评论》编辑委员会

图书在版编目(CIP)数据

北大法律评论·第 10 卷·第 1 辑/《北大法律评论》编辑委员会编. —北京：北京大学出版社,2009.1
ISBN 978-7-301-14978-2

Ⅰ.北…　Ⅱ.北…　Ⅲ.法律－文集　Ⅳ.D9-53
中国版本图书馆 CIP 数据核字(2009)第 026344 号 1

书　　　名：北大法律评论(第 10 卷·第 1 辑)
著作责任者：《北大法律评论》编辑委员会　编
责 任 编 辑：王　晶
标 准 书 号：ISBN 978-7-301-14978-2/D·2256
出 版 发 行：北京大学出版社
地　　　址：北京市海淀区成府路 205 号　100871
网　　　址：http://www.pup.cn　电子邮箱：law@pup.pku.edu.cn
电　　　话：邮购部 62752015　发行部 62750672　编辑部 62752027　出版部 62754962
印 刷　者：北京大学印刷厂
经 销　者：新华书店
　　　　　　787 毫米×1092 毫米　16 开本　19.5 印张　365 千字
　　　　　　2009 年 1 月第 1 版　2009 年 1 月第 1 次印刷
定　　　价：33.00 元

未经许可,不得以任何方式复制或抄袭本书之部分或全部内容。
版权所有,侵权必究
举报电话：010-62752024　电子邮箱：fd@pup.pku.edu.cn

《北大法律评论》第 10 卷·第 1 辑(总第 18 辑)

目　录

编者按语 …………………………………………………………… (1)

主题研讨　清代中国的法律与社会

　　林　乾　从叶墉包讼案看讼师的活动方式及特点 ………… (6)

　　唐泽靖彦　牛　杰　译
　　　　　　清代的诉状及其制作者 ……………………………… (25)

　　李典蓉　被掩盖的声音
　　　　　　——从一件疯病京控案探讨清代司法档案的制作 …… (45)

　　邱澎生　法学专家、苏州商人团体与清代中国的"习惯法"问题 …… (68)

　　巩　涛　邓建鹏　译
　　　　　　失礼的对话：清代的法律和习惯并未融汇成民法 ……… (89)

论文

　　向　燕　从财产到隐私
　　　　　　——美国宪法第四修正案保护重心之变迁 …………… (121)

　　陈　顾　美国私营监狱的复兴
　　　　　　——一个惩罚哲学的透视 ………………………………… (148)

评论

陈绪纲 "朗道尔革命"
　　——美国法律教育的转型 ………………………………（171）

蔡桂生 学术与实务之间
　　——法教义学视野下的司法考试（刑法篇）……………（211）

海尔穆特·库齐奥 朱　岩　张玉东　译
　　欧盟纯粹经济损失赔偿研究 ……………………………（241）

周清林 中国语境中的"权利能力"………………………………（267）

郭丹青 周　琰　译
　　1995年以来的中国法制：稳步的发展与显著的延续性 …（290）

编后小记 ………………………………………………………………（302）

Peking University Law Review
Vol. 10, No. 1 (2009)

Contents

Editors' Notes .... (1)

Symposium: Law and Society in Qing China

Lin Qian
    Exploring the Litigation Master's Mode of Activity and its Characteristic through the Case of Yeyong's Litigation Brokerage .... (6)

Yasuhiko Karasawa   Translated by Niu Jie
    Legal Plaints and Their Writers in the Qing .... (25)

Li Dianrong
    Suppressed Voices: An Analysis of Qing Judicial Documents from a Madness Capital Appeal .... (45)

Qiu Pengsheng
    Legal Professions, Merchant Associations, and the "Customary Law" Issue in Qing China .... (68)

Jérôme Bourgon   Translated by Deng Jian-peng
    Uncivil Dialogue: Law and Custom Did not Merge into Civil Law under the Qing .... (89)

Articles

Xiang Yan
    From Property to Privacy: The Transition of the Core of the Fourth Amendment in United States .... (121)

Chen Qi
  The Renaissance of American Private Prison: A Perspective of
    Philosophy of Punishment .... (148)

Notes & Comments
Chen Xugang
  Langdell Revolution: The Transformation of American Legal
    Education .... (171)
Cai Guisheng
  Between Academic Theory and Practice: The Judicial Exam
    (Criminal Law Section) in the Field of Rechtsdogmatik .... (211)
Helmut Koziol   Translated by Zhu Yan & Zhang Yudong
  Recovery for Economic Loss in the European Union .... (241)
Zhou Qinglin
  "Rechtsfäigkeit" in the Chinese Context .... (267)
Donald C. Clarke   Translated by Zhou Yan
  The Chinese Legal System Since 1995: Steady Development and
    Striking Continuities .... (290)

Afterword .... (302)

编 者 按 语

本辑《北大法律评论》分为"主题研讨"、"论文"与"评论"三大主体部分。

纵观20世纪西方史学的发展历程,我们可以发现,其重大变化之一就是传统史学的主流地位逐渐为社会文化史所取代,文化、经济、政治、法律等各种因素之间的微妙关联与深层互动,正受到前所未有的关注与重视。这种如今方兴未艾的学术风潮,对于中国法律史研究而言同样是极具启发意义。我们本期组织的主题研讨"清代中国的法律与社会",在很大程度上有着共同的学术追求:五篇文章虽然具体主题各有不同,但都试图通过对法律、文化、经济诸因素之间的关联与互动进行重新审视,从而在更为广阔的历史情境下深刻展现帝制中国后期法律实践及其社会背景的复杂面相。

晚近以来,中国古代的讼师正逐渐为越来越多的中外学者所关注,围绕其所产出的相关研究成果颇丰,但囿于资料所限,先前的研究大多属于对这一特殊群体的整体性研究,往往偏于对总体特征的宏观描述,而欠缺对具体个案的深入探讨。林乾的《从叶塘包讼案看讼师的活动方式及特点》所探讨的案例,虽然也曾为其他学者(例如 Melissa Macauley)所简要提及,但先前的研究均未能如此详细地加以探讨。林乾利用这一有着丰富意涵的案例材料,将之放置于当时的历史情境之下详加分析,向我们展示了一个活跃于清代中国、有着广泛活动网络的讼师形象,而这一鲜活形象背后所潜藏着的有关清代法律实践和社会现实的诸多信息,亦随着分析的深入展开而逐渐得到显现。

讼师的角色也出现在日本学者唐泽靖彦的《清代的诉状及其制作者》一文之中,但他的这篇文章并不仅限于此。唐泽靖彦所关注的是,地方司法档案中所常见的那些充斥着定型化表述和模式化情节的诉状,究竟是由何等人物所制作,换言之,清代诉状的实际制作过程该是怎样的一番景象。在对"淡新档案"、"巴县档案"和"南陵县档案"等地方司法档案中的大量诉状详加分析之后,唐泽靖彦指出,在19世纪的清代中国,很多诉状都是由那些依靠读写能力糊口的下层识字阶层所作,并且,大部分诉状在被交给官代书之前,就已经由起诉人或官代书之外的某个具有读写能力之辈事先以某种形式写好,官代书往往只是例行地盖上代书戳记而已。唐泽靖彦对众多诉状所显示的语言性要素和文艺性要素的精彩考察,让我们更为深刻地认识到清代司法置身其中的文化情境和社会背景。

　　李典蓉的《被掩盖的声音——从一件疯病京控案探讨清代司法档案的制作》同样是重点关注清代司法文书的制作,但与唐泽靖彦不同的是,除了对呈词进行研究外,她还特别关照到官方对案犯供词加以制作的微妙过程。李典蓉以一份京控案卷为中心,对清代民间与官方的司法文书书写策略详加分析。她认为,在京控过程中,固然原告会在呈词书写上费尽心思,力求能被中央受理,从州县到省府的地方官员,同样也会运用各种书写策略以平息诸多呈控事件,其中一个非常重要的作法,就是运用所掌握的书写权力对司法文书加以精心制作。李典蓉提醒我们注意,由于这些情况的普遍存在,我们今天在利用清代司法档案时务须小心翼翼,谨慎考虑。这篇文章所探讨的,其实正是"新文化史"的领军人物戴维斯(Natalie Zemon Davis)在其名著《档案中的虚构:十六世纪法国司法档案中的赦罪及故事的叙述者》(*Fiction in the Archives: Pardon Tales and Their Tellers in Sixteenth-Century France*)中所展示的问题:司法案卷中关于案件事实的描述,往往是真假混陈、虚实相间。但戴维斯更强调的是,在虚构的内容背后,却潜藏着某种真实的文化逻辑。而透过本文那些饶有意思的描述,我们也能在某种程度上触摸到清代司法的真实文化逻辑。

　　如果说前面的三篇文章偏重于以司法文化的某一层面为切入点再推至社会背景下展开深入研究,那么接下来的两篇文章则更多地是探讨法律与社会如何交相互动的主题,并且,在同样立基于史实分析的前提下,还带有相对更为明显的理论探讨色彩。

　　邱澎生的《法学专家、苏州商人团体与清代中国的"习惯法"问题》一文所针对的,其实是清代中国有无"习惯法"这一聚讼已久的学界论争。他以清代江南地区的商业讼案为切入点,对清代商业习惯与国家法律之间互动关系的演变历程进行了细致分析。邱澎生认为,在分析清代中国的习惯与国家法之互动关系时,我们一方面应当留意欧洲近代法学对"习惯法"一词的特殊定义,不要随意将之套用于中国的法律系统,但另一方面,也要留意社会民众"思虑、欲望、理性和情感"对国家法所发生的主导性作用,并且同时关注那种随着商业贸易的发展而在若干清代地方法庭内发生的由"习惯性实践"转化为"习惯性规则"的具体历程。他尤其提醒我们注意,幕友、讼师、官员这样的法学专家,透过某些法律修辞与法律推理,在后一过程中扮演了制度性的角色。

有意思的是,巩涛(Jérôme Bourgon)的《失礼的对话:清代的法律与习惯并未融汇成民法》恰好是邱澎生论文的主要对话对象之一,而巩涛的这篇文章本身,又是在与美国、欧洲、日本、中国的学者进行批评性的学术对话。作为西方的学者,来自法国的巩涛特别提醒人们注意近来中国法律史研究中的一个微妙问题。他指出,晚近的一些美国学者,一反西方学界往昔认为中国古代并不存在单独的"民法"概念的看法,而认为"民法"在清代官方虽无认可,但在实践中却以"习惯"或"习惯法"等方式运作,与民事司法实践共同构成了清代的民法整体。在巩涛看来,这样的研究路数其实并不妥当,因为"民法"、"习惯法"、"习惯"这样的表述在西方有其特定的意涵,在中国法律史研究中不能无所辨析就随意使用。在对欧洲意义的"custom"和"practice"细加区分,并对照运用各种中国史料详加论证之后,他认为,在清代中国,"习惯"并未像西方那样自下而上地由社会底层融汇形成国家的民法,而是在一种自上而下的环境下,被官方加以利用或变通,成为其治理或整饬的对象,始终没有像西方那样具有准法律的效力,换言之,中国没有走上西方那种自下而上的"习惯—法律"的民法演化道路,因此,在这样的一个体制中寻找"民法",并非明智之举。无论我们是否接受巩涛的这种看法,他所提出的这种发生在跨语际学术实践中的微妙问题,始终值得我们深思。

刑事诉讼领域内的比较法研究还有较大的提升空间,即使香港、台湾地区等地惯以美国法为"镜鉴"的研究也是如此。例如,对美国宪法和刑事诉讼法中搜查控制原则的变迁研究,为何会从财产权保护发展到隐私权保护?又为何是在那样的年代,而不是更早或更晚的时期?既往的刑事诉讼比较法学者往往只是泛泛介绍,并无嵌入国外法域的研究产出。而向燕的《从财产到隐私——美国宪法第四修正案保护重心之变迁》则做了极其细致的梳理,全文纵横捭阖,观点透彻,规则分析与背景探讨相得益彰。作者将自己的留学机会予以充分利用,令人欣慰。全文既有学术的严谨与客观,又有历史文化之余味。文章运用了大量判例法与相关背景资料,深入剖析该制度理念变迁的社会缘由。这一自宪法视角进行的细致的刑事诉讼研究,值得我们重点推介。

在绝大多数人的观念中,刑罚权似乎天经地义地由国家所垄断。既然如此,用于执行刑罚的监狱,似乎也应当由国家来拥有和经营。然而,近几十年来美国私营监狱的兴起,却给这种传统观念造成了极大的冲击。如何看待这个现象?又如何从理论上加以阐释或批判?在当今英美学界,为之作辩护的进路主要是基于成本—效益的经济学分析,而对其进行批判的进路则主要是传统的规范性惩罚哲学。然而,此两种进路都有其内在的缺陷——前者无法证明私营监狱的绝对优势,后者则无法对实践作出真正有效的回应。陈顾的《**美国私营监狱的复兴———个刑罚哲学的透视**》一文对此作出了深刻的反思。作者认为,要想在理论上有所突破,就不应固持任何一端,而是应当超越上述两种进路。他从近些年来在学界影响颇大的思想家福柯那里汲取理论资源,以其作为规训权力的惩罚之理论模型,来解释私营监狱这一现象。这是冲出既有理论之死胡同的一种可贵尝试,无论是在理论上,还是在实践上,对我们来说都颇具启发意义。

对美国法律史有所了解之人或多或少都会知道,朗道尔对美国法律教育影响深远,他的名字深嵌于美国法律教育发展史之中。但其具体贡献在哪里?又是在什么样的因缘际会之下,美国法律教育从朗道尔开始发生革命性的变化与转型?中国学界迄今仍是所知不多。陈绪纲的《**"朗道尔革命"——美国法律教育的转型**》首先回顾了1870年之前美国的法律教育模式,勾勒了朗道尔革命之前美国传统法律教育图景,然后通过运用诸多史料进行细致的分析,详述了朗道尔独特的人生阅历、个性,以及他的求学、执业经历,从而解释了朗道尔成功创立现代美国法律教育模式的历程和原因。文章还结合艾略特对大学教育体制的改革,具体叙述了从旧法律教育模式到新教育模式转型的具体过程,从另一个侧面还原了"朗道尔革命"发生的历史场景。在文章的最后部分,陈绪纲在理解和阐释历史的基础上,简单评述了朗道尔革命对当今中国徘徊不前的法学院教育改革的可能启示。

蔡桂生关注的同样可以被视为法律教育的主题,所不同的是,他选择研究的并非异域的问题,而是一个与中国的法律教育紧密相关的具体论题——司法考试。他的《**学术与实务之间——法教义学视野下的司法考试(刑法篇)**》一文,从法教义学的角度对司法考试制度加以思考。蔡桂生首先界定了法教义学的内涵及其功能,将法教义学和概念法学、社科法学区分开来,将其定位于学术和实务之间的"第三条道路",这条道路既能保持法学的相对独立性和规范性特征,又能打破概念法学的形式化和封闭性。在此基础上,他从法教义学的规范性思维和操作化的角度对司法考试制度进行了探讨,并以司法考试刑法篇为例做了实证研究,最后对司法考试的定位以及更根本意义上的法学学术和实务的互动关系做了进一步阐释。

侵权法上一个让人头痛的难题,同时也是比较法研究的一个经典课题,就是纯粹经济损失(pure economic loss)在何种程度上可获赔偿。来自奥地利维也纳欧洲侵权法与保险法研究中心的海尔穆特·库齐奥(Helmut Koziol),作为与 Von Bar 教授齐名的欧洲侵权法研究的知名学者,以其论文《**欧盟纯粹经**

济损失赔偿研究》对这一问题给予了很好的回应。在简单介绍纯粹经济损失的基本概念和一般理论后,海尔穆特·库齐奥阐述了欧洲各国针对纯粹经济损失赔偿所采取的侵权法上和侵权法外(如合同法)的解决办法,分析了这些解决办法背后所体认的十个影响因素。由此出发,海尔穆特·库齐奥借鉴奥地利 W. Wilburg 教授的动态系统(das bewegliche System, a flexible system)理论,建立了一个判定纯粹经济损失责任成立的动态系统,并将其应用于具体案例的分析和奥地利侵权法草案等的制定。这不仅对我国现阶段进行的侵权法立法有所启发,更为现在和将来的法律适用提供了价值衡量的有效工具。

与前面巩涛的论文类似,周清林的《**中国语境中的"权利能力"**》一文所突出的也是一个跨语际学术实践的问题。周清林以"Rechtsfäigkeit"一词在中国近代以来的移译史为视角,探讨"权利能力"这一民法之中最为基础的概念在中国的生长史。他指出,"Rechtsfäigkeit"的直译应当是"法律能力",从构形上而言,"Recht"乃是修饰"Fäigkeit","能力"理当是"法律或者权利"的基础,但是在我们基于对西方法学"权利本位"的判断而采用"权利能力"的译名之后,"权利"成了主宰,"能力"反而隐而不显。周清林历史地追溯了以权利为主导思想的中国法文化,是如何一步一步地去理解"权利能力"这个概念的内涵和外延。他提醒我们注意,无论是就伦理意义而言,还是从形式理性的意义来讲,我们实际上都未真正地接受"Rechtsfäigkeit"这一概念。

《中国季刊》(*The China Quarterly*)是一份国际知名的中国研究学术刊物,2007 年 9 月的该期刊物(第 191 期)为"中国法制:新发展,新挑战"(China's Legal System: New Developments, New Challenges)专号,刊登了七篇由海外优秀的中国研究者所撰写的关于中国当下法制的论文,并有七位来自中国内地和香港的著名学者所做的评论。本刊在此选译刊登的《**1995 年以来的中国法制:稳步的发展与显著的延续性**》,乃是郭丹青(Donald C. Clarke)教授为该专号撰写的简洁精练的导言。他山之石,可以攻玉,从这篇导论所介绍的中西学者对话中,读者将会对当今中国的法制现状有另一种体悟。

从叶墉包讼案看讼师的活动方式及特点

林 乾[*]

Exploring the Litigation Master's Mode of Activity and its Characteristic through the Case of Yeyong's Litigation Brokerage

Lin Qian

内容摘要:道光时期,由于控告官吏勒折浮收等不法行为的京控案被作为"咨交之案"处理,因而地方官事实上成为最后的裁决者,这就使得事关民众根本利益的控告难以得到公正审理,当原告大多成为被惩治的对象,法律的天平更多向权力一方倾斜时,累积的官民二元社会问题也就有了全面撕裂之虞。本案的主角叶墉从告发书吏开始,走向开设客店,雇请讼师,包揽南汇县京控,并隐然建立从案源、作词,到伴护、投递全过程,覆盖省城至京城间的讼师活动网络。而作为劣迹累累、无数次京控中被告的南汇县漕书朱超宗,尽管短时间受到惩罚,但旋即回复原职(役),继续鱼肉民众。而叶墉的后继者们,仍然在一开始就知道结局的京师之路奔走,毕竟,到皇帝那里评理是他们最后的希望。

关键词:咨案 京控 叶墉 讼师 朱超宗

---

[*] 史学博士,中国政法大学法律史学研究院教授,博士生导师,电子邮箱:linqian001@tom.com。

学术界以往有关讼师的研究,已取得丰硕成果[1],或许由于资料的限制,这些研究多属宏观,或对这一群体的整体研究,个案研究尚不多见。叶塘案可能是迄今我们看到的记载讼师活动较为详尽的案例之一。研讨官方主导的定案材料,在惊叹讼师给官府及传统法律秩序带来挑战的同时,该案所透露出的诸多信息,不得不让我们产生某种疑虑:难道讼师就是一个以教唆词讼为职业,以逐利为目的,而罔顾事实的群体吗?他们是否被强制贴上"讼师"的标签,以便官府对这些事实上在基层社会拥有较多"话语权"的特殊人群施以打压?

本案同嘉道时期的上诉案件特别是京控案一样,有着复杂而深刻的社会历史背景,并隐含各种不同社会群体的利益诉求。[2]解读本案的意义在于,由于道光时期更多的京控案特别是控告官吏勒折浮收等事关民众根本利益的案件,已作为"咨案"处理,即完全由地方裁决,因而要告倒一个哪怕是劣迹斑斑的书吏,都十分困难,地方官隐然成为不法吏役的保护伞,这也迫使下层绅衿联合起

---

[1] 最先研究讼师的当为日本学者宫崎市定。他在1954年2月出版的《东方学报》发表的"宋元时代的法制与裁判机构"一文之第四部分,即为"宋元の法学、吏学、讼学"(中华书局1992年出版的《日本学者研究中国史论著选译》第八卷仅选择该文前三部分,第四部分未译,原文见《宫崎市定全集》第11册,岩波书店1992年版,第194—212页)。其后,川胜守将这一研究拓展至明末清初(参见川胜守:"明末清初の讼师について—旧中国社会における无赖知识人の一形态—",载《东洋史论集》第9号,昭和五十六年,九州大学东洋史研究会1981年印行)。1989年,陈智超撰写"宋代的书铺与讼师"一文(载《刘子健博士颂寿纪念宋史研究论集》,同朋舍1989年版,第113—119页),2001年,陈景良撰写"讼学与讼师:宋代司法传统的诠释"一文(载中南财经政法大学法律史研究所编:《中西法律传统》第一卷,中国政法大学出版社2001年版,第201—232页),此二文是为继宫崎先生之后有关宋代讼师研究的重要文章。清代讼师的系统研究则有Melissa Macauley 的专书 *Social Power and Legal Culture: Litigation Masters in Late Imperial China*(California: Stanford University Press, 1998);近年来作出重要研究的学者主要有夫马进("讼师秘本的世界",载小野和子:《明末清初の社会と文化》,京都大学人文科学研究所1996年版;"讼师秘本《萧曹遗笔》的出现",载寺田浩明主编:《中国法制史考证·丙编第四卷·日本学者考证中国法制史重要成果选译·明清卷》,郑民钦译,中国社会科学出版社2003年版;"讼师秘本与恶讼师的形象——珥笔肯綮的分析","明清司法运作中的权力与文化"学术研讨会论文,台湾"中央研究院"历史语言研究所,2005年10月13—15日;"明清时代的讼师与诉讼制度",载滋贺秀三等著,王亚新、梁治平编:《明清时期的民事审判与民间契约》,法律出版社1998年版)、邱澎生("有资用世或福祚子孙:晚明有关法律知识的两种价值观",载《清华学报》[台湾新竹]第33卷第1期;"以法为名——讼师与幕友对明清法律秩序的冲击",载《新史学》第15卷第4期,2004年12月台北出版)。林乾对清代讼师立法及个案有所研究("讼师对法秩序的冲击与清朝严治讼师立法",载《清史研究》2005年第3期;"清代聚众行为的法律控制——以讼师庄午可聚众抗法案为核心",载《法制史研究》第12期,台湾中国法制史学会、"中央研究院"历史语言研究所合办,2007年)。龚汝富("明清讼学研究",华东政法大学2005届博士论文;"明清讼师秘本制作的经验与素材",载《江西师范大学学报》(哲学社会科学版)2007年第1期)、邓建鹏("讼师秘本与清代诉状的风格——以'黄岩诉讼档案'为考察中心",载《浙江社会科学》2005年第4期)、尤陈俊("明清日常生活中的讼学传播——以讼师秘本与日用类书为中心的考察",载《法学》2007年第3期)等对明清讼师秘本也有深入研究。

[2] 参见欧中坦(Jonathan K. Ocko):"千方百计上京城:清朝的京控",载高道蕴、高鸿钧、贺卫方编:《美国学者论中国法律传统》(修订版),清华大学出版社2004年版,第512页。

来的同时，裹挟更多的普通民众，前赴后继，甚至以生命为代价予以抗争，但在只问"讼师"、不问"是非"的扭曲的法律预设下，法律的天平早已失衡，社会危机在问题累积的江南总爆发已为时不远。

一、从奏交到咨交：南汇京控何以络绎于途

关于本案的主角叶墉，更详细的情况阙如。据江苏巡抚陶澍等审案人员讲，他是镇海卫军籍，住居南汇县，是名监生，素不安分，曾于道光六年，因用低潮银色完纳津银不收，与该县漕书朱超宗发生争执，他由此怀疑朱超宗、沈念增（又作曾）等匿蠲浮勒，而行京控。正是这次京控的意外收获，使他萌生了以开设寓店为名，实则招揽告状者，从中渔利的想法。[1]

但查证叶墉京控的原始档案，却与陶澍等定案时的奏报存在诸多差异。从步军统领英和等人的上奏看，叶墉显然不是陶澍所说的"怀疑妄控"，而是因为累积冤屈，无处申诉而京控。这也使我们认识到，叶墉后来开店"包讼"，目的并非仅仅图利那样简单。叶墉的家境比较好，京控这一年他29岁，承种军田30余亩、民田15亩。由于军田与民田的性质不同，故每亩所交纳的粮额也有区别：军田既纳津银，又纳粮银；民田既纳粮银，又纳漕米，但全部在本县交纳。道光三年，南汇县大水成灾，经过勘定，全县成灾六分六厘。按照定例，凡灾后应刊给蠲免单，但总书朱超宗、沈念增等人，揹匿蠲单，向各粮户每漕米一石，折收制钱六千三百八十文，新、陈同价征收；民田粮银每两折收制钱一千九百八十文。也就是说，经过核定的蠲免部分不但纳粮户没有豁出，且以高于市价征收。因此，生员鲍锡暄等人联名前往苏松道公禀，批复到府彻查，但松江府并未查究。道光五年，叶墉轮充图保，这年十二月，他赴仓交纳漕米，在朱超宗等人指使下，被锁押监狱，勒令他代垫十二户粮银四两八钱有余，次年正月，沈念增以漕米每石定价向其勒折制钱六千五百九十文。更早的不平事发生在嘉庆二十五年间，保正吴永思等捏禀叶墉霸抗嘉庆十三等年津银，经知县审明，并不抗欠，但原差仍将其看押，为此，叶墉的母亲赴藩司衙门控诉，批府提讯，而南汇县并未将其解府对质，含冤至今。故此来京申诉。[2]

叶墉的控告包含三项：一是因灾蠲免的部分仍被征收，二是他被勒令替欠户垫支漕米，三是被无端收押。第一项不仅仅涉及他个人，第二项涉及当地不成文却又通常的做法，仅第三项完全与他个人有关。

我们重点考察第一项。道光三年的水灾，史称"癸未大水"，受灾遍及江浙

---

[1]《陶云汀先生奏疏》卷二十，《审拟讼棍勾结图诈折子》，收入续修四库全书本，上海古籍出版社1995年版。以下未注明者均见此。

[2] 中国第一历史档案馆藏：《军机处录副奏折》，"奏为讯问江苏南汇县监生叶墉控案"，道光六年四月初二日。以下未注明者，均藏于该馆。

十余郡,从国家正史到地方志等文献均有记载。《光绪南汇县志》载,这一年自二月至五月,连降大雨,到了七月,又雨水不断,禾稼全部被淹,九月仍如此。平地积水高达三四尺,舟行街巷,大水退后,遍地生毛,全县大饥,米石钱六千文,疫疠并作,民有成群横索者。当年七月,江浙被水成灾、米价骤长的讯息通过御史杨希铨的上奏,被拿到最高决策层讨论。古有"赈无善政"的说法,杨希铨所关注的是,接下来朝廷按照惯行做法所实行的蠲缓赈济等措施,民众能否真正从中受益。他将得到的情报如实陈说,也算未雨绸缪。据他说:向来报荒册籍,由州县漕书、区书承办,实在荒田报明注册时,每漕粮一石,需费制钱四百余文,如果是豪富之户,与漕书等勾串,多给钱文,将有收成的土地作荒地登记,为的是将来得到蠲免、缓征,漕书拿到了钱,即以荒注册,而实际受灾的穷民百姓,因无钱注荒,反而以荒作熟,不能得到蠲缓,等到开征粮赋时,这些百姓无力交纳,地方官便以实际所欠在民开报。至于赈济之事,有以次贫为极贫,以极贫为次贫者,而无业贫民,更多遗漏,甚至虚报户口,以图侵蚀。为此他请求清廷下令查禁。[1]

清代中国仍是农业占主要经济成分的国家,在加大对水利设施的投入、修缮的同时,自康熙时期就基本形成了雨雪等灾害、粮价波动等奏报制度,以期及时舒解民困。经两江总督孙玉庭奏请,清政府向江苏被水地区下拨赈款一百万两白银,对南汇等四十二州县实行赈济,又于十一月缓征南汇等被水军民新旧额赋有差。翌年二月,再次实行缓征额赋。[2] 关于具体蠲缓征情况,县志称:道光三年及二十九年俱大水,除应蠲免分数外,全行缓征。[3] 这就是说,清廷对受灾的南汇等地确实予以缓征和蠲免。

然而,由于书吏舞弊,这些措施在执行中却大打折扣,也使得本已严重对立的官、民矛盾在自然灾害面前更为激化,因此在叶塘京控前后,不断有南汇人到京城控告,而在络绎于途的告状队伍中,又以有身份的监生、生员等为主体。

道光四年,南汇县监生凌培贤到京城呈控漕书姜星槎及朱超宗,声称自嘉庆十九年起至今,总书潘葆初、朱超宗每年征收粮米,每石要勒折制钱六串二三百文不等,只交本县钱五串二百文,每银一两,勒折一串九百八十文,只交本县钱一串八百文,其余钱文全都中饱私囊。从嘉庆二十四年起,凌培贤多次赴督抚衙门控告,封疆大吏也是官样文章,批交松江府提讯,但府官任意稽延,总不讯究。据凌培贤讲,他守候十年,未见本省审讯一次。因此带家人(雇工)张幅到步军统领衙门控告。[4] 本案经江苏审理,尽管审案人员承认"人卷、讯供互

---

[1] 《宣宗实录》卷五十四。
[2] 参见《宣宗实录》卷六十、六十一、六十五。
[3] 光绪《南汇县志》卷四《田赋志》,中国方志丛书本,台湾成文出版社1969年版。
[4] 《军机处录副奏折》,"南汇县监生凌培贤京控漕书呈状"。

异",尤其是在关键被告、姜星槎帮伙陆土林未获的情况下,仍以凌培贤"怀疑妄控"判拟:姜星槎、朱超宗没有侵吞、浮折情弊,同凌培贤等均毋庸议。[1] 不过,有关朱超宗的情况,我们得以了解的更多些。据陶澍奏报,姜星槎、朱超宗向充该县粮房清书,均在昔存今故之漕书潘葆初名下帮办漕务。据凌培贤控告,朱超宗帮办县书的时间起于嘉庆十九年,直到上控的道光四年,一直为该县总书,而陶澍审理的情况是朱超宗"向充该县粮房清书",也即主管该县粮户有关纳粮交赋等登记、记录、查核等事宜。因而可以肯定,朱超宗帮办县书的时间早已超过法律规定的五年之限。

在凌培贤京控的同一年,还有一起南汇监生京控案。不过,原告的命运没有凌培贤"毋庸议"那样幸运。道光四年十一月,南汇县监生诸麟瑞赴步军统领衙门,呈控的内容几乎与叶塽完全相同。诸麟瑞时年46岁,家里有地160余亩,每年应交漕米十四石零,钱粮银十四两零,并不拖欠。他控告总办书吏朱超宗等私征被灾已免钱粮,差役勒索钱文,并令其垫交村民所欠粮银,遭到拒绝后将其锁押,历控巡抚,批府不为传审。[2] 案交江苏巡抚审理。但就在诸麟瑞解往备质途中,在泰安县地方因病身死。虽据泰安县验讯,押解役人并无凌虐情弊,但正如我们在档案中经常看到的,京控案的原告有不少死于解往途中,因而不能不令人怀疑,这些正处壮年的告状者是否真的死于疾病。最终的审理结果是,诸麟瑞所告虚诬,朱超宗并无私征情弊。[3]

江苏南汇等地络绎于途的京控,引起了朝野的极大关注,也引发了决策层的一场激辩。

清朝每年从江南运漕粮四百万石(正额)到京师,由于层层盘剥、勒索,致使纳一石额粮,要实际承担三四倍即实纳三四石的负担,这是引发一切问题的根源所在。由于粮价上涨迅猛,纳粮户除承担比原额高出三四倍之多的负担外,还要承受粮价上涨的巨大风险。如以康熙前中期粮价指数为100计,50年以后的乾隆初期则为132.90,而到嘉庆初年,达到264.82,嘉道时期又翻一番,达到532.08。[4] 在此窘境下,如果遭遇水旱等严重灾害,倘若国家的救助措施不及时或者不到位,纳粮户就有沦为沟壑的危险。由于经济、文化、身份等巨大差别,普通的纳粮户无力抗争,而经济条件相对好一些,多少了解、掌握国家政策,又有身份的群体,就扮演了抗争、呐喊的主角。从策略上,他们大多不便与州县官正面冲突,而采取迂回办法,以控告吏员为主。故此我们看到,嘉道时期的京控案中,以控告县书、漕书及州县勒折、浮收为多。李典蓉博士据台北故宫

---

[1] 《军机处录副奏折》,"陶澍奏审拟南汇县监生凌培贤京控案",道光五年十月初一日。
[2] 《军机处录副奏折》,"步军统领奏江苏监生诸麟瑞控案",道光四年十一月二十九日。
[3] 《军机处录副奏折》,"陶澍奏审拟诸麟瑞京控案"。
[4] 彭信威:《中国货币史》,上海人民出版社2007年版,第344页。

博物院所藏《外纪档》、《军机处录副奏折》等整理"江苏京控表"共122案,其中嘉庆朝25案,道光朝85案,咸丰朝7案,光绪朝5案。在嘉庆朝25案中,有6案控告粮书、库书、漕书、县书、银匠勒折浮收,其中5案告实,漕书等受制裁。一案结果不详。[1] 而在道光朝的85案中,有14案控告漕书等勒折浮收,该14案又集中在几个年份,以道光六、七年为最多,六年共有4案,七年有7案,十一至十三年各1案。咸、光年间12案中,只有咸丰一年一案控告漕书加征。[2] 嘉道时期总计有20案控告勒折浮收,占六分之一。值得注意的是,道光六、七年共11案中,9案无判决结果,其余案件皆以所控不实或将(告状主体)监生革除,或将原告轻责了案。

事实上,更多的京控者被官府用种种手段挡在京师的门外。道光五年十月,御史刘尹衡奏称,近来京控各案,由州县书差捺案者,十居八九,皆因书差婪赃包庇,抗不查挐要证,蒙蔽州县,往往经年累月,案悬莫结,遇有翻控,该上司仍发回原审官办理,为消弭地步,以致京控案件愈多。道光帝为此通谕各省,如有控告州县书差之案,即亲提严讯,不得仍交州县承审。[3] 但这只是官样文章,毫无实效可言。有御史说得更明白:江苏京控案件,问官私设非刑,便其锻炼。甚至凡京控后发交原省者,必将原告惩治,使负曲小民,箝口结舌。[4]

江苏京控案的骤然增加,引起了专门办理京控案件的京畿道御史、江苏籍官员李逢辰的特别注意。他自道光五年五月至六年四月,任职京畿道的一年间,接到数百件京控案,除案情重大、奏奉谕旨特交各省审办者共64件外,其咨交之案计265件,其中涉及控告吏胥舞弊、侵吞科敛者有53件之多。这53件所涉及的省份,尽管各省均有,但又以江苏为最,包括控告匿灾逼垫的南汇县民人陈鸣六等五案。他在上奏中特别指出,因自己籍隶江苏,稔知江苏赋额本重,加以道光三年水灾过甚,民间元气未复,粮户竭蹶输将,被吏胥多方勒索,稍与理论,动辄以闹漕为名,耸禀本官,生监则详请斥革,平民则辄先拘禁,待其如数补交,然后以悔悟释放,粮户受冤不甘,纷纷赴各上司衙门禀控,无耐大吏与民相隔甚远,而属员时以刁民闹漕、漕务难办等语,日浸月润,遂不免受其愚朦,遇有漕案上控,或发本省审办,或另委员弹压,卒致彼此瞻徇情面,委曲弥缝,甚有将业户百般磨折,使之俯首惟命者。而奸猾吏胥,从未严办,偶尔斥革一二以掩上司耳目,又复旋旋革充,以致吏胥等挟粮户上控之嫌,每届下次征收时,更加肆行浮剥以泄其忿,粮户冤上加冤,故不得已而京控,因此说,京控非尽健讼之

---

[1] 详见李典蓉:"清朝京控制度研究",中国人民大学2008年博士论文,第384—387页。
[2] 同上注,第388—402页。
[3] 《宣宗实录》卷九十。
[4] 《宣宗实录》卷九十九。

刁民。[1]

这里所谓的奏案、咨案,有很大区别。奏,即案情重大,奏请皇帝指示、裁决之意;咨即"咨交之案",即直接交由所在省的督抚等查办,或转咨刑部等衙门先行初步审理后,再转咨给所在省督抚审理。如在规定时限审结,不必具奏。[2]董康云:"凡京控事件经由步军统领衙门、都察院奏交者,刑部仅录取京控人供词,奏交原省,更为审判。即原问官有徇私枉断故为出入等情,由该省督抚另委别官审理,而刑部只秉有甲项(复核)之权限。"[3]这就是说,尽管控告者千里迢迢,甚至为此付出身家性命,但当京控案更多作为"咨交之案"处理时,能否公正审理,就完全由地方督抚说了算。这也是为什么道光时期控告官吏加征等重大案件如此之多,但绝大多数得不到公正审理的制度性原因,也就难怪地方官吏为所欲为了。反观嘉庆时期,尚非如此。[4]

更多的京控案,原告还粘贴印申等原始证据,以供查验。印申是官府开具给纳粮户的征粮(赋)凭据,一式三份,加盖官印,作为完粮凭据,说明该项钱粮已登记入簿。对于这些有充分证据证明吏役加征的上控案,封疆大吏在审理时也偏袒一方,致使书役仍然逍遥法外。据李逢辰奏报,查核的53件中,已据咨结者18件,其中原告坐诬、书役免议及将书役一并斥革者只有五件,其余大半以所控各款,或系怀疑误控,或系事出有因,从宽免议;至于吏胥,均免置议,依样葫芦,竟成习套。由于督抚概行调停徇庇了案,致使舞弊者无所畏惧而弊益锢,健讼者有所藉口而讼日滋。[5]

二、从省城到京城:讼师活动的链条

道光六、七年江苏京控书吏加征案,远不止11案,至少有17案,因为李逢辰所列举的南汇、新阳、吴江等江苏五案,以及叶墉京控案均不在李典蓉博士的统计中。

正如李逢辰所说,地方大吏"调停徇庇"的结案原则,助长了吏胥舞弊的气焰,也给了叶墉等原告以要挟、滋讼的口实和空间。而叶墉赴京城控告的过程

---

[1]《军机处录副奏折》,"奏请饬各督抚严究蠹吏重征苛敛各控案事",道光六年六月二十二日。

[2]《军机处录副奏折》,"张师诚奏京控咨交案件提解逾限各员请议由",道光五年正月十六日。

[3] 董康:"前清司法制度",载何勤华、魏琼编:《董康法学文集》,中国政法大学出版社2005年版,第354页。

[4] 嘉庆帝谕称:"外省州县书吏,舞弊重征,最为闾阎之害,遇有来京控案,都察院亟应专折奏闻,以便交该抚作速审办,或交钦差就近审讯,严加惩创,庶除莠安良,奸蠹日渐敛迹。"(《仁宗实录》卷一百七十八)

[5]《军机处录副奏折》,"御史李逢辰奏请饬各督抚严究蠹吏重征各控案",道光六年六月二十二日。

以及撮合调解的结局,充分展示了讼师活动的各个链条。

（一）源起

叶墉的呈状是由叶逢春(后故)做完词后,交给文生赵征添改的。接下去叶墉所要做的是如何到京城告状。他想到监生张绣前曾京控,定有熟人可托,于是偕堂兄叶朝奎前往咨询。张绣告诉他,他前次告状是金老四指引,此人常在北通州(即北直隶近处的通州)。由于有人介绍,叶墉等人随即起程赴通州找到金老四,与他一同商办讼事,并许以酬谢。而金老四与部吏李清照关系一向很好,李清照的公开身份是在部充当贴写,并无卯名,属于帮办书吏。由于有部吏的关系,金老四常领各省京控的人至李清照家居住,当然要分给后者银钱。这一次,金老四也将叶墉带到居住在城里的李清照处。显然,李清照更熟悉清廷对京控案的处理程序和办法,因此,当金老四托李清照带领时,李当即向叶墉说知告状路数,并称：如果到都察院具控,恐怕沿途递解辛苦,不如到提督衙门告准,交兵部发递,一路有车,可以安坐而归。条件是必须多送谢礼,他方肯领去,叶墉听罢,立即给银八两。随后,李清照又提出,外间状式未必合用,也就是未必能告准,于是又令雇工王二赴惯做呈词的东城根俞锦生家誊改,叶墉送给俞锦生白银六两,又给王二银二两,金老四银十二两。一切安排妥当后,李清照指引叶墉赴步军统领衙门递呈。状子递了上去,人也平安回来,叶墉又给金老四银二两,王二银一两,余银花用。至此,除去沿途花销及京城食宿外,叶墉花费银三十一两。

按照京控案件发回地方大吏鞫审、告状人回省对质的相关程序,叶墉递回苏州后,送洋银一元,由金炳裕作保,随即被保释出来。从该案推断,金炳裕可能是比叶墉更早包揽词讼的"先辈",叶墉开店包讼后,二者间有竞争,但金似乎更有力量。尽管皇帝对京控案的要求是由地方总督或巡抚亲自审理,但地方大吏通行的做法是将案件交由主管司法的按察使司,而按察使司又按惯例交首府审理,首府又通常督同首县审理。换言之,即使由皇帝明发谕旨交督抚亲自审理的"奏交之案",事实上也由首府、首县审理,然后,再按照审转程序,连同卷宗、人证等逐级向上呈送,最后由督抚象征性鞫审后向皇帝奏报。该案不久在苏州府审理,知府陈銮督同吴县知县李国瑞审讯,尽管审案人员声称叶墉所控不实,但因叶墉并不输服,同时又有赵征与积惯做呈的王雪堂在省扛帮,因此形成了对原告有利的形势。被告感到局势不妙,故朱超宗找书役沈念增调解。沈作为被告之一,曾因讼受累,忆及叶墉平素最信任赵征,便托武生周向荣向赵征过话,许诺给赵征洋钱,希望他劝解叶墉撤诉。周向荣也不会放弃从中得到好处的机会,暗中与赵征说允,从沈念增手中拿到洋钱一百七十元,除给与赵征一百二十五元外,其余四十五元全部装入自己腰包。当时赵征的母亲在上海患病,经人告知也不回去探视,因为他还要周向荣将余下的四十五元洋钱交给他,当得知周向荣已经侵用,钱未收足,遂不肯向叶墉说劝。而此时委审各员已将叶墉牵砌情节审明,叶墉亦自知怀疑妄控,正在具结定案时,听闻赵征背地得钱,心想拖累朱超宗等,亦可诈钱,遂坚不具结,一面写信托平素与他交好的计益谦说合,计益谦许诺为他出谋画策。劝被告的人也悉数出场:沈丹发邀同沈秀严、张策书一同向朱超宗劝令出钱消灾,免受拖累,朱超宗于是同沈念增共同出洋钱三百零四元,又令同被牵控的周凤翼、徐安、潘文贵等多人,共凑合洋钱二百六十六元,一并交沈丹发等人,与叶墉讲明,三次付给,叶墉当即具结完案。

该案源起于叶墉被县书朱超宗指使收押、垫欠,因而京控,结果却出乎叶墉所料,他获得了不菲的收入。该案的审结同许多案件一样,走的是官、私两途,即被告出钱在先,原告具结(签保证状)在后。而陶澍的奏报仍是模棱:原告叶墉虽以怀疑妄控,但事出有因,因而免于处罚;被告县书朱超宗、沈念增匿蠲浮勒各情,查无实据,毋庸议。这与御史李逢辰上奏所说的"调停徇庇了案"完全相符。

(二)开店包讼

京控的意外收获使叶墉颇受启发:京控既可获利,京城内有金老四、李清照可托,江苏省城又有讼师赵征、王雪堂相商,并且有过"合作"基础,将来做起来肯定顺手,于是打定主意,包讼渔利。七年二月,他在省城苏州开了一家寓店,招集南汇、上海一带打官司的人,包揽需索。自家人最可靠,叶墉找来他的堂兄叶朝奎,令他在寓管账,又邀请浙江石门县监生、著名讼师张金照加盟,让张住近自己的卧房,不令外出,并许给束脩,遇有呈词,令其阅看、删改。曾在京控案中帮助他的王雪堂也时相往还,上海县文生赵征也不时为叶墉出主意。

有资料显示,钟振声、杜观成、孙帼珍及张寿昌之子张成康,可能是叶墉的第一批"客户"。据案发前的资料,钟、孙、张等曾充地保,他们都是控告漕书朱超宗等捆垫、浮勒等事。正当这些人被安排在店内居住,商量如何赴京控告之际,不知是巧合,还是早有约定,或许是专门为接应告状者进京,金老四到了苏州,他到叶墉处探问是否有人京控,叶墉即将四人托其照应,金满口应允。叶墉采取的是包讼方式,即全程服务,包括写词状;(金老四)带同进京、递呈;京控回苏后保释等,一切都事先讲好。二月间,钟振声等四人同时进京。金老四的业务是"包揽递呈",为此,他将钟振声等带到李玉山(即李清照)家居住,决定分作四起具控,以壮声势。其间,李清照容留杜观成住宿一夜,得钱二千。但杜观成、孙帼珍在递回途中,突然病故(缘由不详)。钟振声等解往江苏质审,叶墉代为料理,钟振声许诺出洋银八十元,先付三元。与张寿昌讲定的是,包费洋钱五十元,谢仪二十元,先付五元。在一桩诉讼中,将与自己素有嫌隙的人牵入案中以行拖累、报复之计,早已司空见惯。孙帼珍于京控前同叶墉商及,他本人与漕书姜星槎有嫌,央请张金照于词内添入,送给洋钱各四元。

官府对告状不受理的诸多规定,即限制诉权给半公开的非法承揽诉讼活动留下了巨大的空间。抛却对待诉讼的观念不讲,即使从体制层面而言,案件能够受理(立案)的门槛实在太高[1],而因某种自然的或人为的事件突发时,社会关系骤然紧张,由此引发的诉讼随之大幅增加,官府却一如既往,司法资源并未作重新配置或改变,致使上诉无门者走讼师之门。随即又有梅象三京控之抱告王姚大主动找到叶墉,央恳包办,讲定洋钱六十元,谢仪十二元,因案未定,尚未付给。另有洪叙山京控一案,叶墉得知此案牵及的周颂尧是个财主,可以得到更多钱,立即向洪叙山之子讲明包揽。又有朱攀桂上控学院衙门一案,也向叶墉商办,讲定谢仪洋钱三十元,送过十八元。

由于案件的来源不同,讼师各人在分工中扮演的角色不同。钟振声、张寿昌、洪叙山、杜观成、孙帼珍京控词底,因全部由叶墉包揽,王雪堂仅代为改作;朱攀桂一案属于"商办",因此朱自带词底,叶墉与张金照仅对来稿予以有限的商改。张是著名讼师,也是叶墉开张客寓承揽讼案的主要作词人,他拿的是束脩,即讲定按月支付酬金,因此,叶墉一并将杜观成、梅象三各词状,重新交给张金照阅看定局。

叶墉在苏州包揽诉讼的信息,很快传遍南汇城乡,有关控词也在当地互相传阅,慕名而来的络绎于途。随即有凌培贤、马瑞堂、王慕祥、闵茂林结伴至苏州,拜望叶墉商办。后来,凌培贤、马瑞堂、王慕祥等京控后递解至苏州,叶墉本打算具保谋利,因为金炳裕包去,这桩生意遂打了水漂。又有周裕声与其女婿涉讼,寓歇叶墉店内,托其料理,叶墉索要洋钱二十元,因周裕声仅许诺给八元,将其撵逐。

一般说来,具保人应在当地有身份、有影响。叶墉被解回苏州时,金炳裕曾将叶墉保释出来。叶墉也保释钟振声等。后来审出,金炳裕专门"经营"省控:凡遇省控之人,全部由他招揽作保,同时录批送信,前后共有十余案,得钱多寡不等。

代书也参与到案中,并分享诉讼费用。按照规定,代书可以收为数其少的费用,然后加盖戳记,而没有加盖戳记的诉讼状往往不在官府受理之列;确实贫困者,可以免收代书费。但代书与讼师"业务"相近,法律地位却有根本不同。为谋取更多收益,代书利用工作上的便利,也会帮人起草诉状,故清代中叶,一直有取消代书的动议,更有人称代书为"官社之讼师"。[2] 监生顾治一向为南

---

[1] 官箴书有关案件不受理的规定(即实质要件)堪称五花八门,而在形式要件上,对状式的种种规定,也将普通的民众拒之门外。司法资源的严重匮乏,致使官员们通过减少诉讼来疏解行政压力,对讼师的不遗余力的打压,也隐含同样的目标诉求。

[2] 《军机处录副奏折》,"苏州布政使苏尔德奏请除官民无益之代书",乾隆三十一年九月十五日。

汇县代书,誊写呈状,每张得钱一百文,他有时也为人作词,每张得洋钱一元,或钱四五百文。曾有沈词三被控奸拐一案,顾治为其改做诉、呈两纸,而沈词三本人,也曾代他人具控,收取洋钱。

(三) 案发及审结

道光帝采纳了李逢辰关于京控案件涉及蠹吏重征、苛敛等事由督抚亲提严究的建议,通谕各省督抚,凡特交、咨交案件,务须一秉大公,确切究办,如系刁衿恶棍,藉端妄告,即从严究坐,以惩刁诬;倘所控属实,亦当将奸胥墨吏,严行惩治,断不可存将就完案之见,使其无所畏忌。[1]

御史的奏疏和皇帝的上谕都特别以江苏京控为主旨,自然引起了江苏大吏的格外警觉,因为这牵涉到江苏省上上下下各级官吏的仕途前程。

巡抚陶澍并没有彻查本省蠹吏加征舞弊的情况,而是雷厉风行,立即责成按察使司庆善选派精干人员密访,对包揽词讼者实施抓捕,希冀从源头上遏止或者堵塞道路相望的江苏京控者。苏州知府陈銮随即禀报,南汇县监生叶墉在省城开张客寓,招集讼师包揽串讼。很快,常州府通判征良、昆山县丞常恩等将叶墉及叶朝奎、张金照、周裕声、张秀、王二、赵征、王雪堂等先后拿获到案,并搜出词底稿簿及构讼书信各件。经初步审讯,叶朝奎、张秀、王二等人,供认叶墉包讼的事实,王雪堂也供认改做词稿属实,但本案关键人物叶墉、张金照、赵征等人不肯吐实。道光七年闰五月十九日,陶澍据此上奏,并指出,这是"一伙讼棍,内外勾通,串唆图诈,以致控案络绎,拖累无辜,大为地方之害,若不严拿重办,无以息刁风而安良善"。

对于案中的关键犯证金老四、李玉山二人,陶澍在同日附奏中依据叶朝奎所供,提供了大概住址。[2] 京城据此立即展开抓捕行动,但金老四闻风而遁,直到本案审结时尚未拿获。只抓到李泳泰、李清照二人,似与李玉山相符,二人被解送苏州后,经叶墉等人指认,南城御史访获的李清照就是李玉山。随即,京控的钟振声等也解往苏州对质,故此,叶墉不得不承认包讼的事实。

案件经苏州府、江苏按察使审拟后,陶澍又亲自审理,叶墉、赵征、王雪堂照积惯讼棍例,发云贵两广极边烟瘴充军,到配各杖一百,叶墉因情节较重,在省先行枷号三个月,以示惩儆;张金照、叶朝奎、计益谦与李清照等四人,照为从律,于叶墉军罪上减一等、杖一百、徒三年,李清照系属贴写,并无卯名,与书吏不同,毋庸加等。县书朱超宗令沈念增等共给叶墉洋钱五百七十元,折半计银已在一百二十两以上,朱超宗、沈丹发依以财行求及说事过钱等例,于流罪上各减一等、杖一百、徒三年,沈念增、沈秀严照为从例,于朱超宗等满徒罪上减一

---

[1] 《宣宗实录》卷九十九。
[2] 《陶云汀先生奏疏》卷一九,"访获讼棍请旨饬拿在京揽讼各犯折子",附片一件。

等,各杖九十、徒二年半,朱超宗、沈念曾俱革役。周向荣杖六十、徒一年,革监,代书顾治、金炳裕于积惯讼棍例上量减一等,杖一百、徒三年。叶墉供系孀妇独子,王雪堂称系亲老丁单,均照例不准查办,沈秀严、金炳裕俱供母老并无次丁,是否属实,饬查另办,顾治年已七十,照律收赎。张金照名下查出信件,讯系其父张陆椿在籍兴讼,写给信函,内有牵涉浙江讼师之语,应将张金照解浙讯明,再行充徒。卫书周凤翼、县役徐安、潘文贵,应各照不应重律杖八十,折责革役。张绣应照不应轻律,笞四十,系监生照律纳赎。叶墉名下查出词底、稿簿讯系已故叶逢春之物,案结销毁。各教官失察文武生员包揽词讼,及南汇县失察书吏以财行求,均应议处,饬取各职名另参。

陶澍于道光七年十月初七日上奏。刑部一如陶澍所拟,于十二月二十日具奏,同日经道光帝批准。

三、从州县到督抚:不法书吏的保护伞

本文我们所重点关注的是两类群体,一是叶墉所代表的监生等身份阶层,一是以朱超宗为代表的州县书吏群体。令人不解的是,何以一个被处满徒(三年)的人,在不满时限内,再次回到南汇县,继续充任县书?按照核准的判决,朱超宗满徒应服刑至道光十年底,且不许充役。而实际情况并非如此。我没有查阅到朱超宗究竟是否充徒的记载,但可以肯定的是,至迟道光九年或更早时间,朱超宗又重新充任南汇县漕书。九年五月,南汇县民人王如璧赴都察院京控,其父王星岩充当地保,漕书朱超宗等勒拘赔垫业户钱粮,因其父不允,即耸知县将其父掌责一百多下,并提耳跪炼,因伤而死;其祖母因痛失子,惨毙尸场,委员诣验,捏做供词,称其父包揽漕粮,致县主掌责。尽管他屡次上控,俱被漕书朱超宗贿串,不为究办。朱超宗的伙党庄秉义等人还将该县所立永禁地保赔垫民欠四乡碑石,尽行曳倒。[1] 案经护理巡抚、布政使梁章钜审理,认为王父王星岩因包漕被掌责,死于病而非死于伤,王妻王赵氏多次上控,又遣子京控,并装点责毙情节,但考虑到妇女无知,且由痛夫情切所致,应与听从母命具控之王如璧,均从宽免议,朱超宗等讯无勒垫等情事,毋庸议。[2]

如此算来,依据有案可稽的资料,自嘉庆十九年至道光九年,在长达15年间,除短暂充徒的一年多时间外,朱超宗把持南汇县漕书达十几年之久。这一事实是对有关书吏充役法律规定的极大嘲讽。须加说明的是,这绝非个案,因为,自乾隆中叶盛行的"缺底"、"缺主"之风,以及所谓"官转吏不转"等谚语,是对个别人(家族)垄断基层社会重要职位的最好诠释,在这种情况下,要扳倒

---

〔1〕《军机处录副奏折》,"都察院奏江苏民王如璧控案",道光九年五月初四日。
〔2〕《军机处录副奏折》,"梁章钜奏审拟王如璧京控案",道光九年十二月十五日。

一个哪怕是皇帝下旨、劣迹累累的书吏也几乎是不可能的。他们甚至父子相承,使得支配基层社会的力量长久在一个或几个家族孳生、蔓延。道光十七年,南汇文童樊鸿禧赴都察院控告:其父生员樊文豹被害身死,漕书朱滋茂,挟嫌勾串仵作,抽卷换供,以失足落水朦混勒结。[1] 另据樊鸿禧呈状,迭次朦充漕书的朱滋茂,即是徒犯、漕书朱超宗之子,因挟被害人前控侵蠹浮折之嫌,勾通县仵,匿不报伤。[2] 案经江苏巡抚陈銮审拟时,朱滋茂成为朱超宗之侄,樊文豹以失足落水身亡,樊鸿禧依申诉不实律,杖一百。朱滋茂应毋庸议。[3]

总括朱超宗被充徒前的几年间,赴京控告他的至少有十几起之多,控告人有称之总漕、漕总、总书者,也有称之为漕书者,但名异实同,本质没有变化,说明朱超宗垄断该职役时间很长。据乾隆五十五年江苏巡抚福崧奏报,江苏省各州县,一向有漕总名目,惯于舞弊,每年点充之际,各州县并不遵例佥换。据查,仅长洲等二十八州县,每县有漕总二三名不等,共有七十一名之多。福崧将其按名斥革,挐解来省,枷号通衢,并发回该州县,枷示漕仓门口。[4] 但这种整顿只能收到短期效果,道光初年又复泛滥成灾。据道光二年御史程邦宪奏报,有漕州县,于各厫点派漕书外,复设总书一人,名为漕总,粮户应加若干,皆由漕总派定,本官查核,则以多报少。州县每厫派漕书一人,其收兑有斛面、口袋、飞米、搀杂、米色诸弊。州县开仓时,派头役在仓外巡逻,该役等恣意婪索。粮户交米,先向仓差讲费,方准验米。各州县设有粮差,将乡僻小户易知单,捐不发交,勒令折价入已,每米一石,索制钱七八千文,追比稍宽,一概捏称民欠。[5]

在一个腐败的体制下,地方书吏能够武断乡曲几十年,本不足为奇,但令人不解的是,何以一个劣迹累累、名号屡烦圣聪的州县书吏,却能**一次次逢凶化吉、了然无事**?答案只能从江苏的官场架构中去寻找。

南汇县接踵而至的京控漕书之举,都察院也及时向道光帝做了奏报。道光帝于七年四月二十三日发谕旨明令陶澍严厉查办,漕书朱超宗的名字也赫然出现在煌煌上谕中。谕称江苏省屡有控告钱漕之案,上年四月至本年三月该县民人华凤歧等,呈控浮收勒折者共有六案之多,均经咨交该抚审讯,此次监生凌培贤等复以漕书沈念增等克减成灾分数、浮折钱漕,并违禁勒令地保捆垫钱粮漕米,以致家产荡然,是该县漕书种种舞弊病民,藐法已极,著该抚亲提人证卷宗,秉公查讯,按律定拟具奏,无得预存成见,致令积蠹殃民,将此谕令知之。[6] 但陶澍查办的结果,称咨交的京控三案均属为虚。对于屡闻圣听的捆垫浮勒之

---

[1]《军机处录副奏折》,"都察院奏樊鸿禧控案",道光十七年六月二十一日。
[2]《军机处录副奏折》,"樊鸿禧呈状"。
[3]《军机处录副奏折》,"陈銮奏审拟樊鸿禧京控案",道光十八年二月初一日。
[4]《高宗实录》卷一三六六。
[5]《宣宗实录》卷四十三。
[6]《陶云汀先生奏疏》卷一九,"查复南汇已结京控及未结各案折子"。

事,他依据松江知府李景峄的调查,做了说明:南汇县花户共计一百五十六图,图以束计,又称为捆,捆之名目由来已久,本系里下分图、聚户之谓,并非威力制缚之意,该县旧章,每届启征钱漕,颁发易知由单,归于地保散给,按田之多寡,分为数捆,以田多之户领田少之户,挨年轮当,互相检查,勿使侵蚀,名曰捆业,若轮值生监,则倩人代办,已复从中查察,嗣因粮户或离城穷远,或出外谋生,往往将应纳银米托保代完,遂有奸保劣衿,串收侵抗,及该县提比严追,书差据实查出,该保等无计掩饰,即巧借名色,指为捆垫浮勒,砌词控告。

南汇县实行的轮捆充保之法,涉及赋税征收的繁杂措施,要言之,即轮充地保图保之人,要为所在图保出现亏欠承担垫交责任。本文开始所记叶塘京控的第二项即是指此。

但并非所有人都认同陶澍的做法,包括江苏大吏也有严重的意见分歧。对陶澍明确表示反对并将问题反映到皇帝那里的是江苏学政辛从益。道光七年初,他上书道光帝,指出漕书蓄养打手,专门殴打控漕生监,且凡属告漕之人,一例发回押追,地方官恨其上控,倍加抑勒,仍科以抗粮之罪;与此相反,官吏婪索是其常态,近年来生监因控漕被革者甚多,但从未闻有漕书获咎者。他还为士子辩解称:官吏征收,法定之外多取,不但小民受害,生监也受累,"书役倚官为庇,倘违例浮收,无人敢控,独何法以治之?夫劣衿律所不宥,苛政亦法所必裁"〔1〕。如果说,辛从益给皇帝的上书多少还含蓄些,但给总督蒋攸铦的书信就直截了当:"今日浮收之风益炽,当事者不揣其本,猥因一二滋事生监,遂欲偏重官吏苛索之权,在大僚原期杜绝漕规,清浮收之源,而在官吏,即以禁制胶庠,恣浮收之性。生监既无上控之路,小民益复何赖?使奸吏得志,善良受祸,欲求无事,不可得已。"〔2〕在他看来,生监上控多少代表了民众的呼声,对官吏浮收有牵制作用,如果将这条路堵死,后果难以预料。

对辛从益的指控,陶澍隐忍不发,甚至一度向道光帝告病撂挑子,因为他还没有找到反击的时机。机会终于来了,这就是道光七年闰五月十九日,这一天,陶澍一连上了两个折子,一个折子奏报抓获了叶塘包讼一干犯证,另一个折子是对南汇县接连不断的京控案予以个人的"解读",次日,又上一折,对辛从益的指控一一反驳,因为他已将叶塘等人抓获,并进行初步审讯,形势对他有利。两天内所上这三折,大有深意。〔3〕在反驳辛从益的奏折中,陶澍除了用徇众沽名攻击辛从益使刁生劣监恃以无恐,恐其整顿漕务大事受到掣肘外,专门讲到

---

〔1〕《清史稿》卷三百七十六《辛从益传》。
〔2〕(清)钱仪吉纂:《碑传集》卷三十九,中华书局1993年版,第三册,第1104页。
〔3〕《陶云汀先生奏疏》卷一九,"查复漕案折子"。由此引发的一场大争辩及其意义,另文详论,此处不赘。

辛从益于"费用一节,一字不提"[1]。这最让皇帝动心,因为保证帝国的财政收入以及各种苛繁的支出,远远比惩治告状者是否合适重要得多。换言之,即使用严刑苛法,甚至种种非法手段,倘能遏制如大川奔流的告状潮,也远比几个书生的头颅要划算得多。在这样的氛围下,一如我们前面叙述的,尽管该案较为详尽,但最终结局是,原告成了被告,而这一主体与客体的角色转换,与所告是否属实已无太多关系,因为,他们——这些死在解审途中的监生们,告状本身就冲撞了帝国的秩序和稳定。在这种意义上说,他们,或他们中的一部分,是被贴上"标签"的惩治对象。

如果我们对这一案例稍作引申,恰好印证了包世臣所讲的道光时期的"两条阵线"之说,即控告吏胥之案,在督抚大吏的庇护下,都得不到处理,所蕴含的社会危机,有总爆发的危险。包世臣表达的"两条阵线"现象,是这样的:州县官与吏役勾结,苛虐民众与士人,士人联合起来,裹挟民众以治州县,而州县官以省级大吏为护符,加士民以"闹漕""抗粮"等"棍徒"之名,重法打压,致使吏役更无所顾忌,肆意妄为。他还说,他在江苏三十多年所见,除觉罗长麟、陈大文、汪志伊外,大都为胥役仇庠序[2]。也就是说,封疆大吏以州县官为中转,最终保护的是贪赃枉法的吏胥,为此,他们仇视有身份的知识阶层。包世臣此文写于道光八年正月,文中所称三十多年,自乾隆末年起,迄于作者著文之时止。值得注意的是,陶澍自道光五年五月任苏抚起,直至包世臣写作此文,仍在苏抚任。因此似可认为,在包世臣眼中,陶澍也是"为胥役仇庠序"的封圻之一。

稍晚于陶澍任职苏抚的林则徐,称其亲眼所见,"近年以来,吏与民愈不能以恩义相结,人心日以不靖。近来江、浙漕运已成不治之症",而江苏案件之多,书吏舞弊,无处不在。道光时期江苏的情况,与嘉庆时期的山东差不多[3]。

如果说,州县官是吏胥的保护伞,督抚是州县官的保护伞,那么,也可以说,道光帝是不法督抚的保护伞。常熟人柯悟迟指出,国家越来越难以治理,原因是道光皇帝仁慈大度,封疆大臣敢于舞弊,州县官有恃无恐,即使有非分之事,总能通过贿赂解决[4]。由此,通过漕粮征收这一环节所暴露的种种弊政,不但没有革除,反而日形严重。浙江嘉善人金安清概括称,"漕务之浮收勒折,始于乾隆中,甚于嘉庆,极于道光"[5]。在这样一种局势下,正如漕运总督蒋攸铦所

---

[1] 《陶云汀先生奏疏》卷一九,"查复漕案折子"。
[2] 《包世臣全集》,"书宝应训导张君遗像后",黄山书社1993年版,第326页。
[3] 《林则徐全集》,第七册,海峡文艺出版社2002年版,第77、30页。
[4] (清)柯悟迟:《漏网喁鱼集》,中华书局1997年版,第26页。
[5] (清)欧阳兆熊、金安清:《水窗春呓》,中华书局1984年版,第75页。

称,"良民亦渐趋于莠"。[1] "视守分而不惯词讼之人,置不肖子弟论。"[2]

我们再考察南汇知县的情况。雍正二年,由两江总督查弼纳奏请,经户部等衙门议覆,因苏松常三府之州县,额征赋税,款项繁多,狱讼刑名,案牍纷积,将上海一部分划出,设立南汇县。[3] 乾隆三年,将南汇等三县,改为繁疲难沿海最要缺。[4] 由于南汇北接上海,习于浮华,士大夫好读书,尚气节,而皆窳之徒,结党聚讼,持官府短长者,间亦有之。[5]

再看南汇知县杨承湛的情况。杨是顺天固安县人,嘉庆辛未科进士,曾任靖江知县,道光二年十月,调补南汇县。江苏大吏对他的评价是,淳明笃实,历练安详,道光八年六月,调任元和知县。[6] 南汇知县由华亭知县贺崇禧接任。县志对他"正面"的评价有两项,一是首减白银价,二是留意水利,在任期间,疏浚港塘,按程课工,身自董治,民赖其利者三十年。[7] 但为官秉持严刑峻法,因此,不为士人所接受。在查抄叶墉客寓时,搜出稿底等件,书信内就有"与杨姓不合,亦欲相帮"之类字样,陶澍奏报时,将其解读为"词意显与该县作对,找帮讦告",也即想办法将他排挤出去。当时的典史李述三,也不赞同杨的做法。李是江西人,道光四年任典史,"时俗尚强悍,县令欲以峻法严刑救其弊,述三恻然,遇事必切谏,县令为之霁威"。[8]

据此,我们可以大致勾勒出江苏官场这样一个"生态"系统:漕书朱超宗——知县杨承湛——巡抚陶澍。

四、从法律到政策:个案所见的讼师活动特点

叶墉包讼案从案发到结案,历时半年之久,当时备受关注。其特点更引人注目。

第一,它有一套较为严密的组织系统。叶墉作为总策划人,他最初是无数京控中的一名原告,官方文献称他因这次诉讼受到启示,遂以开客店为幌子,延请多名讼师,采取的是"包薪"办法,即给讼师的报酬类似"底薪",同时根据作词多少又有随案酬谢;而根据个人在案中作用不同,所获酬劳也不同。讼师乃至包讼组织者的收入或报酬,一般以"谢仪"形式体现。由于当事人要支付较高的费用给包讼人,而一时又拿不出这么多,或者为减少风险,这些"谢礼"往

---

[1] 《皇朝经世文编》卷四十六,"拟更定漕政章程疏"。
[2] (清)柯悟迟:《漏网喁鱼集》,中华书局1997年版,第4页。
[3] 《世宗实录》卷二十四。
[4] 《高宗实录》卷七十八。
[5] 光绪《南汇县志》卷二十《风俗志》。
[6] 《朱批奏折》,"奏为要缺知县需员调补事",道光八年六月二十日。
[7] 光绪《南汇县志》卷十《官司志·宦绩》。
[8] 光绪《南汇县志》卷十《官司志》。

往先讲好总数,然后预付一部分,大体相当于总数的六分之一左右,诉讼结束即案件审结,再付清余下部分。但由于我们所看到的文献多属于被查办案件,因此,讼师很少拿到其余部分。

为了逃避官府的追查,隐蔽性成为讼师活动的重要特点。加盟叶墉的讼师,行动受到限制,即住近叶墉卧房,从灶边出入,不轻出外。承接的案源也有保证。从该案看,承接的都是南汇、上海地方的上控(主要是京控)案,显然叶墉利用了他在当地的影响力,这使我们看到基层社会口耳相传对事件的影响。由于他在省城苏州包揽多案,南汇城乡无不周知,并将叶墉所作控词互相传阅、观览,因此,主动找到苏州叶墉处的告状人一时络绎于途。接手案件后,呈词一般由一个讼师主笔,但最后"定局"往往是多位讼师互相商量,最后敲定,因此可以说是集体合作的结果。讼词写好后,叶墉还会陪同告状人到京师。最值得注意的是,京师也有一个接应的网络。很显然,京师的讼师网络与官府有直接关系。此案的李玉山、金老四就是这样的人。金老四可以称为京城词讼的介绍人,或中介。他的有利条件是衙门中有人。李清照就在部里当贴写,金与他关系很好,呈状多由李清照找路子呈上去。

京城网络并非简单的"传手",一般说来,对地方送上来的呈状或控状,必须经过京城讼师的"加工"。这一则是因为京师讼师肯定比前者更熟悉京控路数,所谓告到兵部更有利、还是告到都察院更好,等等,就是如此。同时,他们会以"外间状式不合"为由要求对地方讼师集体商定的讼词做些改造。其目的不外乎是从当事人身上再剥一层皮,即从案中获取好处。

第二,讼师对法律的熟悉以及对清廷政策的掌握超乎想象。换言之,他们不但熟悉律例,而且掌握国家政策,尤其是清廷信息。由叶墉包讼的多起案件都是告官吏加征,以及因灾蠲缓而大打折扣的违法行为,因而叶墉处备有抄录的道光六年七月十七日御史李逢辰条奏,京控蠹吏重征苛敛钦奉上谕一道、《户部则例·灾蠲》等。李逢辰条奏时间、内容已如前述。

这就是说,讼师从舆论(御史)、最高层态度(上谕)、法律规定(户部则例)等各方面为京控者提供相当有力的支持。尽管我们未能查阅到叶墉等代理的钟振声四份词状,但从陶澍在案发前的奏报可以得知,起草呈状时肯定以此为重要参考。从另一方面理解,起草呈状的"定局",以及随后的京控,借助了十分有利的政治及社会氛围。这也是讼师所预设的原告要占尽有利的"势"字诀。当然,判决的"势"又以权力为转移,当吏治腐败蔓延开来时,即判决无法保证公正而更多向己方倾斜时,即便原告占尽了"势"与理,结局仍然是原告成为被惩治的对象,成为被告。朱超宗最后回到了南汇,并重新走向漕书之路,而叶墉等人被充发极边烟瘴,对这种结局,我们无法想象在基层社会有着怎样的评价,但累积的矛盾不但没有疏解,反而激化了,这恐怕是不争的事实。

第三，讼师借助隐语及技巧从事诉讼活动。为了规避法律，也为了一旦被查拿，官府找不到唆讼确据，讼师间的书信往还，多属暧昧之语，这些特殊的语言交流，可能只有他们自己能够确切知晓其中的意涵。作为"首席"讼师，在张金照行箧中，所藏信稿都是影响暧昧之语，就其文理可识者，多系钩串讼事，有云：以前涉手，仇怨沸腾，莫如暗中别事报他，高楼看战马，不伤脾胃，使渠自顾不暇，其结放松：此古今评讼第一上着也。又云：商通办理，一则擒得缴钱，二则借刀杀人，不伤情面。又云：暗使请一场官司与他吃，不妨起起花头，伊必令张二老寻你，你格外殷勤，可延宕日期与他办明，如在神威矣。又云：赵大叔来云，迩来精力不济，恍惚异常，今岁仅动笔你处两纸，余不涉手，意欲退避坐馆，阅初八日批，论起来该落诉，呈再上控，敲足恐押，抱人不敢涉手。又云：一办必访，一访必审，又云：险连我带在其内，幸用硬工撇掉。又云：日后远扬别处，有何亲情面目，等语。办案人员据此认为，这些信件，表明"其阴谋播弄、暗地唆讼，及上控作词之法，均已直言不讳"。[1]

第四，主要参与人多是身份阶层中的下层，开张客寓的叶塘、讼师张金照、代书顾治都是监生，另一讼师赵征则是文生。而张绣也是监生。监生有在监（国子监等）之监与捐纳之监，二者在基层社会的实际地位、影响有不少差别，但同属有身份阶层，且是身份阶层的下层。他们取得身份，更多的并不是站在出仕做官的起点上，准备继续在科场上打拼，而更具有利用这种身份保护家庭或家族利益免受侵害的意义。[2] 由于他们属于下层身份者，因而与基层民众有更多的牵连，对官府的不法行为有着与普通民众一样的切肤之痛，他们在基层社会也有更为便利的影响力和号召力。由于出仕的可能性极小，因而当其利益受到损害时，不像上层缙绅那样存有顾忌，而可以放手一搏。我无法也无意在本篇论文里详细分析官、吏、绅、民等复杂的关系及其演变，但有一点似应注意，即在本案中的这些告状的主体，和包讼案的主体，都是有身份的人，他们利用特有的身份对自己所参与的诉讼活动加以保护，如不得刑讯的规定就使得官府不能轻易让他们输服，官方经常用"恃符狡执"来形容他们，这里的"符"，就是指他们的衣顶，也即身份。

---

[1] 《陶云汀先生奏疏》卷一九，"访获讼棍请旨饬拿在京揽讼各犯折子"。

[2] Melissa Macauley 在 *Social Power and Legal Culture: Litigation Masters in Late Imperial China*(Calif.: Stanford University Press, 1998)一书中，参考了 James Polachek 的博士论文，指出这些讼师的网络组织之形成，主要与长江下游的下层士绅抵制苛捐杂税有关（第137页），但她同时也指出，"官员们可能夸大了这类组织网络的复杂性和广泛性"，"很多案件并没有涉及如此复杂的讼师网络"（第138页）。她曾将讼师分为两大类，其一为半职业化的写状人（plaint-writing semiprofessionals），即所谓的"写状纸讼棍"，其二为"偶尔为之的讼师"（incidental litigation masters）。在她看来，那些所谓的"偶尔为之的讼师"（incidental litigation masters），更多是依赖于家庭的网络作为帮助。

五、小结

嘉道时期,社会失范的趋势呈现加速之态。叶墉包讼案可以放到这样一个大背景来体察。无论是作为组织者叶墉,还是参与包讼的讼师们,都被以积惯讼棍例处以充军烟瘴,但他们中的一部分,或者主要人物,本来是原告;而朱超宗这个不知多少次成为被告的南汇县书吏,尽管短时间受到惩罚,但旋即回到原来的位置,甚至子孙相承,仍是基层社会的主宰者。不错,他们之间的诉讼可能还会发生多少次,延续多少年,但答案早已明确,因为法律的天平早已失衡。林则徐接任苏抚时,友人陈寿祺对他期许甚高,而林在复信中袒露心迹,说吴中凋敝之余,谈者鲜不以为畏途,江苏之病,以"局面太大,积重难返"二语尽之。智勇俱困,为之奈何![1] 林还向道光帝说过一段很有深意的话:刑名、钱谷本相为表里,"而江苏刑钱事件,其势每至于相妨","是刑名之难,实因钱谷之繁而滋甚也"。[2]

叶墉包讼案本身及其结局,具有诸多解读的意涵。要言之,它是传统法律秩序行将坍毁的预告,是江南社会撕裂的一种表征,更是风雨欲来的前奏。

(初审编辑:尤陈俊)

---

[1]《林则徐全集》第七册,海峡文艺出版社 2002 年版,第 77、78 页。
[2]《林则徐全集》第一册,海峡文艺出版社 2002 年版,第 81 页。

清代的诉状及其制作者[*]

唐泽靖彦[**]

牛 杰[***] 译

Legal Plaints and Their Writers in the Qing

Yasuhiko Karasawa

Translated by Niu Jie

内容摘要：以"淡新档案"、"巴县档案"和"南陵县档案"中的诉状为主要考察对象，本文对清代诉状制作的实际过程进行细致的分析。清代实行官代书制度的本意，是为了在诉状制作过程中排除第三人的介入，但实际上，19世纪中国的诉状，很多是由那些靠读写能力糊口的下层识字阶层所制作。其中"（官代书）制作"一类诉状往往只占全部诉状的少数，而大部分诉状是由起诉人或某个有读写能力之辈事先以某种形式写成。这些诉状中往往使用定型化的表述和模式化的情节，显得虚构、夸张甚至危言耸听，而"讼师秘本"则提供了如何进行虚构和夸张的范例。地方官们由于频繁地接触到此类风格的诉状，习以为常，因此几乎都不必对混入其中的虚构性内容感到过于厌烦。

---

[*] 本文的日文原稿为"清代における訴状とその作成者"，载《中国—社会と文化》第13号，1998年出版。本译文经由唐泽靖彦教授亲自校对。
[**] 日本立命馆大学文学院副教授，电子邮箱：yasukarasawa@gmail.com。
[***] 法学博士，南昌航空大学文法学院讲师，电子邮箱：niujie1974@126.com。

关键词:诉状　代书　讼师　讼师秘本　清代司法

一、前言

嘉庆二十二年(1817年)十二月二十日,巴县衙门收到一份诉状。本县孝里八甲四十八岁的男子沈宗富,控诉岑龙一党对其的暴行、监禁及诬告。诉状全文如下:

> 具告状人沈宗富,系本邑人,住孝里八甲,离城一百二十里,年四十八岁。
>
> 呈为诬奸磕伤叩验拘究事。情蚁忠仆良民。在外买山开炭厂生理。素守法纪,毫无过咎,通乡共知。冤因有惯于诈磕、害人无厌之恶棍,岑龙窥蚁忠仆,於本月十一,主支伊子岑黑大、黑二弟兄向蚁云称,姚姓有柴山出卖,哄蚁同伊至彼。是日天晚,路过杨大家。黑大云系伊妹夫,蜜邀蚁进杨大家,讨火吃烟。蚁同进屋,未经一刻,谁知岑龙设就计谋,预串痞棍陈麻二、曾四等十馀人,假充差役,平白抬诬,蚁奸杨大之妻等语。不由分说,将蚁朋伤两膀、两手肘、头颅、颈项,扯落发辫。凶将蚁身带买山镜银十九两四钱八分,被黑大、黑二夺去不遂。尤磕要钱十五千无给。将蚁关锁岑龙家,百般威吓,而岑龙商通文瓒等,勒蚁立出短拨伊钱十五千,倒填本月初七日期。又立十一日,请认服约两纸,交岑龙执据。十七始释蚁归。迫投邻牛世珩等知证。泣蚁受伤沈危,迫叩赏验拘究,银约并追。虚坐。伏乞。[1]

然而,调解人后来提出的和解文书则表明,沈宗富与杨大素来交恶。十一日,二人在街头因酒醉而斗殴,岑龙见二人喧哗,即想从中调解。沈宗富在他人不负责任的教唆下,向官府提出了实属诬告的诉状。[2] 继这份和息申请之后,沈宗富、杨大、岑龙提交了结状,地方官签写"准结"销案。

那么,暴力、监禁、诬告及恐吓的故事,究系从何而出? 以这份诉状为代表,在地方案件记录中包含的大量诉状,究竟是何等人物写就? 本文的目的,即旨在厘清清代诉状制作的实际过程。通过考察诉状显示的语言性要素和文艺性要素,我们将目光投向作者所处的文化环境和社会背景。具体诉状中的叙述性要素显示,19世纪中国的诉状,多是由那些靠读写能力糊口的下层识字阶层所制作。他们反复描述的陈旧故事,具有定型化的表述和模式化的情节,因此,地

---

[1] 《巴县档案》(四川省档案馆藏,按照通用编号引用),6-2-5505(嘉庆二十二年十二月二十日,沈宗富诉状)。

[2] 《巴县档案》6-2-5505(嘉庆二十二年十二月二十七日,牛世林、马文高息状)。

方官们在处理诉状之际,对这些频频出现的故事要素,几乎都不加理会。[1]

本文依据的主要资料是各地区的案件记录,特别是台湾省北部的"淡水厅—新竹县档案"(以下简称"淡新档案")、四川省重庆地区的"巴县档案"以及安徽省西南部"南陵县档案"中的案件记录。

二、诉状提出的手续

在清代,民人向地方衙门提起诉讼之际,会被要求购入称为"状式"的规格化诉状用纸。[2] 清代法律虽有起诉人自己书写诉状的规定,但它同时又承认大多数的起诉人——他们通常是目不识丁的一般民众——不能自写诉状的现实。清代法律如此表述:

> 凡有控告事件者,其呈词俱责令自作,不能自作者,准其口诉,令书吏及官代书,据其口诉之词,从实书写。如有增减情节者,将代书之人,照例治罪。[3]

任命若干名具有读写能力的人作为提起诉状时的官代书,是各地方衙门的通例。按照地方衙门采用的内部工作规定,这些官代书必须承担书写诉状草稿的责任。他们被授予官方印信(刻有地方官的花押),作为诉状审查的标志,以便执行在诉状被向地方官提交之前于其上签押的责任。[4] 在通常情况下,地

---

[1] 娜塔莉·戴维斯(Natalie Zemon Davis)在分析16世纪法国的恩赦诉状时指出:"作者们将犯罪的事件形至一则情节之际,具有'故事'的性质","这并非是指捏造的要素……而是指〔史料文书的〕形成、具体化以及组成的元素,换言之,是指叙述技巧"。本文所言的"故事"或者"虚构情节",则是沿袭了戴维斯的用法。参见 Natalie Zemon Davis, *Fiction in the Archives: Pardon Tales and Their Tellers in Sixteenth-Century France*, Stanford: Stanford University Press, 1987,日译本见《古文书中的虚构:十六世纪法国的恩赦请愿故事》,成濑驹男、宫下志朗译,平凡社1990年版,第6、8页(中文译本见《档案中的虚构:十六世纪法国司法档案中的赦罪故事及故事的叙述者》,杨逸鸿译,台湾麦田出版社2001年版。——译者注)。

[2] 关于台湾的淡水、新竹地区诉状提出的手续和条件的细节,可参见 Mark Allee, *Law and Local Society in Late Imperial China: Northern Taiwan in the Nineteenth Century*, Stanford: Stanford University Press, 1994, pp.148—164;滋贺秀三:"淡新档案的初步认识——诉讼案件中所见文书的类型",载《东洋法史的探求——岛田正郎博士颂寿纪念论集》,创文社1987年版,第256—264页。另,夫马进在"明清时代的讼师和诉讼制度"(载梅原郁编:《中国近代的法制和社会》,京都大学人文科学研究所1993年版,第444—447页)一文中对诉状提出的一般情况进行了详细叙述。

[3] (清)薛允升:《读例存疑》(重刊本),黄静嘉编,台北中文研究资料中心1970年版,三四〇—十二。本条为嘉庆二十二年(1817)所加。

[4] 艾马克(Mark Allee)对《淡新档案》中的官代书进行了简要论述,参见 Mark Allee, *Law and Local Society in Late Imperial China: Northern Taiwan in the Nineteenth Century*, Stanford: Stanford University Press, 1994, pp.176—177。

方官不受理没有代书戳记的诉状。[1]

民人向地方衙门提交的诉状（通常是在每月的固定日期），由地方官审阅之后，根据案件情况作出是否立案的"批示"（通常由地方官的幕僚代为行之）。[2] 一旦受理，即根据胥吏的职能决定将常规事务（例如，派遣差役调查或传召案件有关人员）交给哪一"房"来负责。[3]

经过地方官批示的诉状，将会被在衙门前贴榜公示。[4] 这样一来，案件有关人员都能看到诉状内容以及官府对该诉状的批示。诉状中的句子，往往会在答辩状中被准确再现。这表明，被诉一方对控诉自己的诉状非常了解。[5] 被诉一方可以从告示牌上的诉状中了解其内容。同时，诉状副本被保管在承办案件的衙门某"房"内，受派遣的吏役据此说明案件内容和收取规费。[6]

三、官准的代书

如前面所引规定显示的那样，清代政府实行官代书制度的原本意图，是为了在诉状制作过程中排除第三人的介入。也就是说，官代书制度的实行所反映的社会现实是，很多诉状是由不露面的第三人代为撰写。18世纪的幕僚汪辉祖（后来出任官员）警告说，切勿为诉状中所包含的虚构内容所迷惑，他还引用了"无谎不成状"的俗谚。[7]

认为许多诉状充满夸张和虚构的清代政府，试图将那些虚构成分从诉状中排除出去。我们试看一下清代政府对夸张和虚构的处理方法。

---

[1] 滋贺秀三曾指出了《淡新档案》中例外的案例，参见滋贺秀三："淡新档案的初步认识——诉讼案件中所见文书的类型"，载《东洋法史的探求——岛田正郎博士颂寿纪念论集》，创文社1987年版，第257、260页。

[2] 关于清代地方官的一般事务，参见 John Watt, *The District Magistrate in Late Imperial China*, New York: Columbia University Press, 1972。

[3] 围绕承办案件所带来的利益，胥吏间发生争执的问题，参见 Bradly Reed（白德瑞），"Scoundrels and Civil Servants: Clerks, Runners, and County Administration in Imperial China," Ph. D. dissertation, University of California, Los Angeles, 1994。

[4] Chǔ, Tung-tsu（瞿同祖），*Local Government in China under the Ch'ing*, Cambridge, Mass: Harvard University Press, 1988 (1962), p.98；滋贺秀三：《清代中国的法与裁判》，创文社1984年版，第154页。

[5] 实际上，被诉一方提出的答辩状中，除了引用起诉一方诉状中的主张外，有时也会引用地方官的批文。例如《淡新档案》（加利福尼亚大学东洛杉矶校区亚洲图书馆藏微缩文献，按照通用编号引用），32104-17、31,32107-42,32205-4、9,35504-20,35506-4、5、6、10。

[6] 关于衙役和乡保在处理案件时的作用问题，参见 Philip C. C. Huang（黄宗智），*Civil Justice in China: Representation and Practice in the Qing*, Stanford: Stanford University Press, 1996, pp. 127—135,185—189。关于规费的收取问题，参见 Bradly Reed（白德瑞），"Scoundrels and Civil Servants: Clerks, Runners, and County Administration in Imperial China," Ph. D. dissertation, University of California, Los Angeles, 1994, pp. 134—135,186—191。

[7] （清）汪辉祖：《续佐治药言》，收于《汪龙庄遗书》，台北华文书局1990年据1889年版影印，第232—233页。

官方所做的努力之一，是把状纸中可供写入汉字的字格确定为一定的数目，并要求起诉人履行使用这种规格化诉讼用纸的义务。这种印刷的诉状用纸的版式和大小，在各地方衙门和各时代有若干差异，但基本属于同一类型，应记入的内容也大体一致。[1]

表1　巴县(1797—1881年)标准诉状用纸字格数*

年份	纵×横	字格数
1797—1802	24×14	336
1802	24×13	312
1803	24×14	336
1804—1805	20×13	260
1805—1808	20×15	300
1808—1822	24×12	288
1822	23×15	345
1822—1827	23×14	322
1827—1831	23×15	345
1831	25×12	300
1832	25×15	375
1832—1841	25×12	300
1841—1846	25×10	250
1846—1848	25×13	325
1848—1856	25×10	250
1856—1857	25×6	150
1857—1859	25×8	200
1859—1865	24×7	168
1865—1870	24×8	192
1870—1881	25×8	200
1881	20×8	160

官方规定诉状用纸的字格数目，是担心冗长的诉状中容易包含虚构的内容。[2] 在19世纪的巴县，诉讼用纸的字格数目呈现日渐减少的趋势(参见表

---

[1] 地方衙门在地方官交替之时，要印刷新规格的标准诉状用纸，这是因为标准用纸中有地方官的姓氏。

* 本表中的内容，系作者本次校译中译稿时根据自己近年的研究成果加以丰富与更新，与1998年刊出的日文原稿有所不同。——译者注

[2] 袁守定的《图民录》中讲到，使用规格化的诉状用纸是为了防止诉状的冗长。这样的言论，在徐文弼编辑的《新编吏治悬镜》卷一第19页b中也能见到。黄六鸿的《福惠全书》卷十一也表达了同样的见解。

1)。在当时的中国,国内外社会问题增多,比如鸦片以及流民所引起的社会骚乱。另外,随着商品化的进展,不仅讼案数量增大,而且诉争内容也会日益复杂。[1] 字格数目的减少,反映的只是官员排除虚构陈述、提高读状的速度和效率的期许。

由官代书来填写这种诉状用纸,是官方试图消除诉状中包含的夸张和虚构的努力之一。对于起诉人的言辞,无论是口头的还是书面的,官代书都必须如实书写。清代法律对官代书的事务做了官方规定:

> 内外刑名衙门,务择里民中之诚实识字者,考取代书。凡有呈状皆令其照本人情词据实誊写……[2]

如上引规定所述,官代书是在经过考试之后,由地方衙门任命。17世纪的官僚黄六鸿,在《福惠全书》中对有关考试进行了描述:

> 有在本治为人代书词状者,许赴本县,定日当堂考试,词理明通,且验其状貌端良者,取定名数,开明年貌籍贯……[3]

后来的官僚也同样强调书写内容的明晰。他们主张选用那些"文理"或者"文理明白"之人担任代书。[4] 选用官代书的具体考试内容,现在已无处可寻,我们不能直接判断地方官是否着眼于文章"词理明通"、"文理"、"文理明白"。但是,从《南陵县档案》中光绪初期地方官对考试答案的批词中,我们能够了解到有关实际考试的有用知识。该批词这样表述:

> 泛语太多,且有别字,不合据口直说之法。姑准录取。以后叙词总以简明为主。每词不得过二百字。勉之。[5]

考试答案虽已遗失,但根据这一评论,我们能够推断出南陵县衙门的考试

---

[1] 关于从18世纪后半期到19世纪前半期巴县境内诉讼复杂化的问题,参见 Philip C. C. Huang(黄宗智), *Civil Justice in China: Representation and Practice in the Qing*, Stanford: Stanford University Press, 1996, pp. 142—144。根据同书的第六章,淡水、新竹地区的诉讼,由于社会构成和商品化的复杂化,作为纷争解决手段的民事司法手段显得功能欠缺。巴县也随着时代的变化有了这种倾向。

[2] (清)薛允升:《读例存疑》(重刊本),黄静嘉编,台北中文研究资料中心1970年版,三四〇——〇。该条为雍正七年(1729年)及十三年(1735年)例,乾隆六年(1741年)改定。

[3] (清)黄六鸿:《福惠全书》,1893年版(〔1694〕附写自序年),卷三,第21页。夫马进以《太湖厅档案》及其他资料为基础,根据地方衙门中的代书人数,指出了其功能的界限,参见夫马进:"国会图书馆藏太湖厅档案中所见诉讼及裁判之实况:初步认识",载永田英正编:《中国出土文字资料的基础性研究》,平成四年度科学研究费补助金综合研究(A),1993年,第70—76页。

[4] 前者见(清)乌尔阿通:《居官日录》,同治十二年(1873年)出版,卷一,第57页a,东京大学东洋文化研究所藏。后者见历任云南和四川地方官的翁祖烈在光绪六年(1880年)到八年(1882年)出版的《宦游随笔》卷一,第40页b,东京大学东洋文化研究所藏。

[5] 《南陵县档案》(安徽省档案馆藏,根据通用编号引用),L46-1-115。

采取了何种方法。它一定是让参试者听取口头表述,然后据此写作诉状。[1] 强调一定的篇幅和书写的简明,就是担心如果不加限制的话诉状将会很长,而冗长的诉状很容易夹杂虚构之词。在如何处理虚构情节的问题上,清代官僚有着各种不同的见解。既有顺应具体情景,容忍诉状中混入的不实之词的官员,也有不承认任何虚构情节,坚持诉状必须直接依据口头叙述而写作的官员。[2]

反对任何虚构情节的极端例子,是19世纪的官僚刘衡。他结合其历任地方官——包括任职巴县(道光五年至六年[1825—1826年])——的经验,撰写了数本法律指南手册。[3] 不允许诉状中出现任何捏造的他,在官代书的戳记中刻上了"不许增减情节蒙混声叙"的警语。并且,他在担任巴县知县时,在诉状用纸的最末印上若干规定,其中一条警示如下:

> 代书不查问实情据口直书,而任意增减情节者,枷杖革役。[4]

需要注意,这里用到了前引不知名的南陵县知县所使用的"据口直书"的说法。从地方官对官代书考试所做的评论,同时还有印在诉状用纸上的规定中的说法,我们可以了解到,官员对于诉状写作的理想,就是清代法律所做的规定:"书吏及官代书,据其口诉之词,从实书写。"

希望从诉状中去除捏造之词的情绪,时常从各地方官对官代书的要求中表露出来。包括刘衡在内的四名巴县知县在任期间,都有这样的例子。各位知县的方法有所不同。朱凤樑(道光二十八年至二十九年在任)要求官代书必须注明亲自撰写(或者校订)诉状的标志。在他任职巴县期间,诉状上代书戳记的左侧写有"代书稿"的字样。[5] 胡汝开(咸丰七年在任)要求官代书清楚写明起诉人是否亲自来到官代书的办公处所提起诉讼。与朱知县一样,胡任知县期间,也要求在诉状中代书戳记的左侧写明:"××(起诉人名称)来作(请求官代

---

[1] 翁祖烈实行的考试方法是命题令作示谕,见(清)翁祖烈:《宦游随笔》,卷一,第40页b,东京大学东洋文化研究所藏。大概地方官不同,考试内容也有所区别。

[2] 李渔属于前一类型。参见(清)李渔:"论一切词讼",收入(清)徐栋辑:《牧令书》,1848年出版,卷十七,第13页a,加利福尼亚大学洛杉矶校区东亚图书馆藏。

[3] 民国《巴县志》,台北学生书局1967年据1939年影印版,卷六。

[4] 参见《巴县档案》,6-3-6141。在《淡新档案》的两起案件中,官代书卷入纷争,不得不以书状向地方官提出辩解。见《淡新档案》,22706、22407。在《巴县档案》中,也有官代书乱用戳记而被诉的例子。见《巴县档案》,6-4-3083。

[5] 《巴县档案》,6-3-2388。朱凤樑因精于政务,施政公平、严格受到奖赏。见民国《巴县志》,台北学生书局1967年据1939年影印版,卷九,第16页a。

书写诉状）。"[1]知县董淳（嘉庆十七—十九年在任）为了排除任何第三人参与诉状撰写，特地在衙门前预备了铜锣，让人有事需要起诉时敲打。[2]

然而必须指出，从嘉庆到同治的七十年间，在巴县任职的知县中，仅有四名官员具有这样的明确意识，这显然属于官员中的例外情况。他们四位为了避免被可能存在的捏造之词所迷惑，坚持要求得到案件无关人员没有参与诉状制作的保证。这种理念所含有的意味是：知道事情如何发生的是起诉人，只有起诉人自己的口头说明，才被确信是没有虚构的真实情节。

可是，在长达七十年之久的时间内，大多数巴县知县都没有留下从诉状中努力排除故事要素的痕迹，尽管当时许多的官箴和幕僚手册都警告说诉状中一般都含有虚构内容。排除案情无关人员介入诉状制作的这一理念，促使各地实行了官代书制度。而在官代书制度实行之后，仍有官僚对这一理念非常执着，只不过，这些官僚已是地方官中的例外。

我们在下一节中要考察的，是在起诉人没有读写能力的情况下，虽有根据起诉人口头叙述而由官代书直接书写诉状的规定及理想，但南陵县和淡水、新竹地区无读写能力的起诉人，拿着完成稿或草稿去见官代书却不成问题。

四、"做状"条目的启示——制作者的线索（一）

《淡新档案》所收的官方诉状用纸中，有"做状"这一应填项目。[3] 该项由官代书填写，以说明诉状是否由盖戳记的官代书所写。诉状用纸开头的"做状"项目中，如果填写"自稿"、"自带稿"、"自稿自缮"（意即"[起诉人]自己写状"），则表明诉状完全按照起诉人带来的完成稿而写就。如果填写"自稿缮便"、"带稿缮便"、"自带稿缮便"（意即"自己带来稿子而由官代书加工"），则意味着诉状是起诉人自己拿来稿子而由官代书进行修改，最后以官定的形式成型的。[4]

---

〔1〕《巴县档案》，6-4-1488、6-4-1971、6-4-3780、6-4-3821、6-4-3837、6-4-5361、6-4-5362、6-4-5363、6-4-5370、6-4-5372、6-4-5430、6-4-6617、6-4-7714。青阳县（安徽省西南部）案件记录中包含的诉状（光绪二十九年）也显示，诉状底稿被带来到官代书处。"来稿"之语，写在诉状首行之下。可能青阳县知县魏某这样向官代书明确要求过。见安徽省图书馆所藏《清代政府文件十件》（2-38646，根据通用编号引用）中的"青阳县诉讼案件"。

〔2〕民国《巴县志》，台北学生书局1967年据1939年影印版，卷九，第8页a—第8页b。实际上，董淳在任期间的案件记录，不同于将诉状置于文件之首的通例，而是首先以当事人的名单为开头，概要记叙起诉人口头起诉的情况。例如，《巴县档案》，6-2-4421。

〔3〕嘉庆到同治之间的《巴县档案》所收的官方诉状用纸中，除了刘衡在任的两年，没有"做状"这一条目。刘衡任职巴县时所用的标准诉状用纸中，在代书戳记的上部有记录"做状人"姓名和"引来人"（意即"将起诉人带给官代书的人"）姓名的地方。可是我在四川省档案馆查阅的案件记录中，却发现只有一起案件(6-3-6141)先记明了"官代书"，再写了起诉人（"亲身"）。在《太湖厅档案》（日本国会图书馆藏）的诉状中，虽有"做状人"的条目，但未见有记入的例子。

〔4〕滋贺秀三："淡新档案的初步认识——诉讼案件中所见文书的类型"，载《东洋法史的探求——岛田正郎博士颂寿纪念论集》，创文社1987年版，第257页。

南陵县案件中"做状人"一项使用的用语体系,与前述《淡新档案》有所区别,其"来稿"、"写就"、"书写原词",与《淡新档案》中的"自稿"、"自带稿"、"自稿自缮"均指称同类内容(即"[起诉人]自己写状")。"代书来稿"一词,与《淡新档案》中的"自稿缮便"、"带稿缮便"、"自带稿缮便"所指内容相同。除此之外,《南陵县档案》中,还出现"代书口词"、"依口代书"、"依口述"一类的词语(意即"起诉人口头叙述基础上由官代书加工")。[1] 我想,这第三类用语应相当于《淡新档案》中的"便稿"、"缮稿"、"缮便"(意即"[官代书]制作")。在这里,清代官僚对口头表达的直接性——也就意味着对故事不加变更,保证排除第三者的介入——的执着非常明显。[2]

实际上,"(官代书)制作"一类诉状,只占《淡新档案》中全部诉状的1%。值得注意的是,纵观《淡新档案》所有的"刑事"、"民事"案件,至少有80%的诉状,是由官代书根据完成稿或草稿而写就(参照附录)。官员们几乎都不再执着于口头表达直接性的理念。可能地方官在发现诉状中的虚构成分非常有害时,能根据"做状"一项找到确认虚构诉状责任人的线索。刘衡就主张,如果起诉人的口头供述与诉状内容不一致,就要询问官代书谁是起诉人与官代书事务所之间的联系人。[3]

正如"做状"项目所显示的那样,就连地方官和地方衙门,也基本承认诉状由起诉人和官代书以外的人员所制作的现实。这样一来,清代不会读书写字的人们就用两种方法制作诉状,一是向官代书口头陈述而由官代书来书写诉状,二是由其他有读写能力的人写状。如果是后一种方法,起诉人则要将诉状的完成稿交给官代书,请求其在上面盖上代书戳记。如附录中所显示的那样,19世纪台湾的诉状制作,主要采用后一种方法(80%)。

就《淡新档案》中的许多案件而言,诉状在被交给官代书之前已经基本完成,官代书戳记显示的其他内容可以补充证明这一点。官代书戳记常常被盖在各诉状的开头部分。《淡新档案》诉状的戳记中显示的出生地名,是台湾移民来源的三个大陆地区,即泉州、漳州及粤(广州)。[4] 淡水、新竹的各名代书,本来是负责为大陆出身地的起诉人、也就是与其方言相同者的起诉人写诉状。可

---

[1] 《南陵县档案》,L46-1-91、L46-1-92、L46-1-93、L46-1-94、L46-1-95、L46-1-96、L46-1-97、L46-1-98、L46-1-104、L46-1-105。与《淡新档案》不同,我所能阅读的《南陵县》档案中诉状仅有三十份,所以无法算出各种用语的分布情况。

[2] 裕谦也是如此,徐栋纂辑的《牧令书》中所收他的《再谕各代书牌》有同样固执的表现,见该书卷一八,第5页a—第5页b。

[3] (清)刘衡:《理讼十条》,收入(清)徐栋辑:《牧令书》,1848年出版,卷十七,第34页a—第35页b。实际上,如前页注[3]所言,在他任巴县知县期间的诉状用纸上,有"引来人"一项内容。

[4] 粤这一地名指称广东地区,在《淡新档案》的诉状中,用来统指客家人的大陆出身地。

是到了后来,这种服务的分工不再严密。例如,在19世纪末的文书中,起诉人明明是客家人,却由泉州籍的官代书加盖戳记。

艾马克的研究(Mark Allee)揭示,原有运作方式的涣散,是台湾社会经过了"语言上的混合",官代书逐渐能够理解自身语言之外的其他语言后而产生的结果。[1] 的确,在清代的台湾,作为语言上的少数者的客家人,与来自福建闽南地区的移民交谈之时,必须使用闽南语。[2] 因此,有时客家人的官代书能够理解闽南语,但作为语言上的多数者的闽南人的官代书能理解客家语的情况却不太可能存在。绝大多数诉状都是由官代书在基本成形的稿子上完成的,因此语言的交融就不那样必要,于是因言语形成的分工日渐涣散就成为自然之事。象征移民社会之台湾的盖戳规则,后来虽已废弛,但在当初也体现着诉状由官代书根据起诉人口述而制作的理念。

五、诉状的叙述性要素——制作者线索(二)

一般诉状具备的基本特征是,在对案件进行具体性记述中,往往强调起诉人的正直善良、被诉方的邪恶,以及写上打动地方官使其相信的道德格言。另外,一般的诉状,都以请求地方官采取具体行动为结尾。这样的套路结构,毫无例外含有某种情节模式以及诉讼术语和套话。

本文开头所引的那份巴县诉状非常典型地说明,诉状的基本格式中有以下构成部分。首先,以四个或八个汉字叙述案情,并向地方官提出具体的行动请求作为正文的开始。这段告知是希望能获得地方官的注意,因此,这里的术语词汇往往夸张而危言耸听。然后,诉状继续写起诉人是如何善良并遵纪守法。文本的中间部分,则是从案件开始到起诉人遭受怎样的残酷经历(例如,被恶毒殴打而致身负重伤这样的事例很多),一般对重点内容进行夸张的讲述。对被诉一方则通常采取诽谤性的陈述。在文本尾部,则以请求地方官采取具体的行动作为诉状的结束语。

---

[1] Mark Allee, *Law and Local Society in Late Imperial China: Northern Taiwan in the Nineteenth Century*, Stanford: Stanford University Press, 1994, p.158.

[2] 清代的台湾,是汉人移民和原住民居住的帝国边疆地带。从离台湾最近的福建和广东迁来的移民,在整个清代时期不断进入台湾。由于语言和生活习惯的不同,大陆来的移民大致分为两个集团,也就是闽南人与客家人(来自广东和福建西南部)。可是,在移民初期(1685—1791年),清政府视客家人为海盗的温床,因而禁止他们移居台湾。结果,较早移居台湾的闽南人就占据了肥沃的低地,而后来的客家人只得定居在相对山地化的贫瘠地区。客家人自称为古代北方中国人的子孙,在语言和生活习惯上保留自己的独立性,因此在历史上曾经是被迫害的对象。在台湾,客家人仍然保留了其独立的传统。客家人不与先入住的闽南人社会融为一体的态度,致使清代台湾闽南人与客家人之间经常发生血腥的争斗(械斗)。关于台湾汉人的移民过程,参见John Shepherd, *Statecraft and Political Economy on the Taiwan Frontier, 1600—1800*, Stanford: Stanford University Press, 1993。

（一）情节的构成

诉状使用扣人心弦的语言，尽可能生动地展现案情，并按照时间顺序将情节讲述出来。起诉人往往因对方出乎意外的邪恶行为而"惊叹"（"知骇"、"知异"）。他们的惊讶，用"不料"、"不意"、"岂料"、"讵料"这种明确的表达，来渲染戏剧性的效果。再加上"殊"、"切"、"突"、"竟"、"惨"等副词，也频频被用来描述对方超出常规的残酷行为及其结果。对方的极其恶毒行为则用"胆"、"敢"、"胆敢"等描述，结论自然是不法、邪恶、暴力、残酷。

夸大其词的语言被充分地运用，形成了固定的故事模式。在这类模式中，起诉人总是正直善良，被诉方则是邪恶者，常常寻找机会诬陷诚实之人。起诉人由于被诉方的不良企图而在很多情况下成为对方"团体暴力"（"朋殴"）的牺牲品。有时，被诉人的企图不能一次得逞。通过"说理性的调停"（"理剖"、"理说"），近邻及在场者介入案件，然而被诉方的谋划又进一步付诸实施。在许多情况下，遭受暴行的起诉人，"幸"被亲邻们"力救"、"拖散"、"解救"。结果，起诉人只能采取诉讼手段而向维护道德与法律的地方官提出诉状。因此，地方官在多数诉状中所看到的，就是在情节细节上有可能相互替换的故事。

（二）语言的措辞

在诉状中，描写人及其行为的部分充斥着陈词滥调。在开头所引《巴县档案》的诉状中，能看到起诉人描述自己时总是用到此类套语，如"忠朴良民"、"素守法纪"、"毫无过咎"。并且，为了强调起诉人的善良本性，还经常补充说，（起诉人善良的事实）这一带的人全都知道（"通乡共知"）。

描写纷争时，被诉一方必然是"惯于诈磕"、"害人无厌"的"恶棍"，这些"痞棍"惯于"平白抬诬"。被诉方名字前面所加的形容词，总是诽谤性的语言——通常为两个汉字（有时为四个汉字）的套话。与诉状开头的格式语一样，这些套话一般由"恶"、"凶"、"棍"、"痞"等中伤性的汉字组成。

陈词滥调的其他例子，在临近诉状最后的位置也会出现。就如在情节结构部分所见到的那样，许多诉状中包含有起诉人遭到对方严重殴打的记述。故事最后以强调起诉人受伤严重、饮食困难（"饮食不进"）而收尾，或明或暗地表示，起诉人濒临生命危机（"恐有不测"）。在诉状结束之前要求地方官采取具体行动的部分，往往要用到"法"和"情理"决不允许对方邪恶行为（"法纪不容"、"情理难容"）的口号性套话。

当然，套话的使用频率因不同的诉状而有差异。有的诉状满纸都是描述被诉方抽象性质的抽象性套话，有的诉状则更多地用到具体描写被诉方行为的套话。在无法叙述详细情节时，为了恰当填补诉状用纸的字格，要依靠过于抽象的陈词滥调，因而可能导致情节欠缺具体性。

六、诉状制作的材料——制作者的线索（三）

在实际诉状中，使情节具有戏剧性的术语和套话被按照恰当的安排，填写在诉状的各个细节之中，很多故事顺着有互换可能的模式化情节展开。诉状中所用语言的相当一部分，都由陈腐的套话和术语构成，结果形成文言和白话混杂其中的文体。多数的固定套话是人们平时使用的日常用语，可是在帝制中国后期，被称为"讼师秘本"的诉状写作手册不断被人悄悄刊印出来，里面写满了诉状中能够使用的语汇、固定表现方式的清单以及情节范例。

现在能够看到的讼师秘本，几乎都遵循一定的规格。[1] 每页分为上半部（通常不超过整个页面的三分之一）和下半部两部分。上半部多数排列着两到四个汉字组成的术语（"硃语"）。这些术语，按照犯罪类别和政府六部名称（户、刑、兵等）分类。术语清单中的词汇，描写被告的"邪恶性质"（多用两字术语表达），并且对他们的"残酷行为"进行包装加工（用四字术语表达）。按照六部分类的术语，通常把发生的全部事件进行加工后置于诉状开头。以犯罪种类来分类的术语，作为可供选择的例词，则对被诉方的性质和行为进行中伤性的描述。一般置于诉状文本最后的、请求地方官采取特定行动的"恳求语"，也包含在术语清单之内。

"讼师秘本"各页的下半部，根据犯罪种类满满地排列着诉状文书的实例。在许多清代的"讼师秘本"（原型为明刊本）中，每类例子都由三篇文章组成一套范本，即诉状（"告"）、对此的答辩状（"诉"）以及最后由地方官对案件作出的"批"。如夫马进所揭示的那样，带有攻击性、中伤性要素的词语清单，可能是制作诉状的有用道具。[2] 另外，诉状例文是各个独立的司法案件，这可能有助于诉状作者参考被收在各种犯罪类型中的描述性例文，对于既适应实际案件又进行夸张叙述（或者有时就是完全捏造）的写作目的很有用处。而在捏造故事时，诉状制作人自认为有效的例文则在秘本中信手可得。

一旦确定了诉状向哪类文本展开，实际的作者参照"讼师秘本"，很容易就

---

[1] 笔者参照的讼师秘本有《新刻校正音释词家便览萧曹遗笔》（明刊本[1614年序]，加利福尼亚大学洛杉矶校区东亚图书馆藏）、《新刻法笔惊天雷》（清刊本，东京大学东洋文化研究所藏）、《新镌法家透胆寒》（补相子，清刊本，东京大学东洋文化研究所藏）、《新刻法家新书》（吴天民、达可奇，1862年印行，东京大学东洋文化研究所藏）、《刑台奏镜》（即《新刻法笔天油》，清刊本，东京大学东洋文化研究所藏）、《新刻法家萧曹两造雪案鸣冤律》（清刊本，田涛私藏）、《鼎锲金陵原版按律便民折狱奇编》（乐天子辑，明刊本，加利福尼亚大学洛杉矶校区东亚图书馆藏）、《新镌订补释注霹雳手笔》（明刊本，加利福尼亚大学洛杉矶校区东亚图书馆藏）、《新刻摘选增补注释法家要览折狱明珠》（明刊本[1602年序]，加利福尼亚大学洛杉矶校区东亚图书馆藏）等九种。其中《刑台奏镜》与《法笔惊天雷》内容完全相同，《折狱奇编》与《折狱明珠》内容基本相同。

[2] 夫马进："讼师秘本《萧曹遗笔》的出现"，载《史林》第77卷第2号，第157—189页，1994年。

能得到故事的模型。实际诉状中的故事情节,比"秘本"中的要长。"秘本"中的典型故事,作为简洁的原型发挥功能,它是诉状作者根据实际案情而进行不同操作、描写更为详细情节的材料。

如开头所引的巴县案件所明确表明的那样,即使是没有什么大不了的寻常吵闹,也会转变为诬告、敲诈、对身体的危害等方面的丰富叙述。实际诉状中所写的故事,远比"秘本"更长更复杂,诉状的作者们,或许要参照"秘本"将若干不同原型相组合,从而编织出更为戏剧性的故事。

清代法律也为诉状作者们提供了情节原型的线索。光绪十四年(1888年)发生的某起案件,与"夜无故入人家"的禁令很一致,展示了故事制作的实例。在七月二十九日提出的诉状中,贡生郑重主张,同月二十七日,他从为叔父们经营的花园返回途中,遭到郑义及其一伙党徒十余名的殴打,从而负伤。[1] 可是,八月一日郑义提出的答辩状,讲述的却是完全不同故事[2]:二十七日半夜,郑重不知何故进入郑义的家中,被郑义的佣人陈讲出门撞见。因不法侵入而受到责备的郑重,竟然以手中所持武器袭击陈讲。幸亏郑义的叔父们听到陈讲的呼叫声而把他救下。

这一案件,后来在当地乡绅的主持下以和解而销案。他们向地方官提出的情愿和息的书状说,郑重与陈讲素来不睦,二人在街头发生口角,结果两人都负伤以致起诉。现在,二人都为冲动导致的诉讼感到悔悟,约定不再发生争执。[3]《淡新档案》对这起案件的纠纷原因和和息的叙述,与本文开头所引的诉状讲述的故事惊人得相似。向地方官请求和息的故事,造成看起来煞有介事的效果,这说明可能有一种跨地区的情节模式。当然,两者也可能都是实际发生的事件。

在清代,有一类以歌谣形式促使法律容易记忆的出版物。在那种书籍中,法律规定的犯罪类型以及应适用的刑罚,被以每行七个字的诗句形式予以表达。[4] 这类出版物,不仅让官员及其幕僚易于记住业务中所必要的司法知识,而且使得社会上任何一个有读写能力者都能根据这些歌谣轻易地理解清律的内容。甚至连目不识丁之辈也可背诵听到的诗句,从而获得清律知识。

这里所引《淡新档案》的答辩状的作者,一定对所涉清律的内容非常熟悉。这类人物,算是比较接近诉讼专家。与此相对应,在《淡新档案》另外一起案件的某份诉状,试图引用实际并不存在的"例",而将孙子均分财产的行为予以正

---

[1]《淡新档案》,32214-1。
[2]《淡新档案》,32214-8。
[3]《淡新档案》,32214-15。
[4] 例如,《大清律例精言辑览》(李毓如,1888年印行,东京大学东洋文化研究所藏)、《读律一得歌》(宗继增,1887年印,东京大学东洋文化研究所藏)。

当化。[1] 通过这篇诉状,一种对法律不怎样清楚、更像外行的作者形象浮现出来。这是因为,有了前面所述材料中整理的术语清单和可能发生的事件种类,只要是勉强能够读写的人,就可以据此写出简单的诉状。

七、实际诉状的作者们——"讼师"再考

在帝制中国后期,"讼师"或"讼棍"这一词语,是用来指那些以诬告为目的写作诉状、使诉状充满夸张和虚构的职业性诉讼包揽人。如最近的概括性研究所表明的那样,这些"讼师"、"讼棍"们,在官方文件、官箴、幕僚指南以及白话小说中,被描写为以包揽顾客的诉讼手续为职业的有害的诡辩者。[2] 夫马进从官方的敌对性描写退一步,论述了清代地方司法制度决定民众诉讼之时讼师存在的必要性,而从"讼师秘本"序文中,则可以发现讼师伦理的存在。[3]

据夫马进的研究,讼师多半是生员等初级功名拥有者。[4] 官府文书和白话小说等史料,总是强调"讼师"的狡诈才能和违法行为。也许是现实中那种人的活动特别引人注目吧。确实,很多放弃举业的生员向起诉人提供了关于案件的建议,提供文书方面的帮助,这成为他们糊口的工作。如夫马所揭示的那样,帝制后期的中国社会,很多资料都记录了被称为讼师的诉讼专家存在的事实。

夫马进指出,科举答案中的标准文体"八股文",在写作模式方面与诉状非常相似。在夫马进看来,科举答案与诉状留给读者(前者的场合是考官,后者的场合是地方官)的印象,都是在有限的篇幅内用固定的套语和特殊的术语体

---

[1] 《淡新档案》,22609-34。艾马克认为,专营诉讼者提供的业务也有水平的差异。见 Mark Allee, *Law and Local Society in Late Imperial China: Northern Taiwan in the Nineteenth Century*, Stanford: Stanford University Press, 1994, pp.178—183。

[2] 夫马进:"明清时代的讼师和诉讼制度",载梅原郁编:《中国近代的法制和社会》,京都大学人文科学研究所1993年版,第437—483页;夫马进:"讼师秘本《萧曹遗笔》的出现",载《史林》第77卷第2号,1994年,第157—189页;夫马进:"讼师秘本的世界",载小野和子编:《明末清初的社会与文化》,京都大学人文科学研究所1996年版,第189—238页。以及 Melissa Macauley, "The Civil Reprobate: Pettifoggers, Property, and Litigation in Late Imperial China, 1723—1850," Ph. D. dissertation, University of California, Berkeley, 1993; Melissa Macauley, *Civil and Uncivil Disputes in Southeast Coastal China, 1723—1820*, in Kathryn Bernhardt and Philip C. C. Huang, eds., *Civil Law in Qing and Republican China*, Stanford: Stanford University Press, 1994, pp.85—121。

[3] 夫马进:"明清时代的讼师和诉讼制度",载梅原郁编:《中国近代的法制和社会》,京都大学人文科学研究所1993年版,第437—483页;夫马进:"讼师秘本《萧曹遗笔》的出现",载《史林》第77卷第2号,1994年,第157—189页;夫马进:"讼师秘本的世界",载小野和子编:《明末清初的社会与文化》,京都大学人文科学研究所1996年版,第189—238页。

[4] 夫马进:"明清时代的讼师和诉讼制度",载梅原郁编:《中国近代的法制和社会》,京都大学人文科学研究所1993年版,第437—483页。

系构织而成。[1] 从诉状的叙述性要素可以看出,识字阶层共有的文字表达习惯,在写作诉状时也表现出来。将定型化的表达方式组合编排进行写作,是接受初级教育之后的文字表达习惯。具备读写能力的人们深受初级教育的熏陶,他们搭配使用常见套语和"秘本"清单中的诉讼术语而进行文字表达的技巧,被用于诉状书写时表现出一种叙述上的策略。

科举答案与诉状之间的相似,主要表现于写作技巧方面。实际的诉状与运用八股文的科举文章不同,它是用简明浅显而半文半俗的混合文体写成。[2] 即使不能运用精炼的文言文的人,也能写出文白夹杂的文章。生员一类的识字阶层,与很早就结束了写作训练的更下层识字阶层相比,为数不多。在帝制后期的中国,初级教育中的写作训练,毕竟是以培养男子写作八股文能力而使其掌握高超的文字表达能力为目标。夫马进所言的近似性,其揭示的事实是,就连不会写作八股文的识字阶层,也能够使用从初级教育中学得的写作模式对专业术语和套语进行搭配组织。

如夫马进对"讼师秘本"的研究所揭示的那样,只要有一定程度的读写能力,无论是谁,都能模仿材料中所教的案例写出诉状。[3] 换言之,写作诉状的行为,并非为官方和知识分子留下的资料中所蔑称的"讼师"这样的诉讼专家所独有。

"诉状是由那些拥有能掩盖事实和隐瞒地方官的语言组织能力的法律专家制作",对于这样的理解,我们必须重新思考。在清代,以秘本为主的诉状制作材料广泛流传,参照这些材料,不是法律专家的人也很容易写出诉状。考虑到实际诉状的语言及语言操作的简易,认为写作诉状的是拥有高超写作能力的司法专家"讼师"的这种旧印象值得怀疑。从具体诉状的文体和语言表现来判断,诉状的作者显然不一定都拥有精炼的文言文能力。那么,这就产生一个问题,实际诉状的大多数,是真的由那些被看做是"诉讼专家"的人们制作的吗?

显然,诉状不是由那些地位很高的官僚和知名学者制作。实际上,诉状不就是那些以读写能力糊口、不被人注意的"普普通通的"识字阶层所写的么?在他们之中,或许有的就被国家贴上"讼师"、"讼棍"的标签,但在诉状的纸面上,不会看到他们的活动。他们在初级教育和参加科举考试的准备过程中,虽

---

〔1〕 夫马进:"明清时代的讼师和诉讼制度",载梅原郁编:《中国近代的法制和社会》,京都大学人文科学研究所1993年版,第437—483页。

〔2〕 "讼师秘本"之一《法家新书》,强调诉状语言不能太文言化,也不能太通俗("凡词讼不可太文亦不可太俗")。见(清)吴天民、达可奇:《新刻法家新书》,1862年印,首卷,第3页b,东京大学东洋文化研究所藏。

〔3〕 夫马进:"讼师秘本《萧曹遗笔》的出现",载《史林》第77卷第2号,1994年,第157—189页。他引用了崇祯十二年(1936年)出版的余健吾《治谱》中的叙述:江苏、浙江、江西、湖广的诉状几乎都是参照"秘本",而由"流浪者及占卜者等"("流棍卜算者")所制作。

然受到了一定程度的古典教育,但因各种各样的理由(屡试不第、家境贫寒等)放弃了举业,于是就发挥自己的读写能力代作各种文章,以应付日常生活所需,可以判断,正是这样的人物,制作了大多数的诉状。由于他们没有成为著名学者、官僚及乡绅的现实机会,在这个意义上,他们就是社会的"下层识字阶层"。

这些下层识字阶层,是指那些在职业(固定职业或者兼职)上要求有一定写作能力的广泛人群,即所谓的讼师、衙门中的胥吏、风水先生、算命先生、村塾教师、幕僚、出版业工作者、官代书等[1],其中可能包括一些有低级功名(童生或生员)者。这些人中的任何一类,都是运用读写能力,为不识字者代作契约、遗嘱、书信等文书而谋生的人们。[2] 读写能力的增强是明代以降帝制中国后期的特征,科举带来的教育普及和商业化进展支撑着这种趋势。[3] 能够读书写字者被科举或商业化带来的职业(出版业等)所吸收,结果像上面列举的那些要求具备一定读写能力的职业在城市和乡村广泛涌现。[4]

对于某一个人来说,他有可能同时兼营这些业务。应顾客的要求代写诉状的,正是各种类的下层识字者。在《淡新档案》中,就有两起命案的诉状是由占卜师(算命先生)制作。[5] 据夫马进的研究,起诉人接受审问时,总是倾向于回答他们的诉状是由那些不知姓名的流浪占卜师写成的。这是为了隐瞒讼师的真实身份而事先约定好的。[6] 不过我们也应充分考虑到,在现实中,一个会读书写字的人,为了适应顾客的要求,也可能会同时提供占卜师及诉状代作者两种服务。[7] "讼师"这一称呼,是在官员认为诉讼中的策划服务超出了能够容忍范围的情况下,给这些会读书写字之人所贴的标签。

---

[1] "下层识字阶层"这一概念,不包括账房、店铺店员、客栈经营者、行商等不太要求文言能力的人。官代书则因进行实际诉状原稿的写作而被包括在内。《淡新档案》的诉状中所见"(起诉人)自己书写而经(官代书)加工"这一类别,也意味着官代书在对诉状进行形式化整理的同时,还参与了诉状实体内容方面的制作过程。

[2] 从 20 世纪初成都生活的详细叙述中可以了解到,占卜师("算命先生"、"算命子")常常在不识字的穷人的请求下为其写东西或为他们读老家的来信。参见傅崇矩:《成都通览》,巴蜀书社 1987 年版,第 460 页。

[3] Elman and Alexander Woodside, eds., *Education and Society in Late Imperial China*, 1600—1999, Berkeley: University of California Press, 1994.

[4] David Johnson, Andrew Nathan, and Evelyn Rawski, eds., *Popular Culture in Late Imperial China*, Berkeley: University California Press, 1985; Evelyn Rawski, *Education and Popular Literacy in Ch'ing China*, Ann Arbor: University of Michigan Press, 1979; Benjamin Elman, *From Philosophy to Philology: Intellectual and Social Aspects of Change in Late Imperial China*, Cambridge, Mass: Harvard University Press, 1984.

[5] 《淡新档案》,32103、32104。

[6] 夫马进:"明清时代的讼师和诉讼制度",载梅原郁编:《中国近代的法制和社会》,京都大学人文科学研究所 1993 年版,第 470 页。他引用了"雍正朱批谕旨"和《长沙府志》。

[7] 光绪三十二年(1906 年)和宣统三年(1910 年)的两份京控记录都写到,在起诉人赴京途中,姓名不详的占卜师("测字")为其写了诉状。见《民政部档案》,中国第一历史档案馆藏,611、619(根据通用编号引用)。

这些人的例子在实际案件记录中有所表现。光绪二十二年(1896年),巴县发生的一起案件中,一名年老的童生供称,他年轻时因为无知,曾经犯过为他人代写文章("替人作文")的罪行。为了表示深刻反省,同时也为了避免处罚,他的措辞经过修饰,其所谓的"作文",可能就包含了为他人代写诉状[1]。没有功名的男性下层识字者制作诉状的确切证据,在光绪三十三年(1907年)大兴县(临近北京)发生的"现审"案件中也能够见到[2]。这类案件中有位具备读写能力的安徽籍男子,以前在刑部从事记录("贴写")工作,后来在探访局任书记,他就因为制作夸张的诉状而被逮捕[3]。

还有一件非原始案件记录。嘉庆十八年(1813年),在云南省昆明县的某起案件中,有位拥有读写能力的七十岁男子,因代他人写作诉状而被逮捕并受到讯问。他在听了五名顾客对事情经过的说明之后,提出了建议:若将事情就照原样写下来,官府会视为微不足道。之后,他写成了含有夸张和虚构内容的诉状。据供称,他在官代书考试中屡次名落孙山,由于生活过于贫穷,以至靠代他人写诉状而谋生[4]。他在作为内容概要的标题中用到的词汇"纷众凶殴"、"捏欠图诈"、"逞凶殴伤"、"抗租霸田"、"霸占房屋"等,是与"秘本"中的术语清单并不完全一致的词汇,可是也有部分一致和相似性的表现。如此看来,他在代写诉状的时候,或许就参照了"秘本"。

另外,鸦片战争后留在广东的西方人这样描述官代书的作用:

> 有时候,代书在其雇主案情不重的情况下会编造故事,甚至会向顾客提出"激怒(诉讼)对方,让其对你进行殴打"的建议[5]。

此处所说的是官代书的作用,与我们所理解的讼师的作用相一致。这并不意味着所有的官代书都会向起诉人提供建议,但是从事诉讼顾问业务的官代书大概也会有吧。

在这里,我想从职能方面理解提供诉状制作服务的人。诉讼咨询并不意味着全职的工作,而只是一种应人们要求制作诉状的业务。我认为帝制中国后期

---

[1] 《巴县档案》,6-6-6267。

[2] 《刑部档案·河南司》,中国第一历史档案馆藏(本文引用的是刑部河南司审理的"现审"案件,根据通用编号引用),15320,李培之的供述。关于《刑部档案》所含"现审"案件性质的问题,参见唐泽靖彦:"在口述和书写之间:清代裁判文书中供述词的文本性质",载《中国—社会与文化》第10号,第212—250页,1995年。

[3] 关于六部衙门的"贴写",参见雷荣广、姚乐业:《清代文书纲要》,四川大学出版社1990年版,第89页。

[4] (清)伊里布:《学案初模续编·代作词讼》,1881年版,东京大学东洋文化研究所藏。伊里布是曾在19世纪前半期担任过云贵总督的高级官僚。

[5] Thomas Meadows, *Desultory Notes on the Government and People of China and on the Chinese Language: Illustrated with A Sketch of the Province of Kwang-tung, Showing Its Division into Departments and Districts*, London: Wh. H. Allen and Co., 1847, p.122.

有两类诉讼服务人员存在:第一类自己和外界都承认的真正的诉讼专家;第二类虽然不是诉讼专家,但因其从事的职业要求具备一定的读写能力,因而也提供诉状制作服务的下层识字者。[1] 夫马进所详细考察的讼师中,两者是混在一起的。[2] 就像从实际诉状中的叙述性要素所看到的那样,很多诉状都是后一类人所写,考虑到这些人口在社会中的比例,后者人数应该更多。

多数民众可能会雇用那些在业余时间代写诉状的诉讼服务者,因为琐碎的非专业性工作,并不要求有高超的文言文水平,所以服务酬金也比诉讼专家要低。[3]

八、结语

套话的普遍使用、模式化的情节组合、从讼师秘本借用词汇,这使得诉状的作者们未必需要精炼的文言文运用能力,他们从标准的词汇清单中选择语汇就可以完成工作。这些"下层识字者"从事"诉讼服务"的业务之际,看来是有意识地将实际真实的陈述整理加工成诉状中的故事。然而值得怀疑的是,被编织进诉状中的虚构性要素,能使诉状中的叙述达到获得地方官信任的效果么?事实上,把这些要素从诉状中排除的地方官非常稀少,换言之,几乎所有的地方官都觉得没有必要去做那样的努力。描写被诉方行为的套话在很多诉状中反复出现,就像包含殴打情节的故事所显示的那样,这种语言使用方式导致故事模式的固定化。套话的普遍使用,使得诉状中所叙述的故事本身也像套话那样变得相似,定型化的情节模式被过多地使用,于是形成了许多相似的老套故事。

"下层识字阶层"对汉字进行各种各样的组合,制造出新的术语体系和套语,这样一来,他们就能对故事的细节进行确切的恰当描述。"讼师秘本"提供了如何进行虚构和夸张的范例,让以起诉人口头叙述和被加工之前的模式得到发展,因而使故事有了充满暴力和不妥当行为的可能。尽管如此,下层识字者在文学艺术上的能力毕竟有限,实际诉状中的语言表达呈现出模式化的倾向。这是因为,他们的写作训练没有超过初级教育阶段的水平,故而在语言构织方

---

[1] 黄宗智认为,在城市中为前一情况,而农村中则为后者。参见 Philip C. C. Huang, *Civil Justice in China: Representation and Practice in the Qing*, Stanford: Stanford University Press, pp. 163—165。

[2] 夫马进有关讼师的成果,尽管有纠正官员描述的"恶毒"讼师形象的意图,但其中还是有一些例子,将有关诉状制作的史料用语和价值观的原貌反映出来。多数情况下,被官僚和知识分子贴上"讼师"标签的人,并不是专业性的诉讼专家,而只不过是以代写文书维持生计的下层识字者。

[3] 作为一种现代的情景,在张艺谋的电影《秋菊打官司》中,出现了女主人公请求代写文书的老人为其写诉状的场景,而该诉状中也将含有殴打情节的纷争夸张为杀人未遂。1995 年夏天,我在安徽省合肥市亲眼看到在市邮政局门前摆着桌子,提供代写书信、诉状、契约等业务的代写者。他们书桌前垂挂的纸上,写着代写业务的内容。

面还不能达到向创造性的文字表达进行转换的程度。

　　大概由于频繁地接触某种程度上固定化的情节模式,地方官们几乎都不必对混入诉状中的那些虚构性内容感到过于厌烦。地方官们阅读诉状,派衙门中的吏役鉴定伤情、传唤当事人,他们只是为了实行应对措施而下达命令,然后又等待处理结果,然后再次应对,这是最为常见的态度。正是由于对各个案件持这一态度,因此,地方官多半不必因为绝大多数诉状中出现的虚构和夸张而懊恼不已。

附录:《淡新档案》的刑事、民事案件在"做状"项目上的数目和比率

表1 《淡新档案》刑事、民事案件中诉状的数目

	SD	SD,E	C	NIS	NINS	I	计
刑事	562	110	9	160	169	21	1031
民事	1197	148	21	278	247	60	1951
总计	1759	258	30	438	416	81	2982

资料来源:《淡新档案》
表中代号的意思:
SD:(起诉人)自己写状("自稿"、"自带稿"、"自稿自缮")
SD,E:(起诉人)带来稿子而由官代书加工("自稿缮便"、"带稿缮便"、"自带稿缮便")
C:(官代书)制作("便稿"、"缮稿"、"缮便")
NIS:没有制作人的信息,但盖有代书的戳记
NINS:既没有制作人的信息,也没有盖代书的戳记
I:诉状损坏严重,看不到"做状"项的内容

表2 各类"做状"项目的比例

	SD	SD,E	C	NIS	NINS	I	计
刑事	54.51%	10.67%	0.87%	15.52%	16.39%	2.04%	100%
民事	61.35%	7.59%	1.08%	14.25%	12.66%	3.07%	100%
总计	58.99%	8.65%	1.01%	14.69%	13.95%	2.71%	100%

(小数点后第三位数被四舍五入)
资料来源:《淡新档案》

　　NINS的数值,可以计入自己写状的数目。这类诉状是未用专门诉状用纸写成、没有盖代书戳记的申请。这种情况意味着诉状是由起诉人自己或某个能有读写能力的人写成。因此,由起诉人自己或某个有读写能力者制作的诉状的比例是:刑事案件70.9%,民事案件74.01%,刑事与民事总计72.94%。无论哪一种形式(完成稿或草稿),起诉人或有读写能力者写成的诉状数值,都能够

包括"(起诉人)自己写状而由官代书加工"这一类别的数值。因此,起诉人或有读写能力者写成的成稿或草稿的诉状比例,至少(因存在 NIS 问题)是刑事案件 81.60%,民事案件 81.60%,刑事与民事总计 81.59%。在《淡新档案》中,至少也有 80% 以上的诉状是由起诉人或某个有读写能力的人以某种形式写成。

(初审编辑:尤陈俊)

被掩盖的声音
——从一件疯病京控案探讨清代司法档案的制作

李典蓉[*]

Suppressed Voices:
An Analysis of Qing Judicial Documents
from a Madness Capital Appeal

Li Dianrong

内容摘要：清朝虽然提供给社会一条申诉冤屈的合法渠道——京控，但是京控案件从呈诉到审理的真实度，并没有因中央的介入而得到升华。原告会在呈词里运用策略，力求诉讼被中央受理。而从州县到省府，地方官员掌有对司法文书的书写权力，他们也会使用各种策略来平息诸多的呈控事件。本文通过对一份京控文卷的解析，探讨清代官方与民间在司法文书写作上存在的问题，并且分析这些问题对清代司法档案造成的可能影响。

关键词：京控 疯病 臬司档案 司法

清朝州县基层司法的缺陷，制度的不合理设计，以及政府无法对书吏与差役进行有效的管理与控制，是导致司法审判无法公平有效运作的原因之一。百

---

[*] 史学博士，中国政法大学法律史研究院讲师，电子邮箱：tumense2001@hotmail.com。

姓若要对地方司法机关的不公审判进行自救,除了按照审级上控之外,也可以采取叩阍与京控两种途径直接向中央申诉。

京控者或为申诉冤抑,或为利用京控翻案,目的各异。他们主要的理想都是引起官方的重视从而得到重新审理的机会,因此,有的原告对提供给中央的呈词可以说是费尽心思,文章结构不亚于官府公文。但清朝的京控制度,在嘉道朝后,被设计为受理后发回地方各省交由督抚审理,之后再交由各省督抚成立的"发审局"审理。这样的作法,严重影响了京控制度在监督地方司法公正运作的功用:案件打回地方审理,无疑是使得"官官相护"的地方官员重新成为案件的审理者,并再度将这种"对上负责"的处理模式,反映在梳理上控案件事实的文书里。

史料是研究者研究论点的基础,特别是目前研究清史者,几乎是"无档案者不成书",但是如果过度倚赖某一档案,不对照其他来源的档案与史料,有时候也会产生误解。笔者企图透过对一份京控文卷的解析,探讨清代官方与民间在司法文书写作上存在的问题,并且分析这些问题对档案造成的可能影响。

一、罪罚定谳的嚆矢——州县初审

包世臣曾云:"自理民词,枷杖以下,一切户婚、田土、钱债、斗殴细故,名为词讼。"又云:"自斥革衣顶问拟徒以上,例须通详招解报部,及奉各上司批审,呈词需详覆本批发衙门者,名为案件。"[1] 在清朝,决定徒以上案件的审判结果,有两个重要的关卡:第一是州县的初审,第二是臬司的审拟。无论是自理词讼还是重大案件,州县都必须作出批示、判决或审拟意见,州县的文案,因此占据了最关键的地位。

州县对案件审拟的判决,第一关键在"呈状"、"告状"。官员的批词也十分重要,"初报宜慎",如果得当,有时片言便可息讼。黄六鸿曾建议州县立定状式,"状刊格眼三行,以一百四十四字为率"[2] 根据学者田涛整理的清末黄岩诉讼档案状式来看,该地区民人呈告户婚田土细事或是轻微刑事案件,似乎大体依照状式书写,所填字数通常是一百到三百余字不等,是以案情之外的浮夸修辞不多。但也有的人通过"补词"来进一步申诉冤情。

官方颁布"不准理"条款[3]来审核呈状是否可以受理。如果呈状不合状式,或是情节有支离不合之处,并且有违律例规定,官员便可以批驳不予受理。许多流传于坊间的官箴书,都劝州县官员不要轻易受理呈状。首先是因为"无谎不成状",在官员心中,对于告状者本身就有先入为主的偏见,认为他们受了

---

[1] (清)包世臣:《安吴四种》,台湾文海出版社1968年版,卷三十二。
[2] (清)黄六鸿:《福惠全书》,台湾九思出版有限公司1978年版,第138页。
[3] 《大清律例会通新纂》,台湾文海出版社1987年版,第2923—2924页。

讼师的指导或唆使。如果是告家庭纠纷细事,通常很可能会被视作惹是生非之徒,官员因此或是批驳不理,或是批回请亲邻调处。对于具有某些特定身份的人员,如生员与监生等有功名者,审核会更严苛。但为了避免官方的"不准理",呈告者往往费尽心机经营情节文字,以求图准受理,反而让"图准不图审"的恶风加剧。

地方官员一旦决定受理民人呈词之后,即传唤问案。一般问拟罪案,以初招为主,写立招状,又以口供为审判的主要依据[1]。根据经过整理口供所定的审判结果,层层上转,经府、道、臬、督抚,直到刑部。口供中受到考验的,不只是对案件事实的铺叙,还有纪录人的"作文能力"。乡人的口语多为俚鄙之言,有时两造对证,你一言我一语,错综复杂,没有良好的听力、辨识能力、记忆力等,是很难胜任这项工作的。且官员在堂讯时,未必能够记得呈讯时的细节,如果纪录者有意朦弊,就会影响到判决。

供词在司法文书里的地位,足以影响原被告的定罪与否。因此供词的写作方法备受地方官吏重视。王又槐论"叙供",直将供词当作八股试题来做:"作文者,代圣贤以立言。叙供者,代庸俗以达意。……作文以题目为主,叙供以律例为主"。除了要注意起转承合,还需注意"埋伏照应"、布局运笔等[2]。换句话说,写文章得草拟大纲,写供词亦应如此,必须注意前后铺叙,提纲挈领。再者,要注意叙次,"先地保而后邻证、及轻罪人犯,末则最重之犯。"[3]这是采取将可靠的证词先放前面,如此给上司一个先入为主的提示,也给自己的判决提供正面例证。

官员以口供为凭据写下"看语",又根据看语拟定"叙招",即撰写招状[4]。看语拟罪则据《大清律例》,"有例须照例,无例方照律,其所犯例与律俱无正条,则用比照法,合应比照某律比照某例拟上请定夺,俟批允发落"[5],一般不至于造成州县官的困难。最后出具民人的"甘结",可增加供招状的可信度。一般州县甘结亦有书写格式,如:

> 具结状蒋德赠,今当大老爷台前,结得赠控吴显得等窝窃牛只诱禁殴抢等情一案。如讯有子虚,愿甘赔坐。所具结状是实。
> 光绪四年十二月□日具甘结蒋德赠(花押)[右食指][6]

---

[1] (清)黄六鸿:《福惠全书》,台湾九思出版有限公司1978年版,第147页。
[2] (清)王又槐:《办案要略》,收入《官箴书集成》(第四册),黄山书社1997年版,第774页。
[3] 同上。
[4] (清)黄六鸿:《福惠全书》,台湾九思出版有限公司1978年版,第138页。
[5] 同上注,第134页。
[6] 田涛、许传玺、王宏治主编:《黄岩诉讼档案及调查报告》(上卷),法律出版社2004年版,第262页。

出具甘结,意味着两造双方或其中一方对官方呈具供招的真实度与审拟结果作出保证。在京控案件里,如果审判官不想深究此案,只需取得一方(通常是原告)的甘结便可销案。在清代的档案里,有一部分京控者的理由便是州县官在初审时强逼甘结,心生不服而为此上控。也有京控者再度京控的理由是省府里的委审官员在京控发审后,依旧强逼勒结。因此,甘结未必能够完全代表原被告等当事人的意见,其实质意义可能逐渐流于形式,成为官方定罪定谳的程序之一。

由此得知,地方官处处讲究司法文书的写作技巧,并非是对民人负责,而是对上级负责。中国有两套法律运作技术:一套是解决纠纷,处理问题,另一套则是制作案卷、修饰案卷。[1] 州县衙门官员之所以认真地制作、修改案卷,主要是为了避免上级的批驳。黄六鸿云:"申详上司之案,未有不驳者。若系钦部件,愈驳而其案始可定也。"[2] 雍正皇帝曾经抱怨州县对口供案卷的"精心锻炼",只为了对按察司负责;按察司的详察,又是为了应付督抚;督抚精心修改,又是为了避免三法司的驳案。可说这些官吏的本意,并非"欲必得其情",只是怕被驳回、想早些结案。[3] 就京控案件来说,即使呈控成功,也必须回原州县调取案卷,案卷又是原州县所录,如此一来,形成一个非常有趣的循环。除非官员认真重审,否则为了节省时间成本,了解事件始末,岂有不看原卷的道理? 加上有的命案,尸体早已腐烂,官员不一定愿意重新蒸检,所依据的是原有的尸格,势必影响到上控覆审的判决。

美国学者步德茂(Thomas Buoye)阅览清代刑科传抄刑部题本留下的资料时,禁不住发出如此的感言:"在中国法制史上,清代秋审代表了司法管理划一和帝国对死刑审判的直接控制的顶峰。秋审并不是一个上诉程序,亦非对案情的重新调查或新证据的引入。罪刑在初审时便已不可逆转地被确定了。"[4]

二、呈告者的反击——京控

面对着地方官员"精心锻炼"下的文书,中央部门是否无法得到地方案件相关的其他信息? 不幸被地方官员扭曲是非的呈告者,是否还有翻盘的机会?

事实上,还有一个机会,就是利用中央政府逐渐合法化的诉讼渠道:京控。

承转到中央的司法案件,多半以题本与奏折两种形式保存,为了符合中央部门"定罪"需要,题本中的口供与情节已经过整理,而非单纯铺叙案情。而在

---

[1] 郑戈:"规范、秩序与传统",载王铭铭、王斯福主编:《乡土社会的秩序、公正与权威》,中国政法大学出版社1997年版,第543页。

[2] (清)黄六鸿:《福惠全书》,台湾九思出版有限公司1978年版,第138页。

[3] 中国第一历史档案馆编:《雍正朝汉文谕旨汇编》(一),广西师范大学出版社1999年版,第6页。

[4] [美]步德茂:"死刑与儒家的公平正义——中国传统法律有关宽宥的限度",张世明、朱玛珑译,载《清史研究》2006年第4期,第53页。

奏折里，督抚如果审办重案，会将与案件相关的传单、口供、书册等重要资料，一并上呈御览。军机处的月折包，即存有这些重要史料。京控的口供，在中央的档案通常比较难见。都察院将受理案件奏交皇帝，可以透过督抚回复的奏折里看到一部分口供。相较于其他上至中央的档案，京控呈词是比较容易得见的，包罗的内容也不限于重大案件。笔者搜集军机处档里的京控案件，除了军机处抄录的奏折录副之外，还包括附件。都察院与步军统领衙门奏折里多有附带民人原呈，督抚的奏折里则附有奏咨案件清单，皆为研究京控案件的重要史料。

京控与叩阍的呈词，等同上控者的"告词"状式。大体来说，民人的京控呈词多数结合了"告状状式"与"补词"两种申述方式，起首与结尾类似告状，但铺叙案情多带情感，亦有兼带自发议论者，字数更不限，少则一叶，多则九到十叶。都察院和步军统领衙门奏报时，会将原呈内容简写一次上奏皇帝，亦会附上原呈，但是经过内容简写，民人呈诉的情感，与原本阅来令人惊心动魄的内容，也会因此大打折扣。

在此举一份都察院奏折夹带的民人京控呈词为例：

> 具状詹荣翔年三十二岁，湖南长沙府益阳县民人，为谋毙两命，匿尸不验，蠹弊埋冤，号求奏办事。
>
> 民父魁百梗直，为人凡家庭有事，不论亲疏，秉公直剖，直道招尤，遂被一党横蛮之人嫉恨成雠，必欲谋死而后甘心。道光二十九年邑中连被水灾，人嗟鲜食，自将耕牛宰剥度命者甚多。本房横蛮之詹仁者，统率多凶，冲宅打毁什物，打伤民父母，口称境内黏有谣帖，指民次兄窃宰。伊系亲房，不能容隐。民父即云：若果窃宰，必有牛赃，必有失主出头，何得仅黏谣帖？况匿名谣帖，即控到官，尚不能准。何得该亲房无赃无据无失主，辄敢以匿名谣帖为凭，诬堕窃宰，统凶冲毁，丛殴伯父母，鸣族理论，族不能处。民父控县验伤，拘仁者等畏究串族。詹安宇等央和，愿具羊酒入宗祠陪俯外，补讼钱十二千，现交四千。安宇代书八千钱，期票寝事。民父执票，自三十年往取。
>
> 至咸丰元年五月初五日，安宇忽称仁者抗钱不兑，累伊受追，伊愤执其牛，交民父抵算，哄令民兄前往接牛。讵料做成圈套，甫接过手，即来仁者等夺去，此乃谋毙两命之根由也。
>
> 突初七夜，仁者等统凶数十，举火持械打门入室，睡梦中将民父暨次兄捆缚扛去，殴伤民母昏倒在地。时民以织布手艺在外工作，信赶民归，不知扛往何处。即星夜奔投甲族，天明族等回信云已溺毙，闻言同母赴县具报，奈距县城二百里，母年七十有四，家贫无钱雇轿，只得候附便船，滩干水浅，船重行，迟至十三夜方抵县城，十四日以捆殴溺毙事报。岂知仁者已由陆路先到县城，内外夤缘挥金打干矣，此乃通贿埋冤之始事也。

自五月十四日具报进去，一无批示，又无准与不准的信息，事已阴销。民母子每日赴县呼号，那些衙役只喊拏乌纱鞭赶了出去。拖延两个月，至七月十三方纔传讯。陈知县不问谋毙二命之情由，只云：天热路远难以下乡，你的父兄既系溺毙，何必相验？民即禀诉，称是听得户族说已溺毙，其实自初七夜捆去，至今并未见死尸情形，必求太爷下乡，押令交出尸身，则或系打死杀死，或系溺死，一验立明白的话，苦苦哀求。陈太爷又说那夜捆了扛去，必有见证，你要赶得见证来，若无见证，这命案就是假的。

我又禀诉云：那夜捆殴扛去之时，我不在家，我母被殴倒地，家中只有两个跛子，寸步难行，无人跟著，安知路上有谁见证？惟有与我屋左右住居的蒋高拔、詹鹏蓍看见多人举火，捆扛而去，亦未随往观看，也不知如何致死的。今若要赶往返有四百里程途，必须数日方到，天气炎热，尸已有了两个月。若再耽延，恐尸身腐烂，难已相验，不若求太爷下了乡，唤来讯问就是。

陈知县总不肯验，定要赶证。迨我奔回赶时，已被詹仁者等将蒋高拔等哄至别处隐藏躲闪，寻找不获。民情迫奔省，以擅杀二命事控府，批县速验，填格通详。我奉批回县请验，又不肯验。其时詹仁者等已落了县书曹嗣章的歇保家，以藉命图诈事诉了，县有曹嗣章包了，不验不办，因抄得仁者等的诉词，也说的是二十九年境内黏谣的话。

我想我的父兄若果有不法的事，则仁者等岂有不尽行诉出倾陷的道理，何得也只说黏谣起衅？其为我父兄并无别项歹事已明白了。若我一面之词，恐难凭信。今就仁者所诉败露显然，据称我父亲恨了我的哥子，誓要扭溺，因而连毙湖内等语。真正画蛇添足，自露端倪，其情已辩论在控抚院词内求披阅，既有诉词在，县官自应揣情度理、推敲严办，何得一味口称：那我不管！不知做知县官的不管人命，只管何事？不得已于九月十五日，以县不验命事，控巡抚衙门，直至十月初有了二十天，始行批示。我就归家措办饭食。

于是我纔回乡，遂有詹燕甫对我说，那夜数十人打起火把扛抬尔父尔兄，由此经过。闻尔父的声音喊我救命，我即赤身跑出挽拦，被詹仁者喊有五六人将我捉住，他们一声吆喝抬去了，致不能救等语，此又一证也。

更有胡永久对我说，他于初八日早看见多人，总在那山边来来往往，他也跟得出看。只见一铺晒簟将尔父兄的尸卷了，藏在茅草之中。此又一证也。

我即将此三人的话禀知陈知县，求他下乡相验，就近唤得此三人来讯问，就是确证。讵陈知县说我控院并未批验，仍要赶证来讯质，到腊月中方纔赶了蒋高拔、詹燕甫赴讯。不知曹嗣章如何嘱了陈知县，总不听证实之言,一味抵拦,威吓箝证之口,更将蒋高拔收押班房,百端凌虐。原差郭辉要我具结,方肯开释蒋姓,不然押在班房,朝无饭食,夜无被眠,值此大雪严冬,年逾六十,冻饿交加,蒋必死于班房的话,向我追迫。缘蒋本属赤贫,尚有八十五岁老母在家,只此独子打更活命之人。其押蒋高拔原属串通,逼我具结之计,我不肯结,陈知县又要我赶詹瞿氏去。

  腊二十六日我奔归赶瞿氏,讵知原差郭辉等窥我不在县城,告知署内忽唤我母,讯供时值我跛子四兄到城扶母上堂,被曹嗣章怂恿陈知县勒令出结,将蒋开释。今曹嗣章给路费钱六千外,超荐票钱三十千,埋冤了局。可怜人生在世,父子兄弟乃属天伦,今我父兄突遭横蛮之人捆去,致死尸不得见,官不肯验,被一县书把持埋冤了局,父兄之冤不能伸,我复何能留性命在世上?何以仰头见天?何以当面见人?生固难以对亲友,死亦何以对祖宗,更何以见父兄于地下?倘坐在家中日日见了母亲号哭,我又何以安身?情迫至此,只得匍匐来京叩求,俯赐核察情弊。……事关紧要,为此上叩。[1]

  虽然没有直接证据证实此篇呈词是否经过讼师的指点,但这篇呈词实在精彩,普通的乡野小民的确作不出来。首先,呈词起首用了"四字硃语"[2]:"谋毙两命,匿尸不验,蠹弊埋冤"。硃语犹如一篇文章的题目,有破题之用,叙下文字随题而生,为了让官员受理,大多数呈诉标题看起来都很耸动,如争水纠纷作"强占水塘",财产继承作"罢吞继产"[3]。京控呈词开题亦如官员奏事一般,言称为□□□□、□□□□事。在□□□□之中,可填入:"图赖朦详"、"正凶漏网、冤沈莫伸"、"聚众焚抢"、"贿塌朦弊"、"谋买田地"、"串捺埋冤"、"埋尸灭迹"、"浮收勒折"、"延绅不究"等诸如此类的硃语。硃语虽然看来耸动,但也确实起到了一眼可直接联想案件背景原因的效果。

  该呈词起首铺叙父兄之聪明良善,于地方素有名声,并安排案发时间与背景因素,只不过于詹仁者结仇一段,让人有些迷惑,如果只是一般家族记恨,何致于张贴匿名揭帖陷害?接着,笔锋一带,带出原告其父究县一事,将阅稿者的目光带至导火线上,点出谋毙两命之根由。再下来,设圈套、绑架溺死等情铺叙得历历在目,点出通贿埋冤之始事。继而铺点县令如何不验不办,如何要求人证,人证又如何被恐吓,县书如何给钱了事。其痛哭一段,犹如戏曲里的祭词,将冤情带入了最高潮。像"身幸如见天日,冤得痛陈"[4]这样的充满情感的呈

---

[1] 台北故宫博物院藏:《军机处奏折录副》,第084702号。
[2] 如明万历年间出版的讼师秘本《折狱明珠》中,即收有"六律硃语",如吏条硃语即有"贪官孽民"、"虐官害民"、"奸吏怍法"等。
[3] 田涛:《被冷落的真实——新山村调查手记》,法律出版社2005年版,第35页。
[4] 台北故宫博物院藏:《军机处奏折录副》,第054678号。

词,在官员文书里是很难感受到的。

京控成为一个常态诉讼渠道并且被统治者所认可,主要是在嘉庆朝。当时嘉庆皇帝为了清除地方因和珅等人所鼓弄起的贪渎歪风,开放民人京控。始料未及的是,过度的开放使得每个月的案件堆积如山,造成中央与审案官员的高度负担,但嘉庆皇帝是无法废除京控,也无意废除京控,毕竟京控的意义是来源于自古以降统治者开放给在下位者的渠道——直诉。

尽管京控给了没有任何政治背景与势力的百姓一个申诉案件的机会,地方官仍然有许多应对的办法,其中之一就是对原告提出的证据百般刁难。如民人张荣翔呈词内称"陈太爷又说那夜捆了扛去,必有见证,你要赶得见证来,若无见证,这命案就是假的。"这段文字透露了几个信息:

第一,审判时是非常重视人证的,没有人证,无法取得完整的口供,上报很容易被驳回。人证不齐,也经常成为寻常案件与京控案件不办不审的主要借口。

第二,根据清例规定,"其有实在刁健坚不承招者,如犯该徒罪以上,仍具众证情状,奏请定夺,不得率行咨结。"[1]又规定,"若犯罪事发而在逃者,众证明白,即同狱成,不须对问。"[2]因此,如果众证确凿,即使找不到尸首,詹仁者一样可以被定罪。无论该县官是否受贿,有意搪塞,无意管理,他要张荣翔去找证人来衙门作证,尽管是推诿的借口,也是一条方向。但之后衙门听不听证人说词,又是另一方面的事了。

第三,如果受理了京控案件,在缺乏人证的前提下,案件可以无限延展。京控档案内有一堆官员的迟延名单,但延迟的惩处,对大多数的地方官员似乎没有多大影响,官员可以使用许多方式来规避。

京控案件中利用人证不到作为不审不办借口的情形并不少,如道光十七年(1837),江西贵溪县民周进发,赴京呈控杨发茂等攒殴伊兄周惟三身死并贿嘱刑仵减伤,周进发自称在本府呈控二十余次。被告杨发茂经过官员盘查后被发现有过前科,曾因致伤无服族叔杨学元成废,被问拟流罪。回乡之后,因周惟三任教的家主黄文良与杨发茂等有宿怨,周惟三不肯帮忙陷害黄家,杨发茂遂带族人砍杀周惟三致死。这份档案最后的判决是:杨发茂被论以共殴人致死律拟绞,周进发牵控差役,照申诉不实律,杖一百。但江西巡抚对于周进发在呈词里自报向地方衙门呈控多次却不被受理的回答,居然是:其实周进发并没有呈控这么多次,才十四次而已。而且府并非不结,只是等待提证。[3] 更有官员怀疑

---

[1] 《大清会典事例》,台湾文海出版社1966年版,卷739。
[2] 《大清会典事例》,卷738。
[3] 台北故宫博物院影印:《宫中档道光朝奏折》(第3辑),第39—42页。

案件里有讼师唆使或是企图牵累者,因此下令无庸"多传人证,遂其扰累之心。"[1]

由于没有搜集到其他的档案,我们无法得知张荣翔一案的最终结果,也无从得知究竟张荣翔铺叙的可怕情节是否为真,但部分京控呈告者的呈词结构完整清晰,善于埋伏线索,前后呼应,并强化自身冤屈,亟力彰显被告之恶、己身之善,确实能引起阅读者的高度同情,得到由中央介入、重新打开审理之门的机会。机会的开创,并不意味着呈告者胜诉的几率可以因此增加,只是在原有诉讼渠道备受阻扰的情况下,京控也许是成本最低廉、伤害也较小的方法。

三、一件疯病京控案所引发的猜想

清人管同于《送朱干臣为浙江按察使序》言:"刑狱之事起于县,申于府,转于道,而定于臬司,以上达于刑部。臬司曰生,则其人不得而死,臬司曰死,则其人不得而生。"[2]这段文字说明了按察司在司法审判程序里的重要地位。按察司承担了徒以上案件审转的重要职责,亦为中央与地方司法文件汇集之处,因此该级档案的研究价值极高。但由于地方各级档案的散失,目前收集京控案件最为集中的地方还是在中央,地方衙门的档案由于清末社会的动荡,多数毁于兵火或遗失,以致今日清朝地方衙门的档案的典藏量,跟清朝268年的统治完全不成比例。笔者在国家图书馆出版的《清臬署珍存档案》里看到了一份原存湖北按察司的京控案件全宗,非常可贵。案件卷宗总计有:呈词、黏单、呈控者甘结、都察院的咨文、臬司批委谳局的批文、给督抚的呈文、知府的禀文、供招、会讯供词、证词、甘结、原详、抄片稿。案卷内容十分丰富,实为珍贵文献。虽然只是一地一案,多少能呈现出晚清京控案件的审理情形。

这是一起关于疯病误控的案件,不算大案,但是笔者在阅读时,发现了不少有趣的问题。

光绪八年(1882)七月,咸丰县文童李在铨指派他二十三岁的堂弟——在北京以运车为生的李在庠为抱告,京控乡人魏德崇等"挟忿串害、蒙蔽耸抄、罪及无辜",用的是四字砆语。这份呈词,据抱告李在庠最初的说法,可能是李在铨自己所作。

(一)原告李在铨的说法

首先,李在铨介绍了自己的出身与家庭背景:他今年三十一岁,住在湖北施南府咸丰县。其父为贡生李右春,生有弟兄四人,分居多年,但"各守严训,未

---

[1] 全国图书馆文献缩微复制中心:《清臬署珍存档案》(五),全国图书馆文献缩微复制中心2004年出版,第1925页。

[2] (清)盛康辑:《皇朝经世文续编》,台湾文海出版社1983年版,第4363页。

敢妄为祸延"[1]。这是清代生员呈词一贯的作风,必须要自言安分守己。

接下来,李在铨开始阐述京控的远因:咸丰八年(1858)时,他的父亲李右春在地方上兴办义学,被武生魏德馨、魏德崇弟兄霸占,李右春控告县府,与魏德崇等人此后生了嫌隙。光绪三年(1877),湖北各地有设立育婴局之举,李右春命令另一儿子李在镕在局值班,又遭魏德崇等人报复唆讼,创立育婴局之举又遭作废。李在镕与当地士绅徐正旭等二十一姓,连名上控总督,上控时黏呈魏德馨兄弟等要案五十件,两家由此挟忿更深。

两家仇隙的背景铺垫好了,李在铨又叙道:魏德崇于光绪七年(1881)五月,因原任知县卸任,改由一魏姓知县代理,魏德崇听闻知县也姓魏,便和义子(衙门差役)龚恩荣商议,想跟知县联宗认作叔侄,藉此长期盘踞衙门,包揽索诈。同年六月十五,有同姓不宗的李为德到该地贸易,离去时受汛兵盘查时,被搜出小钱二串后释放,魏德崇遂称李姓私铸小钱,汛官拿获不报,并牵连李在镕并李家合族四十余名之多,与合场铺户五十多人。魏姓知县并亲至丁寨传谕,问明地保甲绅士地邻人等,得知并无此事,并经绅士地邻人等各自出具甘结。[2] 李在铨又称,魏德崇昔年私开铜厂,尚剩红铜一千余斤,与亲戚秦毓璜合伙私铸,并邀李在镕入伙,借机陷害。李在镕没有答允,魏德崇又命秦毓璜串同堂叔利瓦伊栋租兄宅私铸,李在镕也一直没有答允。

原告特意凸显了魏德崇的恶,李家的善,并声明两家曾有积怨,埋伏了一条重要的导火线。事件的爆发点在光绪七年十月初九日,当日李在镕因岳父病故,夫妇两人皆去奔丧,十四日才回家。在离家期间,魏德崇暗中让侄子魏连封,将制钱模具放置在李在镕家宅后面的草堆中,并串通龚恩荣,说动知县带同并城守汛领兵差一百有余,先将其兄家财什物、猪牛抄抢一空,顺道掳走邻居孀媳,将兄同孀媳、孤子在银锁押入县。李在铨的弟弟在数里之外,亦被抄抢。龚恩荣又出示单据,上面开载了数十多人的姓名,吓诈堂弟在银(此人在此后的讯问中从未出面)、教李在银供认李在镕私铸铜钱,李在银年幼无知,随着龚恩荣教供招认。龚恩荣又持单带差多人,四乡抢劫,远近受害不计其数。李在铨自称冬月初旬归家,才知合家受害,想进县鸣冤,听说李在镕已被知府提走,随即赴府代兄具诉,被龚恩荣朦详舞弊,次年正月十九日督抚回文,命将李在镕正法。这就是李在铨京控的主因。

(二)中央最初的反应

李在铨在呈词内称因路途遥远,身弱病倒,才遣抱代呈。[3] 除呈词之外,尚有失物单与黏单一纸,上面开列被告人名。都察院受理了李在庠的呈词,并

---

[1] 全国图书馆文献缩微复制中心:《清臬署珍存档案》(五),第1912页。
[2] 同上注,第1913页。
[3] 同上注,第1917页。

咨文湖北巡抚,查过施南府的禀文后,发现呈词内所称李在镕即为李再镛,竟是已获哥弟会首匪杨登峻的党羽,这些人早就因为图谋不轨,毁制私铸,被拟斩决正法。都察院并于咨文内称:"此等刁告不过希图牵累,其风断不可长,合行札饬,札到该司,即便饬委廉明干练之员,带同原告前往咸丰县确切访明李再镛犯案并平日行为,调取该县卷宗,酌传该处保甲正绅讯取供结申司,由司查叙前案详候核咨销结,不必多传人证,遂其扰累之心。"[1]

（三）省府谳局的第一次提讯

此案首先移交汉阳府谳局审讯,官府认为案犯李再镛罪证确凿,打算先提抱告李在庠审讯,如能输服,即可取甘结咨销,免提人证。由施南府知府王庭桢,会同来凤县知县唐殿华、前代理咸丰县知县试用通判魏庆昭,审明录供。但是李在庠说要回家筹办盘费,随即消失不来应讯。[2]

谳局委员调阅从前施南府所录之李再镛口供,发现其称父母俱故,并无伯叔弟兄。但京控原告李在铨称系李在镛胞弟,抱告李在庠称系李再镛堂弟,与犯供不符。于是他们开始怀疑整件呈控皆为虚诬,必须到咸丰县传齐人证,否则不能对证。湖北巡抚遂令委员候补知县王金城前往审查[3],会同咸丰县知县汪曾唯,并要求将原告李在铨解到咸丰县。

王金城于光绪八年十二月初四日抵达咸丰县后,整个案件突然急转直下。邻保李右文首先出面,声称原告李在铨已经患疯疾"多年",现今疯病病情虽稍好,不致狂悖滋闹,仍属痰迷心性,语言无次,且他现在另患类似伤寒的病,病势甚为沉重,无法投到候讯。至于李在铨京控一事,邻人称系李在铨疯疾发作时,任意妄为,不可当真。委员又发现已经正法的李在镕虽然是李在铨胞兄,但早已出继疏远族人为嗣。其父贡生李右春前赴四川贸易,该家属之前得京控委提的消息,即已派人往四川将李右春叫回,估计李右春近日内可回到原籍投讯。至于被告魏德崇等则签称被控各情,均属凭空架砌,任意罗织。甚至当地绅耆证佐,"亦无不为被告诸人积口呼冤"。[4]

抱告李在庠的供词,更是一百八十度大转变。李在庠则称伊与李在铨本属无服族人,他向在襄樊至北京一带推车营生,上年送客到京,即有同乡友人带到李在铨一信,内封冤呈一张并信一纸,信内写明李在镕冤重莫伸,嘱咐李在庠在京代为呈递,如果一经解回原省,李在铨必赶赴省城备质。若得督抚审问,照呈叙情节供报即可。李在庠又自辩因不晓得李在铨是疯发时任意妄为,误信为真,是以照词投递。他原本以为李在铨必照信上所言立即赶到,所以问供时坚

---

[1] 全国图书馆文献缩微复制中心:《清臬署珍存档案》（五）,第1925页。
[2] 同上注,第1943页。
[3] 同上注,第1949页。
[4] 同上注,第1962页。

称不移,又以回家措办盘费为辞,企图延展,就是要等李在铨亲自到来。他实在不知李再镛是罪犯,也不知李在铨是疯子。王金城即向上级报告,称"施南距省实远,大半山愚贫民不特日食无资,而且旅费无出,无辜受此拖累,现已众供确凿,群恳免提解省,准予会禀咨销"。[1]

王金城又称虽然"案关京控,非寻常细故可比",但是案中被告魏连封、向俊白、滕光宇三名或年近古稀,或因病难行,仅将要证魏德崇、龚恩荣、秦毓璜、魏连珀、蔡大旺并抱告李在庠等六名押解起程。此时,原告李在铨之父贡生李右春由四川回籍,赴府衙门投到呈禀。案情看起来似乎越来越"明朗"了。

(四) 原告父亲与被告的第一次证词

李右春在投到后,称自己生有四子,长子在镒早故,次子在镕,自幼过继无服族兄李右森为嗣,三子在铨业儒未成,四子在铉年纪尚幼,早已分居,各过各的。而在镕因族兄将其娇养纵容成性,以致日渐非为,他本人曾向族兄提出警告,但终究不免酿祸。三子在铨,"素患疯疾",时发时愈,发时昏迷无知,到处滋生事端。李右春自称虽未遵例禀官,仍将其锁禁在家困锢密室,随时用心防范。至光绪七年春间,李右春赴四川贸易,临行时切嘱家人妥为看守。而想不到一年之内,一连发生了几件事:族兄身故、在镕为匪、在县属丁寨地方开炉毁制私铸、三子在铨京控。[2]

李右春又称当时李在铨疯病稍愈,不过"言语混乱",不至于滋生事端,家人念其终年遭人捆闭,遂任其行走自如。李在铨应该便是此时听闻在镕正法的消息。他神智迷糊,认为兄长是被人诬害,又自言自语说非京控不能伸冤。家人因其向来神智失常,对他的自言自语并不理会,因此也不知他何时私写呈词,连信寄给在京推车之族人李在庠代为呈递。由于儿子已疯,李在庠不知者无罪,恳请知府开释各人。[3]

在官府所写的禀词里,可以清楚地看到几点:

(1) 李在铨确实和李在镕(即李再镛)是同胞兄弟,李在镕还有素行不良的纪录;

(2) 李在铨素患疯疾,家人表明确实将其监禁锁锢;

(3) 所有的大事,都是在李右春一个人离家一年内发生的,而李右春本人丝毫没有提到关于李在镕曾与哥弟会党来往一事,仅说其日渐为非;

(4) 李右春提到呈词与信是儿子亲自所写,私自找人传递。

笔者虽然不敢轻易怀疑案件事实,但是看李在铨所写呈词,非但文理通顺,前后呼应,懂得对自己有利的写作方式,又清楚地开列失物清单,实不似一个心

---

[1] 全国图书馆文献缩微复制中心:《清臬署珍存档案》(五),第1965页。
[2] 同上注,第1969页。
[3] 同上注,第1970页。

神疯迷之人可为。且之前李在庠称李在铨亲自写信托人,按照官员的说法,此处皆为山愚贫民,在大山里,在交通不若今日方便的清朝,李在铨要如何托人将信送出?难道不是透过乡人或来乡之人传递?而当时乡人不知道他的精神已经出了问题么?如果是普通送信还罢,问题是这是一封关系京控的信。如果李在铨没有特地瞒人,一定要送到京城给李在庠,谁会愿意千里迢迢给疯子送信呢?

回到案件上,知府会同委员王金城调开始阅府县相关案卷,发现光绪三年虽有育婴堂首士徐正旭等上控魏德崇等主掌害公一案,但原告内仅有李右春名字,并无李在镕名字。[1] 换句话说,李在铨对于光绪三年时的事还非常清楚,而且父亲李右春确实和魏德崇有过嫌隙。因此李右春所说三子"素患疯疾",不知从何开始。而知府与委员,一致认为李在镕罪有应得,并将其称作"地方著名匪徒",李右春仅称其为匪私铸铜钱,在官府口中,李在镕变为"勾结会匪,制造军火,毁制私铸"的不赦之徒。并称当时官方在其家内,起出"私铸提钳五把,下钱铁瓢四把,渣瓢及操铜水扛各三把,穿钱亭子三十根,钱罐十八个,滥钱树铅钱树及钱模共八十余根,咒语书一本,长柄大刀、顺刀、鸟枪共二十六件,火药二十余斤,新铸小砂钱五十余串"等不法物件。

今日已经看不到李在镕被正法之前的原供与清单,无法得知李在镕被抓捕时的详情。但是哥弟会并非秘密宗教,乃是当时盛行于两湖地区的秘密会党。官方所云起出咒语书一本,除了误将会党作为"邪教"信徒之外,最为可疑的是:如果李在镕当真与会党有关系,如何只有"一本"咒语书?

知府与委员自称全卷内并无向俊白等人的控禀,既无禀呈则并未牵累。官方还点出,魏知县拿获该犯后,曾饬传李姓族人并合场铺户严清户口,各具切实甘结,不准窝留容隐,兴许便是控词所指:逼人出具供认李在镕私铸铜钱的甘结一事。但是官方坚称他们不可能纵容官兵抄抢,并认为"疯病诬告,究与平人有意逞刁挟仇诬控不同,李在庠虽代作抱讯,系远隔京省,不知李再镛实犯死罪并李在铨疯发情由,误信为真,致代逞递,亦属情有可原"。因此恳情巡抚销案[2],并将一干重要人等的甘结附上:

李右春的说法:

(我)生有四子,长子在镒早故,次子在镕怀抱时即已过继族兄李右森为子,更名在镛。三子在铨,四子在铉,耕种度日。贡生家自祖辈都是耕读,毫不非为。三子在铨读书没成,早年得染疯癫病症,时好时发,贡生在家管束锁禁空闲屋内,令派雇工看守不准出外生事。族兄右森因止在镛嗣

---

[1] 全国图书馆文献缩微复制中心:《清杲署珍存档案》(五),第 1972 页。
[2] 同上注,第 1978 页。

子一人,娇养纵容以致不务正业。这秦毓璜与贡生自幼交好,光绪六年十月,他曾向贡生告说次子在镕交结匪类,外面大有风声,叫贡生管束。贡生因已出房,怕族兄生疑,只向告知,并把在镕说了一顿。

到了**七年二月**,贡生约**魏德崇**一伴同到四川小贸去了没有回来,那晓得族兄李右森随即患病身亡,次子在镕更无一人管束,流入匪类,毁制私铸,并敢妄造军械火药,逞凶妄为。沐前县魏主访闻会营带同兵役来家捉获讯明,禀请正法,实是罪大恶极并没冤抑。那晓得三子在铨闻知在镕情事,疯疯癫癫说是被人谋害,要与他报仇,天天自言自语,家中人因他本患疯疾,时常如此没有理会,不晓得他于何时写就呈词,混捏一些情节,托那一个带到京中,交在京推车族人李在庠代为呈递。李在庠出门多年,不晓得实在情由并在铨患疯的事,误信为真,代为呈递。……在铨现又加患伤寒,病在垂危,贡生不忍这些人平空受此拖累,又怕审实反坐,才到案下代子投首,求恩销案免解的……李在庠与在镕实是无服族人,并没一字虚诳。[1]

李在庠的说法:

李在铨是小的族兄,小的于**光绪三年**随同父亲出门在襄樊北京一带推车营生,小的出门时在铨**尚在读书没有疯病**。八年四月,小的在京有一同乡人递到一信,内封在铨**寄到呈词等件**,说在镕被人诬害,虽已出继,究是同胞,不能不代为伸冤,要小的在京代为呈递,一经解回,在铨必赶赴省城备质,若蒙审问务照呈叙情节供报,小的因不晓得在铨是疯发时妄为所致,误信为真,就照词上赴都察院衙门呈递。前蒙解省,以为在铨必照信上所言立即赶到,致蒙委审衙门审问,小的矢口照供后,又着交原告。小的没法又怕说出真话误了他的事,就以回家措办盘费为词支饰延展,继蒙递回原籍才晓得在镕实是罪犯应死,并没冤诬。……小的实是误信代呈,现在后悔莫及,至小的前在省局供是在镕胞叔的子,是怕无干代呈致受斥责,一时起意捏饰,求念乡愚无知,并非有心冒充犯属作抱诬告,免予重办就沾恩了。[2]

被告魏德崇的说法:

咸丰县人,与李在铨的父亲李右春素相认识。他从前被人窃名,妄禀武生寿借义学公项钱文不给,又掌害育婴堂公事。已蒙前县讯明禀由前府**详销**,**两造以后和好没嫌**。至李右森继子李在镕谋为不轨,私铸小钱被拿

---

[1] 全国图书馆文献缩微复制中心:《清臬署珍存档案》(五),第1985页。
[2] 同上注,第1987页。

正法实是如何破案,武生并不晓得,那时武生同李右春结伴赴川并不在家,从何有捏串诬告的事?县差龚恩荣武生向不认得,武生由川回来,魏县主早经交卸,李在镛案已办结。李在铨染患疯病**多年**,武生是晓得的。今蒙审讯,武生并没出入衙门、勾串捏诬及伙同抄抢的事。**武生祖父从前曾开铜厂,距今四十余年,家中并没余剩铜斤**,实是李在铨因疯妄告,武生平空受累。现在李右春由川赶回代子投讯,求恩转禀免解,愿具甘结[1]。

证人秦毓璜的说法:

咸丰县人,监生,在西乡居住,离李在镛家有八十多里路,离李在铨家三十多里。李在铨的父亲李右春与监生交好多年,**那年**李在铨染患疯病,监生在李右春家闲坐看见李在铨胡乱打人,监生叫李右春把他关锁,免惹祸,他当时在房中乱骂,要与监生拼命。过后李在镛交结匪人,监生查知曾向李右春说过,李右春因已出继,不能管束。那时李在铨听见,疯疯癫癫说监生谋害他弟兄两人,监生并没理会。迨后李右春赴川去了,监生从此就没到他家中。七年十月,李在镛私铸犯案诬扳监生合伙。当蒙县主传同保甲绅耆查问明白,不与监生相干,现在李在铨又凭空把监生京控在内,虽是他患疯属实,监生无故屡被拖累,心本不甘,现在李右春已由四川赶回,蒙恩讯明,监生实是无辜受累,并因家贫路远,免予提解,监生顶恩愿具甘结。[2]

被告差役龚恩荣的说法:

小的充当咸丰县差役,向来奉公守法,不敢妄为。**七年十月十四日夜**,前魏主忽然吩示小的派人下乡,小的那时不晓得是到那里,一时又打探不出,只得遵示选派。魏主又帖请陈杨关李四位汛官拨带操防兵丁一同起身,魏主不准小的们一人上前,怕小的们走漏风声,请汛官同兵前行,小的们随侍本主后,**四更**时候走到李在镛家,小的才晓得是拿他的。当时李在镛执刀出屋抵拒,兵丁内已有两人受伤,大家奋力围捕才把李在镛捉住,其余多人都从后山逃走(笔者注:多人围捕仅捉到一名嫌犯似乎有些过于夸张),随到屋内**搜出私铸器具并军械等件**,小的奉本主吩谕,会同各兵护解回县,这是实在真情,前已在县供明。今蒙审讯,小的并没到过丁寨,也没伙朦笙抄乘势卷掳的事。[3]

(五) 填补时间空白的第二次供词

接着,委员又呈出第二批供词,这次多添了族保李右文等见证,强调原告是

---

[1] 全国图书馆文献缩微复制中心:《清臬署珍存档案》(五),第 1990 页。
[2] 同上注,第 1992 页。
[3] 同上注,第 1993 页。

疯子,并且提出了得疯病的确切时间:光绪五年。

李右文、李旺升:

> 据族保李右文供,年六十五岁现充户首,李旺升供,年四十七岁充当族内保正,据同供:……在铨读书没成,因<u>光绪五年</u>,忽患疯病废学,其病发时凶恶滋闹,就是好的时节,也不过不妄为生事,仍是胡言乱语痰迷不省。李右春早把他锁禁密室不许出外,七年春间,<u>右春</u>赴川贸易,右森病故,其已继出次子在镕即在镛,因父母均故没人管束,任意交接匪类,毁制私铸,并敢制造军器悖逆妄为,小的们住隔窎远,先不晓得。后蒙前县魏主访闻拿办并起出不法器械禀请正法枭示。那时访询才得知都是实在真情,乡民无不称快,族中也甚感激。不料在铨闻信疯言胡语,说是被人诬害,定要出首伸冤。家人以为素常如此疯疾均没理会,不晓得他于何时私自写就呈词,托人带到京中交在京推车营生的族人李在庠代为呈递。在庠出门得早,不晓得在镛实犯死罪,并在铨患疯情由,误信为真。[1]

先综合以上供词,基本可以勾勒出一些情况:李在铨三十一岁,与出继兄长李在镕可能尚有兄弟之情。他在光绪三年(二十六岁,李在庠约十八岁)时,并没有疯病纪录,所以对于父亲与魏德崇的诉讼有清晰记忆。根据族保具结,他是光绪五年间染患疯病的。李右春在七年二月,和"已经尽释前嫌"的魏德崇一起出门,但是魏德崇后来甚么时候回来,并未交代。而龚恩荣供称是七年十月十四日三更包抄李在镕家,在供词里,却未提到搜到甚么"咒语书"。这是有点奇怪的,破获会党,应为大功,何以不述?

在第三批供词里,众人的供词又增添了一些具体的细节,使得案情越来越"明朗"。魏德崇称是"八年冬月"由四川回家,此句在第一批供词里并没有详细提到。委员将这批供词上呈巡抚,并且将李在庠拟不应重律"杖一百",被巡抚批饬回来,批委员犯了技术性错误,不应重律应为"杖八十"。又云李在铨的京控情词,"似非疯者所能为,应妥协声叙,勿留罅隙以致部诘为要"。[2] 修改之后,还必须转总督批示。

(六)地方官员对疯子京控案的最终诠释

被巡抚批回后,委员又重新制作了第四批供词。在这批供词里多出了一些前所未有的话,官方在叙供里添入:"在镕听从匪首杨登峻指使,迭次抄抢烧杀,毁制私铸,谋为不轨。"[3] 李在庠的供词也改为:

> 八年四月,小的在京有一同乡人递到一信,内封在铨寄到一信件(第

---

[1] 全国图书馆文献缩微复制中心:《清臬署珍存档案》(五),第 1996 页。
[2] 同上注,第 2028 页。
[3] 同上注,第 2097 页。

一批称：内封在铨**寄到呈词等件**），说在镛被人诬害，虽已出继，究是同胞，不能不代为伸冤，要小的**在京代为作词呈递。另有两张纸写的一些冤情，字迹模糊，小的认不清楚**。将来一经解回，在铨必赶赴省城备质，若蒙审问务照呈叙情节供报。小的因不晓得在铨是疯发时妄为所致，误信为真，**就请不知姓名测字人教他按照情由代为作就状词**。[1]

此外，为了证实李在铨是疯人，又多添一段亲眼查访李在铨的文字：

李在铨时疫已愈，惟其疯发甚剧，狂悖逞凶，现已练锁闭锢密室，**因其身长力大**，恐难带同投到等情。查乐乡里距城六十里，(卑职金城)适有该里勘验另案，谕令原役押带李右春随同前往。(卑职金城)先赴杨岗将另案勘毕，于九月初九日便道亲诣李右春家，勘得前后两进住宅，再后另一院落中系天井，左右各有房屋，前后两间，左系厨房牛栏，右首前一间堆积木柴，草后一间房门锁锢，窗户封闭，墙上另开一洞，据李右春指称其子李在铨锁置在内，日由洞内递送食物。(卑职金城)随饬开锁入内验得李在铨赤身仰卧地上，遍体污秽，颈项两足各系铁链一根，锁带大石磴一个，发辫蓬散，似已剪落，大半**骨瘦如柴**，两目直视，神呆形痴，左脚高踞墙上，两手向空乱舞，口中喃喃不止，时笑时骂，不知所云，验毕，随即据情禀复。[2]

虽然这段文字读起来有点矛盾，前言"身长力大"，后叙"骨瘦如柴"。但是对于一个疯子的形象已经刻画成功。最后，巡抚在光绪十年闰五月的咨文终于成形：

据湖北巡抚彭，咨称咸丰县文童李在铨，遣抱李在㾿京控魏德崇等挟怨串害冤杀抄抢等情一案。此案李在铨于伊兄**李在镕投入匪首杨登峻党内，结盟拜会，听其指使**，迭次抄抢烧杀，毁制私铸潜谋不轨，经前施南府督同咸丰县讯据，供认不讳，照章就地正法枭示之案。并不知其系属罪所应得，辄以魏德崇等挟怨串害冤杀抄抢等词遣抱京控。本应坐诬，惟讯据其父李右春供系李在铨患疯痰迷，无知潜出妄为所致，核与平人逞习诬控者不同，且查验李在铨疯病属实，无从取供，既据其父代为首悔，求免深究，应如该府等所禀，拟宽免究坐，饬令其父严行锁锢，毋任复行出外滋事，李在㾿于李在铨央令作抱京控，虽不知李在铨已患疯病及李在镕犯法实迹，惟不查明实情，率行代为京控殊属不合，李在㾿应酌照不应重杖八十律，拟杖八十折责发落。武生魏德崇讯无挟怨串害情事，应与讯未捏报冤杀之县差龚恩荣，及并未抄掳私铸之民人蔡大旺，监生秦毓璜，均毋庸议，作词人不

---

[1] 全国图书馆文献缩微复制中心：《清臬署珍存档案》（五），第2065页。
[2] 同上注，第2053页。

知姓名无从拘究,无干省释,未到人证免提省累。[1]

这件案子,最终的牺牲者是无辜的李在庠,尽管对他的判决并不算重。

看到委员们为了避免部驳与牵扯前案,如此修正证人们的供词,不禁令人深深怀疑中国传统司法案件里,原、被告供招的可信度与真实度究竟能达到多少。

（七）对疯子京控案件的猜想

这件控案的原告,根据李在庠最初的原供,称李在铨写出了一份看似毫无疯癫迹象的呈词,又书明一封信,跟自己的族弟说明事件经过,甚至还叮嘱族弟自己一定会投到。他才相信,并且拿了呈词去都察院呈递。一个被众人称学习不佳,且"素患疯疾"（亦有称其患疯病多年者,由于李在庠称光绪三年族兄尚属正常,呈词内又有清晰光绪三年事,是以族保才给出一个确切时间:光绪五年）,居然能写出一份文笔锻炼,前后对应,埋有伏笔,在情在理,并且附有详细失物单与名单的呈词,实在令人匪夷所思。是以委员后来才于李在庠供词里多添一段"字迹模糊",请人代作之语,目的就是要释人疑窦:否则一个疯子,如何能写出如此文笔锻炼的呈词?

李在铨到底是不是真的已疯,单凭委员的采访,已经很难判断了。而根据乡亲的描述,假设李在铨真的有疯病,那他很可能是一个间歇性精神疾病患者,因为他的神智似乎并不是每天都失常的。那么有没有可能李在铨在写呈词时未疯,委员查验时才神智失常的?笔者认为这种可能性不能说没有,但是装疯的机率可能还高一些。还有一种可能,就是呈告者另有其人,他冒了疯子李在铨的名义,将呈词送到在北方拉车的李在庠手上,此人跟魏德崇等人可能有过恩怨,为了避免麻烦,以当地疯子的名义发信写呈,如此一来,官方查不到线索也不会扩大盘查。不过这个想法笔者没有证据,仅是揣测。

假设单究李在铨所控之案,是为了翻案,其所控情节真实的部分就是李在镕被捕正法,则李在镕案确实存在三大疑点:

第一,李在铨称魏德崇家中红铜一千余斤,欲栽赃陷害,魏德崇后来也承认家中曾经开过铜厂,但是现在没有红铜了。如果以前开过铜厂,那么是否不排除魏德崇家可能还有剩余的器具呢?

第二,按照《大清律例》规定:"凡私铸铜钱者,绞（监候）,匠人,罪同;为从及知情买使者,各减一等。"又规定:"凡各省拏获私铸之案,不论砂壳、铜钱,核其所铸钱数,至十千以上,或虽不及十千,而私钱不止一次,后经发觉者,为首及匠人,俱拟以斩候","凡各省拏获销毁制钱,及将制钱翦边图利之犯,审实,将

---

[1] 全国图书馆文献缩微复制中心:《清臬署珍存档案》(五),第2159页。

为首者拟以斩决,家产入官,为从者,绞决。"[1]根据律例规定,私铸铜钱、罪足以斩立决者惟"销毁制钱,及将制钱翦边图利之犯"。但是在官方的搜捕清单里,并没有看到有大量的制钱,仅说有"私铸提钳五把,下钱铁瓢四把,渣瓢及操铜水扛各三把,穿钱亭子三十根,钱罐十八个,滥钱树铅钱树及钱模共八十余根,新铸小砂钱五十余串"。所谓的钱罐里有没有存放制钱,单看这份档案并不清楚。假设李在镕当真有私铸铜钱的举动,也没有销毁制钱的直接证据。那么李在镕要被就地正法,必须得有更好的名目,这一点在官方档案中体现的,就是会党成员。

第三,若是李在镕当真和哥弟会有关,则其家中相关证物必不仅于此,何以官方仅开列一本和会党组织没有任何关系,倒像是秘密宗教经典的咒语书?如官员诬人为匪,不论李在铨是否为疯,李在镕是否为冤,当真要深究这三个办案疑点,则牵连的官员,恐怕不仅那位"魏知县"了。是以此案最好不办。李在铨实际上疯也好,不疯也罢,在档案里,他也不得不疯。在文书里先预定李在铨为疯了,那么拘提人证对质甚么的,便可以简单了事,这也是为何李在铨罗列了一干人等,最后仅有六人应讯。其中许多重要的要证,如被掳走的嬬妇、被强迫甘结的李在银,全部都没有出现。

笔者并不想随意论断案件背后的真实性,然而在阅览之时,官员将案件铺叙得越来越明朗,笔者却感到越来越迷茫。看到这样的口供,不禁让人深深怀疑,京控案件中所谓的"众证"是否有绝对的公信力?而京控案件中出现的"代作呈词者",有多少是真实的存在,又有多少是地方官员为了避免中央的怀疑而凭空捏造的?

要找到这样完整的京控卷宗并不容易,如果能有更多的史料留存下来,也许这些疑惑能得到一点解决。

四、疯病与豁免

清律对于疯病的规定主要体现在两方面,一者是针对要求地方官与家庭的管束规定,一者是关于疯病杀人的量刑标准。《大清律例》规定,如有疯病之人,亲属邻佑人等,如果隐瞒下来不报官,也不对他尽看守的义务,导致疯病之人自杀者,需照不应重律杖八十。若亲属邻佑人等已经报明官府,而该管官不严饬看守,以致疯人自杀或是疯人致杀他人,俱交部议处。此外,又规定疯病之人,如家中有严密的房间可以将疯人锁锢,亲属又可以管束,或是有患疯的妇女,俱报官交与亲属看守,并令地方官亲发锁钥严行封锢。如亲属锁禁不严,导

---

[1] (清)薛允升:《读例存疑》(重刊本),黄静嘉编校,台湾成文出版社1970年版,第1060页。

致疯子杀人者,将亲属照例严加治罪。如要开启锁钥,需等到病人痊愈不发,报官验明之后,再取具族长地邻甘结,始准开放,如不行报官,及私启锁封者,照例治罪。若并无亲属,又无房屋者,即于报官之日,令该管官验讯明确,将疯病之人严加锁锢监禁于官房,具详立案。如果监禁之后,疯病并不举发,俟数年后诊验情形,再行酌量详请开释,领回防范。[1]

再者,真正心神丧失、无法自我控制的精神病患,官府可以给予特殊的刑事"豁免权"。地方官遇有疯病杀人之案,经人呈报到官,得先取得被杀之事主切实供词,再取得邻佑地方确实供结,由官员验讯,如有假疯妄报的情形,法律规定:除凶犯即行按律治罪外,将知情捏报之地方邻佑亲属人等,照隐匿罪人知情者减罪人一等律问拟。如果疯子杀人,到案疯迷不能取供,即令地方官严加锁锢监禁,不必追取收赎银两。如二三年内偶有病愈者,该地方官讯取供招后,依斗杀律拟绞监候,入于秋审缓决。"遇有查办死罪减等恩旨,与覆审供吐明晰之犯一体查办,如不痊愈,即永远锁锢,虽遇恩旨,不准查办"。[2] 这样的规定,无形之中,让被诊断为疯病者即使痊愈,也得陷入承认痊愈还是继续装疯的两难。

笔者收集的 1000 件案例里,跟疯病相关者目前共有 14 件,呈控者被认定或怀疑有疯病共有 7 件,京控者自言先前被地方官诬赖为疯者有 4 起。在 7 件呈控者被认定或怀疑有疯病的案件里,一件是京控诅咒事件,一件是控告他人偷窃,一件是呈控他人冒支库项,一件是控告他人传习红阳教,一件是李在铨案,其他则是叩阍者被判定为精神错乱。4 起京控者自言先前被地方官诬赖为疯者,一件是母亲为亡子控告被诬指为疯颠,一件是牵涉白莲教,一件是京控知州,一件是叩阍者家属为被诬指为疯癫者喊冤。

根据笔者对疯病档案的理解,发现部分呈控者呈控的事件并非毫无因由与条理,不免怀疑起这些呈控者之所以被认定为疯病患者,可能有几种因素:第一,当事人心智可能真的迷糊,有精神疾病;第二,地方官为了避免某些案件无法销案,只能以疯病作结;第三,地方官蓄意给原告者套上疯病的帽子,故意开脱犯人,或避免事件坐大牵累自身或邻里;第四,原告者与亲属自身为了躲避灾祸装疯应对。

第一种因素是最难判断的,但在京控案件里,这些患疯病者都有一点特征,就是他们都能够找人代告或亲自赴京京控,并非完全丧失行动与思考能力。如嘉庆二十二年(1817),吴桥县民人任忠京控任学若等咒杀人命,官员称审讯时发现控告者任兆基素有疯病。因其母郭氏爱子情切,不肯报官将儿子锁锢,以

---

[1] (清)薛允升:《读例存疑》(重刊本),黄静嘉编校,台湾成文出版社 1970 年版,第 858 页。

[2] 同上。

致出外滋事，应拟不应重杖八十，身为妇女照律收赎，疯病者应照例交官。[1]道光二十五年（1845），告病回旗的原任福建蚶江通判聂车布，京控闽安营百总刘定杰冒支库项，后来官方称原告聂车布二十五年八月因疯病复发病死，免传人证。[2]

如果遇到难以解释的事件，为了销案，有时官方也颇感头疼。道光十五年（1835），乐亭县民人杨萼京控韩洪送祟，导致其母杨王氏等四命同时身死，仵作却捏造成自缢情状。此案确实有些蹊跷，杨王氏一家曾请当地的"法师"韩洪送祟，杨王氏不多久告诉王张氏，自称送祟之后，全家俱觉心神不安，应该是魅祟未净，尚须再送一次。于是再向韩洪询问送祟之法。官员询问韩洪详情，韩洪供称当地乡俗送祟情形不一，有用浆水浸以五谷杂粮，泼洒门外；有剪成纸人，出门焚化；有用五色钱并麻绳红绳等物，携至中途丢弃，名为接引，系接引鬼祟出宅之意。他听说王氏已用浆水泼洒门外，但仍没有效验，随口答以用麻绳三条，同五谷杂粮放入板升，再用红头绳一条放于上面作为接引，并用磁碗盛水，俟星辰合时携出门外泼弃，可以驱邪。至十八日时赵杨氏病重，又央求韩洪至家中送祟，杨王氏随命令赵银头去取麻绳，当日送完了祟。岂料赵杨氏、杨王氏、李闰氏、赵银头一家四人即于是夜，各用绳带在窗档及炕桌腿并圈椅上，投缳殒命。因该处风俗遇有妇人自尽，母家动辄打闹，为了避免滋事，仵作捏称病重，但验尸时，该氏家属称尸首身上有伤，杨萼无奈之下，于是京控。[3]

虽然此案的过程与结果十分悬疑，全篇奏折仍无法回答与继续调查她们集体上吊的原因。这个档案本来和疯病没有多大关系，笔者在此举这个例子，只是想藉皇帝的想法来说明一个问题：道光皇帝认为这个案件铺叙得太直白了，送祟等诡谲的情节难以令人接受，不禁批道："或写时宪书或写书本均无不可，不应任听书吏随便乱书，当明白晓谕若辈。"[4]这一段话是不是可以这么去理解：事实上，虽然在上位者普遍抱怨他们对地方事件的知情权被官员蒙蔽了，但如果直接让他们去接触脱序的社会事件，在上位者也未必会感到高兴，也许就是为了要维持一个安定的表面，以至于所有的官僚体系都花费无限心思与在无数功夫来粉饰公文。

许多牵涉精神力量的故事，很难用常规去解释的。Karl Mannheim曾经指出："官僚思维的基本倾向是把所有的政治问题化约为行政问题。"[5]传统官僚是无法越过他们的有限眼界与理性思考范围，去理解一些非理性的利益冲突。

---

[1] 参见台北故宫博物院藏：《外纪档》，第303000005号。
[2] 参见台北故宫博物院影印：《道光朝宫中档奏折》（第16辑），第510—514页。
[3] 参见台北故宫博物院藏：《军机处录副奏折》，第067550号。
[4] 同上。
[5] 转引自〔美〕孔复礼（Philip Kuhn）：《叫魂》（Soulsteslers），陈兼、刘昶译，台湾时英出版社2000年版，第300页。

不论是宗教问题,民族问题,官方只能用行政角度来思考,各种问题他们都必须化成合理的文字向皇帝禀报。在这样的逻辑下,以疯病替无法解释或是不能深究的问题作结,可能是最客观保险的方法。况且疯病可以突发,也可以伪装,也等于是可能会涉入政治问题的人民自保的最好方法。步德茂阅读了大量的刑科题本,深感州县官员对上级的"蒙蔽"是"孤注一掷且危险的行为",但是由于命案的当事人通常面对的判决结果是死刑,企图蒙蔽就不足为奇了。特别是地方上有组织的暴力与械斗,比起命案,地方官员对于集体的暴力与冲突事件更为敏感。[1]

在京控案件里,也是一样。不能排除上控者夸大的内容里仍然有几分实情,只要牵涉到州县以上的官员,这些案子大多数都难以全盘翻案。就现实而言,一个基层官员的考核是由上级的官员核定的,案子的审转也需要经过上级的许可。如果基层的官员被人控告,问题可能不仅止于基层官员,这件案子如果又缺乏有力有识的人支撑,也许便以诬告、申诉不实、怀疑误控作结,用疯病作结也是一种方法。如此一来,可以避免追究,原告等人也可以豁免于罪。当然,一切证供,还是由地方官员来决定如何书写。

五、小结

笔者在前文提到,地方官处处讲究司法文书的写作技巧,并非是对民人负责,而是对上级负责。今天能看到的档案,无论是题本、奏折、上谕档、起居注,都是运用公文式的书写技术写成的,有格式,有套语,要求合乎逻辑。现今被学者广泛使用的刑科题本,即使其中所透露的当时社会信息十分丰富,研究者也仍是忍不住会对这些"格式化"的杀人模式或是争吵模式心生存疑,原被告两造的声音,就在中央部门与皇帝的面前被淹没。即使仍能看到的官方档案里存有案件两造的口供纪录,这个纪录也未必全面符合当事人的心声,特别是重大的案件。因此,先不论京控的呈词是否是当事人亲笔所写,有无经过讼师的指点,京控的呈词,可以说是比较贴切原告的心声与诉求的。

官方压抑受理百姓诉讼的习惯,也影响到原告呈状的书写策略。这种策略,主要不是为了胜诉,而是为了"图准"。如果官员受理,意味着自己的平反就有一些希望。有的牵控州县差吏(先不论是否为真),也有为了博取同情,使尽各种内外手段让官员意存矜悯,甚至"添叙"某些情节,加强自己身为被害人的形象。换句话说,应该最贴切原告心理的呈词,都有可能被扭曲或伪造。

呈告者京控的主要目的,还是可以从呈词对案件铺叙排序来凸显,通常最

---

[1] [美]步德茂:《过失杀人、市场与道德经济——18世纪中国财产权的暴力纠纷》,张世明等译,社会科学文献出版社2008年版,第247页。

后才提到的控诉,经常是附带加强呈词受冤的形象,也不排除虚构的可能。美国学者欧中坦研究清代司法文学的案件叙事与文本差异,他认为"随着案件的上下移送,由于不同的法官个体和法官群体连续不断地要使案件的事实切合法典,案件之文件记录的措词和框架也在不断地改变着"。[1] 而相对于官员,如果有必要的话,"原、被告各方会修改他们的叙事,以便设法说服官员受理或驳回案件,从而达到他们各自预期的目的。"[2] 都察院等受理衙门的官员对于京控呈词的情况也非常清楚,在接受呈词上奏时,经常都要一再注明此系"该民人一面之词",还是不得不受理,在审理之前,无法断定呈词真假。但即使我们看到官方的审判结果,该民人被拟判"申诉不实"或是"诬告"、"蓦越赴京"诸般罪状,也不一定能够代表京控者申诉的内容是完全虚假,在有些京控档案里,官员并未完全否认原告的主要呈控,但为了惩罚他们越诉,会根据他们牵控的不实内容作出比较轻微的处罚。然而不论如何,导致百姓在文书上使尽策略的根本原因,还是在于官僚体系的弊病,使得诉讼的渠道不能完全对社会畅通。

民间对公正的要求与声音,也许还是必须回归到民间听取。清代道光年间的湖北"闹漕"案,该地尚有对一两百年前案件口头传说的传承者,学者在比照官方史料时,在当地尚能收集到不一样的声音。[3] 可惜的是,能够达到这种目的的例子无疑是凤毛麟角。

对史实的确证无疑是历史学最主要的任务,相当一部分学者相信这些确证史实的积累,最终可以产生出一个近于"真实"的故事。但如果所谓的第一手资料本身就是经过多人层层改写积累得来的,真实在哪里?研究者即使不能期待对过去的研究都可以同时有中央与地方、官方与民间的比对,在运用清代的档案时确实还是要小心翼翼、谨慎考虑的。今日整理、运用档案者有幸可以看到某部分档案的版本差异,或是内部本身的删改,但是也必须谨慎地去面对档案在当时的意义与写作的动机背景,避免轻率地使用与判断。

(初审编辑:尤陈俊)

---

[1] [美]欧中坦:"清代司法制度与司法文学交流",方卫军译,苏亦工校,载中国法律史学会编:《法史学刊》(第一卷),社会科学文献出版社2007年版,第139—159页。
[2] 同上。
[3] 张小也:"史料·方法·理论:历史人类学视角下的'钟九闹漕'",载《河北学刊》2004年第6期,第162—170页。

法学专家、苏州商人团体与清代中国的"习惯法"问题

邱澎生[*]

Legal Professions, Merchant Associations, and the "Customary Law" Issue in Qing China

Qiu Pengsheng

内容摘要: 学者针对清代中国有无"习惯法"的问题,出现了"社会中心论"与"法律中心论"的不同立场与论辩,这个问题其实涉及研究者在名词定义与史实认定上的争议。本文主要以清代江南地区的一些商业讼案为对象,将"习惯法"问题限缩到清代商业习惯与国家法互动关系的演变历程。本文认为,我们不见得要以欧洲法学意义上的"习惯法"去描述这个历程的种种结果,但却不宜忽略当时各地工商业城镇出现的种种由"习惯性实践"转化为"习惯性规则"的具体历程。

关键词: 商人团体 法学专家 习惯性规则 习惯法

包括传统中国与近代西方在内的许多地区,"法律"从来便不只是限于由

---

[*] 台湾地区"中央研究院"历史语言研究所副研究员,电子邮箱:pengshan@asihp.net。匿名审查人极为当行的意见与指正,为本文修改提供很大的助益,特此致谢。

政府制订施行与据以裁判的"国家法"（state law）；诸如道德、习惯，或是其他的社会规范，都可能透过某些解释机制，而或多或少地影响并融入国家法之中。然而，就算国家法不能包括所有法律的内容，但对许多法学家而言，由政府强制力所明确支持的国家法（无论是成文法或是判例法），比起道德、习惯与习惯法的"民间法"[1]，都要更能显著地构成法律的最主要内容。面对国家法经常具有明显而普遍的作用的事实，时至今日，即使是那些认同"法律多元论"（legal pluralism）的学者，虽然他们仍然批判那些过度强调国家法重要性的"法律中心论"，强调不能忽略来自于非政府部门的各类社会规范对法律的影响，但也无法否认国家法在发动与促成社会变迁方面的显著作用。[2]

无论如何，国家法虽然关键，但在分析法律现象时，对于包括道德、习惯或习惯法在内的民间法，也都不可忽略与偏废。当我们描述民间法与国家法的关系时，重点不在于指陈道德、习惯对于国家制定法是否有影响力，而是要界定民间法与国家法的互动关系如何随时空条件而演变。基本上，这对学者形成一个智识上的挑战：分析法律现象时，究竟要如何拿捏国家法与民间法的界线及其彼此之间的互动关系。

以"习惯"与法律的互动关系为例，许多法律学者偏好使用"法律效力"作为拿捏轻重的主要标准：先将习惯界定为国家法的"法源"，再根据法律效力的有无和强弱，将习惯对国家法的法律效力，区分为绝对无效、绝对有效、相对有效三类样式，从而形成三种法学见解。[3] 所谓的"法源"，以及连带出现的绝对无效、绝对有效、相对有效三种法学见解，在本文看来，其实正是一种试图拿捏民间法与国家法互动关系的论述模式。

然而，将习惯作为国家法的法源，或是将两者关系界定为"绝对无效、绝对有效、相对有效"的不同法学见解，这种拿捏习惯与法律互动关系的论述模式，其实主要是站在立法者或是审判者的角度上做考量；并且基本上站在一个特定时点，针对习惯的法律效力究系如何而进行的一种静态分析。这种静态分析，既未关注习惯在何时、何种情境进入到（或被排除于）国家法的时空环境差异，

---

[1] "民间法"概念借自梁治平，梁氏同时强调：民间法与国家法两者，"不是界线分明、截然两分的二元"，参见梁治平：《清代习惯法：社会与国家》，中国政法大学出版社1996年版，第19页。

[2] Sally Falk Moore, *Certainties Undone: Fifty Turbulent Years of Legal Anthropology, 1949—1999*, in Sally Falk Moore, ed., *Law and Anthropology: A Reader*, Oxford: Blackwell Publishing, 2005, p.357.

[3] 19、20世纪的法学家对"习惯"是否可以构成国家法的"法源"，至少有绝对无效说、绝对有效说、相对有效说等三类立场；时至今日，即使仍有坚持"习惯"不是"法律"的学者，但主流的法学家还是认为：在现代"立法、司法机关越来越精进"的情形下，"习惯（仍）会因为民间的需要而不断形成，对既有的法律规范提供再补充，甚至于审判活动中发生醇化作用"。相关讨论与引文，参见黄源盛："大理院民事审判与民间习惯"，载黄源盛：《民初法律变迁与裁判》，台湾政治大学法学丛书，2000年出版，第404—405页。

更预设了参与司法审判的主要当事人在面对具体案件时,对于习惯与国家法的界限,都能具备明确认识与既定立场。

习惯与国家法的互动关系,并非静止不动;而且,在现代法学兴起前的许多地区,那些有权力解释国家法与习惯界限的司法官员或法学家,他们对于法典律条或是判决先例所未能清楚规范的"习惯",并不一定都能随时作出清楚的区分。可以这么说,当官员面对某种流行于民间社会或是商业领域的"习惯",究竟要如何定位与调整其与国家法的关系?很多时候都是一个充满疑惑、讨论、辩难乃至于逐渐学习的过程。以清代中国司法官员为例,他们在面对习惯与国家法相互交涉的案件时,不见得总能抱持某种清楚立场,也不必然采取习惯是否为国家法"法源"的论述,当然也更难以明白论述所谓绝对无效、绝对有效、相对有效的法学见解。

在实际的历史过程中,习惯与国家法之间经常存在一种动态关系,审判者要在具体案件中做权衡,被审判者也会同时采取种种公开论述与私下行动,来努力游说并试图影响审判者。习惯与国家法之间的这种动态关系,恐怕很难在"法源"论述上反映出来;因而,"法源"论述比较像是一种较单纯的静态分析,基本上只能对特定时空背景下的法学家产生意义。[1] 本文以为:若要更动态地说明习惯与国家制定法之间的关系,则有必要超越绝对无效、绝对有效、相对有效这类法学家的"法源"论述,重新回到不同时空条件下种种影响法律运作与司法审判的具体社会情境。

清代中国的国家法究竟是如何与习惯相互作用?官员、幕友、律学家,以及涉案民众的个人或是集体行动,乃至于讼师的私下介入,这些种种不同因素的动态组合关系,究竟如何影响当时的习惯与国家法之互动关系?这是本文试图说明的主要议题;同时,国家法与习惯之互动关系的议题,也直接涉及清代中国到底有没有"习惯法"的学术争议,本文将一并进行讨论。以清代苏州这个当时工商业最发达的城市为主要讨论空间,本文针对一些苏州现存商业案件资料,综合考量当时幕友、讼师这类"法学专家"以及会馆、公所这类"商人团体"等两方面人物的作用,以呈显商事习惯与国家法在当时商业领域上的动态关系,并对清代中国的"习惯法"问题提供一些可供讨论的例证。

---

[1] 如何超越"法源"论述进而更细致地讨论"习惯"与"习惯法"问题,有学者试图综合法学、史学与哲学的研究视角做探究,参见 Amanda Perreau-Saussine and James Bernard Murphy, eds., *The Nature of Customary Law: Legal, Historical and Philosophical Perspectives*, Cambridge; New York: Cambridge University Press, 2007, pp. 1—10。

一、问题的争点:由习惯到"习惯法"

很少有学者否认"习惯"在传统中国法律运作中能发挥一定程度的作用[1],但至于清代中国究竟有没有"习惯法",这个问题在学者之间便颇具争议性。争议的主要缘由,既涉及习惯法这一外来名词的定义问题,也关乎习惯法现象是否存在于传统中国的史实认定问题。以下将针对名词定义与史实认定两个不同层次略做说明。

早在 20 世纪初期中国引入西方法学的同时,即有学者试图区分习惯与习惯法的差异,并谓:"习惯在一定的要件下,即具备法的效力而成为习惯法。"[2] 以是否具备"法的效力"来区分习惯与习惯法,这对许多法学家而言,可能听来颇有合理性;只是,若认为只有经过政府司法机关认可的强制力才算符合"法的效力"的话,则"法律"不又滑落成国家法的同义词吗? 从某个意义而言,定义"法的效力"这个问题,其实也与定义"法律"一样得困难而复杂,以此作为检视"习惯、习惯法"的标准,恐怕仍极易掉入一种套套逻辑,难收澄清问题之效。

不妨直接看看否定传统中国有"习惯法"的学者主张。滋贺秀三早已断言清代中国没有"习惯法"或是"作为法源的习惯":"据笔者对史料的检索,从当地民间风俗中找出法学上称为'习惯法',即具有一般约束力含意的社会规范,并明确地根据该规范作出判断的案例,实际上一件都未能发现";仔细检视地方官判言中时或出现的"风俗、俗例、土例、土风"等语词,"就发现上述语词都没有作为法源的习惯这一含意"。[3] 巩涛(Jérôme Bourgon)的讨论更为细致,但结论则与滋贺秀三颇为类似:习惯法是近代欧洲历史特定脉络下的产物,反映当时欧洲一批法律专家藉着提炼专门术语而有意识地进行一种集体努力,他们针对民间各类商业契约与财产权行为,试图予以原则化或是法典化。相比之下,清代中国的地方官员与幕友等法律专家,则不仅甚少对商业契约与产权习惯进行"规则化"或是"法典化",更经常抱持某种以法律或儒家教条改造民间

---

[1] 滋贺秀三认为清代审判官员基本上并不将"习惯"视为一种"法源",而是将其视为一种融汇在"情理"之中的替代物,有关清代民事纠纷的司法审判,实际上只是一种"调解",而不是一套具有私法性质的规则(参见滋贺秀三:"清代诉讼制度之民事法源的考察——作为法源的习惯",载滋贺秀三等著,王亚新、梁治平编:《明清时期的民事审判与民间契约》,法律出版社 1998 年版,第 54—96 页。滋贺秀三对此问题的看法,也可参见学者的其他精要综述,如黄源盛:"大理院民事审判与民间习惯",载黄源盛:《民初法律变迁与裁判》,台湾政治大学法学丛书,2000 年出版,第 370 页)。表面上看,滋贺先生否定"习惯"对清代中国审判的作用,但究其实际,他其实只是强调"习惯"在清代中国审判中起的作用与西方有所不同,是一种"情理、调解"而非"私法规则"的类型,并非意谓习惯对传统中国审判不起作用。

[2] 黄源盛:"大理院民事审判与民间习惯",载黄源盛:《民初法律变迁与裁判》,台湾政治大学法学丛书,2000 年出版,第 390—392 页。

[3] 滋贺秀三:"清代诉讼制度之民事法源的考察——作为法源的习惯",载滋贺秀三等著,王亚新、梁治平编:《明清时期的民事审判与民间契约》,法律出版社 1998 年版,第 55 页。

习惯的所谓"移风易俗"的态度,此与近代欧洲法学家尊重民间习惯,并从事调查、收集以及希望汲取民间习惯进入国家法的基本态度,大相径庭。职是之故,巩涛主张不该套用"习惯法"这个极易产生误导作用的欧洲法学名词。[1]

可以这么说,在滋贺秀三与巩涛看来,习惯法是一个基植于欧洲法制史的历史名词,有特定的指涉含义,基本上指的是"作为法源的习惯",不可随意套用。不仅名词来自西方特定法律术语而不可套用,在史实认定上,滋贺秀三与巩涛也都认为清代中国没有出现习惯法。可以这么说,两位学者都认为:近代西方有而清代中国没有习惯法的关键差异,主要在于以下的史实:直至清代,中国仍未曾出现一批足以承担起衔接民间习惯与国家制定法之间可能差异的法学专家;这个差异的存在,可由清代现存的民商事案件审判纪录中得到证实。

然而,对于支持"习惯法"这个外来名词也可适用清代中国的学者而言,上述"否定说"的看法仍然值得商榷。如梁治平对"习惯法"的定义即和前述说法十分不同:"通常,学者论及习惯法,辄简单视之为今人所谓民法的对应物",因为传统中国法律对"婚姻、析产、继承、买卖、租佃、抵押、借贷等等"事务规范略而不载,故而"民间法中的习惯法"便常能弥补其不足,从而"使民间社会生活(尤其是其中的经济生活)成为可能";明清两代人口的"巨大增长",更使清代的习惯法"获得了最充分的发展和表现"[2];梁氏对清代习惯法的认识明显与"否定说"不同,他甚至将"风俗、俗例、土例、土风"等被滋贺秀三视为是清代中国不存在习惯法的证据,倒转过来做论证:"形式上,习惯法表现为乡例、俗例、乡规、土例";以清代司法档案中出现的"乡例"为例,这其实是乡民在"长期生活实践中产生",对于"乡民生产、生活和交易活动具(有)指导及一定约束作用的规范"。[3]

很清楚地,梁治平主要不是由审判者或法学家的角度来界定习惯法,而是采取一种以社会民众"思虑、欲望、理性和情感"为基础的分析视野。[4] 我们不妨称其为一种"社会中心主义"。梁治平关注的,既不是滋贺秀三那种考察审判者在调处或判案过程中是否出现可以"作为法源的习惯",也不是巩涛所重视的官员与法学家是否能对商业契约与产权习惯进行"规则化"或是"法典化";对于将习惯法视为"国家法典的伸延和具体化",梁氏明白提出他的反对。[5] 梁氏也区分习惯与习惯法的差异:"普通习惯只是生活的常规化,行为的模式化;习惯法则特别关系(到)权利与义务的分配,关系彼此冲突之利益的

---

[1] Jérôme Bourgon, "Uncivil Dialogue: Law and Custom Did not Merge into Civil Law under the Qing." *Late Imperial China* 23, 1(2002): 50—90.

[2] 梁治平:《清代习惯法:社会与国家》,中国政法大学出版社1996年版,第37页。

[3] 同上注,第38页。

[4] 同上注,第58页。

[5] 同上注,第152页。

调整";并如此总结他对习惯法的定义:"习惯法乃是由乡民长期生活与劳作过程中逐渐形成的一套地方性规范",虽然"并未形诸文字,但并不因此而缺乏效力和确定性",因为"它被放在一套关系网络中实施,其效力来源于乡民对于此种地方性知识的熟悉和信赖,并且主要靠一套与特殊主义的关系结构有关的舆论机制来维护";官府对习惯法的认可和支持"有助于加强其效力,但是它们并非习惯法所以成为法律的最根本特征"[1]。

梁治平对习惯法的定义,其实也已同时包含了他对清代中国民间习惯与国家法关系的史实认定;而无论是术语定义或是史实认定,梁氏都与否定中国有习惯法的学者在看法上极不相同。

虽然不由社会民众的"思虑、欲望、理性和情感"来界定习惯法,欧中坦(Jonathan Ocko)在并不明显反对着重考察习惯在国家法中效力究竟如何的"法律中心主义"分析视角下,仍然得出清代中国也有习惯法的主张。欧中坦认为:在清代某些地方政府的法庭中,确实有官员将民间契约融入司法调解与判决中;因而,清代也有州县官扮演着将"习惯性实践"(customary practices)转化为"习惯性规则"(customary rules)的角色[2];故此,特别是在清代商业发达的州县或市镇里,仍是可以使用"习惯法"这个名词,藉以描述契约与财产权在当时中国法律体系内部不断演化的历程。

综合看来,这场有关清代中国有无"习惯法"的争议,至少涉及两个层面:(1)术语的异同上:梁治平的"社会中心主义",明显不同于其他学者的"法律中心主义";(2)史实的认定上:欧中坦的"习惯性规则"是否可以等同于滋贺秀三所称的"作为法源的习惯"? 清代中国某些地方官将"习惯性实践"转化为"习惯性规则"的过程,是否可以类同于巩涛所说的法学专家对于商业契约与产权习惯进行的"规则化"或是"法典化"?

面对术语定义与史实判定的两方面问题,本文将以苏州这座16至19世纪中国商业最发达的城市为主要讨论的空间,分析当地会馆、公所等商人团体以及讼师、幕友等法学专家如何介入一些商业纠纷案例,检视所谓的"习惯性规则"究系如何出现在商人团体与地方官府的长期互动过程中,进而考察清代中国的"习惯法"问题。

二、苏州商人与工人的集体行动

若我们不将习惯与国家法的互动关系限缩在一种太狭窄的"法律中心主

---

[1] 梁治平:《清代习惯法:社会与国家》,中国政法大学出版社1996年版,第165—166页。

[2] Jonathan K. Ocko, *The Missing Metaphor: Applying Western Legal Scholarship to the Study of Contract and Property in Early Modern China*, in Madeleine Zelin, Jonathan K. Ocko, and Robert Gardella, eds., *Contract and Property in Early Modern China*, Stanford: Stanford University Press, 2004, pp.191—193.

义"研究视角,则理解当地社会的经济结构与物质生活变化,便对分析法律现象具有颇高的相关性。就算不能真正贴近梁治平宣称的考察当地社会民众"思虑、欲望、理性和情感",但也至少能对本地民众的具体生存环境,提供一些重要的背景。故此,在分析清代苏州的商业习惯与国家法互动关系之前,本节将对 16 至 19 世纪中国国内长程贸易发展,以及苏州在此背景下成为当时中国商工业最发达城市并聚集众多外地商人与工人的史实,做些基本的背景说明。

苏州在清代中国的工商业中心地位,是与 16 至 19 世纪中国国内长程贸易的增长密切关联。中国国内的长程贸易,自 16 世纪开始有更清楚的发展,而至迟到了 18 世纪的清代中期,由三条主要水陆商业干道所构成的长程贸易基本框架已十分显著:第一条为东西向干道,是由长江下、中、上游水运所组成;第二条为南北向干道,是由京杭大运河、赣江配合大庾岭的水陆联运线所组成;第三条主干道则为由东北至广州间的沿海海运线。在这个全国市场里,商人组成不同商帮团体进行长程贸易,这些商帮以稻米、棉布、食盐等民生必需品为最大宗的贩运商品,改变了过去中国历史上长程贸易实以奢侈品为大宗的商品结构。同时,虽然清代前期全国市场中的粮食仍占长程贸易商品的最大比重,但是棉布已取代食盐,成为第二大商品以及最大宗的工业产品。[1] 这个长程贸易的结构性变化,也同时反映着清代前期的农业商品化程度加深、手工业生产量增加,以及商业城镇数量的成长,而这些新的经济增长现象,又都基本上是以江南地区最为显著。江南有优越的商业交通位置,地处长江航线、大运河航线和沿海航线这三条长程贸易主干道的幅辏带内,而苏州则又是江南的经济中心。

乾隆时人沈寓即曾具体地描述苏州的商业中心位置:"长江绕于西北,大海环于东南,苏郡为奥区耳。山海所产之珍,外国所通之货贝,四方往来。千万里之商贾,骈肩辐辏。"[2] 苏州有长江与沿海提供优越的水运条件,使大量国内外物产可以经由水运集中苏州;此外,兼具"南粮北调、南货北运"功能的大运河,也以苏州为转运中心。再配上苏州近郊太湖流域的绵密水运网,则不仅缩小了太湖流域农工产品的运输成本,也扩大了当地农工产品的行销腹地。苏州地处太湖流域中心,同时更因位居南北大运河与娄江(今浏河)交汇处,而使苏州兼具内河航运和海上交通的便利。[3]

---

[1] 吴承明:《中国资本主义与国内市场》,中国社会科学出版社 1985 年版,第 217—246、247—265 页。

[2] (清)沈寓:"治苏",收入(清)贺长龄编:《皇朝经世文编》,影印清刊本,台北世界书局 1964 年版,卷 23。

[3] 傅崇兰:《中国运河城市发展史》,四川人民出版社 1986 年版,第 97 页。

透过娄河,苏州商贩可往东北方向接上邻近的太仓州,再由太仓州的港口直接连接海外市场。早于17世纪,太仓州即号称是"六国马头",当地与琉球、日本、安南、暹罗、高丽都有频繁的海上贸易。[1] 太仓州在当时即是作为苏州重要的海外贸易港口,正如乾隆二十七年(1762)时人对苏州货物远销国内外景况的描述:"苏州为东南一大都会,商贾辐辏,百货骈阗。上自帝京,远连交广,以及海外诸洋,梯航毕至"[2],北京以至广州,乃至"海外诸洋"的东北亚、东南亚,都是苏州商品的出口地区。发达的国内外贸易,使苏州聚集了众多的外来与本地商人。

相对于本地商人而言,外来商人都是"客商"。清代前期苏州城的众多客商,来自于全国许多不同地方。近者,有来自太湖地区的洞庭山客商。稍远者,有来自江苏常州府、镇江府、扬州府、徐州府、通州、海州;安徽徽州府、宁国府;浙江宁波府、绍兴府,以及江西、湖广等地的客商。再远者,往来有来自福建福州府、漳州府;广东潮州府、广州府、嘉应州、彰德府的客商;往北则有山东、山西与陕西等地的客商。[3] 这些来自不同地方的客商,在苏州城经营许多不同行业。面对这些来自不同地方并经营众多行业的一群群外地商人,当时人也称之为"客帮";直至清末,客商仍以苏州城西北郊的阊门一带为最大聚集区,时人以"堪称客帮林立"来描述阊门,其中细目则包括:"鲜帮、京庄、山东、河南、山西、湖南、太谷、西安、温台州帮……长江帮等等",总计"不下十余帮"[4],这些都构成清代聚集苏州的众多外来商业人口。

国内长程贸易与国外海上贸易的发达,不仅为苏州带来众多外地商人,也形成了不少颇具规模的手工行业。诸如丝织加工业、棉布业的印染、踹整加工业,以及造纸、印书、冶炼、铜锡、钢锯、张金、包金、金银丝、漆作、红木巧木、红木梳妆、蜡烛、钟表、刺绣、眼镜等,都是清代苏州城知名的手工行业。[5] 这些行

---

[1] (清)郑光祖:《一斑录》,影印清刊本,中国书店1990年版,卷一,第20页下—第21页上。

[2] "陕西会馆碑记",收入苏州历史博物馆等合编:《苏州工商业碑刻资料集》(后文简称《苏州碑刻》),江苏人民出版社1981年版,第331页。

[3] 范金民:"明清时期活跃于苏州的外地商人",载《中国社会经济史研究》1989年第4期,第39—42页。

[4] 苏州档案局藏:"云锦公所各要总目补记"。转引自范金民:"明清时期苏州的外地商人述略",载洪焕椿等主编:《长江三角洲地区社会经济史研究》,南京大学出版社1989年版,第220页。

[5] 段本洛、张圻福:《苏州手工业史》,江苏古籍出版社1986年版,第128页。

业不仅聚集不少商人老板,也容纳着人数众多的工人。[1] 其中,苏州商人介入手工业资本规模最大者,则仍是丝织加工业和棉纺织加工业两项,特别是如福建、安徽客商经营的棉纺织加工业"字号",以及浙江等地丝织业商人开设的"账房",两者都以"放料制"与"质检验收"体系从事手工业生产。[2] 棉织与丝织两项手工业,都为众多苏州本地与外来工匠带来更多的就业机会,使苏州城的工人总数大幅增加。

因为自17世纪清初即发生多次苏州棉布工人的罢工事件,政府乃对当时苏州城的棉布字号及其雇用工人数目做过较详细的调查:如雍正元年(1723)苏州织造胡凤翚的报告,即称其所见棉布字号多为福建商人开设与经营:"阊门、南濠一带,客商辐辏,大半福建人民";至于同样聚集阊门近郊的棉布工人则是:"染坊、踹布工匠,俱系江宁、太平、宁国人民,在苏俱无家室,总计约有两万余人"[3],说明当时主要来自南京与安徽太平、宁国两府的棉布工人大多是只身来到苏州,故而"在苏俱无家室"。[4] 雍正七年(1729)、八年(1730),李卫又做了另外两次调查,第一次调查提及苏州阊门一带的棉布踹匠已是"数盈万余",第二次报告则更为详细,记载当时苏州城内承揽棉布字号委托加工布匹的踹坊计有450余处,开设踹坊的老板"包头",人数约有340多人;每家踹坊依其规模不同而雇用"数十人不等"的踹匠,照李卫的计算,当时苏州城的棉布踹匠人数约有"一万九百余"人。[5]

要留意的是:李卫调查的"一万余"人这个棉布工人数目,并未算入棉布字号组织棉布加工生产所需的"漂布、染布、看布、行布"等全部从业人员,特别是"染匠"即可能不在李卫调查范围之内。而根据其他记录,康熙五十九年(1720)左右的苏州城染坊,即至少有六十四家[6];就算每座染坊雇用工人平均

---

[1] 如冶坊业即雇佣不少外地工匠,乾隆六年(1741)的史料指出:"苏城冶坊"所雇冶匠多来自邻近无锡、金匮两县(《苏州碑刻》,第154页)。道光年间另外一份调查也指出:"今郡中西城,业铜作者,不下数千家。精麤巨细,日用之物无不具",见(清)石韫玉等修:道光《苏州府志》,清道光四年(1824)刊本,卷十八,第38页下。此外,绍兴府商人也在苏州城内与邻近乡镇开设许多烛铺:"城乡共计一百余家"(《苏州碑刻》,第267页)。

[2] 李伯重:《江南的早期工业化(1550—1850)》,社会科学文献出版社2000年版,第79—80、83页。

[3] 《雍正硃批谕旨》,影印清刊本,台北文海出版社1965年版,15函4册,胡凤翚奏(第9册,第5185页)。

[4] 早在康熙九年(1670)的史料,即已称踹匠"从江宁属县远来雇工者甚多";而康熙三十二年(1693)的史料,则也记载苏州踹匠多系"非有家土著之民"(《苏州碑刻》,第54、55页),全都说明这些棉布工人主要自外地单身来到苏州谋生。

[5] 分别参见:《雍正硃批谕旨》,13函4册,李卫奏(第8册,第4457—4458页);13函5册,李卫奏(第8册,第4515页)。

[6] 许涤新、吴承明主编:《中国资本主义发展史》第一卷《中国资本主义的萌芽》(后文简称《中国资本主义的萌芽》),人民出版社1985年版,第404页。

数目比不上踹坊的"数十人不等",则只以每坊十人的保守估算,染坊工人也在六百人以上。胡凤翚的记录应是包括染坊等其他棉布工人的总人数,故其所称"两万余人"的统计数字,便要比李卫调查的"一万九百余"人多出许多。即便我们依然假定胡氏报告数字有所夸大,则取保守估计,18世纪初期苏州城踹布、染布等相关雇佣工人的总数,也肯定在一万人以上。而约略同时期的苏州城市人口总数,一般估计是五十万,则单是棉布业工人占城市人口的比率,也已是五十分之一。

棉布、丝织以及其他手工行业的发展,使苏州城聚集了众多的工人,而工人数目的众多,则为苏州日渐增多的罢工运动提供了基本条件。棉布工人数目最多,罢工活动也最频繁;至于其他行业的罢工纪录,亦复不少。根据不完全统计,由康熙九年(1670)到道光二十五年(1845)间,苏州共发生至少十九次工匠抗争、罢工或是控告作坊主商人的事件,这些事件大都与工资纠纷有关;其中,踹布业发生十次,丝织业发生二次,染纸业五次,印书业二次。[1] 若再加上乾隆四年(1739)、乾隆六年冶坊业两起工匠"干预把持、讼棍殃民"事件,以及道光六年(1826)、道光二十七年(1847)蜡烛店业工匠的"霸停工作、勒派敛钱"事件,以及道光十七年(1837)箔作坊业工匠的"霸众停工"事件[2],则目前有记录可查的清代前期苏州城有关工资纠纷的事件,至少有廿四件。[3]

在这廿四次工资纠纷事件中,棉布加工业的踹布业即占了十次。以18世纪前夕的一次踹匠罢工事件为例,苏州踹匠在康熙三十九年(1700)四月发起这次大罢工,这是一场"变乱之势"比起"昔年尤甚"的工运事件,棉布商人指控其结果是:"商民受害,将及一载"。发起这次由1700年延续至1701年间将近一年之久的罢工运动领袖,被棉布商人们骂做"流棍";据棉布商人对当时罢工情景的描述:"流棍之令一出,千百踹匠景从。成群结队,抄打竟无虚日。以致包头畏避、各坊束手,莫敢有动工开踹者"。同时,踹匠工人也已发展出类似罢工准备金的制度:"或曰某日齐行,每匠应出钱五文、十文不等","或曰某匠无业……每匠应出银二分、三分不等,而众匠无一不出",商人指控这些工人在当时已准备了不少罢工基金:"积少成多,已盈千万"[4]。

外来工人比起客商的总人数更多;而自明末清初以来,包括苏州在内的一些江南城镇,即已出现手工业工人以"扎焚神马、身背黄布冤单、赴城隍庙告状"等"祀神唱戏"活动,进行集体抗议行动,这些集体行动可以称为是根据某

---

[1] 《中国资本主义的萌芽》,第719页。

[2] 《苏州碑刻》,第154、268、273、165页。

[3] 商人与雇佣工匠发生的许多工资纠纷,在当时常被称为"商匠争端"(《苏州碑刻》,第75页)。对清代前期苏州各种"商匠争端"内容及其背景的分析,可参见邱澎生:"由苏州经商冲突事件看清代前期的官商关系",载《文史哲学报》(台北)第43期,1995年12月出版,第37—92页。

[4] 《苏州碑刻》,第63页。

种宗教意识而发展成的"工人文化"。[1] 然而,工人倡建社团组织的集体行动则仍然受到政府更严厉的管控,例如在康熙五十四年(1715)的一次苏州踹匠罢工运动中,有些踹匠也曾试图组建"会馆",但对那些害怕踹匠成立团体组织的字号商人而言,便不得不在控告工人的状词中强调工人以所谓"欲助普济院、育婴堂"为名而"创立会馆"的集体行动,其实只是不良踹匠用以"敛银"的阴谋。[2] 政府采信商人说辞,到目前为止,没有任何证据显示苏州棉布工人曾经成功组成了类似商人会馆、公所"立案"许可的任何专属建筑物。相对而言,商人捐款成立团体组织的集体努力,则比较容易得到地方政府的支持。

自16世纪末的晚明开始,苏州便开始出现一些由商人捐款创立的名为某某"会馆"或是某某"公所"的专属建筑物,外来客商在此集会议事、祀神宴会或是储货歇宿。降及17、18世纪的清代前期,这类建筑物便愈设愈多。这些会馆、公所虽然是由民间商人捐款成立的专属建筑物,但在成立时,捐款成员通常会设法向当地政府申请"立案",以便更好地保护其公共财产或是房产契据的安全。同时,随着商人的持续捐款,以及捐款成员定期在建筑物内举办各类联谊、祀神、善举等集体活动,乃逐渐使得会馆、公所发展成一种新式的商人团体。[3] 据估计,直至清末,苏州至少出现过50座"会馆"和210座"公所"[4],而其中绝大多数的这些专属建筑物,皆与商人或是工匠老板的捐款创建与持续支持有密切关系。[5]

三、商人团体如何介入苏州城内的司法体系?

苏州城内的会馆、公所,一般说来并不直接介入当地的司法案件;苏州地方官也很少要求任何会馆、公所的董事负责调解商人之间的纠纷。尽管苏州地方政府确实为许多商人捐款的会馆、公所"立案",提供公共财产上的保护,但是,捐款商人基本上并不被苏州地方官员要求介入调解民间纠纷,也并未被视为是一种可以协助涉案商人诉讼的社团组织。基本上,苏州众多的商人会馆、公所,

---

[1] 巫仁恕:"明末清初城市手工业工人的集体抗议行动——以苏州城为探讨中心",载《"中央研究院"近代史研究所集刊》第25期,1998年12月出版,第70—72页。

[2] 《苏州碑刻》,第66页。

[3] 邱澎生:《十八、十九世纪苏州城的新兴工商业团体》,台湾大学出版委员会1990年版。

[4] 苏州"会馆、公所"的统计,主要参考吕作燮:"明清时期苏州的会馆和公所",载《中国社会经济史研究》1984年第2期,第10—24页;洪焕椿:"明清苏州地区的会馆公所在商品经济发展中的作用",载洪焕椿:《明清史偶存》,南京大学出版社1992年版,第566—612页。

[5] 清代中国商人捐款建立会馆、公所,并不限于苏州,在北京、汉口、上海、佛山、重庆、广州、江西吴城镇等不少工商业发达的城镇当中,都有商人创建的会馆或是公所。不过,商人在苏州建立的会馆、公所,在密度上应是名列前茅,加入会馆、公所的商人总数也相当可观。如乾隆四十二年(1777),捐款"全晋会馆"的商号即至少有五十三家;道光元年(1821)列名"小木公所"管理人员名单的木作坊业者也有廿四人;道光廿四年(1844)捐款给"小木公所"的业者名录,共列有六十七人(《苏州碑刻》,第335—337、135—137页)。

便是被当作一种商人藉以举办联谊、祀神与慈善活动的"公产"。[1] 整体而言,直至清末,苏州的会馆、公所虽然与不少商人有颇为密切的关系,但却仍然不是一个可以公开代表商人集体利益的社团,这与清末颁布《简明商会章程》明令全国经济繁荣的城镇成立"商会"以代表商人利益的制度极不相同。

然而,商人成员捐款成立会馆、公所之后,却仍然间接影响了地方的司法体系。明清的苏州商人有种常见的诉讼习惯,商人在提出讼案并获得胜诉之后,经常会将官府判决己方胜诉的公文刊刻在石碑上,这种非正式制度,当然也是在地方政府的默许下才得以成立;而这个将胜诉判决书立碑展示的制度,也使得苏州地方政府判决种种包含商事纠纷在内的各类讼案记录,具备了更大的公开性,许多与商业相关的成案,便不再只是积存在政府地方档案库房中的一纸公文。检视清代苏州商业纠纷案件的立碑地点,则更可以看到会馆、公所成立之前与之后的差别:将成案立碑于会馆、公所的例子,计有九件,判决书分别刊立于"大兴公所"、"高宝会馆"、"仙翁会馆"、"云锦公所"、"丽泽公局"和"醴源公所"等商人与工匠老板的专属建筑物大门内外,而不再是像那些尚未成立会馆、公所的商人一样,只能将碑文刊立于商业较发达的道路两旁。[2] 从这个方面看,会馆、公所其实为商业纠纷相关"成案"提供了一种更好的公开展示功能,让会馆、公所的捐款商人更容易保存并援引种种既有的与自身利益相关的胜诉判决书,大幅降低诸如胥吏阻碍查核并援引相关商业成案的威胁,也间接保障了商人的经商权益。

这些妥善保存并公开展示于会馆、公所的苏州商业成案,主要可分为两大类:一是客商与本地牙行之间存在的各种用以解决商业纠纷的调解或是判决文书;二是包含棉布制造在内的批发商用以维护商标牌记以及协调工人薪资等商业习惯的调解或是判决文书。

第一类与商业纠纷有关的公文书,主要包括了客商与牙行之间的度量衡与仲介费用争议。在苏州,不少商人"会馆"本来即是被视为是"土客公议规条之所"[3]。而早在18世纪,许多会馆、公所本来即是捐款客商用以抗衡本地牙行的重要场所,"江鲁公所"即是个有代表性的例子。为了解决经常出现的度量衡使用标准的争议,"江鲁公所"捐款商人预先购买了由官府核可的"公制砝码、准秤",将这些官颁度量衡"存储公所",并用以抵制牙行强逼使用不利于客商的苏州本地度量衡:"每逢朔望,(牙)行、客(商)会同较准,使牙行不能取巧,

---

[1] 这个苏州会馆、公所逐渐演化成为立案"公产"的过程,参见邱澎生:"由公产到法人——清代苏州、上海商人团体的制度变迁",载《法制史研究》第10期,中国法制史学会(台湾)、"中央研究院"历史语言研究所2006年版,第117—154页。

[2] 邱澎生:"由苏州经商冲突事件看清代前期的官商关系",载《文史哲学报》(台北)第43期,1995年12月出版,第41页。

[3] (清)顾禄:《清嘉录》,卷五,"关帝生日",第7页。

客商亦不致受亏。"[1]这原是一份商人提出呈请而获地方官核可的公文书,然后被刊成石碑竖立于"江鲁公所",进而保障了成员在经商方面的权益。类似的客商抵抗牙行强逼使用地方度量衡的公文书,也出现在嘉庆十八年(1813)刊立于"枣商会馆"的一份碑文上,经营枣业的客商得到元和、长洲与吴三县县令的批示:"凡苏城枣帖牙户,概行领用(枣商)会馆烙斛,公平出入……概不许混用私秤,以归划一而杜后讼",根据"枣商会馆"成员的说明,这套"会馆烙斛"即是"遵用康熙三十年蒙宪较定烙印"的砝码。[2]

很清楚地,《大清律例》中公布的官定度量衡,原本并不一定能够压过苏州商场上惯用的本地度量衡,但在经过客商与本地牙行的长期冲突,以及客商联合起来控告牙行之后,"江鲁公所"与"枣商会馆"的成员成功诉诸援引官颁度量衡的策略,终于获得官府支持,从而改造了苏州地方两个行业原本使用本地度量衡的商业习惯。同时,当两个会馆、公所商人团体将相关判决书刊立于专属建筑物前,透过公开的展示,也便更稳固了这个新的商业习惯。从这个角度看,不必经由类似近代欧洲那种经由法学专家到民间展开搜集、调查的"习惯法"整理工作,在清代苏州,只因为商人团体的集体努力,便可以大幅缩小原先存于国家法与商业习惯之间的差距,其关键之一,便是《大清律例》中本来即存在官颁度量衡的法条,只是过去空有法条却无法落实,而至今则有商人团体的集体努力做配合。

另外一项存于客商与牙行之间的常见商业纠纷,即是抽取仲介费用比率与相关支付货币标准的争议。例如由绍兴府烛业商人捐款成立的"东越会馆",也刊立了由官府核可的碑文:"为同业公定时价,毋许私加私扣。如遇不公不正等事,邀集董司诣会馆整理,议立条规,藉以约束"[3],正反映这群客商与牙行议定仲介费用"时价"的集体努力:通过官府的判决,将商业习惯中的不公平仲介费用比率,正式地限定在客商与牙行在"东越会馆"共同议定的"条规"之内。再如乾隆七年(1742)长洲知县也为"高宝会馆"的捐款客商订定了与牙行交易的佣金比率与货币支付标准:"嗣后,凡腌鸡、鱼肉、虾、米等物交易,价银九七足色,漕平九七足兑;买客外用,每两一分,出店脚费在内。该商内用,每两一分,脚栈在内。此外浮费,概行革除。"[4]这份"商宝会馆"碑文的末尾,刊列了240名"众商"名字,其中也包括一些商家行号的名称;虽然碑文并不出现"高宝会馆"的字眼,但是,这份包括官府判决书的碑文却是刊立于高宝会馆的门前。

---

[1] 《苏州碑刻》,第289—290页。
[2] 同上注,第251—252页。
[3] 同上注,第267页。
[4] 同上注,第248页。

再一次地,《大清律例》等国家法的内容,并未规定商业交易使用诸如"价银九七足色,漕平九七足兑"等支付白银货币标准的细节,也未曾列出诸如"每两一分"这套值百抽一的商业仲介费用比率;但是,经由商人团体的集体努力,这些原本带有争议性的民间交易习惯,却一并得到官府强制力的背书,变成刊立于商人会馆门前公开展示的公文书。同样无需经由法学专家的调查与整理,苏州不同的商业习惯还是转化成为带有政府强制力支持的国家制定法,成为后来类似案件可以援用的判决,从而具备一定程度的"法律效力"。因而也出现欧中坦所指陈的:州县官扮演着将"习惯性实践"转化为"习惯性规则"的角色。只是,本文要补充的是:这个"习惯性规则"的出现,肯定不是地方官员的单方面决定,而同时是由会馆、公所等商人团体的集体努力所促成。

第二类常见到公开展示于会馆、公所商人团体建筑物前的调解或是判决文书,是批发商用以维护商标牌记,以及商人呈请政府协调工人薪资等商业习惯的内容。

一份由松江府官员在乾隆元年(1736)做成的判决书,清楚指出苏州与松江等地棉布商标如何由商业习惯转化成为"习惯法"的过程:"苏松等郡布业甚伙,但货有精粗长短之不齐,惟各立字号以分别。故从前盛行之字号,可以租顶售(卖)……乃有射利之徒,并不自立字号……或以字音相同,或以音同字异,窃冒垄断,以伪乱真,起衅生非,病累商民",为了保障被仿冒牌号布商的权益,政府官员再度做成一份商业"成案",其大旨如下:"苏松两府字号布记,不许假冒雷同,著有成案","(今)苏郡又有布商窃冒字号招牌","檄行苏、松两府查禁,并勒石永遵"[1]。"租、顶、售卖"棉布字号"布记、招牌"的商业习惯,经过政府判决的确认,融入了政府藉以维护"苏、松两府字号"商人相关权益的"成案"。不必经由类似清末与民国的"民商事习惯调查",商人经由联合诉讼的既有司法程序,既确立了包括"或以字音相同,或以音同字异"等假冒商标牌记的商业行为的非法性,使之变成了苏州、松江府一带地方官府必须援用的"成案"。

道光十四年(1834),一份竖立在"新安会馆"的碑文,也记录并展示了地方官员维护布号商人营业自由的判决书内容:"百工艺业,首禁把持","坊匠踹不光明,岂竟不能更换!任其(踹坊)把持垄断,殊非平允",官员明显是援引了《大清律例》"市廛"编"把持行市"条的立法意旨,并据以做成以下判决:"仰布商、坊户人等知悉:自示之后,务遵照现定章程,听(布)号择坊发踹"[2]。

再看有关工资协议的判决书内容。早在康熙九年(1670),苏州知府即已

---

[1]《上海碑刻资料选辑》,第86页。
[2]《苏州碑刻》,第81页。

为棉布商人与踹匠重新公布了经劳资双方协议的工资发放标准:"照旧例,每匹纹银一分一厘",地方官要求双方遵守协议,并在工资纠纷与冲突中自我节制:"店家无容短少,工匠不许多勒。"而在康熙三十二年(1693)之前,地方政府也已将踹匠工资的相关规定刊刻在苏州当地被称为"皇华亭"的公众场所[1],官府要求商人与工匠一体遵守这份工资协议。在康熙四十年(1701)至五十四年(1715)间,政府在同意踹匠工资由"每匹,纹银一分一厘"提高为"每匹,纹银一分一厘三毫"的同时,还进一步规定粮价上涨期间的货币工资究竟应该如何换算的法定标准问题:"其米价贵至一两五钱,每踹布千匹,加银二钱四分。米价一两二钱,则止。商店给发工价,每两外加五厘,名曰捐助"[2]。基本上,早在进入18世纪之前,苏州与松江地方政府介入处理商人字号与棉布工人的工资协议,即已成为当地司法行政的常态性事务。

包含苏州、松江在内的地方官,至少必须要在表面上做到公平处理商人与工人薪资讼案的超然地位,不能偏袒独厚商人或是工人。如乾隆二年(1737)四月,踹匠殷裕公等人向苏州地方官抗议布商未能随"米价昂贵"的市场变化而适时增加工价,这些苏州踹匠要求能援引"松郡之例",希望苏州地方官援用松江府的成案,强制那些在苏州开设字号的布商增加工资。可能是不满意于苏州府、县级衙门的处理,同年十月,苏州踹匠王言亨等人更采取迳行"越控督、抚"的上控手段[3],要求上级长官直接介入踹匠与商人的工资纠纷。棉布工人联合起来控告商人,具体反映在这起乾隆二年的一系列讼案上。无论地方官府是否有暗中偏袒商人,至少,在工资协议与工资发放标准上,苏州地方政府逐渐学习到一些保障工人生活的细节,如乾隆六十年(1795)的《元长吴三县会议踹布工价给发银两碑》,即规定:"嗣后,坊户给匠工价,即照所发陈平九八、兑九六色银"给予踹匠,并让踹匠能"听其自行换钱,毋庸坊户代为经理。"[4]之所以如此规定,是因为布商发给踹坊的工资,原本多属于白银货币,而踹坊坊主则假借代换铜钱之便,在银钱比价折算价差上,可能克扣了踹匠所得到的实际工资。地方政府于此处介入,仍有保护踹匠利益的考量。

工资协议并不限于棉布业,乾隆二十一年(1756),元和、长洲与吴等三县知县,即为纸坊坊主与纸匠定下了工资标准:"长、元、吴三县会议,各坊工价,

---

[1]《苏州碑刻》,第54、55页。

[2] 同上注,第68—69页。有学者曾排列对比苏州踹匠领取铜钱货币工资以及当期的米价与银钱比价,可参见 Paolo Santangelo, *Urban Society in Late Inperial Suzhou*, in Johnson, Linda Cooke, ed., *Cities of Jiangnan in Late Imperial China*, Albany: State University of New York Press, 1993, pp. 81—116, esp. p.111;巫仁恕:"明末清初城市手工业工人的集体抗议行动——以苏州城为探讨中心",载《"中央研究院"近代史研究所集刊》第25期,1998年12月出版,第65—66页。

[3]《苏州碑刻》,第74页。

[4] 同上注,第79页。

总以九九平、九五色,按日、按工给发;钱照时价高下。倘敢再将工价折扣给发,请照不应重律,杖八十;工匠持伙涨价,应照把持行市、以贱为贵律,杖八十。如纠众停工,请予照律问拟之外,加枷号两个月",〔1〕官员在这份判决书里援引了《大清律例》中有关"不应"与"禁止把持"等至少两条的律文名称,并一并陈述了所引律文相关款项的刑责。

很明显地,在18世纪的苏州城内,尽管当时中国政府并未公布用以处理工资争议的任何经济法规,但是,官府介入工资发放标准的司法行政流程,早已在此时确立。至于商人与工人之间的工资争议,也早已变成官员援引国家法律进行规范的内容。同样地,这里也不需要任何法学专家去从事"民商事习惯调查",工资按粮价调涨的流程以及白银与铜钱货币工资发放标准等商业习惯,也早已经成为官府介入、调整并予认可的法律或是行政命令,同样出现了欧中坦所指陈的州县官将"习惯性实践"转化为"习惯性规则"的过程。

"东齐会馆"捐款商人在乾隆十三年(1748)即说道:"市廛之经营,不无参差。而奸宄侵渔之术,或乘间而抵隙。此非权量于广众稠集之候、运转于物我两忘之情,相勖以道,相尚以谊,不可也。会馆之设,义亦大矣哉。"〔2〕早在18世纪的苏州城,这批来自山东的批发商人即已清楚地认识到捐款成立"会馆"在商业经营上的重要意义,"商业习惯"总是变动不居,而在经常变动的商业经营环境里,要想调和"不无参差"的不同商业习惯,并避免商场上的"奸宄侵渔之术",便必须借助商人们的集体行动,联合创建自己的会馆,讲究各种"相勖以道,相尚以谊"的联合技艺,并在适当时机进一步寻求官府强制力的奥援。在会馆、公所商人团体的集体努力下,商业领域上由"习惯性实践"转化为"习惯性规则"的过程,乃不断地在苏州、松江等工商业发达的城镇中上演,于苏州许多行业里悄悄诞生,并且进行演化。综合说来,支撑这个由"习惯性实践"转化为"习惯性规则"的重要制度性基础,则是以得到地方政府判决书为主,并以会馆、公所公开展示相关判决书为辅。

至于"习惯性规则"是否即能等同于"习惯法"? 这主要仍涉及学者使用术语的定义问题,争论虽仍巨大,但至少可以再检视一下清代法学专家或是官员自身所使用的名词,特别是他们在苏州、松江等地商业讼案中所进行的法律推理或法律修辞。

四、法学专家的可能奥援

在商人团体的因素之外,明清苏州等经济发达地区商业"习惯性规则"之

---

〔1〕《苏州碑刻》,第90页。
〔2〕《江苏省明清以来碑刻资料选集》,第369页。

所以能够得到较好的发展,也还因为存在更多法学专家的可能奥援。

清代中国许多商业纠纷确实并不寻求法律体系的支援。如有学者藉由分析明清牙行拖欠客商货款的司法案例而强调:由于侵欠客商货款的牙行"常能得到地方官府胥吏的直间(或)间接庇护",故而"客商大多只在货款久拖而追讨无着的情形下才被迫告官"[1]。而也有学者强调:尽管19世纪初期的中国部分地区已然高度商业化,但是,由当时许多判牍的内容看来,很多地方官处理商业纠纷时,大多不能细致地考虑商业运作的各种复杂情况。[2] 这两项观察颇有代表性,也有一定的道理,但却可能忽略了更大范围内的清代法律制度整体变迁的因素。

大体而论,由于明清两代审转、审限制度的加严与加密,这项重要的制度变迁造成了当时"意图之内"与"意图之外"两种不同结果。先谈"意图之内"的结果:由于18世纪全国各地司法官员面对中央司法机关施加的稽查审核压力愈来愈强大,而以刑部为代表的中央司法机关也愈来愈成为全国最专业法学官员的聚集中心。这种变化的结果,比较而论,基本上符合皇帝与中央司法机关将审转、审限机制予以加严、加密的原初意图,故而是种"意图之内"的结果。

然而,审转、审限制度的加严、加密,却产生了至少三项"意图之外"的结果:一是因为担心审转遭到中央政府三法司的驳覆,以及希望加快公文书制作流程而安然无事地通过审限规定,更多地方官员感到需要花费较多的个人俸金,去聘请包含"刑名师爷"在内的各种幕友。二是因为审转与审限压力的增强,地方上级长官将压力一并转嫁到州县官员,这让许多精于算计的讼师可以"乘虚而入",利用地方上级长官不希望案件遭到中央驳回的心理,而使州县官员面临民众上控案件时,不敢再像以前那般得漫不经心,这种地方各级政府之间形成的微妙压力,致使民间讼师比起以前具备更多的司法操持空间,乃至于更加便利其扩大代理民众诉讼业务的经营空间。无论是幕友或是讼师,这两类司法专业人士数量同时增多的现象,实乃中央政府推动审转与审限制度加严加密之始料所未及。三是为了帮助地方长官送审公文书不遭驳回,承担起训练包含刑名幕友责任在内的"幕学",开始更加讲究如何对付中央政府审转与审限制度的专业知识,甚至出现一种强调幕友应该写作"无缝天衣"公文书的理想;同时,在"讼师秘本"这种足以教导讼师、讼棍与其他有志代理诉讼业务的书籍内,也开始发展出努力追求胜诉的"百战百胜"理念。[3] 总之,这些分属"意图

---

[1] 范金民:《明清商事纠纷与商业诉讼》,南京大学出版社2007年版,第76—77页。

[2] David Faure, "The Local Official in Commercial Litigation in Early Nineteenth-Century China," *University of Tokyo Journal of Law and Politics* 1 (2004): 144—155.

[3] 更具体的分析,参见邱澎生:"以法为名:讼师与幕友对明清法律秩序的冲击",载《新史学》(台北)第15卷第4期,2004年12月出版,第93—148页。

之内"与"意图之外"的不同结果,都伴随着18世纪审转、审限司法制度变革而日益显著,成为影响18、19世纪中国法律制度变迁的重要推动力。

尽管仍有许多清代司法官员漠视商业纠纷,清代许多判牍内容也未能细致地区分商业纠纷种类并予以更符合商人利益的处理,然而,由上述司法制度变化的大背景而论,清代商人面对各类商业纠纷时,仍是处于一个较为不同的法律制度框架之下。特别是在经济发达地区的城镇里,商人提呈讼状时,一方面既能以较高金钱聘得更有胜诉实力的本地知名讼师,为其执笔操刀并出谋画策,另一方面也可能得到本地官员及其高薪聘请幕友的更多关注,甚至是获得官员承认那些足以规范商业经营的惯例,从而累积了本地适用商业诉讼领域的相关"成案"。

例如一位经营棉布字号的徽州商人,在其控告棉布工人以提高工资而集体罢工的案件中,提呈诉讼的商人不仅可在商业诉讼进行过程中,以高价雇请具备良好能力的讼师,为其暗中撰写诉状,并且提供各种足堪趋吉避凶甚或是"百战百胜"的诉讼策略;甚至也能运用类似"恤商美政"或是"身家切系,国课攸关"等各种足以绾合个人利益与公共利益的法律修辞,藉以打动官员援用更有利于自己商业经营的法律推理[1],进而做成涉讼商人所乐意见到的裁决。而若再以18世纪江苏、浙江、江西、湖南、安徽等地典铺商人与托典民众因为火灾、强劫而发生过失损害赔偿的案件为例证,则不仅在这些案件的判决文字里出现了"富乃贫之母,为国家元气"这类足以提升保护富人财产安全的法律修辞,更发生了由《治浙成规》、《西江政要》、《湖南省例成案》等一系列省例立法,并逐步影响《大清律例》"费用受寄财产"相关条文修订的法律现象[2]。这是商业习惯与商业案件具体冲击省例与《大清律例》国家法的明显证据,在这个修法与立法的过程中,不乏法学上有关过失责任的论辩;而支撑这些案件发展成为国家法的重要推动力,也正是当时那些足以"就法律论法律"的法律专业人士的作用。

尽管法律专业人士也可能掉过头来侵凌商人的财产安全,一如更娴熟法律条文的讼师也可能更有效地讹诈商人钱财;然而,若从制度上作比较,则若是没有较多具备足以"就法律论法律"能力的法律专业人士,商业诉讼便会碰到强权与暴力因素更大程度的主导,因而更不利于商业习惯的"规则化"。简言之,娴熟法律的官员、幕友与讼师人数增加更多,是有利于商业习惯"规则化"的必要条件而非是充分条件。

---

〔1〕 邱澎生:"也是'商法'问题:试论十七世纪中国的法律批判与法律推理",载《法制史研究》第8期,中国法制史学会(台湾)、"中央研究院"历史语言研究所2005年版,第75—123页。

〔2〕 邱澎生:"18世纪中国商业法律中的债负与过失论述",载复旦大学历史系编:《古代中国:传统与变迁》(《复旦史学集刊》第1辑),复旦大学出版社2005年版,第211—248页。

法律专业人士的成长,是明清司法足以"就法律论法律"的重要制度基础。巩涛曾正确地指出:19世纪后期中国因为社会动荡加剧致使法律运作效能降低的现象,绝不能上推至18世纪至19世纪前期的中国司法概况。[1] 我们不应低估明清官员与幕友因为熟读法条而可以妥善援用法律推理的能力;同时,也要注意官员、幕友这些官方与半官方的法律专家,并非是把审判的依据轻易地让渡给各地所谓的"风俗"或是习惯,而是在相当程度上确实具有将各类案件剪裁融汇并转化为符合明清律例规范框架的卓越能力。[2]

然而,巩涛同时指出:正因为具备转化各项案件使之符合既有法条规定的卓越能力,明清中国的法律专家总是想着如何能够"针对种种不同的民间习惯与社会现实情境作出裁减或是重塑,以使其更好地融入《大清律例》之中"。这便使得明清中国法律是"以牺牲法理的复杂性与精确性为代价,转而追求法律的同一性(uniformity)与通贯性(comprehensiveness)";也正因为如此,传统中国法律乃不可能出现欧洲法律中的"民法"(civil law)或是"私法"(private law)的法律范畴。毕竟,在那些熟悉法律条文的官员与幕友心中,各地民间习惯所反映的"风俗"从来都是需要被政府改革的对象(所谓的"正风俗"),"风俗"基本上不会掉过头来作为官员正视吸纳并据以改革既有法律条文的关键理由。所以,明清中国也就从来没能出现欧洲法律史上的"习惯法"、"民法"或"私法"。[3] 本文以为,巩涛此项论证仍然需要再做商榷。

巩涛对明清中国没有"习惯法"的解释脉络,有其一定道理,我们的确应该正视明清法律专家剪裁融汇并转化司法个案差异与法条统一规定之间可能落差的卓越能力,也要注意"习惯法"出现在欧洲历史上的特殊情境;但是,笔者依然要指出:不要忽略在清代审转、审限机制加严加密之下种种"意图之内、意图之外"的不同法律效果,特别是在讼师、幕友、官员的既紧张又互补的综合作用下,那些所谓"恤商美政"、"身家切系,国课攸关"、"富乃贫之母,为国家元气"等各式各样统合商人利益与公共利益的法律修辞,仍然足以让苏州、松江这类市场经济发达地区的地方司法衙门,采用棉布加工契约、判别棉布商标是否被盗用、棉布牌记如何顶接转卖等既有的商业习惯这些主要是由商业诉讼所

---

[1] 步德茂(Thomas M. Buoye):"司法档案以及清代中国的法律、经济与社会研究",邱澎生译,载《法制史研究》第4期,中国法制史学会(台湾)2003年版,第217—243页;徐忠明:"依法判决? 明清时期刑事诉讼的一个侧面",载徐忠明:《案例、故事与明清时期的司法文化》,法律出版社2006年版,第301—323页。

[2] Jérôme Bourgon, "Uncivil Dialogue: Law and Custom Did not Merge into Civil Law under the Qing." *Late Imperial China* 23,1(2002): 50—90.

[3] Jérôme Bourgon, *Rights, Freedoms, and Customs in the Making of Chinese Civil Law, 1900—1936*, in William C. Kirby, ed., *Realms of Freedom in Modern China*, Cambridge, Mass.: Harvard University Press, 2004, pp. 87—90.

引发的法律变动,不少裁决甚至累积为足以影响此后当地同类商业诉讼结果的地方司法"成案"。

19世纪中叶,穆翰于其所撰著《明刑管见录》的一篇"审案总论"上面,针对审理案件时各类相关的书面与口头证据,做了清楚罗列与重点提示:"如户婚田土案之文契、身契、婚书,钱债案之合同、老账、退约、借券等(原注:万金老账、日用流水钞、钞契,均须逐细查对),因何两造尚未输服之原委(原注:或因要证未到,或因尚须覆勘之处,务要记清),将诸紧要之处,熟记于心,然后将一干人证先讯一堂,须和容悦色,任其供吐,不必威吓驳诘";穆翰还强调:官员在审理户婚、田土、钱债案件完毕之后,应要特别妥善处理两造"所呈出契据",这里包括两种情况:一是"应发还者(原注:用硃笔在契空处划一记号)",要"当堂发还,取具领状附卷,以免书差勒索领费";二是"应存查者",也要"于堂单内注明,即粘运堂单之后,以免遗失(原注:如钱票、银票,即饬役同本人至铺对明,示以因讼存案,以防未结而关闭。对明后,其钱若干、票几张,用纸包好,硃笔画封,粘于堂单之后)"[1],这是一份十分仔细的司法经验传承文本,在这里,几乎看不到这位职司法官职务的官员有任何轻忽"户、婚、田土、钱债"案件的心态,至于商业债务纠纷所经常涉及的"合同、老账、退约、借券"等书面证据,更是在审前与审后都极度受到重视,与其说是穆翰希望"矫正"民间商业习惯,不如说是他也很正视存在于各种民间商业文书中的"习惯"。

类似穆翰这类法学专家的存在,应是有助于保障当时包括商业讼案在内的司法裁判品质。虽然我们无法统计穆翰这类法学专家在当时法官的人数比率,但就算穆翰只是当时人数有限的模范法官,我们藉由一些传世史料仍可证明:明清时代仍有不少官员曾经重视并讲究法学知识[2],穆翰绝非罕见的特例;而且,讲究法学知识的风气,也不限于司法官员,幕友与讼师也都构成明清时代经常研读法律条文与司法判案的法律专业人士。[3]

综而言之,清代官员不必特别讨论各地习惯与国家法的理论关系,也无需标榜如何制订"习惯法",但在幕友、讼师的幕后协助与共同作用下,一些商业讼案所援用的法律推理,已然隐身于种种独特的法律修辞面纱之下,从而潜入了《大清律例》、各省省例或是地方成案之中。这些商业诉讼领域的法律变迁,不仅与16至19世纪之间的长程贸易与全国市场发展有密切关系,也与明清两

---

[1] (清)穆翰:《明刑管见录》(清道光二十七年[1847]刊本,收入(清)葛元熙编:《临民要略》,影印清光绪七年[1881]序刊本,收入《丛书集成续编》,上海书店1994年版),"审案总论",第1页。

[2] 邱澎生:"有资用世或福祚子孙:晚明有关法律知识的两种价值观",载《清华学报》(台湾新竹)第33卷第1期,2003年6月出版,第1—43页。

[3] 邱澎生:"以法为名:讼师与幕友对明清法律秩序的冲击",载《新史学》(台北)第15卷第4期,2004年12月出版,第93—148页。

代法律专业人士数量成长,以及 18 世纪审转、审限机制加严加密等制度变迁紧密相连。

五、结语

本文的结论是:在分析清代中国的习惯与国家法互动关系时,我们一方面应当记得巩涛的建议,要留意欧洲近代法学对"习惯法"一词的特殊定义,不要随便将之套用到中国的法律系统上;但另一方面也要留意梁治平所凸显的社会民众"思虑、欲望、理性和情感"对国家法所发生的主导性作用,并且同时关注欧中坦提及的那种随着商业贸易发展而在若干清代地方法庭内发生的由"习惯性实践"转化为"习惯性规则"的历程。在 18 至 19 世纪苏州、松江等江南工商业城镇,乃至于在全国长程贸易路线上的许多城镇里,既出现会馆、公所等商人团体所代表的社会民众"思虑、欲望、理性和情感"的作用,也由幕友、讼师、官员等法学专家透过某些法律修辞与法律推理,共同担负起将"习惯性实践"转化为"习惯性规则"的制度性角色。

苏州、松江等地商业习惯与国家法之间的互动,固然不能概括到清代辖境的全中国,而清代司法官员的素质也肯定是良莠不齐;但是,若是忽略苏州、松江这些当时全中国经济最发达地区的例证,而只是概括性讨论清代中国的"习惯法"问题,则肯定会漏失一些重要的历史事实。苏州、松江的习惯与国家法互动历程,究竟与当时中国国内长程贸易线上工商业城镇的习惯与国家法之互动历程有何异同,仍然值得我们继续探究。

(初审编辑:尤陈俊)

失礼的对话:清代的法律和习惯并未融汇成民法[*]

巩 涛[**]
邓建鹏[***] 译

Uncivil Dialogue:
Law and Custom Did not Merge
into Civil Law under the Qing

Jérôme Bourgon
Translated by Deng Jian-peng

内容摘要:往昔西方学界关于中国古代是否存在"民法"的主流观点认为:帝制时期的中国没有独立的"民法"概念,官方缺乏西方标准意义上的民法。近年来,一些美国学者认为,在地方的法律实践中,习惯、习惯法或可称为地方

---

[*] 本文旨在反对清代中国存在民法这一观点。文章标题中的(Uncivil Dialogue)含有双关意——"无民法的对话"。本文原刊于 *Late Imperial China*, Vol. 23, No. 1 (June 2002): 50—90。本文的日译稿,可参见寺田浩明所译的《不文明的对话》(载《中国—社会と文化》第20号,2005年)。
[**] 法国里昂东亚学院(Institut d'Asie Orientale)研究员,电子邮箱:Jerome.Bourgon@ens-lsh.fr。
[***] 中央民族大学法学院副教授,电子邮箱:cunlaw@gmail.com。译者感谢巩涛教授及本文英文原文的版权执有者约翰·霍普金斯大学出版社(The Johns Hopkins University Press)的授权。译文承蒙巩涛教授校对,尤陈俊博士校译全文并仔细查找还原部分原始文献,孟蔚然、庄毅同学曾提供过部分协助。

性"私法"普遍存在并被遵从。亦即认为"民法"在官方虽无认可,但在实践中却以习惯或习惯法等方式运作,与民事司法实践共同构成了清代的民法整体。事实上,"民法"、"习惯法"等概念都属于舶来品。清代的"习惯",并未像西方那样自下而上地由社会底层融汇形成国家的民法,而是在一种自上而下的环境下,被官方加以利用或变通,成为其治理或整饬的对象,始终没有像西方那样获得准法律的效力。中国没有走上西方那种自下而上的"习惯—法律"的民法演化道路。

关键词:清代 习惯 习惯法 大众惯行 民法

对一位对中国民法有所了解的欧洲学生而言,近年美国的学术研究趋势既令人振奋,同时又夹杂着些许尴尬。因为至少半个多世纪以来,欧洲与亚洲史学界的主流观点都一直认为,帝制时代的中国没有单独的"民法"(civil law)概念,《大清律例》很不适合用来解决西方法律中所称的"民事事件"(civil matters)。然而,在地方习惯中,某种类型的"私法"(private law)却广泛存在,规范着婚姻、继承、土地买卖等事务,并且被百姓与明智的地方官员所遵从。正因如此,"民法"虽然在官方概念中不见踪迹,但是却存在于社会现实和与地方政务之中,并且以"习惯法"(customary law)的形式得以体现。当中国法律向西方法律的标准转型之时,20世纪30年代刊行的《中华民国民法典》适时地收入了大量有关"民商事"习惯法的内容。在这种基本的解释框架下,"习惯法"是帝制中国时期唯一存在的"民法"类型,并且注定要成为近代中国民法的一部分。[1]

这种框架简单明了且有结合力,中国的法制改革者们在搜集习惯以纳入《中华民国民法典》时,他们自己显然也依从于此。我最初也赞同这种框架,但渐渐发现这是一种"被虚构的传统"。我这样说的意思是,"习惯"(customs)和"习惯法"(customary law)是从西方舶来的新范畴,它们就像民事立法(civil legislation)本身一样,在中国古代无论如何都难寻踪迹。[2] 在本文中,为了能更

---

[1] 这里我概述了以下作者的基本观点:Jean Escarra(爱师嘉拉), *Le droit chinois. Conception et évlution*, Paris: Librairie du Recueil Sirey, 1936;仁井田陞:"法与习惯",载仁井田陞:《中国法制史研究》(第四卷),东京大学出版会1960年版,第1—495页;Van, der Sprenkel, Sybille, *Legal Institution in Manchu China*, London: The Athlone Press, 1962(此书中译本见斯普林克尔:《清代法制导论:从社会学角度加以分析》,张守东译,中国政法大学出版社2000年版。——译者注);David C. Buxbaum(包恒), "Some Aspects of Civil Procedure and Practice at the Trial Level in Tanshui and Hsinchu from 1789 to 1895", *Journal of Asian Studies* 30,2(1971): 275—279;David C. Buxbaum(包恒), "Contracts in China During the Qing Dynasty: Key to the Civil Law", *Journal of Oriental Studies* 31, 2(1993): 195—236。下文将更为广泛地讨论他们的某些争论焦点。

[2] 参见Bourgon, Jérôme, "La coutume et le droit en Chine à la fin de l'empire," *Annales. Histoires, Sciences sociales* 5(1999): 1073—1107; Bourgon, Jérôme, *Rights, Customs, and Civil Law under the Late Qing and Early Republic (1900—1936)*, in William C. Kirby, ed., *Realms of Freedom in Modern China*, Stanford: Stanford University Press, 2002。

加准确地阐明帝制中国的法制是如何对待社会惯行(social practices),我会经常对那些以"民事习惯法"(civil-customary law)为前提的不同表述加以评论。

当然,我知道这些讨论可能会被认为和美国学术的近期走向相冲突,尤其是黄宗智(Philip C. C. Huang)关于清代与民国时期民法的著作。[1] 先不深究其细节,我想谈一下为什么我从一开始就对他的新方法存有戒心。首先的一个原因是,黄宗智和他的一些共同研究者们,都没有谈及前面提到的那些已有学术研究成果。如果我的某些评论和批评看上去并不恰当,请大家原谅,我是想试着弥合两者之间的分歧。二者在本质相似,但是在论据与研究方法上却大相径庭。其主要差别如下:"典型的"(classic)作法是在当地习惯中寻找民法,而近来美国学界的研究成果则是在司法程序、"民事案件"(civil cases)和"民事"(civil matters)判决中加以寻觅。我不是要争辩这些术语的用法;为了避免繁冗,我自己偶尔也会使用它们作为便捷的近似表述。不过,我的基本保留意见已经在艾马克(Mark Allee)那里被很好地加以表述了:

> 对中国法庭而言,我在全书中提到的民事案件都只是"细事",其审理程序与刑事案件差别不大。所有的案件均由单一种法律制度予以处理(除了那些涉及官员被控渎职的案件)。不过,即便"民事"审理程序通常和"刑事"审判没有大的差别,但为了我们讨论的方便,偶尔也会加以区分。[2]

对我来说,在使用帝制中国的"民事案件"或"民事程序"之类的术语时,需要做这种限定。

我不是十分清楚,黄宗智和他的一些共同研究者们,是如何觉得能够从谨慎地接受"民事案件"的提法,跳跃到假定前近代中国存在一个完整的民法体系,他们都只是对司法程序予以关注而已。我在下文中的一些论述,可以被当作是我对法律**本质**的迫切探求。如果州县官员真的作出了民事裁决,如果达成民事协议,那他们的依据何在?又是什么使其成为"民事的"(civil)?这些规则是什么?这些规则是从私人关系中抽象出来以抑制官员恣意枉为的么?由于习惯(customs)或习惯法(customary law)在我所熟悉的"典型"命题中是扮演

---

[1] 参见 Philip. C. C. Huang, *Civil Justice in China: Representation and Practice in the Qing*, Stanford: Stanford University Press, 1996(此书中译本见黄宗智:《清代的法律、社会与文化:民法的表达与实践》,上海书店出版社2001年版。——译者注);Philip. C. C. Huang, *Code, Custom, and Legal Practice in China*, Stanford: Stanford University Press, 2001(此书中译本见黄宗智:《法典、习俗与司法实践:清代与民国的比较》,上海书店出版社2003年版。——译者注)。

[2] 参见 Mark Allee, *Law and Local Society in Late Imperial China: Northern Taiwan in the Nineteenth Century*, Stanford: Stanford University Press, 1994, p.5.(英文原稿此处误写为第4页,现对照原书予以改正;此书中译本见艾马克:《十九世纪的台湾北部:晚清中国的法律与地方社会》,王兴安译,台北播种者文化有限公司2003年版。——译者注)

着这种角色,我想知道,这两种含义为何在黄宗智对清代民事司法的描述中完全缺席。当我注意到他的近著是以习俗和习惯法为核心时,我困惑到了极点。该书书名为《法典、习俗与司法实践》,意指法律近代化源自于法典化的法律、地方习俗和法庭裁决之间的相互较量。那么,这里我们最终又再次遇到了旧时欧洲和亚洲的研究成果。但是回过头来加以审视之时,一个令人困惑的问题摆在我们面前:当习惯和习惯法没有重要到出现在有关"清代民事司法"的描述中时,它们又怎会在法律近代化过程中有着如此巨大的重要性? 我想最准确的解释就是,"习惯"和"习惯"法是后来被中国的法律改革人士和他们的外国顾问虚构出来的。[1] 黄宗智认同这种被虚构的"习惯法"(customary law),给我们留下了关于同一论题的两种相互对立的看法:他认为(1)民法主要由程序构成,而没有提到习惯;(2)近代民法包括先前的习惯法,后者是其重要组成部分。在本文中,我假定后一看法是对前一观点的修正,所以就这个问题而言,黄宗智现在基本上和欧洲、日本的学者看法相同,如爱师嘉拉(Escarra)、范·德·斯普林格尔(van der Sprenkel),或仁井田陞。如果我有曲解其意,我也只是想提供一个机会,藉以澄清近期美国的学术成果和先前研究之间的联系。

首先,我们所谈论的是什么样的"民法"? 这个问题至关重要,它源自以下认识:

> 关于"民法"的其他用法是将这个术语严格限定在欧洲大陆的民法典之上,诸如1803年的《法国民法典》和1900年的《德国民法典》。这不应与我的用法(黄宗智的用法)相混淆。如果接受那种用法,也就等于要承认民法必须具备现代西方民法所拥有的那些特征……[2]

我承认,我完全不理解这种语义上的细微差别。假如关于民法和中国法律传统的讨论从产生到发展迄今已将近一个世纪,这难道不是因为中国不得不向西方法律标准屈服吗? 追随着日本的脚步,中国继受了欧洲大陆的"民法",从而进入了这两个国家现仍正式归属的"民法法系"之中。[3] 因此,一个有益的讨论必须对民法进行明确界定,即指的是中国事实上长期接触的欧洲大陆的民

---

[1] 参见 Bourgon, Jérôme, *Rights, Customs, and Civil Law under the Late Qing and Early Republic (1900—1936)*, in William C. Kirby, ed., *Realms of Freedom in Modern China*, Stanford: Stanford University Press, 2002。

[2] Philip. C. C. Huang, *Civil Justice in China: Representation and Practice in the Qing*, Stanford: Stanford University Press, 1996, p.8. 他在此重点强调了"欧洲大陆的民法"。这是黄宗智在比较不同传统中的民法时唯一给出的参照项——而其他的参考项或是政治性的(公民自由),或是社会文化性的(民事领域)。

[3] 参见 Bourgon, Jérôme, *Rights, Customs, and Civil Law under the Late Qing and Early Republic (1900—1936)*, in William C. Kirby, ed., *Realms of Freedom in Modern China*, Stanford: Stanford University Press, 2002。

法,而不是为了支持某个特殊命题而专门虚构的理想类型。事实上,在引入西方法律标准之前,关于中国民法的所有讨论,在本质上是属于目的论指向的:它必然旨在突出类似的要素、规则、惯行(practices)和观念——或易言之,**习惯**(customs)——在欧陆式的民法典到来之前就已存在,它们是为了使欧陆式的民法典能适应中国现实而预备好的工具。在中国,无论是哪一时期,所有关于民法的争论本身必定会是一个西方意义上的问题。

我们在何种程度上必须求助于西方范畴?事实上,这是一个选择的问题。如果我们无法解释一个值得尊重的法律体系有一个世纪的历史,但却没有"民法",那么我们将不得不反省这种看法是否适用于中国。因此,正如我在本文中试图做的那样,最重要的先决条件是使用一个外国的范畴时必须要合理。我将由回顾中世纪和近代欧洲民法的起源开始,其中重点强调它和与之匹配的"习惯法"(customary law)之间的紧密联系。接着我先是通过欧洲、亚洲和美国的学者提出的一些重要观点,检讨这一概念在中国的适用。然后,根据我本人所读过的清代法律文献,集中谈司法机构对当地作法的处理。所有的这些都希望能说明,民法(civil law)或习惯法(customary law)这样的西方概念,无助于揭示当地的大众惯行(popular practices)和中国法制之间的联系,事实上,它们让问题陷入混淆不清。最后,我将提出一种替代"民事习惯法"(civil-customary law)这一概念的新模式,它会更加尊重中国法律制度的实际运作及其演进过程。

一、欧洲与中国法律传统中的法律和习惯

对我来说,厘清民法是如何在欧洲产生的非常重要。民法作为一种独特的制度,通过中间媒介"习惯法"(customary law),把经过挑选的大众惯行和法律相连接。许多国家在殖民地或后殖民地时期出现的民事法律,都是从欧洲的经验中得到启发,因此"习惯对法律"(custom vs. law)这种相互匹配的看法似乎显得是普适的现象,而事实上,它们为西方法律传统所特有。

习惯在欧洲法律传统中的作用,与不同政治权力的封建割据密不可分,正是后者造成不同管辖权的错落存在。蛮族入侵导致了不同族群的混合,以至任何审判对象都不得不借助证据来确定他的属人法,也就是说,是根据习惯来决定是由其领主的法庭还是王室法庭来管辖。从一开始,习惯与其说是个社会学上的粗略事实,还不如说是证人所宣称的或被陪审团所接受(比如说法国的证言"turbe")的法庭上的加工品(judicial artifact)。正是这类法庭上的加工品,从11世纪起,被中世纪的罗马法学家与那些依据帝国晚期的《民法大全》(*Corpus juris civilis*)阐发的原则加以融合。这种学说活动,提供了一系列与罗马共和国或罗马帝国时期的民法大不相同的规则和原则。而教会法学家和圣典学者

(Canonists)在此诠释过程中扮演了至关重要的角色,他们对法律上的习惯的两大主要特征加以阐明。首先,习惯必须是被特定地域的民众认为具有约束力的规则。这种约束力也叫做对它的法律确信(opinio necessitatis)。在法庭上要加以证明的,不是惯行(practice)本身,而是对它的法律确信;也就是说,当地人普遍认为这种惯行引出一条被他们当作习惯(custom)加以遵守的规则。其次,圣典学者通过强调习惯的法律属性,而在理论上得出了以下推论:"习惯在法律中产生共鸣,而一般惯行(ordinary practice)则从属于事实的范围"。因此,必须在惯行(practice)与习惯(habits)之间,而不是习惯(customs)与法律之间,划清界限,另一方面也要对习惯与法律作出区分。当然,所有习惯都曾是社会事实,但这二者并非同义词。习惯(custom)是已经获得法律意义的惯行(practice),这使得它们能够超越法律之外(praeter legem)甚或对抗法律(contra legem),结果成为地方上的一项习惯法的基本要素。[1] 直至 19 世纪末期,对于所有呼唤习惯和习惯法的欧洲法学家而言,这种区分一直是最基本的。[2]

早期在理论和司法上的相关阐述,有助于解释在欧洲法律体系的形成过程中习惯是如何扮演着这样一个重要的角色。习惯法第一个显著特征,就是它是**成文**(written)的。制订习惯汇编(customary charters)的作法,早在 11 世纪就已开始,后来在 16 世纪受新教改革(Protestant Reformation)和建立民族国家的激励,而变得普遍化和系统化。在英国,最早的法律著作也是有关法律和习惯的汇编,其中最著名的要数亨利·布莱克顿(Henry Bracton)的《论英格兰的法律和习惯》(On the Laws and Customs of England)。[3] 在法国,国王被看做是"习惯的守护者",他的权力不是要去改变习惯,而是通过将习惯记载下来使其得到执行。[4] 第二个特征是职业法学家们在法律上加以修订。在英国,王室法

---

[1] 参见 Jean-Marie Carbasse, "Contribution à l'étude du processus coutumier: la coutume de droit privé jusqu'à la Révolution", *Droits* 3 [La coutume](1986): 25—38。

[2] François Geny, *Méthode d'interprétation et sources en droit privé positif*, reissue, Paris: LGDJ, 1919, pp. 320—322. 在 19 世纪末期,习惯法被极力宣扬,以用来反对《拿破仑民法典》的文义解释,这再次严肃地证明了事实性的习惯(factual usage [l'usage de fait]),尤其是商业习惯(commercial usage),与司法意义上的重要规范——习惯——之间的对立。比如说"惯行(例如说民间惯行,商业或贸易或农业等等的惯行)本身只是社会事实,因为它们不包含某种法律形式的强制意义",而习惯则被定义为"以法律形式表现的一组事实"。

[3] 先于布莱克顿(Bracton)的《论英格兰的法律和习惯》(*De legibus et consuetudinibus Angliae libri qunque* (ca. 1250))出版的,有格兰威尔(Ranulphe de Glanville)的《论英格兰王国的法律和习惯》(*Tractatus de legibus et consuetudinibus regni Angliae*, 1189 年出版)、《亨利一世的法律大全》(*the Leges Henrici Primi*),以及《忏悔者爱德华的法律大全》(*the Leges Ewardi Confessoris*)(11 世纪晚期?)。这些事实上都是关于习惯的汇编,而非关于国王的法律的汇编。

[4] Jean-Marie Carbasse, "Contribution à l'étude du processus coutumier: la coutume de droit privé jusqu'à la Révolution", *Droits* 3 [La coutume](1986): 34—35;不过,国王和他的机构仍然有权废除"坏的习惯"。如何区分习惯的好与坏,则要求法学家们之间广泛展开学说上的论辩,而这有助于"习惯法"的选择与澄清,也就是说,被法律化的习惯存在于事实性的惯行之中。

庭一系列选择习惯的判决，将挑选后的习惯当作是"王国的普遍习惯"（General custom of Kingdom），而使其成为普通法的主要来源。在法国，法学家们编撰了私人汇编（private charters），而且，甚至当官方当局要求并指导将习惯记录成文时，法学家们仍然在设计惯用术语方面起了相当大的作用。这一过程，和罗马法研究者们对民法的发展相互促进，因为他们的主要任务都是从各种各样的习惯中提取出一般性的民事规则。当成文的习惯以其书面形式和地域界限（原先受 x 习惯约束的人进入了 y 习惯的规范区域）而获得了永久的特性时，民法学家正致力于推动罗马法成为所有习惯的"成文理性"（rasison écrite），因此将民法精心打造成一套能够囊括习惯多样性的共同规则。总结一下这一尚未终结的发展过程：在一个仍然忽视由国家对一般法律加以法典化的制度中，成文的法律上的习惯（written legal customs）在其所在区域成为具有效力的准法典（quasi-codes）；这些习惯在其表述中是如此得富有结合力和清晰明确，以至于它们可以被输出适用于新定居的人群，正如定居于魁北克的法国人受《巴黎习惯法》（coutume de Paris）的约束一样。尽管法国大革命带来的毁灭性破裂开启了民法走向全国统一的道路，但拿破仑的立法者们很清楚他们正在完善一个已延续数个世纪的趋势。在 1804 年民法典的准备工作中所搜集到的长期论辩，表明民法典的制定者有意鼓动"成文法和习惯之间的交易"，根据他们中最杰出的法学家所表达的看法："人民的法典是**在时间的推移中自发形成的**；确切地说，**法典并不是谁创造的**。"[1]

概言之，在欧洲历史上，使"民"法成其所是的，在于它对那些被称为"习惯（customs）"的那些大众惯行（popular practices）的依赖。这些"习惯"曾被人在法律学上做过修改加工，它们并不仅仅是惯行或行为，而是职业法学家们对大众惯行加以观察、选择和重塑后形成的法律上的加工品。

这些特点在何种程度也能适用于中国的情形？没有人奢望能找出一个符合上述每个特点的特定对应物。但是，也许可以通过厘清两者的相似点与重大差异的方式，来判定使用"民法"和"习惯"这样的术语是否建立在合理的类比之上。我将从最外在、最正式的特征（关于习惯之地域限制的成文汇编）开始，再到最具有决定性的特征（习惯在当地社会的约束力，以及法庭对它的认同）展开研究；沿着这种办法，我将对学者们就已被揭示的不同问题的看法加以评论。

---

[1] Naissance du Code civil. Travaux préparatoires du Code civil rassemblés par Pierre-Antoine Fenet, extraits choisis et présentés sous la direction de Francois Ewald. Paris：Flammarion, 1989.（最有名的民法学家）的引言："我们在成文法和种种习惯之间进行过一种所谓的互让了解，每次我们有机会调和它们的规定，或从一个方面更改另一个方面，只要制度的统一不被加以破坏，总体的精神不被违背。"（第 52 页）。以及"人民的法典是在时间的推移中自发形成的；确切地说，法典并不是谁创造的（强调它的起源）"（第 48 页）。

首先的不同之处就是,在帝制中国,无论是哪一层级(全国、省、县或州),都不存在由官方、半官方或是私人倡导而形成的习惯汇编。实际上,地方惯行并没有被官僚帝国予以记载;如果有的话,它们会被汇编或法典化为具有某些规范效力而值得我们注意的文本。这里并不是要查看日本人在台湾或是民国法学家在中国内地汇编的那些资料集,而只是想强调这些汇编资料集都是关于法律和习惯的这种外来概念的过时后果。在滋贺秀三之后,我注意到,帝制中国时期的"习惯",只是意味着了现代历史学家所推断的那些模糊松散、难以理解的现象,而不是欧洲历史上那些有成文记载、与法律并行的规范。[1]

习惯的局部化和区域限制,是另一个至为关键的区别。在欧洲,地理学上关于习惯的描述,与它在法律上被体系化以及被官方法律当面确认,都有密切的关系。在近代法国,习惯界定出了对比鲜明的不同继承制度,其中的一些制度赞成平分家庭财产,而其他一些制度则主张给予某位继承人以排他的继承权。这使得著名的历史学家伊曼纽尔·勒·罗伊·拉杜里(Emmanuel Le Roy Ladurie)提出了一个关于"习惯体系"(the system of custom)的庞大综合体。他那篇历史人类学方面的文章受结构主义学派的启发,意识到在不同习惯中渗有一些重要的"文化特征",而那些"文化特征"足以说明一个特定区域的原始构造:因此,习惯成为一个有着区域特性的因素,它具有文化的、社会的和人类学意义上的特质。[2] 这种大胆的概括,从一开始就引起不休的争论。法律史学家们认为:"习惯体系"与其说源自于社会规则自生的美德,还不如说是源自汇编与实施它们的法学家们的工作。[3] 社会史学家们则指出:普通民众没有像法学家和法律史学家所预想的那样总觉得他们自己被这些习惯汇编所约束。[4] 不过,无论是哪一派,这场争论中的所有争辩者们都认为,习惯在限定的区域内具有某种内聚性,从而有助于界定区域的特征。

在这一方面,我们能在中国发现什么?我在此引用黄宗智的准确概述:

> 在分家案件中,唐代诸子均分的作法受法律正式认可。因此,存在于社会习惯与法律约束之间的一致性,使得诸子均分的原则几乎得到普遍遵

---

[1] 滋贺秀三:《清代中国的法和裁判》,创文社1984年版,第329页以下。

[2] Emmanuel Le Roy Ladurie, "Système de la coutume: Structures familiales et coutume d'héritage en France au XVIème siècle." *Annales*: *économies*, *Sociétés*, *Civilisations* 27, 4 and 5 (1972): 825—846.

[3] 参见Louis Assier-Andrieu, "Penser le temps cultruel du droit. Le destin anthropologique du concept de coutume," L' home 160(2001): 81—82。

[4] Bernard Derouet, "Les Pratiques Familiales, le Droit et la Construction des différences (15è—19è siècles)", *Annales. Histoire, Sciences sociales* 1997, 2: 369—391. 这位作者认为,社会惯行和习惯汇编(customary charters)属于两套不同的差异性,因此属于两种完全不同的地理学说。惯行与习惯法之间的这些差异,唯有通过某种"转译的工作"加以克服。在中国,这种"转译"是在一种完全不同的制度中发生,本文结语部分将对此给予揭示。

守,因分家而产生的纠纷与诉讼被减少到最低的程度。随着土地典卖的普及,法律原则和社会惯行相分离的现象变得更加严重时,法律条文的模糊性便使得人们更多地依靠诉讼来解决纠纷。[1]

如果我们固守欧洲情境下的原初定义,这将意味着,在唐代之后,至少在继承规则的领域中(这是习惯法的关键领域),习惯已不复存在。当这样的规则与成文法彻底一致,而且人们对其的遵从"几近普遍"之时,显然,这已经不是我们所说的作为固有习惯法之要素的"习惯"了。如果将遵守官方法律看作是一种习惯,或者将习惯法视为对成文法的近似复制,那只会混淆问题。黄宗智的评论的确极富启发性,他认为,当习惯与法律在单个继承制度中趋同之时,惯行就会偏离法律原则。历史文献和研究成果的确提供了大量不同的术语与规范,但每当学者们试图将习惯描述成规范性制度时,除了勾勒出一幅对全中国有效的整体图像外,他们就别无他法。至今仍然缺乏这样一个中允的术语;借助于它,我们可以将所谓的"地方习惯"理解成特定的法律原则,或是一系列运作于特定区域的地方性规则。

作为研究习惯法与中国法其他许多方面的伟大先驱,仁井田陞强调,地方特殊性应作为习惯的一个构成特征。[2] 梁治平的观点与之相同;他近来出版了对清代习惯法进行全面研究的成果。[3] 两位作者都特别关注他们称之为"法谚"的地方表达。仁井田陞所收集的谚语重申了习惯的多样性,比如"五里不同风,十里不同俗",此处所引用的就是流传于河北省的一句谚语。不过,这只是给我们以习惯繁杂多样的印象,而没有对它们的差异加以描述和将之局部化。因此,仁井田陞将之与中世纪欧洲"习惯随着马经过不同的驿站而发生变化"作类比的作法,显得颇为草率,这是因为,习惯本身的内容和意义是否有所变化,或者是否只有这些在当地使用的称呼才是指相同的基本作法或者概念,我们对此从不知晓。对于梁治平来说,他在提到相似的"法谚"后,还记录了地方上使用的大量"法语",但是没有讨论它们是否为某一地方所特有。举两个例子,我不清楚用来指称被收养的继承人或收养的孩子的"螟蛉子"一词,是否可以算是有着具体地方属性的"法语"? 事实上,这在诸如经典作家董仲舒的作品和《文献通考》之类的有关政务文献的历史汇编中都有记载,直至清朝结

---

[1] Philip. C. C. Huang, *Civil Justice in China: Representation and Practice in the Qing*, Stanford: Stanford University Press, 1996, p. 135.

[2] 参见仁井田陞:"法与习惯",载仁井田陞:《中国法制史研究》(第四卷),东京大学出版会1960年版,第352页。

[3] 梁治平:《清代习惯法:社会与国家》,中国政法大学出版社1996年版,第38—42、52页以下。

束之后,中国人仍在予以使用。[1] 同样广为流传,还有"童养媳"这一用来形容那些在其童年就被收养的未来新娘的称谓,它也是不可能为某一地区所特有。[2] 上述两位作者都认为"乡例、土例、俗例"是习惯法最主要的表述。[3] 但是在对它们进行界定之时,也会遇到同样的难题。换句话说,中国的习惯虽然就定义而言看似地方化(local),但是其内容和本质却很难加以界定和确定为某地所特有。

二、作为"活法"或"自生秩序"的习惯

地理区域上的含糊不清,是中国习惯来源分散的另一方面。习惯和惯常作法看似很容易被想到,但是我们几乎无法弄清它们在某一特定地方是否被人们认为有约束力。我并不想在此与大家讨论所有的问题,尤其是不想像人类学家那样讨论通常所说的规范之本质与来源,或是它们能被付诸实施的不同方式,等等。我想将注意力集中于以下议题:一个假定的民事习惯**法**的存在和本质(这要求我们只需查明习惯是否被赋予部分的法律权威),以及习惯与国家法分享何种比例的权威。[4]

仁井田陞的多数研究把法—习惯(law-custom)看成"活法"(living law),它们通过可被称为"当时当地的"(hic et nunc)或者"特定的"(ad hoc)的机构,存在于一个狭义的群体(村庄、行会、宗族)之中,其有效性表现为它们被人们积极、客观、真实地予以遵从,并被日复一日地重复,而无需任何国家法或官方的任何认可。习惯被认为是从社会本身获得其惯性力和发展动力。因此,仁井田陞反对将有利于地主和乡村精英的保守的"旧例",与明代出现、在佃户抵制地主惯常压榨过程中产生的"新习惯"相对立。他讲述了福建省的一位义军首领——邓茂七——如何因为发动民众集体抗拒一项"长期奉行的当地旧例"而最初在1448年被告发的事迹。这"长期奉行的当地旧例"的内容,包括每年逢

---

〔1〕 关于这个建立在摘录自《诗经》的某些诗句上的称呼及其法律意义,参见 Jérôme Bourgon, "Les vertus juridiques de l'exemple. Nature et function de la mise en exemple dans le droit de la Chine impériale". *Extréme-Orient*, *Extréme-Occident* 19(1997):13—18。

〔2〕 梁治平:《清代习惯法:社会与国家》,中国政法大学出版社1996年版,第52页。关于"螟蛉"一词及其通常的变称,参见 Jérôme Bourgon, "Les vertus juridiques de l'exemple. Nature et function de la mise en exemple dans le droit de la Chine impériale". *Extréme-Orient*, *Extréme-Occident* 19(1997): 17。

〔3〕 梁治平:《清代习惯法:社会与国家》,中国政法大学出版社1996年版,第38页;仁井田陞:"法与习惯",载仁井田陞:《中国法制史研究》(第四卷),东京大学出版会1960年版,第360页。

〔4〕 此类区别可以被概括如下:关于婚姻的风俗习惯颇多,而人类学家对所有的这些都感兴趣(互换生辰八字,在新娘进入新郎家时故意加以刁难,用轿子迎娶新娘,等等)。但所有被认为具有法律意义的,是那些能够在法庭证明婚姻存在的惯行。亦即,根据成文法典,在媒人面前互换礼物和作出承诺,以及根据古礼,新娘被带到夫家的祖庙行"庙见之礼"(拜见夫家的列祖列宗,以慰先祖在天之灵)。

年过节向地主进献鸡鸭等物,俗称"冬牲"。邓拒绝进献鸡鸭,后来变成一场暴乱,几个弓兵在暴乱中被射杀。后来邓茂七被逮捕下狱。* 我们很难弄清地方官在多大程度上认为有义务尊重这一"乡例",仁井田陞也没有告诉我们此一乡例后来是否继续被沿用。这是法律权威的态度被唤醒的唯一事件,非常意外的是,这并非仁井田陞的兴趣所在。他旨在弄清进步的新习惯是怎样从马克思主义类型的阶级斗争中产生出来,而这些新习惯只不过是对立社会力量之间权力平衡的暂时正常化。仁井田陞最后令人信服地说明那些"新习惯"所容许的经济动力,后者以佃农和地主之间关系全面的商业化(commercialization)和商品化(commodification)为必要条件。

这种表述,预示着当把研究范围限定在社会经济史时,后来美国学者的研究将极具说服力。[1] 但这一马克思主义式的结构一旦与习惯法概念相结合,问题就出现了,因为马克思本人早在其首部作品中就已严加否认(参见马克思的《关于犹太问题的思考》[Reflection on the Jewish Question])。其原因在于,习惯法主要是依赖于传统的权威。欧洲研究习惯的理论家们将"年代久远"(immemorial)视为习惯的特征,法律权威不得不对其加以保护并予以奉行。这种看法并非偶然。时间是习惯的自然立法者,习惯如今被奉以祖先或过去类似人物的名义。当每一条规则都变成争论的主题时,当权威是来源于当前力量的社会平衡时,那么我们在何种程度上仍然是生活在一个习惯的世界之中? 一旦往昔的经验被弃之不理,一旦变化成为社会生活的常态,习惯又源自何处? 如果我们同意仁井田陞的观点,从而认为习惯是起源于事实和惯行,那么,又是什么赋予它以准法律性质的权威? 在承认法律在纯现实中处处皆是之后,我们发现自己已陷入了一对自相矛盾的概念之中:究竟是**事实上**的法律(de facto law),还是**行动中**的法律(practical law)。后者确实是一种非常"活"(living)的法律,但是在何种意义上是"具有法律意义"(legal)的呢?

梁治平也对这类"乡例"十分关注,他将之视为"民间法",一种"自生秩

---

* 英文原稿此处表述有误,邓茂七事实上并未被逮捕下狱,而是在1499年与官军作战时中流矢身亡。——译者注

[1] 特别参见 Fu-mei Chang Chen(陈张富美)and Ramon Myers, "Customary Law and the Economic Growth of China during the Ch'ing Period," *Ch'ing-shih wen-t'i* 3, 5(1976) and 3, 10(1978); Rosser H. Brockman, "Customary Contract Law in Late Traditional Taiwan," Ph. D. dissertation, Harvard University, 1973; Rosser H. Brockman, *Customary Contract Law in Late Traditional Taiwan*, in Jerome A. Cohen, R. Randle Edwards, and Fumei Chang Chen, eds., *Essays on China's Legal Tradition*, Princeton: Princeton University Press, 1980, pp. 76—137,或者更近期的 David Wakefield, "Household division in Qing and Republican China: Inheritance, Family, Property, and Economic Development." Ph. D. dissertation, University of California, Los Angeles, 1992,以及 David C. Buxbaum(包恒), "Contracts in China During the Qing Dynasty: Key to the Civil Law", *Journal of Oriental Studies* 31,2(1993): 195—236(下面将加以讨论)。

序"。他不满于西方学者将此与国家法或法庭裁决相联系的所有尝试,尤其是不愿意承认黄宗智所界定的"司法的第三领域"(third realm of justice)的存在(下文将对之加以探讨)。与滋贺秀三相同,梁治平还认为民事裁决既不是建立在成文法也不是建立在习惯之上,而是根据每个案件的关键特点作出,并将情理视为唯一的准则。[1] 对于那种认为习惯法与国家法虽然在很多种情况下相互融合或重合但两者之间互有分工的看法,梁治平并没有进行直接反驳。不过,在他看来,这种偶然的合作从未被正式化,因此显得松散混乱,从而足以阻碍形成一种体系化的民法。至于地方官员对习惯的态度,梁治平认为他们确实考虑到民众的"风俗",主要是对其加以整饬,有时也会加以利用,但却从未把"风俗"看成法律,甚至连只是相对于国家法的附庸都算不上。他举例说明清代官员是如何经常明确表示反对习惯,甚至直接予以禁止。用梁治平自己的话来归纳一下他的观点:

> 从文化内部的观点看,只有一种法,那就是国家法。我们所谓习惯法不过是"民情土俗"的一部分,其当存当废,端视其美恶而定。[2]

对于梁治平的论点,我的问题在一定程度上与术语有关:我不愿意把"习惯法"界定成这样一种可依法决定其存废、道德化的关于民众习惯的概念。正如下文的资料将显示的那样,决定这些习惯"当存当废"的方式,使得习惯无法成为当地社区普遍遵守且界定分明的一系列规则。由于仁井田陞和梁治平都没有表明这些规则在起作用,诸如"活法"或"自生秩序"的提法显得十分模糊,除非它们只是社会秩序或社会关系的别名。我认为,"习惯法"这一术语,应该是指一种区别于国家法的规范性秩序,而不应被用来指称未曾明确界定的众多作法与看法。如果同意这种看法的话,那么很难想象,倘若没有法庭裁决使其变得更为详细清晰和意义明确,这些规则仅凭自己将如何形成。

三、法庭中的习惯:永远难以捉摸的证据

就习惯法或民法是否在帝制中国有所发展的问题而言,法庭对习惯的认可和规定具有决定性的作用。确实,寻找习惯作为民法的替代物并以之统治当地民众的作法,乃是来源于殖民地法的实践。中国会审公廨的法官、香港和新加坡的立法者、清政府或民国政府所邀请的法学家,以及日据台湾时期的政府,都促进了中国习惯法的创造。[3] 他们的丰富经验,在20世纪20年代受中国政

---

[1] 梁治平:《清代习惯法:社会与国家》,中国政法大学出版社1996年版,第18页。
[2] 同上注,第132—133页。
[3] 参见 Bourgon, Jérôme, *Rights, Customs, and Civil Law under the Late Qing and Early Republic (1900—1936)*, in William C. Kirby, ed., *Realms of Freedom in Modern China*, Stanford: Stanford University Press, 2002.

府之邀前来协助制定民法典的民法学教授爱师嘉拉（Escarra）那里集于大成。

在其著作《中国法律》（*Le droit chinois*）中，爱师嘉拉通过借鉴惹尼（Francois Gény）的理论，重新阐述了他和其他西方法学家关于中国法的体验。惹尼是法国一位知名的法律思想家，曾致力于复兴民法中的习惯法成分。顺着惹尼创造的体系，爱师嘉拉将"人为制定的"（constructed）、公开的、主要关于刑法的、由国家执行的成文法，与"已有的"（given）、未成文的习惯性私法（customary private law）相对立。[1] 爱师嘉拉认为，在日复一日的生活中，习惯性私法战胜了官方成文法，而且，中国在本质上是一个"习惯法国家"（a customary law country）的事实，也要求现代民法必须建立在这一基础之上。现代法律和法庭唯有和地方权威保持一致才能真正发挥功用，而后者长久以来通过适用当地习惯来处理民事案件：

> 新民法典赋予习惯以重要角色。毫无疑问，习惯具有一种能够使其独立于任何立法授权的客观价值。在不得不解决争讼时，旧时那些明智的官员、乡村中的中人和聪明的商业行会，无需法律的许可或命令，都会适用习惯——这是自然秩序的一种表现形式。不过当今的法庭受法律的激励而参酌习惯的事实，赋予了习惯以一种神圣化的色彩。[2]

此处所讨论的，与"自生秩序"的论点非常相近，只不过爱师嘉拉作为一位西方法学家，觉得有必要再提到"明智的官员"。这种据称在地方司法中存在于法律与习惯之间的诗意景象，后来为斯普林格尔（van der Sprenkel）进一步地加以发展。她在1962年出版了一本简明扼要的著作，旨在"从整体上"理解清代法制，在此背景下，"地方与习惯的管辖权"（local and customary jurisdictions）成为国家机构与地方社会最后凭借的纽带。[3] 为了达到这一目的，这些管辖权以"习惯上的关系模式"（customary forms of relationship）为基础，与其相伴的权利义务将被调解人加以考虑，以决定双方当事人谁是谁非，或者在他们之间确定一条可以达成妥协的分界线。这些规则与裁决实践结合得如此紧密，以至于提供了一个地方性的规范体系：

> 鉴于这些习惯已经被特定区域内的民众所普遍接受的程度，以及地方

---

〔1〕 关于爱师嘉拉对惹尼理论的借鉴，参见 Jean Escarra, *Le droit chinois. Conception et évlution*, Paris: Librairie du Recueil Sirey, 1936, p.60, 以及 Bourgon, Jérôme, "La coutume et le droit en Chine à la fin de l'empire," *Annales. Histoires, Sciences sociales* 1999, 5: 1084—1085, 可参见我的批评。

〔2〕 Jean Escarra, *Le droit chinois. Conception et évlution*, Paris: Librairie du Recueil Sirey, 1936, p.444. 此段文字系我由法语翻译而来。

〔3〕 Van, der Sprenkel, Sybille, *Legal Institution in Manchu China*. London: The Athlone Press, 1962, chapter 8: "local and customary jurisdictions", pp.97—111.

领袖在当地公众赞成的情况下对其加以实施的事实,我以为,我们完全可以将其描述成习惯法。这也正是乡村领袖所执行的内容"。[1]

斯普林格尔强调国家机构的支持赋予习惯以约束力。她引用了汪辉祖的名著《佐治药言》(下文将详细讨论)中的一段文字,来推断地方官"遵守习惯而非法律,乃官方政策使然,不能完全归因于衙门的渎职"。[2] 这一推论的关键部分,在于所谓"地方官对地方习惯的尊重"。我想,黄宗智近期所描述的"司法的第三领域"也具备了这样的基本要素。当然,斯普林格尔没有明确谈及民法,但是她在"习惯法"的标签下所大量描述的内容和程序,与后来的学者们所暗示的"私"法或"民"法十分相似。因此,她很自然地强调从此类传统的习惯法到制定现代民法典及其相伴随的民国时期的习惯汇编之间的延续性。而这几乎就是在黄宗智的作品中所见到的推论过程。而黄宗智正是我接下来要转而讨论的几位美国当代学者之一。[3]

在过去的二十年里,斯普林格尔所提供的论述模式被美国学者加以完善和改进。到了包恒(Buxbaum)那里,他指出,涉及婚姻、不动产和债权债务的"民事案件"(civil cases),代表了台湾府司法活动中出乎我们意料之外的的主体部分,而这些案件通常的解决方式与《大清律例》提供的刑罚大不相同,他建议将此种方式称为"民事程序"(civil procedure)。[4] 从零碎的程序到应当被称为"民法"的综合法律体系之间,存在着一个巨大的空隙,包恒(Buxbaum)和其他学者曾设法加以填补,但功亏一篑。这里最关键的问题在于:地方官员在解决不怎么严重的"民事案件"的过程中,是否有意愿与禀赋适用他们从习惯上的关系模式中抽象出的各种规则。包恒近来提出,鉴于清代中国流传着"官有政法,人从私契"的民间谚语,契约应该被视为存在于民众之中的法。[5] 契约的种类非常繁多,常常被用于各种不同的目的(例如婚姻、收养和土地买卖),而且在正式起草时会被加以推敲,因此已然包含着由"社会制度与法律制度"加以实施的私人之间的习惯性民法(private customary civil law)。包恒甚至认为,"即使是包括刑事案件在内的诉讼案件,也经常是通过由契约、字据和合同来加以解决"。[6]

---

[1] Van, der Sprenkel, Sybille, *Legal Institution in Manchu China*. London: The Athlone Press, 1962, chapter 8: "local and customary jurisdictions", pp. 102—103.

[2] Id., p. 103.

[3] Id., pp. 103—104,可与 Philip. C. C. Huang, *Civil Justice in China: Representation and Practice in the Qing*, Stanford: Stanford University Press, 1996, pp. 12—13,63—68 加以比较。

[4] 参见 David C. Buxbaum, "Some Aspects of Civil Procedure and Practice at the Trial Level in Tanshui and Hsinchu from 1789 to 1895", *Journal of Asian Studies* 30,2(1971): 275—279。

[5] 参见 David C. Buxbaum, "Contracts in China During the Qing Dynasty: Key to the Civil Law", *Journal of Oriental Studies* 31,2(1993): 195。

[6] Id., p. 201.

这种引人注意且论说详细的观点认为,"清代契约的灵活性及其对当事人意图的影响力,赋予它们以一种只有西方现代契约方才具备的特性。"[1]我认为这是借鉴了韦伯(Max Weber)意义上的"契约型社会"(contractual society)概念,而它是现代法所造就的结果。[2] 韦伯提出一个相似的看法,他认为,被赋予个体的自由,能通过私人之间的合法交易创造法律。然而,韦伯将这种自由理解为两种巨大的理性化力量的独特折射,二者在相互牵制中共同起作用:市场的扩张,导致商品(尤其是土地)数量的激增,以及社会活动的普遍科层化。[3] 在此环境下,一旦缔约者的意志是由"法律约束力予以保证"时,契约自由就更为普遍。从韦伯在其他地方的延伸阐述中,我们得知,只有当法律变成一个"完美的体系"(flawless system),以及"私人关系"(private relationships)牢牢隐藏于公共规则的框架之内时,"契约型社会"才能得以形成。[4] 相比之下,包恒是从《大清律例》只是以一种表层的方式影响到民事事件"的假设开始,推断出"存在着允许契约自由的重要领域。"[5]自由因此被认为是来自法制中的缺点,而契约所塑造的私法,则被认为在与正式法律相对立中的过程得以发展。

诸如"契约自由"之类的例子,让我感到十分别扭。我既不想在道德层面详述"通过契约获得解决的刑事案件"在性质上的可疑之处,也不打算参与到丛林法则能否被看做是法律制度的争论之中。我宁愿关注这样的一种观点,即认为"习惯法"通过一系列长期形成且紧密结合的规则来组织社会。包恒认为,"当契约受到习惯和习惯法的实质影响,而且受法典约束时,它们对于当事人的意图有着重要影响",但他所给出的数个说明"契约自由"的典型事例却与习惯法相悖。比方说,记载一个家庭为了钱财而将其后代转卖给他人的婚姻契约或者类似过继之类的交易,怎么会与关于继承或婚姻的任何习惯体系相一致?[6] 撇开这种"契约自由"以存在被买卖的妇女儿童为前提,因而不能与现代个体自由相混淆的事实先不谈,关键性的事实是,人口的商品化,危及传统的继承规则和家庭关系。当包恒强调中国法律有"显著的灵活性"(remarkable flexibility)时,规范性框架或指针的明显缺失使我惊讶不已。诸如民法、习惯法甚或是"契约自由"之类的表述,都假定了存在着某种程度的法律拘束力,因而

---

[1] 参见 David C. Buxbaum, "Contracts in China During the Qing Dynasty: Key to the Civil Law", *Journal of Oriental Studies* 31,2(1993): 196.

[2] 参见 Max Weber, *Sociologie du droit*, Paris: Presses Universitaires de France, 1986, p.47。

[3] Id., p.79.

[4] Id., pp.43,38—39.

[5] David C. Buxbaum, "Contracts in China During the Qing Dynasty: Key to the Civil Law", *Journal of Oriental Studies* 31, 2(1993): 201.

[6] Id., p.204.

具有最小程度的刚性。而对于我来说,包恒所说的习惯法,就像是仁井田陞那马克思主义式的"新习惯"概念的自由版本:只不过在这里,交易自由取代了阶级斗争。在两种类型中,只有"社会"或"市场"是自由的,而个体行为与人际关系不再为可预见的规范所约束,无论是由国家赋予还是从过去因袭而来。难道我们应该称这些不确定的事物为"习惯"么?

最令我感到奇怪的是,包恒将这种极端的灵活性,与契约是"州县官在其衙门中实施的众多实体民法"之一部分的假设相结合。[1] 姑且不说从其性质来看,很多这样的契约在任何法律体系中的地方官那里都不会被付诸实施,问题的关键在于,这些看起来并不确定的交易,是否参考了民众能有途径知晓并予以遵守的根本规则。包恒认为"契约在民法制度中扮演了重要的角色",但是他并没有解释,由私人利益所决定的特定判决,是如何导致形成一个有着聚合力的法律制度。这与他所谓的"州县官在其衙门中所实施的众多实体民法"是一致的吗?包恒只举出一起关于抵押契约的诉讼促使法庭参考了当地习惯的例子。此案中,佃户抗租,因为其所佃土地早在三年多前就暂被洪水淹没。而地方官则命令他依据当地俗例交付租金。按照当地俗例,自土地被开垦后的第三年起就应支付租金。[2] 这起关于某个被当地官员执行的"习惯"的独特案例,当然值得考虑,但是它太过于孤立而无法构成一个习惯性的民法制度(customary civil law system)。

黄宗智或著或编的作品,由于是建立在对中国内地的档案进行仔细研究的基础之上,所以对包恒的研究作出有益的完善。黄宗智的发现证明了包恒的基本观点对整个中国而言是正确的,即"民事案件占地方所收案件的大多数",而且对任何地方的大多数人而言,与刑事案件相比,民事案件更为重要且更容易引起关注。[3] 在斯普林格尔所称的"地方和习惯的管辖权"方面,黄宗智的阐述由于引入了"司法的第三领域"(third realm of justice),因此显得更为详尽和现实。"第三领域"是指法庭正式裁决与民间调解之间的一个交界面,在此过程中,乡保扮演了一个重要的角色。乡保有时从地方精英中挑选,但更多的时候是从家境相对一般的自耕农中选出,他承担了法庭代理人和当地社区代表的双重尴尬角色。地方法庭受理的"民事案件"中,有相当多的部分被交由乡保进行非正式调解。地方官员所采用的全部技巧,都包含着这样的一种意图,即让原被告明白,通过乡保的调解找到一种友好的解决方式,对双方都更为有利。黄宗智也并未忽略指出这种制度的消极方面,他搜集了这一官方授予的权力遭到滥

---

[1] David C. Buxbaum,"Contracts in China During the Qing Dynasty: Key to the Civil Law", *Journal of Oriental Studies* 31, 2(1993): 196, 195.

[2] Id., p.227.

[3] Philip. C. C. Huang, *Civil Justice in China: Representation and Practice in the Qing*, Stanford: Stanford University Press, 1996, pp.49—50.

用的大量案例。不过他认为,在理想状态下,"司法的第三领域能够兼顾息事宁人的考虑与法律规定,通过两者的共同作用,来成功地解决纠纷。"[1]

这里的问题,并不在于黄宗智的表述,比起斯普林格尔或爱师嘉拉而言,他的表述显得更为现实,理想成分更少;而是在于将这些事实与他们所建构的"民法"之间的协调方面。在黄宗智的论述中,从未表明乡保或者其他非正式司法系统中的调解者是根据一系列确定的规则行事。当"惯常作法"(customary practice)被略为提及时,它们所指的是"将家产均分成若干份的反复协商"———一种亲戚之间的全力协商,而这接下来将被证明给法律与民间习惯都带来极富破坏性的影响。从唐代开始,如黄宗智所述,诸子均分就是一个普遍、松散的原则,被社会惯行和成文法所认可,但除了反复的协商,我们找不到其他相关的习惯。[2] 因此,试图在司法的特定领域之运行中发现"民法"的尝试,并没有提供能够用来防止乡保或州县官员在调解或裁决时专断行事的规则或原则。同样的,黄宗智也未能给出一个案例,以表明在地方官在正式裁决时,当地规则得到法庭的确定和实施。

虽然黄宗智本人没有讨论习惯是否被法庭认可,但在他与白凯(Bernhardt)共同编辑的有关清代民法的论文集中,其他学者做过此方面的研究。[3] 经过对传统中国民法的仔细研究,宋格文(Hugh Scogin)认为,从西方法制史的角度看,"习惯经常被当作是法源之一,被认为是适用于正式法律制度之中的原则或标准。在这里,法与习惯的区分逐渐消失。习惯往往就是法律"。[4] 这种一般性的概述引出这样一个问题:"在何种条件下,中国的地方官会合法地以习惯为依据,来作出司法裁决?"从宋格文的回答中,我们得到这样的警示:"直接套用现代西方的学术分类,将会歪曲中国经验的微妙之处。"[5]如果是这样的话,为什么还要在中国法律传统里讨论"民法"或"习惯"?艾马克试图衡量成文法、文化及习惯在清代台湾的法庭审判中所占的相对比重。他强调地方官员非常关注当地的习惯性规则,并对其详加记载。然而,除了在分割财产时尊重某些外在形式外,法庭并没有认可或实施过实质性的规则。在结论中,艾马克强调法庭对待习惯时的某种不信任态度:"对诸如知府或州县官这样的外来人而言,当地习惯的怪异与复杂,促使他们想办法使裁决做成过程中难免遇

---

[1] Philip. C. C. Huang, *Civil Justice in China: Representation and Practice in the Qing*, Stanford: Stanford University Press, 1996, p.136.

[2] Id., p.135.

[3] Bernhardt, Kathryn and Huang, Philip C. C., eds., *Civil Law in Qing and Republican China*, Stanford: Stanford University Press,1994.

[4] Hugh T. Scogin(宋格文), *Civil "Law" in Traditional China: History and Theory*, in Kathryn Bernhardt and Philip C. C. Huang, eds., *Civil Law in Qing and Republican China*, Stanford: Stanford University Press,1994, p.30.

[5] Id., p.32.

到的困惑降到最低或被消除。"[1]

虽然近来美国的学术研究通过提供有关司法实践的大量信息,对由爱师嘉拉、斯普林格尔和其他先前学者提出的框架作出修正,但在其关键之处,即地方官对待为当地民众所奉行的规则的态度,却并未得到令人信服的解释。仁井田陞和梁治平所认为的"活法"和"自生秩序",与西方学者强调的"民事程序"之间仍然存在巨大的鸿沟。单是这个鸿沟,就让我们难以作出清代晚期发展出"民法"甚或"习惯法"的假设。现在我想补充一些其他的看法,这是本人阅读清代行政和司法文献时所得。

四、来自清代政务文献的例证:官箴书、案例集和省例

我已经指出,令人困惑的是,帝制中国时期缺乏任何有关习惯的汇编。这不是说地方官没有注意其治下百姓的风俗惯行。相反,他们经常在自己的著述中对此予以提及,那些大众惯行在三类政务文献中不时出现。第一类是官箴书,其中的一部分内容就是教导官员如何处理地方惯行。第二类是案例集或记载有干练的官员所为判决的文集,它们被看做是给其同僚或后来者的示范;我会引用其中那些涉及"习惯"的判决。最后一类是内容广泛的省例,其中当地"风俗"是常见内容。

我很清楚,自己所建议的研究方法,与前文所述的其他学者的方法甚为不同,尤其是最近的方法大相径庭,因为它并不是建立在地方原始档案的基础之上。公开印行的官方文献固然早已被加以研究,但是其涉及的领域是如此得广泛多样,以致留下了很多的研究余地,其中包括至今尚待完成的对官箴书的一般性编目。[2] 直到现在,上述文献主要是被用以一般性地描述官方行政活动,而甚少被用于分析法律推理和案件的解决。在此方面,黄宗智的专著颇具创新价值,他在其中花了整整一章的笔墨来对官箴书加以讨论。[3] 同时,他的作品系统地将他所称的"表达"(即"地方官员的道德文化"和他们"标准的法律说教"之类的陈辞)与"实践"(即默许"民事"裁决更接近社会现实)相互对立。

---

[1] Mark Allee, *Code, Culture, and Custom: Foundations of Civil Case Verdicts in a Nineteenth Century Court*, in Kathyn Bernhardt and Philip C. C. Huang, eds., *Civil Law in Qing and Republican China*, Stanford: Stanford University Press, 1994, pp.136—137. 他特别强调了此案以地方习惯为依据——佃户开垦土地三年后就应该支付地租,这个案件在包恒的论文中亦可找到。此种巧合,让我确信尽管西方学者们在积极地寻找这种案例,但这种判决实际上十分稀少。

[2] 在魏丕信(Pierre-Etienne Will)的主持下,十多位学者正在对地方官的官箴书作一般性编目(参见 Will Pierre-Etienne, ed., draft catalogue. "Official Handbooks and Anthologies of China: A Descriptive and Critical Bibliography"),该编目已包括七百多种官箴书。本文参考了这一仍在进行中的工作,来为我的研究寻找和选择相关的文献。

[3] 参见 Philip. C. C. Huang, *Civil Justice in China: Representation and Practice in the Qing*, Stanford: Stanford University Press, 1996, chapter 8: "From the Perspective of Magistrate Handbooks"。

对此我持保留意见,因为这很可能会限制我们对此类颇具价值的历史文献加以利用。首先,地方官员不是社会科学家。在任何国家,甚至在其更为贴近现实的描述中,也总是包含"应然"的视野,而这恰恰构成了它们的法律性质。我不相信清代的法律文献比现代的更加陈词滥调,还有美国或欧洲的法官判决没有深受"表达"的影响。其次,我感到好奇的是,鉴于所有法律都要求表达清晰(见"juris-*diction*"的词形变化),任何法律是否都能被认为是起源于经常与说教和表达相冲突的默认作法。最后,就我查阅过的案例集而言,其中所包含的内容,意识形态或道德上的"法律说教"很少,更多的是在讲如何理性地处理具体案件。由于黄宗智集中关注的要么是案件的实际处理要么是官员的道德说教,他几乎没有注意到众多个案的理性论证。然而,以法律的方式处理这些案件的能力,并不单单是一个实践的问题,而主要是司法上的问题;更确切地说,法官的司法实践,是由寻找针对身边案件的司法解决之道这样的活动构成。就此方面而言,官箴书之类的作品比档案资料更具重要意义,因为那些经过筛选后汇编而成、旨在教导法官们如何对待当地惯行的案例,为我们了解清代的法官是否以特定教条来处理"民事案件"提供了更多信息。

"告诫"体裁的官箴书,提供了有关当时地方官员如何看待习惯的记载。其中最著名的要数汪辉祖的《佐治药言》,这部著作是备受后世清朝官员青睐的职业入门读物。[1] 正如我们已经看到的那样,斯普林格尔把汪辉祖著作中关于地方习惯的一小节文字,当作是地方官员更愿意适用习惯而非法律的证据。这就是为什么我选择在此讨论她的翻译的原因。斜体部分(原被译成英文——译者注)的文字,我认为其英文翻译颇有问题[2]:

---

〔1〕 参见(清)汪辉祖:《佐治药言》,载《汪龙庄先生遗书》,1796 年刊行。

〔2〕 Marc H. van der Valk 在 "Custom in Modern Chinese Private Law" (*Mouimenta Serica* 30 [1972—1973]:221, n.5)中,已就斯普林格尔对这段话的英文翻译提出质疑。

* 为便于读者比较,我将斯普林格尔对汪辉祖这段话的英译抄录如下——译者注:

You must respect local customs. The primary study for a legal secretary is to know the code, but skill in its application depends still more on being in sympathy with the ways of people. Now as customs often vary from place to place, it is essential to find out all about the, without preconceptions, *and make it your chief concern to abide by them*. If you never act on a penal law or edict *without first seeing that it does not conflict with what local custom value*, then there will be harmony between yamen and people, the magistrate's fame will spread, and his secretary's prestige will increase accordingly, *whereas applying law rigidly on every occasion* would probably give rise to much dissatisfaction and complaint. There is an old saying: only by consent can you promote good and dispel evil.

本文作者巩涛针对该翻译进行商榷的原文如下:The title, I suppose, would be best rendered by "It is necessary to investigate [local] habits and spirit carefully," since (1) "respect" is ambiguous: to "respect law" is not the same as "to respect others' beliefs," and I fear the translation confuses both meanings; (2) the Chinese term "*ti*" (t'i); has no connotation of "respect", but means instead "to put oneself in another's place," and therefore, "to try to understand"; (3) *suqing* means habits and situational relations with the spirit they involve, which can be considered as custom, but only with strong "Chinese characteristics."

须体俗情。

  幕之为学读律尚,已其运用之妙,尤在善体人情。盖各处风俗往往不同,必须虚心体问。**就其俗尚所宜,随时调剂**,然后傅以律令,则上下相协,官声得著,幕望自隆。若一味我行我法,或且怨集谤生,古云:"利不百不兴,弊不百不除。"真阅历语,不可不念也。[1]

  对先前学者的英文翻译加以商榷会令人感到不悦,因为当人们如此行事时总是显得看似过于挑剔。被翻译的文本在时间与价值观上都与我们现在相隔甚远,自然要求我们对今人的翻译给予充分的宽容。然而,我认为斯普林格尔所做的翻译是一种误导性的解释,它仍然潜伏于诸多关于清代地方社会的研究之中。因此我决定对其细加讨论。对于汪辉祖的这个标题,我想最好翻译成"仔细体察(当地)的风俗人情实属必要"。因为(1)"遵守"(respect)一词含糊不清:"遵守法律"与"尊敬他人的信仰"意思非常不同,我担心如此翻译恐怕会导致了二者的混淆;(2)中文里的术语"体"并无"遵守"的含义,而是意味着"设身处地",也即"尽量理解"的意思;(3)"俗情"的意思是风俗及其所涉及的情境关系(situational relations),可被看做是习惯,但是带有强烈的"中国特征"。

  我对上述两段英文译文的更重要批评,是关于其中所称的"尊重习惯"被认为是反对实施法律。我对此部分中文原文的理解是:

  习惯因地而异,因此你必须以一种不带偏见的态度(对它们)加以体察。如果你首先对这些为(当地)风俗所尊重的内容好好留意,**纷争一旦乍露端倪,就对其加以导正**,[如果此举失败]之后,你再诉诸法律与命令,如此一来,官民之间将会相互合作,等等。*

  我无法找到表明地方官必须服从或"遵守"习惯的任何论据。相反,地方官被奉劝要熟悉习惯,以减少非正规的调停。更重要的是,这里没有提到**法律与习惯之间有冲突**,只是说当温和的方法归于失败时,法律被作为最后的解决方法予以适用。

  至于接下来的部分,我的理解是:

  ……法律专家将自然而然地变得声望卓著。**如果**我时常根据自己的

---

  [1] Van, der Sprenkel, Sybille, *Legal Institution in Manchu China*. London: The Athlone Press, 1962, p.150. 此处为《佐治药言》的翻译,16b。

  * 本文作者巩涛此处所写的英文原文如下:As customs vary from one place th the next, you will have to inquire [about them] in an unprejudiced manner. If you first turn into good account what these [local] habits value to *make up quarrels as soon as they appear*, after which [if the arrangement failed] you might resort to law and orders, then the authorities and the commoners will co-operate, etc。——译者注

方式行事,那当然会引起不满,致使怨望徒增。*

在这里,我们并不能看出"在每种情况下都严格适用法律"的意思:"我行我法"只是指"如果我以自己的**方法**"(而非"法律"),也即不考虑民众的风俗人情。[1] 因而,在这篇有关地方政府的最具权威性的文章中,找不到法律与习惯相冲突的看法,更不用说地方官倾向于适用习惯而非法律的观点。顶多也只是建议说,在判决与实施**法律**时,要好好体谅当地风俗,并基于民众心理和对其进行教化的考虑巧妙行事。

其他的材料,也协助证实和明确了什么才是汪辉祖真正"劝诫"地方官员在对待习惯时所应秉持的态度。在汪辉祖另一本影响广泛的著述《学治臆说》中,有一节内容非常相似的文字,其标题为"初任须体风俗"。其中一段这样写道:

> 初到官时,不可师心判事,盖所判不协舆情,即滋议论,持之于后,用力较难。[2]

再一次的,汪辉祖谈到了巧妙的裁决——没有任何迹象表明习惯与法律之间有所冲突,或是法律屈服于习惯。我们也有资料表明汪辉祖本人是怎样对自己的建议和劝诫身体力行。在他于暮年瘫痪之际写下的自传《病榻梦痕录》中,包含了其漫长职业生涯中所做的诸多判决。这本著述既可被当作官箴书予以阅读,同时也是被作为提供司法典范的案例集。对我来说,其中的一个个案是对何谓"土俗民情"的完美解释。

1756 年,27 岁的汪辉祖身为一名幕友,因病滞留于无锡府。当地官员的幕友向汪辉祖咨询一起棘手的案件:年轻的童养媳王氏和新郎(浦四)的叔叔(浦经)发生了性关系。新郎和他叔叔都属于浦姓家族。此案的关键问题在于,是否应当将之作为普通的非法私通案件("简凡")来裁断,亦即认为二人之间没有亲戚关系,还是以服制下的亲属间乱伦关系("繁剧")处理**。如果确定采纳后一看法,那么《大清律例》中规定的刑罚将相当严重。在地方官员和臬司之间长期争辩不休的关键阶段,汪辉祖提出了他的观点;我用加粗的方式,对引文

---

* 本文作者巩涛此处所写的英文原文如下:(…) and the legal expert's prestige will flourish naturally. [While] if I proceed constantly according to my own methods, then certainly dissatisfaction will grow and grievances will increase。——译者注

[1] 参见 Giles 词典(Giles dictionary), no12 680 (character "*Wo*" ["我"])。
Giles 词典(Giles dictionary)即 1892 年翟理斯(Herbert A. Giles)编纂的《汉英词典》(Chinese-English Dictionary),这是曾在国际间流行通用的两种汉英词典之一。——译者注

[2] (清)汪辉祖:《学治臆说》,卷上,第 22 页 a,载《汪龙庄先生遗书》,1796 年刊行。

** 清代将叛逆案、人命案、盗劫案、乱伦案称为"繁剧",而将田债、房产、婚姻等民事案件称为"简凡"。——译者注

中有关"习惯"的文字进行标明:

> 服制由夫而推,王氏童养未婚,夫妇之名未定,不能旁推夫叔也。**臬司以王氏呼浦四之父为翁**,翁之弟是为叔翁,又驳。予议曰:"翁者,对妪之称。王氏尚未为妇,则浦四之父亦未为翁。其呼以为翁者,**沿乡例**,分尊年长之通称,乃翁妪之翁,非翁姑之翁也。"[1]

汪辉祖的观点起初并没有被巡抚所接受;他后来再次诉诸夫妻之间的相互称谓,并依然引经据典,最后此案终获减刑。

我之所以引用这段文字,主要是因为它提到了**乡例**。而根据许多学者(尤其是梁治平和仁井田陞)的观点,"乡例"这个中国术语最接近于我们所说的"customs"。确实,这在某些方面(我的文中曾强调过)让我们回想起,欧洲的圣典学者利用他们所称的"大众意识"(polular consciousness),来估量人们在多大程度上感到有义务遵守某一特定习惯。此处亦然,我们有理由对民众的意识加以考虑,因为他们正是凭此来认定所发生的性关系究竟属于乱伦还是普通性质。不过,在任何情况下,这种对比都十分表面化。对于中国的地方官员来说,这种地方规则并不意味着存在应被"遵守"或奉行的集体性社会规范。它之所以被援用,只是为了尽可能地使罪行相当,并衡量行为本身。在中文语境中,"大众意识"让人们能够了解那种行为在多大程度上属于故意:被告是蓄意乱伦么?"是的",臬司如此断定,因为那位王氏称浦四的父亲为"翁"。"不是,"汪辉祖回应道,因为当地人每当强调别人年岁已高时,就会把任何没有血缘关系的老人都称为"翁"。通过引用经典中的"罪疑惟轻"[2],最终的判决使童养媳王氏的认识扩展成为社区的看法,或者至少是降低了刑罚。很明显,参考"乡例"只是为了通过"体恤当地风俗人情"的方式,来适用刑律:不得不考虑当地的称谓、思考感受方式,以便让民众理解他们所面对的裁决方式,从而避免他们的"自然情感"与法律实施相对立。

这里仍有一个让人困惑的问题。汪辉祖所说的用来称呼长辈为"翁"、"妪"的称谓,其实并不限于仅在该地使用。这种用法在中国过去以及现在仍被广为使用,所有像样的字典对此都会给出了如下两种意思:(1) 岳父(母),(2) 对长辈的尊称。在此,我们再次发现了未曾解决的将"习惯"归为某地特有的问题——它是表明中国"习惯"的本质在任何需要考虑的地方(时间、空间以及法律制度)都相当模糊的最明显证据。如果这种**乡例**事实上被当作是"习惯"的话,那么我们将不得不承认,它既非有关民事(civil),也不是地方性的(local),与国家法更没有明显区别。

---

[1] 《病榻梦痕录》,7,第10页 b,载《汪龙庄先生遗书》,1796年刊行。
[2] 这是一个著名的司法原则,在《书经》(II. 2. 2.12)中被奉为神圣准则。

五、案例集对习惯的参考

虽然也能在"民事案件"中发现某些参考习惯的例子,但是此类案件数量极少。正如接下来的案例所显示的,即便真有此类情况发生,这样的巧合是否有任何法律意义也值得怀疑。以下的案例来自《判语录存》,这是清代最好的案例集之一。其中所载的上百个案件判决,是由李钧所为,他在1829年至1832年间出任洛阳知府。这些案例均有确切的日期,判决中包含非常详尽的描述,且言辞生动。其中约有三十多起案件涉及婚姻、继承、土地和债务,也就是大致相当于全部案件数的三分之一。在这里,我们看到的是一位尤其以处理"民事事件"为己任的知府形象。[1] 因此,看看他对习惯的态度将非常有意思。这位知府看起来对习惯并没有多加考虑,因为我只发现了一件真正值得详细分析的案件。这一论断可被归纳如下:在案例集中寻找明显参照习惯的例子,意味着要去仔细阅读大量的材料,最后将注意力集中于一起或少数孤立的案件之上,而这样的案件在地方官员的日常活动中十分罕见。即便是带着这种存有偏见的看法,研究的结果也不支持地方官尊重习惯法的假设。

让我们来讨论一下1832年后期的一份关于"悔婚抗断事"的判决。[2] 在姑姑生日当天*,两位表兄弟(其中一人生有一子,另一人育有一女,均于1815年出生)为子女订婚,愿结秦晋之好。在另一位表兄弟**主媒之下,双方交换了礼物(头巾和耳环)后,订立了婚约。这是一种存在于两个互有血缘关系的家庭之间的交错关系,这位地方官引经据典(我们将在后文予以提及),视之为维护家族稳定的良好保证。

1821年男方的祖父去世时,女孩曾前往服丧。但是由于土地和遗产(具体情况未明)***方面的争议,婚约最终破裂。在1830年底,当男方的父亲要求婚礼如期举行时,遭到女方的父亲拒绝。于是两家家长的争吵日渐升温,闹得远近皆知。一天晚上,当女孩去拜访男方的家人时****,她的父亲就把自己绑了起来,并大呼小叫地喊救命,假装成男方的父亲率众强迫他出嫁女儿,他后来跑到当地衙门呈控。但地方官没花多少时间就拆穿了他的谎言。地方官也趁机就此案的要点表达了自己的看法:

---

[1] 参见(清)李钧:《判语录存》,1833年刊行。
[2] 参见"悔婚抗断事",载《判语录存》,卷三,第56页a—第57页b。
* 经查原文,此处实为两位表兄弟之一王金榜的祖母生日。——译者注
** 原文为王金榜的"姑子"王振德。——译者注
*** 原文为"嗣以地亩等事",未谈及遗产继承。——译者注
**** 原文为"时白女往省外家",当指前往母亲支系的亲戚家中,并非拜访新郎的家人。——译者注

> 惟两姓婚约虽有寸丝之聘,究无只字之盟。白女王郎未必遽称连理。该县以编户小民囿于习俗,不得以六礼未备。

结果,这位地方官为了弥补没有书面协议的缺陷,自己担当起媒人。接下来的资料显示,尽管这份最初的判决显得怜悯而允当,且是借助"父母官"的权威,但是,女方的父亲对此不予理睬:他通过另一位媒人,把女儿许配给了他人。男方的父亲于是向李钧(即《判语录存》的作者)提交诉状,但在李钧有所表示之前,婚礼就已经举行。这位知府认为,"覆水难收,徒失声于破瓮"。女方那位不守信义的父亲将受到掌责四十的惩罚,因为"悔婚之过小,而抗断之咎大也。"但是这桩新的婚事已成,不能拆散;原来那位准新郎的父亲,不得以新的呈控反对这个判决。

在本案中,法律与习惯的关系,在不同的程度和不同的层面得到呈现。我将从讨论最直接的问题开始,再转到内在的问题。判决中公开提及的"习俗",从字面上讲,就是人们为其所"囿"的"大众风俗"(popular habit)。它要求人们在媒人面前,相互交换礼物,达成口头婚约。有人可能最初会认为这与法律或古礼不符,但这种相反意见过于夸张。无论是"六礼"抑或《大清律例》,均未要求将任何成文文书作为婚姻有效的绝对要件。[1] 交换礼物就已足矣。在本案中,正如已经指出的那样,一般来说,惯常作法显然与法律和古礼相符。主要的问题是人们是否觉得必须遵守习惯。很明显,女方的父亲并不如此认为。对于该地其他人而言,女方的父亲诉诸法庭的主动行为,在多大程度上构成面对社会压力(这在那些据称由男方的父亲所率、逼迫女方的父亲嫁出其女的当地民众身上得以体现)时的一种反应,这只能是一种猜测。地方官以当事人所说不实为由驳回呈控,但是却试图促成婚事,因此我们很难知道地方官在多大程度上顺应了民意。无论是否面临这样的压力,女方的父亲反正是无所畏惧地予以拒绝,而且还拒绝接受法庭判决。最后,**既成事实**压倒了官方裁决或其他可能的非正式意见。因为当我们只是将习惯(custom)限定为一种"**习俗**",即一种缺乏必需的次一级规则、纯事实性的风俗时,违约也就能被看做是与守约相差无几的"大众风俗"(popular habits)。正如我们将在下文中看到的那样,如果我们至少相信地方官的主张的话,那么亲戚之间各种各样的违约更属于"习以为常"(habitual)的习俗。最后我想说的是,判决中明确提及的那个"习惯"极其

---

〔1〕根据《礼记》第三章《王制》(5.28),六礼包括冠、婚、丧、祭、乡饮酒和相见礼;这一名词,在此处应该是指成就一桩婚姻时必须遵守的仪式规则。根据《礼记》(I.I.3.36,37),只要求有媒妁为证,以及举行酒宴。但是,只有在婚礼后三个月举行庙见礼后,新娘才被真正认为是丈夫的配偶(见《礼记》V.I.20)。《大清律例》仅要求有媒妁来完成合法的婚姻;从律第101条(参见薛允升:《读例存疑》,黄静嘉编校,台北成文出版社有限公司1970年版,2.291〔律第101〕)来看,要求写立婚书,但"虽无婚书但曾受聘礼财者",婚约也将有效。

缺乏法律实质。而且,在这里,法律与习惯之间于此并无区别:它们的内容相同,所针对的也是同一方面,并一起失灵。

州县官和知府居然会经常提及一项缺乏实质内容与效能的习惯,这一事实有些令人惊讶。我想,对此最好的解释是,为了教化民众,他们将注意力投向民众的争讼行为,意在使得对某一项非正统作法(a heterodox usage)的存在加以容忍这类相对复杂的争议显得模糊,唯有专家才能揣摩清楚。实质性的"习惯"与订婚无关,而与这对未婚夫妻是表兄妹的事实相关。两家之间亲上加亲地相互联婚,这种具有争议性的作法,在两则典故中被以某种隐晦的方式加以描述。第一则典故被称为"卢李之亲",即卢从愿和李朝隐,这两名官员由于结为戚属并不离不弃而闻名。[1] 第二则典故与白居易一首题为"朱陈村"的诗相关。该村因为其村民全属朱陈两姓而出名。朱陈二姓十代联姻,为世人提供了一个长久和谐的榜样。我倾向于认为在这里可以发现真正的"习惯",因为它给"大众风俗"和六礼之间的冲突提供了证据,否则将毫无意义。确实,这类中表婚被儒家经典所明确禁止。它同样也被各朝法典所禁止,直到明代官员朱善在1384年上书要求驰禁为止。明代末期又再次被禁,但雍正以后重被允许。在1832年,为了以示体恤"民便",法律对此类中表婚加以宽容,但它当然不是让人们效仿的榜样。[2]

即便承认中表婚被允许存在的事实是导致在判决中提及"习惯"的根本原因,我们仍然与依据习惯法作出的司法裁决相距甚远。相反,在分析如何看待"大众风俗"时,我认为:(1)这个被加以考虑的问题,只是这两个家庭之间的特殊事情,并没有间接提及此地或其他地区的人们也如此行事。(2)这场特殊的纷争与正统的案例相对立,这是一种可被适用于比"民事案件"更为宽泛的领域——比如前述汪辉祖对童养媳案件所拟的刑事判决——的技巧。(3)本案诉诸的法律理由,仅仅是被留待地方官考量的"民便",而不是民众感到自己受当地规则约束的信念。(4)这种民"便"是被成文法本身所承认的,而不是由与之不同的地方习惯汇编所赋予。换句话说,这种作法得以准许存在的方式,是将单个案件与通行全国的法律加以并置,并且二者之间没有任何衔接。那种认为明清的官员提议将可能属于地方"习惯法"的规则加以成文化的看法,只是一种未经证实的猜测而已。本文最后一个例子将证明,这种猜想既不合法,亦无必要。

---

〔1〕 参见《汉语大词典》(第七卷),汉语大词典出版社1991年版,第1470页。
〔2〕 参见《读例存疑》:298—299。律第108条下的首条附例"尊卑为婚",将确认中表婚的权力留给地方法庭,要求他们"听从民便";该例之后的"谨按"部分,简要地介绍了这一条例实施状况的历史沿革。

六、从个案裁决到成文法律,并无习惯法上的中介

在发生于18世纪中国的法律变革中,最重要的就是在继承领域中不断地对大众惯行加以宽容。国家法曾在此领域特别加以限制,因为它推行维护封建世系的礼教规则,虽然封建世系在很久以前就已从中国社会消失。对于无子家庭,法律允许立遗嘱人根据昭穆[1]顺序,从血缘最近的亲属中指定继承人。不仅如此,这一制度把长子或直系血亲作为优先考虑的对象:如果长兄没有子嗣,那么弟弟的家庭或旁系血亲必须给其提供一位男性继承人,即使他们只有一个儿子。用法言法语归纳一下,该规则就是:"大宗不可绝,小宗可绝。"[2]

有证据显示,在18世纪,民间惯行中用来规避上述约束的诸多做法出现了一个转折点。在这些做法中,最广为流行的就是"承继两房宗祧"(经常被简写为"承祧")。它使得继承人可以同时继承长房及自己的房支,从而避免了任何一房断绝香火。这种作法最初是在个案的判决中被允许,最终在1775年被纳入清律。例如在1762年汪辉祖所拟的一个判决中,就允许陶氏家族中弟弟的长子同时作为其父和其伯的继承人。不过,汪辉祖为支持该做法而竭力进行论说的举动,有些偶然,因为这一做法在当时仍属违法。汪辉祖在《佐治药言》中曾概述过本案,但关于该案更多的讨论见于《病榻梦痕录》一书。在后一本书中,汪甚至大量地引用和反驳一位对其基于礼教学说所做的论说进行质疑的学者的观点。同时,这本论述充分且缜密的著作,从来没有将这一视不同情形而定的做法看作是一种"地方习惯"。汪辉祖煞费苦心地对相关事实进行详细描述,意在揭示该家庭的具体情形(不同房支之间出继已有两代)、"民便"(次房更富,而且是与富家联姻,因此不便绝嗣),还有礼制与人情的矛盾(即延续长房香火的考虑,和如果孙子直接从祖父那里承继又恐扰乱昭穆秩序的担忧)。基于这些事实,判决的法律依据被加以讨论。根据引自《礼记》中的"殇与无后者,从祖祔食"一语[3],汪辉祖对于法不符的"承继两房宗祧"做法予以认可。据汪辉祖所言,这个经典原则使得礼制与人情相协调,并为突破通常的昭穆规则提供了合法理由。当一位名为胡虔的学者对汪辉祖就《礼记》和《大清律例》相关内容所做的解释进

---

[1] 昭穆是指从宗庙始祖延续下来的两条平行线,由其后代子孙轮替的牌位形成:其长子为昭,长子的长子为穆。下一代的长子又是昭,依此类推,以此延伸到旁系血亲。该制度提供了优先选择哪个后代作为继承人的一般顺序。

[2] "大宗不可绝,小宗可绝",见《读例存疑》:256,引自(清)沈之奇:《大清律辑注》(上),怀效锋、李俊点校,法律出版社2000年版,第199页。

[3] 见《礼记》,卷十三,"丧服小记",1.13。我们如果读了这句话之前的文字,会对其主旨更加清楚:"庶子不祭祖者,明其宗也。庶子不为长子斩,不继祖与祢故也。"两段话都称次子比长子的地位低下,后者才能主持祭祀仪式。汪辉祖对这些原则做了非常宽泛的解释,进而推断所有的陶家兄弟都能祭祀共同的祖先。

行质疑时,汪回复道:(1)"礼的精神"是要服从于人情和民便的,因为"礼顺人情";(2)法律不应被僵化地加以应用,而是要进行阐发以把握其"要意"或"目的",后者才是与礼和"人情"相契合。在《佐治药言》中,这起案件被概括为是一个根据儒家经典进行判决的例子:它旨在教导"如何及何时**不适用**法典"[1]。这一案例,集衡平和根据法律的字面要求加以执行于一体。

值得注意的是,即使在这种公允的解释里,汪辉祖也没有说他所认可的做法被当地或其他地方的民众所奉行。这里,在特定的判决与引据的经典之间并不存在中间带。人们通常认为习惯所应该具备的那些共同的、社会性的特点,在此完全不存在。承继两房宗祧的做法之所以被允许,不是因为它是一项为众人所奉行的大众惯行,而是因为它被认为是恰当公允的,是按照依据儒家经典所做的法律解释行事。或许某位地方官在读过汪辉祖的这本名著之后,会对这一案例的处理方式加以仿效,但它也只是被作为一个纯粹的司法案例,而不附带有任何习惯的背景。其原因首先在于,后来的效仿者有各种机会在不同的地方任职,而地方习惯各有差别;其次,被加以仿效的,乃是连接单个家庭的特殊情况与引以为据的儒家经典之间的形式化纽带。通过引用典故来使司法裁判的各种模式相互统一,这只是具备此类知识的学者型官员处理案件的独有方式,而未能让特定做法成为共同规则;至多也只是形成属于司法机构而非民众的习惯。最后,让我们回想一下,这些地方性裁决无一被授予先例的权威,除非它们最后被《大清律例》中的某条例文所认可。

正如以下内容所显示的,"承继两房宗祧"的做法最后在1775年被修入例中。我们很幸运能知道条奏此例的作者及其据以主张的论据。在条奏修例建议(这些建议最后成为《大清律例》律第78条下属的第5条例文)之时,身为著名学者胡煦(1655—1736)之子的胡季堂(1729—1800)正担任江苏按察使一职。[2] 他此前曾任江西按察使,后来在1779至1798年间出任刑部尚书。胡季堂最终在直隶总督这一最具权势的地方要职上结束了仕途。自从因其司法才能而在不同省份得到擢升之后,胡季堂出任主要司法机构的长官近二十年,这表明他是精于处理法律问题的一流官员。大约在其条奏内容被纂入法典的

---

[1] 《佐治药言》,第9页b—第10页b。阐明此案例的章节标题为"读书",之前的一个章节是"读律",最后有如下建议:通过引用儒家经典,"神明律意者,在能避律"。

[2] 《读例存疑》:246:第78条律的第5条附例"立嫡子违法"中最后所附的一段文字,对提议者的姓名和条奏的日期加以扼要概述。薛允升将该例追溯至1773年(乾隆三十八年),但胡季堂的传记以及Arthur W. Hummel 的著作 Eminent Chinese of the Ch'ing Period(Washington: Library of Congress,1943,p.333)表明这是胡季堂在1775年(乾隆四十年)担任江苏按察使时所奏。

* 查《清史稿·胡季堂传》,知胡季堂在1774年(乾隆三十九年)就已迁升为刑部侍郎,1779年(乾隆四十四年)升为刑部尚书,故称胡季堂在1775年(乾隆四十年)时担任江苏按察使一职的说法有误。——译者注

两年前，当时出任江西按察使的胡季堂就已经提交了一份内容非常详尽的奏折——"请定继嗣条规疏"，这解释了他后来为什么会提议在立法中进行重要改革的主要原因。该份奏折被收录于著名的政务文献汇编《皇朝经世文编》之中，而最后的例文本身也十分详尽，故而我们可以藉此充分看清是哪些要素促使官方将一项广为流传的社会惯行纳入清律之中。[1]

第78条律的附例5，是为了规范因长期争议所引发的混乱情形。此规定在一开始就确认了无子之人首次被正式承认的权利，即允许他在同宗支属的男性中"择贤择爱"作为继承人，而不是按照昭穆次序自动确定。接下来的安排，则是阻止立继人的亲属为此进行争夺或怂恿立继人以影响其抉择，并以地方官会立即加以惩治相威胁。然后是针对因被继承人之子夭亡而引发的复杂案例：万一其子在为自己立嗣之前死亡，或已聘但未娶妻而身故，或已婚而故，那么被指定的继承人是应该承继夭亡的儿子，还是其父亲？这个问题，在很大程度上取决于死者的妻子或未婚妻对其婚姻或婚约的忠贞程度。最后部分的内容则是阐述一个主要的变革：在由两个房支构成的一个家族中，当其支属内的可继之人也是独子时，那么只要两房立字为据，这位独子就可以兼承两家宗祧。因此，先前那些偶尔被法律专家们（例如汪辉祖）通过援引儒家经义加以处断的棘手案件，如今方才于法有据。这是说"习惯"最终变成了法律么？这项"习惯法"的活规则从此被法制所承认和接纳么？从以上所述中可知，汪辉祖的表达和实践丝毫没有对民众习惯加以考虑。我们或许希望能够看到，那位曾两度提议将经常发生的做法合法化的按察使，在其判决中会更多对习惯加以关注。

在某种意义上，胡季堂的确如此行事。在1773年的那份条奏中，他花了不少笔墨详细地描述了亲属之间争夺遗产时所采用的各种花招。对于诸如此类的奸诈手段，这份条奏进行了不厌其烦的列举，并且全部以"或称"或"或有"这样的文句引出下文。但这位干练的官员从未想过，他所描述的那些做法，是否通常在某某特定地区或社会阶层中得到奉行。相反，他明确认为，"无论大家世族，田野细民，凡无子之人，薄有赀产，族党即群起纷争，不夺不餍。"我们的这位按察使也没有兴趣知道，这些表面上看似违法与欺诈的做法，是否揭示了通常为本地或其他省份的民众所遵守的重要规则。与汪辉祖处理的那起案件中的情形一样，在法律的普遍性和所有违法行为的特殊性之间，并不存在中间项：即便这类事实不断地重复发生，它们中也不包含有在当地或省一级范围内能够予以信赖的习惯性规则，无论其是如何的灵活。

与此类似，因胡季堂提议而增纂的例文中也没有提到习惯。首先，该条例

---

[1] （清）贺长龄：《皇朝经世文编》，1827年刊行，卷五十九，第15页a—第17页a；1992年由中华书局以《清经世文编》为书名再版，见该书第1498—1499页。

文以对法典中先前所立的其他例文加以确认的方式来阐明规则。然后举出了诸多违法行为,并告诫人们切勿依其行事。最后,该条例文以法定的形式,而完全不是基于尊重大众风俗的考虑,对其中的一类行为——"承继两房宗祧"——予以许可。胡季堂在奏折中更为全面的论述,也没有对这些风俗有更多的关注。我们所面对的是大量所谓的劣习,应对于此的一系列规定,则是试图通过允许相对无关紧要的做法存在的方式,来消除极端恶习。胡季堂在最后认为,"明立条规,分别定断,庶绝觊觎之端,永免纷更之扰,讼端息而风俗较厚矣。"从这一表述中,我们丝毫读不出对合乎情理的当地做法予以承认的意思:国家只允许对这类广泛流行的法外行为进行贬抑。就像在其他许多作品中所看到的一样,胡季堂在奏折中进行广泛描述的唯一名副其实的"习惯",是指族亲会议往往诉诸不可违犯的"人情"作为依据,拥有制定和废除规则的极大自由。在这里,我承认黄宗智曾略为提及的"反复的争论"是最常见的"习惯性作法"(customary practice)。[1] 通过诉诸"民便",州县官所为的个案裁决(正如胡季堂所提议增纂的例一样),最终并不是要使其迎合先前确立的习惯性规则,而是与相关利益方协商达成的解决方案相适应。地方司法官和省级官员,仅仅只是承认仁井田陞所精确描述过的社会或家族内不同力量之间的权力动态平衡,但是没有作出任何试图通过法律使之正式化的重要举措。

七、作为官方政务事项之一的习惯

在官箴书、案例集里的示范性判决,或第一流的官员们所写的奏折与法律文献中,不论能否发现关于所谓"民事事务"的案例,都几乎无助于界定一个框架完整的民法。相反,一旦我们抛弃这种外来的模式,就很容易发现这些案例是如何嵌入在清代的行政和法律制度之中。劝诫、裁决和规定,统统构成了帝国官僚长期普遍关注的内容之一,并且被时人称为"正风俗"。诸如风俗、习俗、俗例之类被当代西方学者翻译为"custom"的术语,与其说它们是指涉那些有拘束力的规范,还不如说实际所指的是一种生活方式和行为模式;"正风俗"的确切意图,在于对风俗加以矫正,而非依其来治理民众。风俗习惯是指那些要加以觉察、控制和对其施以影响的风俗,因此在"省例"这种省级的政务文献汇编中,我们可以看到有关这些残存的所谓习惯的更多记载。

今天最容易看到的"省例"是关于福建省,因为它们后来被夹杂写入台湾旧惯汇编之中。它可能是源于陈宏谋在1754年发布的"谘询民情土俗谕"。陈宏谋对三十种*地方官应当注意的事项加以规定,诸如"文风"和"民俗",这

---

[1] 参见 Philip. C. C. Huang, *Civil Justice in China: Representation and Practice in the Qing*, Stanford: Stanford University Press, 1996, p. 135。

* 英文原稿此处误为"二十九",今核查原文后加以改正。——译者注

样做的主要目的是让州县官及其上峰都能对何为"应兴应革之事"了然于胸。[1] 大约一百五十年以后,这些政务事项成为有关四百八十四种事项或案件的汇编,涉及的内容范围甚广。其中很多是关于土地买卖和租赁、继承纷争、婚姻纠纷等,因此它们往往被现代学者看做是"民事案件"。但是,这些"民事案件"是与如下问题相混杂,比如禁止家人为了赶走令人厌恶的寡妇而迫其改嫁甚至将其杀害(这显然是一类非民事的继承纷争);禁止杀害女婴;夜间行路时禁止男女混杂。简言之,即一系列极其多样、无法分清究竟属于刑事、行政或"民事"性质的事项,它们之间唯一的共同特性就是劝化民众的官僚职责。所有的这些内容,在1874年被编成《福建省例》刊行于世,并在后来成为日本殖民立法者与其后的台湾史学家一定程度上藉以提炼台湾习惯性"私法"的原始素材。[2] 我不想对这一问题加以深究,因为其他学者近来已经阐明"正风俗"在官方行为中所具有的功能。魏丕信(Pierre-Etienne Will)以一份由陈宏谋所制、用以考核陕西省地方官员的问卷为例,展示了"风俗教化"是如何构成地方官员政务中由上级加以考核的一部分。[3] 罗威廉(William T. Rowe)煞费苦心地对陈宏谋的基本动机加以重构,认为正是它使得陈宏谋在实施社会控制的事项之时,赋予宗族首领以国家代理人的角色(有些类似于黄宗智所描述的"乡保"),而除了控制强宗豪族的地方势力外,这并未带来"民事"方面的其他影响。[4] 学者们在研究行政运作及其所追求的目标之时,对"民法"的关注即便有之,也极其有限。

八、结语:描述一种法律与习惯通过民事习惯法以外的途径相遇的法律制度

为了能够更为令人满意地解答"民事习惯法"这一问题,我发现相关的证据已贴切地表明,无需使用西方的学术范畴,就可以精确地描述地方风俗与帝

---

[1] 参见(清)贺长龄:《皇朝经世文编》,1827年刊行,卷二十,第48页a—第50页b;《清经世文编》,中华书局1992年版,第506页。

[2] 参见《福建省例》,1874年第一版,后再版收入《台湾文献史料丛刊》(第7辑),台湾大通书局1987年版。

[3] Will Pierre-Etienne, "The 1744 Annual Audits of Magistrate Activity and Their Fate," *Late Imperial China* 18, 2(1997):1—50,尤其是第30—36页。对陕西的官员考成程序分条列述的那二十四项内容,基本上与《福建省例》的二十九项规定相同。我不清楚陕西的规定是否也同样被加以公布,但是我认为《陕省律例》(由著名的诗人型官员与法律专家王昶在1786年汇编而成)是继其而来的类似成果,参见 Arthur W. Hummel, *Eminent Chinese of the Ch'ing Period*, Washington: Library of Congress, 1943, p.807。我没能找到这份饶有意思的文献的出处,似乎今日中国的目录学家对之亦不知晓。此外,我曾在北京查阅过《江苏省例》,它收集了从1869年到1900年的相关资料。

[4] William T. Rowe, "Ancestral Rites and Political Authority in Late Imperial China: Chen Hongmou in Jiangxi", *Modern China* 24, 4(1998):382—385,礼仪优于规则,因为规则只是激发尊重,但礼仪则能激发道德上的改变。

国法制之间的分界面。以上搜集的相关证据,使勾勒习惯与法律之间的一般关系成为可能,具体如下:

(1) 大众风俗是州县官与法律专家长期关注的事项,他们娴熟地运用法律技巧,使作出的裁决为当事人及其乡邻所接受。保存于案例集之中的模范判决,常常以引自儒家典籍的原则作为指导或据其行事。这些原则有助于处理棘手的案件,无论就"民事"和"刑事"各角度而言均是如此,例如童养媳与其未来公婆之间的现实关系,或者中表亲之间的婚约。以此种方式作出的裁决,并不是要对早已存在于当地社会的习惯性规则加以确认。它们只是屈从那些与"民便"或"人情"相符的特殊约定。作为典范,它们当然证实了第一流的官员和法律专家具有渊博的法律知识;但是这种技巧只存在于这些统治精英之中,普通民众没有任何染指甚或了解的途径。通过这种方式,各地做法在帝国的所有疆域内被整饬得符合官方标准,而儒家经典中所表述的那些神圣原则是如此得一般化,以至于无论任职何地,任何地方官员都有可能援以使用。由此带来了如何界定某种习惯为当地所特有的这一难题。

(2) 正如在其他许多问题一样,省一级在法律制度中至关重要。省例中包含了一系列在某种意义上为该省所特有的风俗。但是这些风俗从未被制定成习惯汇编的形式,以用来约束民众和保证其权利,它们也没有得到过官方的任何公开承认。相反,关于风俗的描述和规范,被保存在按察使与布政使掌管的资料库之中,有时被转变成用以矫正、禁止或改善某某风俗的法律布告。被编入省级资料库风俗类中的一省风俗,是官方政务事项的一部分,但普通民众无由介入。它们当然有助于规范和引导行政事务,但正因为如此,它们是行政机构而非民间的习惯。换句话说,这些习惯,是由作为行政实体而非活生生的民间社区的某省所特有。

(3) 在最高一级的层面上,我们可以看到从大众风俗中选取的内容被定期地纳入到法典之中。正如胡季堂的例子(第78条律附例5)所表明的,被纂入法典之中的,并非那些为某一特定地区的民众所遵守、早已存在该地的规则。它们是一些被耐心筛选或通过(1)和(2)的步骤过滤后的内容。亦即援引经典为据所做的个别裁决,以及在成为省级官僚政务事项时受到纂改的某些内容。就好比担任按察使一职(也就是作为资料库的两大首脑之一)的胡季堂所做的那样,最后提议增纂新例。胡季堂声称,在其所任职的省份中,发现了一个事关整个帝国的总体利益的重要问题。用以支持其提议的那些理由显示,他其实并不关心任何习惯:小民被认为只会谋求一己私利,那些好坏难以预料的做法统统被说成遭到滥用;此外,类似的欺诈行为与相关的陋习被认为流行于全国。因此,必须在《大清律例》就此作出概括规定。这些例还要经刑部议复,由刑部中专事纂修附例的官员对省级长官提出的议案进行审核——这一步骤已超越了本文所要关注的问题。

  传播与筛选风俗的整个过程,在方法和精神上都体现了官方属性。法律知识的注入虽然相当连续且相互结合,但却微不足道,仅仅只是发生在最低层(存在于州县官员的个案裁判之中,并通过案例集被他人传阅)和最高层(由刑部的专门官员纂入法典)。这足以提供一个综合的法制分类。在这一过程的任何阶段,民众风俗(people's habits)都没有机会成为地方习惯(local custom)。在制定法律与对待普遍作法(popular practices)的关系上,中国在如下方面与西方所采取的方式显著不同:在欧洲大陆,特定习惯被提升为地区习惯法(regional customary law),并在民法中加以规范化;或者像在英格兰那样,通过法庭裁决使整个王国的习惯普遍化。因此,尽管中国很早就对成文法律体系所提供的诸多机制善加利用,但从来不以对众人奉行的规则(rule)给予法律认可作为基础,在这样的一个体制中寻找"民法",将是一种极为不妥的作法。

(初审编辑:尤陈俊)

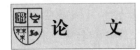

从财产到隐私
——美国宪法第四修正案保护重心之变迁

向 燕[*]

From Property to Privacy:
The Transition of the Core of the Fourth Amendment in United States

Xiang Yan

内容摘要：从19世纪末期始，在美国最高法院积极能动的司法干预下，美国宪法第四修正案保护利益的重心，开始了从财产到隐私的迁移。美国刑事搜查法律历经八十年从财产到隐私的变迁，根植于美国社会的现实需要，反映了其间政府权力、个人财产权与隐私权间的力量变化和兴衰起落。本文回顾了这段历史，探索了第四修正案保护重心变迁之原因及其深远影响，并结合历史语境和美国法学理论的发展，分析了第四修正案下财产权与隐私权的联系，得出了几项初步结论。

关键词：隐私　第四修正案　刑事搜查

---

[*] 中国政法大学2006级刑事诉讼法学专业博士研究生，L.L.M in Comparative and International Law of Southern Methodist University，电子邮箱：xiangyan311@gmail.com。

美国宪法第四修正案:"人民的人身、住宅、文件和财产安全不受不合理搜查扣押的权利,不得侵犯;除非基于合理根据,以宣誓或代誓宣言保证,并记载特定的搜查地点和扣押的人或物,不得签发搜查和扣押令状。"

刑事搜查涉及人权保障的重要方面,直接关系着公民的一系列宪法基本权利。然而,在我国《刑事诉讼法》中,刑事搜查的规定仅有寥寥五个条文。刑事搜查理论与技术的研究明显滞后于刑事诉讼其他领域的研究和发展。我国《宪法》37条与39条,以保护公民个人的"人身自由"和"住宅"为内容,明确规定了禁止非法搜查公民的身体和住宅。该条款在宣告搜查法的宪法地位的同时,也不免留下疑问:政府搜查所涉及的权利或利益范围,仅限于"人身自由"和"住宅"么?其实可以先看看美国宪法相关条款的变化,其第四修正案的发展为我们展现出一幅完整、生动的画卷。本文以美国第四修正案下刑事搜查的保护重心的转移为探索起点,希望能为我国刑事搜查制度的宪法价值及立法发展方向提供有益参考。

一、从保护财产到保护隐私的历史

美国宪法第四修正案的形成,根源于殖民地时期北美民众对英国统治者使用的一般性令状(general warrant)的激烈斗争。第四修正案宣告并保障公民享有不受不合理的政府搜查扣押的权利。值得注意的是,第四修正案适用于所有的政府搜查行为,而不限于刑事搜查。但是,由于刑事搜查被频繁使用,并且搜查扣押所得证据又往往涉及嫌疑人定罪量刑的重大利益,因而联邦最高法院关于第四修正案的判例大多集中于刑事领域。根据最高法院的判例,政府对公民的干涉行为要成功越过第四修正案的保护,需要经过两个门槛,即(1)政府的行为是否构成搜查?(2)如果构成搜查,该搜查是否合理?其中,就第一个问题而言,美国最高法院对第四修正案的解释,经历了一个从关注财产利益到隐私利益的巨大转变,并由此赋予了第四修案更为广阔的适用空间。

第四修正案的实质,在于强调公民享有的不受政府任意干涉的权利。在其通过之时,立宪者并未考虑如何界定政府搜查行为这类具体法律适用问题。在美国最高法院的阐释下,早期的第四修正案侧重于保护公民的财产利益。这是因为,在早期的搜查扣押判例中,美国最高法院是以财产法的概念来确定政府搜查的权力范围,即只有存在对公民财产权利的侵犯、对场所的物理侵入(physical intrusion),搜查行为才上升到宪法意义进行合宪性审查。在1967年之前,财产法上的非法侵入(trespass)概念一直是美国最高法院判断搜查行为是否合宪的工具。如果缺少这样的物理性侵入,政府干预公民生活的活动就不构成宪法意义上的搜查,也不属于宪法的保护范围。[1]

1886年的博伊德诉美国案(Boyd v. United States)[2],是第四修正案从保护财产转向保护隐私的奠基性判例。有美国学者认为,博伊德案孕育着第四修正案保护隐私利益的萌芽。[3] 在该案中,美国政府根据海关税收的法律,指控博伊德公司欺诈逃税。检察官在扣押被指控逃税的货物后,向法院提起罚没财物的诉讼。在诉讼过程中,检察官根据一项法令向法院申请了强制提交证据的命令,要求被告提交可能证明其有罪的发票。最高法院的九名大法官一致认为,该法令侵犯了第五修正案反对强迫自证其罪的特权,因此违宪。而由七名大法官组成的多数意见进一步裁决,本案中的提交证据命令,也构成了第四修正案语义下的"对文件的不合理扣押"。

因此,在将第四修正案宽泛地解释为保护"人身安全、人身自由和私人财产"诸种不可废止之权利,并特别强调"个人的住宅的神圣性与生活的隐私"之后,布拉德利(Bradley)大法官最终认定强制提交证据的程序违反第四修正案。通过将第四修正案与第五修正案予以联系,最高法院得以将第四修正案保护的价值延及财产利益以外。

当然,博伊德案对第四修正案精神意蕴的探析,并未突破以财产法的方法判断政府搜查权力的传统。在1928年的奥姆斯特德诉美国一案中(Olmstead v. United States)[4],最高法院裁决,政府对被告电话交谈的窃听行为,没有涉及"对被告房屋或办公室的进入",交谈也不是第四修正案保护下的财产,因此,政府的窃听并不构成搜查。在该案中,最高法院狭隘地将第四修正案下的违宪搜查界定为对人身或不动产的物理性侵入。[5]

不过,奥姆斯特德案常被人提及,并非因其对财产法分析方法的固守,而是因为布兰代斯(Brandeis)大法官在该案中发表的不同意见。他反对多数意见中"搜查限于有形物"的狭隘观点,首次将隐私作为第四修正案保护的基本利益。他撰写道,宪法的缔造者"授予了不受干扰的权利(the right to be let alone)——是内容最为广泛的权利,也是文明人最为珍视的权利。为保护该权利,政府对个人隐私的每一次不正当侵害,都必须视作是对第四修正案的违反,

---

[1] *Olmstead v. United States*, 277 U.S. 438, 457 (1928). *Goldman v. United States*, 316 U.S. 129, 134—1369(1942).

[2] *Boyd v. United States*, 116 U.S. 616 (1886).

[3] See e.g., Richard C. Turkington & Anita L. Allen, *Privacy Law: Cases and Materials*, St. Paul, Minn, 1999, p.78, Note, "The Life and Times of Boyd v. United States (1886—1976)", *Michigan Law Review*, Vol.76:184 (1977).

[4] *Olmstead v. United States*, 277 U.S. 438 (1928).

[5] Id., at 466.

而不论政府所用的手段如何"。[1] 布兰代斯法官在此提出的不受干扰的权利,被美国学者认为是最高法院关于隐私权的最早定义。

奥姆斯特德案后,最高法院在多个判例中重复了"宪法保护的地方"(constitutional protected area)的表述,实际上将违宪搜查判断的标准进一步发展为:是否存在对"宪法保护的地方"的物理性侵入。[2] 与此同时,最高法院在适用财产法的方法时,也发现了在刑事搜查扣押案件中严格继受财产法技术性术语带来的问题,认为第四修正案的内在权利并不最终取决于侵权法或不动产法中古老的细微之处,从而摒弃了财产法中的一些技术性区分。[3]

自奥姆斯特德案后,最高法院开始越来越关注第四修正案保护的隐私利益。[4] 在1967年的典狱官诉海登(Warden v. Hayden)[5]案中,最高法院通过对第四修正案保护隐私利益的肯认,废除了以财产法为依据的纯粹证据法则。到1967年,最高法院在卡兹诉美国案中(Katz v. United States)[6],彻底推翻了财产权对第四修正案的支配效力,使隐私成为第四修正案所关注的首要利益。[7] 该案中,卡兹被指控违反联邦法律,从洛杉矶打电话传送赌博信息到迈阿密和波士顿。联邦FBI特工人员将电子窃听和录音设备附置于公共电话亭的外部,取得了卡兹的电话录音。在初审中,政府被允许举出卡兹的电话谈话作为证据。案件上诉到联邦最高法院。最高法院否定了长期以来的"宪法保护的地方"的提法,转而提出,第四修正案保护的是人民,而不是地方,因此,第四修正案保护的适用,不应当取决于是否存在对某个封闭空间的物理性侵入。当政府行为侵犯了公民正当倚赖的隐私时,该行为就应构成了违反第四修正案的搜查。卡兹案后,主张第四修正案权利需要接受的第一个检视便成为:政府

---

[1] *Olmstead v. United States*, 277 U. S. 478 (1928).

[2] See *Silverman v. United States*, 365 U. S. 505, *Lopez v. United States*, 373 U. S. 427, 438—439; *Berger v. State of New York*, 388 U. S. 41, 57, 59.

[3] See *Silverman v. United States*, 365 U. S. 505, *Jones v. United States*, 362 U. S. 257, 266; *On Lee v. United States*, 342 U. S. 747, 752; *Hester v. United States*, 265 U. S. 57; *United States v. Jeffers*, 342 U. S. 48, 51; *McDonald v. United States*, 335 U. S. 451, 454.

[4] See, e. g., *Wolf v. Colorado*, 338 U. S. 25, 27(1949). "不受警察恣意侵犯的个人隐私安全——第四修正案的核心——是一个自由社会的根本", *Schmerber v. California*, 384 U. S. 757 (1966), "第四修正案最为重要的功能是保护个人的隐私与尊严不受政府无根据的侵犯……"。

[5] *Warden v. Hayden*, 387 U. S. 294 (1967).

[6] *Katz v. U. S.*, 389 U. S. 347 (1967).

[7] 美国学者对卡兹案的意义有着不同的论述,例如,"最高法院的标杆性判例卡兹诉美国案,使隐私位于第四修正案的核心……"。See Mary I. Coombs, "Shared Privacy and the Fourth Amendment, or the Rights of Relationship", 75 *Calif. L. Rev.* 1593(1987). "斯图尔特大法官强调了隐私而非财产,才是第四修正案关注的首要对象,从而为'物理性侵入'理论的消亡奠定了基础。(法庭)承认了隐私是不受'不合理的搜查扣押'宪法保障的主导动因……"。See James J. Tomkovicz, "Beyond Secrecy for Secrecy's Sake: Toward and Expanded Vision of the Fourth Amendment Privacy Province", *Hastings Law Journal*, Vol. 36: 645,650 (1985).

的行为是否侵犯了公民持有的对"隐私的合理期待"(reasonable expectation of privacy)。卡兹案对财产法方法的彻底抛弃和"隐私的合理期待"标准的确立,最终完成了第四修正案保护重心从财产到隐私的变迁。

就何为隐私的合理期待问题,哈伦(Harlan)法官在卡兹案的协同意见中提出了著名的双叉标准(two-pronged test):第一,该人已经表现出对其隐私的真实的(主观的)期待;第二,社会愿意承认该种期待是"合理的"。[1] 卡兹后的大多数判例,都将主客观两个条件的满足视为隐私保护的必要条件,但最高法院也曾在判例中表示,主观性标准不能作为"第四修正案保护的充分指标"。例如,如果政府突然在全国电视上宣布,今后所有的住宅都可无令状地进入,那么自此以后,个人可能无法对他们的住宅、文件和财产再持有任何实际的隐私期待。同样,如果一个来自极权国家的难民,不知晓美国的传统,错误地以为警察可以一直监听他的电话谈话,那他也会对自己的通话缺乏主观的隐私期待。[2] 主观性标准的个别化与不稳定性,导致具有规范意义的客观性标准发挥着更为重要的作用。客观性标准强调社会对个人隐私期待的承认,因此,法庭在适用该标准时,将会超越宪法与法律文本,从社会惯例中寻找隐私规则。

二、影响:第四修正案保护范围的变化

第四修正案的关注重心从财产转向隐私,使第四修正案的保护范围发生了相应变化。那么最高法院对第四修正案的宪法解释,是扩大还是限缩了公民不受政府任意干涉的私人领域呢?对这个问题,并不能简单作答,以下分述之:

(一)纯粹证据法则(mere evidence rule)的废止

第四修正案保护重心从财产到隐私的变迁,直接影响到政府得以搜查的对象。传统上,只有当政府对所搜查、扣押的财产享有比财产持有人更高的财产权利时,才可实施合法的搜查、扣押。在博伊德案中,美国最高法院将搜查扣押范围限定为"违禁品"和"犯罪果实":就违禁品而言,法律规定了违禁品的持有属于犯罪,政府即有权对其搜查、扣押;就犯罪果实而言,政府是代表被害人来追索被盗财产,所以享有财产利益,从而获得实施搜查、扣押的正当权力。[3] 以此论述,博伊德法庭暗示了政府不得对违禁品、犯罪果实以外的"纯粹的证据"进行搜查和扣押。此种纯粹证据法则,在1921年古尔德诉美国(Gouled v.

---

[1] See James J. Tomkovicz, "Beyond Secrecy for Secrecy's Sake: Toward and Expanded Vision of the Fourth Amendment Privacy Province", *Hastings Law Journal*, Vol. 36: 361 (1985).

[2] See *Smith v. Maryland*, 442 U.S. 735, n5 (1979).

[3] See Daniel B. Yeager, "Search, Seizure and the Positive Law: Expectations of Privacy Outside the Fourth Amendment", *Journal of Criminal Law and Criminology*, Vol. 84: 249, 256 (1993).

United States)一案中得到全面阐释。[1]

隐私利益在第四修正案领域中的崛起,最终导致了最高法院在1967年典狱官诉海登(Warden v. Hayden)一案中废除了纯粹证据法则。海登案是在卡兹案的前一个开庭期作出,它与卡兹案在时间上的毗邻,表明了当隐私利益即将成为第四修正案的首要关注时,刑事搜查正步步挣脱财产法的束缚。在该案中,最高法院认为,纯粹的证据与赃物、犯罪工具、违禁品所包含的隐私利益并无二致,因此,应当给予它们同等的第四修正案保护。[2]

纯粹证据法则的废止,扩大了政府对"人"及对"物"的搜索范围。就"物"的范围而言,凡可为侦查或审判中之证据,虽非违禁物或犯罪工具,皆可搜索扣押。扩大可扣押物品范围,也扩大了警察可搜索的范围。因为单纯证据之物品,可能置放于任何地方,警察为搜寻这些散落于各地的单纯证据,其搜索范围即因此扩大。就"人"的范围而言,持有犯罪工具、犯罪所得、违禁物者,多为有罪之人或嫌疑犯,所以依传统法制,搜索之对象通常为犯罪者,而不及于第三人。但废止"单纯证据法则"后,第三人持有证据,亦可能成为被搜索的对象。[3] 可见,在第四修正案被解释为包括对隐私的保护后,政府的权力也深入了公民的私人领域:更多的"人"和"物"被置于政府权力干涉的危险之中。当然,从另一角度看,即便如此,"侵犯的发生,也必须是在满足了合理根据和第四修正案特定化要求,并在中立和超然的法官批准之后进行的"。[4] 这就在扩大政府搜查范围的同时,对政府的搜查行为施以程序制约:虽然更多的"人"或"物"可能会受到政府的侵扰,但这些"人"或"物"也将受到第四修正案的保护。

(二) 隐私与科技、社会习惯

第四修正案的保护重心从财产转向隐私,尽管扩大了政府得以搜查的对象和范围,但并非绝对限缩了公民的私人领域。从理论上而言,以隐私的方法来界定搜查,还可能会扩大第四修正案的保护范围:其一,以隐私为保护对

---

[1] 大法官克拉克(Clarke)发表的法庭意见里的此段陈述,充分反映了在第四修正案的适用初期财产权对搜查对象的限制:"它们(搜查令状)不能仅仅为取得在刑事或刑罚程序中反对某人的证据的目的,而被用作进入一个人的住宅或办公室,获得他的文件的手段。只有在存在搜查扣押的首要权利时,才可签发搜查令状,包括:公众或控告人对被扣押的财产或是对该财产的占有享有利益;或是警察权力的合法行使,将导致被告人对该财产的占有构成违法,使得警察可以占有。"Gouled v. United States, 255 U.S. 298, 309 (1921)。

[2] 在该案中,法庭意见指出,"财产利益决定控方搜查和扣押的权利,该前提已不再为人相信。……我们已意识到,第四修正案的主要目标是保护隐私,而非保护财产,并日趋抛弃建立在财产概念基础上虚设的程序障碍。……不论搜查只是针对'纯粹的证据',还是针对赃物、犯罪工具或违禁品,第四修正案的要求能够提供给被搜查的物品同等的隐私保护。"Warden v. Hayden, 387 U.S. 294, 305 (1967)。

[3] 参见王兆鹏:《美国刑事诉讼法》,北京大学出版社2005年版,第104页。

[4] Warden v. Hayden, 387 U.S. 294, 310 (1967)。

象,能将政府利用科技手段实施的干涉行为纳入到第四修正案的审查范围之内,使后者的保护涵盖未来科技发展;其二,美国最高法院确立的"隐私的合理期待"的双叉标准,将隐私权保护与社会生活相连接,社会习惯、惯例成为确定隐私利益的主要因素,使第四修正案保护范围可随着社会实践的发展而变化。[1]

1. 隐私与科技

隐私权的兴起与美国社会科技的发展之间,呈现出相互作用的微妙关系。最高法院在卡兹案中决然脱离了判断搜查扣押的财产法方法,确立起对抽象的隐私权的保护,与美国社会通讯技术的发展不无关系。从奥姆斯特德到卡兹案,几乎经历了四十年。这四十年,也正是美国科技迅猛发展,政府规制相应加强的时期。至1968年,美国已"拥有大规模的电子邮件交流、手机和无线电话、传呼器、无线监控的小型发射机,以及令人眼花缭乱的一系列数码信息网络,而在四十年前,这些还只是理论上的概念"[2]。在卡兹的时代,电子监控在美国国内已经变得很平常。高科技发展带来的对公民权利的威胁,成为美国最高法院决定将第四修正案保护范围扩及隐私利益的重要动因。最高法院在卡兹案中就指出,如果将宪法狭义地解释为仅保护某个地方,便会"无视公共电话亭在私人通讯中的重要地位"[3]。科技的进步,推动了第四修正案中隐私利益的确立,反之,隐私利益的确立,也扩大了第四修正案的保护范围。若根据宪法语言,第四修正案保护的具体对象仅限于其列举的公民的人身、住宅、文件与财产。而卡兹案后,最高法院通过隐私概念的运用,突破了宪法文本列举的限制,使第四修正案的保护延及到抽象的私人谈话,并可能随着新的高科技侦查手段的扩展,覆盖更多的保护客体。

关于科技对第四修正案下隐私保护的影响,一个最为重要的判例是2001年凯乐诉美国案(*Kyllo v. United States*)[4]。在该案中,警察怀疑凯乐用高热度灯在家中培植大麻,于是在凌晨三点的时候,站在凯乐家外,用一个热量探测器来检测从其住宅中散发出的红外线,再将其转化为热能。此番探测得出的数据表明,凯乐家中车库的屋顶温度,明显比他住宅其他部分以及附近的其他住宅温度高。根据此检测和其他证据,警察取得了搜查令状,并在执行令状中发现凯乐在家种植了超过100棵的大麻。警察通过热量探测器仪器对房屋外部热量的收集是否构成违宪搜查,成为本案的争点。

在该案中,最高法院承认,"如果主张,公民享有的由第四修正案赋予的隐

---

[1] 当然,审视最高法院的相关判例后可发现,上述论断也不乏例外。
[2] See H. R. REP. NO. 647, 99th Cong., 2d Sess. 17—18 (1986).
[3] *Katz v. United States*, 389 U. S. 347, 352 (1967).
[4] *Kyllo v. United States*, 533 U. S. 27(2001).

私程度完全不受科技发展的影响,这样的论断无疑是不明智的。"[1] 大法官斯卡利亚(Scalia)在代表法庭书写意见时说,"我们今天面临的问题是,科技力量使受保障的隐私领域缩小,而我们对科技的力量应当作何限制"。[2] 最高法院注意到,科技发展极大增强了政府获得信息的能力,如果只将搜查界定为物理性侵入,政府将很容易凭借科技力量规避第四修正案的禁止,于是作出裁决,"通过提高感官能力的科技而获得的关于住宅内部的任何信息,如果除此之外只能通过对宪法保护地方的物理性侵入而获得,那么该信息获得则构成了搜查,至少当争议的科技尚未被公众普遍使用时应为如此"。[3] 这样的裁决,抛弃了机械的监测仪器是否"穿透墙壁"的区分标准,力图将"正在使用或正在发展的更为成熟的科技"[4] 纳入到第四修正案的规范范围内。

不过,正如该案不同意见所批评的,该裁决的范围既过于宽泛,又过于狭窄。法庭意见将第四修正案的保护范围扩及所有的提高感官能力的科技的运用,但又仅仅将其保护限定于对住宅的信息获得。因此,个人在其他场所享有的隐私利益是否可以免受政府利用高科技手段的侵犯,还有待新的判例进一步阐释。而且,凯乐案肯定了在政府运用的科技手段尚未被公众普遍运用时,政府获取信息的行为应认定为搜查。根据这样的分析方法,某项技术的市场力量将在第四修正案的隐私保护中扮演重要角色。[5] 如果某种监测手段的制造商能成功地将其仪器推广到公众中,获得广泛的应用,那么个人将不再受到第四修正案的保护。非法的个人监控行为能否为政府的监控行为提供正当依据?即使个人监控行为合法,是否应当对个人行为与政府行为作一定的区分?这些问题并没有在最高法院的判例中得到解决。最高法院在此案中将技术适用普及度作为隐私保护的因素之一,无疑使第四修正案下隐私与科技的关系更加复杂。

2. 隐私与社会习惯

卡兹案提出,个人是否享有第四修正案的保护,取决于个人对该隐私是否表现出真实的期待,且社会也愿意承认该期待为合理。在卡兹案后,鉴于主观性标准的高度不确定性,最高法院在之后的判例中表现出更侧重于客观性标准的倾向。社会是否承认某种具体隐私期待为合理,常常是以社会现存的惯例与做法为判断。因此,与财产权的方法相比,"隐私的合理期待"的标准更加灵活,能够随着社会习俗的变化适时调整保护范围。此外,采用隐私的方法来界

---

[1] *Kyllo v. United States*, 533 U.S. 33(2001).
[2] Id., at 34.
[3] Id.
[4] Id., at 40.
[5] See William C. Heffernan, "Fourth Amendment Privacy Interests", *Journal of Criminal Law and Criminology*, Vol.92:1, 103 (2002).

定搜查,可以突破狭隘的财产权概念,赋予不享有财产权的第三人以"不受政府不合理搜查"的保护。例如,在主人家过夜的客人就充分享有对隐私的合理期待,因为"在别人的家里过夜是长期以来的社会习惯,这样的社会习惯,还承载着社会承认的重要功能"。[1] 由于主人在一般情形下都会尊重客人的隐私利益,且享有隐私的合理期待并不等同于对住宅享有法律权利,因此,尽管客人并不对主人的房产享有任何财产权利,也无权允许或排斥他人进入住宅,但在主人的住宅里,客人仍享有第四修正案不受不合理搜查与扣押的权利的保护。[2]

第四修正案的保护从取决于个人是否享有财产法上的权利转向了社会生活惯例,尽管在一般意义上,应当是扩大了第四修正案的保护范围,但根据最高法院的判例来看,也并非绝对。在1984年奥利弗诉美国一案中(*Oliver v. United States*)[3],最高法院通过裁决个人对旷地(open field)的隐私期待不符合社会的合理预期,限缩了公民不受政府干涉的自由空间。该案中,两个肯塔基州的州警察开车进入了一户门前竖有"禁止非法侵入"牌子的住宅,往里走了数百码,对奥利弗冲他们"不准打猎"的喊叫置之不理,最终在奥利弗的土地上发现了大麻植物。如果按照财产法的方法确定搜查的含义,警察的行为已构成了对私人财产的非法侵入,应当构成第四修正案下的搜查。但根据隐私的合理期待理论,最高法院在得以区分庭院(curtilage)与旷地的基础上,裁决警察的侵入行为并不违反第四修正案[4],从而排除了第四修正案对个人在旷地内的活动享有的隐私利益的保护。

可见,第四修正案保护重心从财产到隐私的转变,不均衡地影响了政府与公民的关系:(1)搜查对象从违禁品、犯罪工具及犯罪果实,扩大到"纯粹的证据",使政府得以对更大范围的"人"和"物"进行搜查,但与此同时,也使此种扩大了的政府行为,受到宪法与法定程序的规制;(2)保护客体从人身、住宅、财产、文件四类宪法文本列举的有形物,扩大到诸如谈话、热量等无形物,使第四修正案能灵活地涵括政府利用高科技手段对公民实施的各种干涉行为。公民可以基于隐私权要求法院对各种新型政府行为的合宪性进行审查,在此意义

---

[1] 最高法院解释道,"当我们因工作或消遣而旅行到陌生的城市,当我们拜访自己的父母、小孩或是在城外的远亲,当我们在换工作或搬家当中,或是当我们为朋友看守房子的时候,我们都会在别人的家中居住。在我们的一生中,我们将多次成为主人和客人。不论从哪种角度,我们都认为,对一个家里来的客人在其主人的住宅里享有的合法隐私期待,是社会予以承认的。" *Minnesota v. Olson*, 495 U.S. 91, 99 (1990).

[2] *Minnesota v. Olson*, 495 U.S. 91, 99 (1990).

[3] *Oliver v. United States*, 466 U.S. 170 (1984).

[4] 法庭认为,旷地自身也不能对第四修正案意在保护的亲密活动提供合适的场所,并且公众与警察通常可以自由进入,因此,从社会习俗来看,个人声称在旷地上保有的隐私并未得到社会的承认。Id., at 179.

上,扩大了公民不受政府任意干涉的私人领域;(3)从仅保护财产的所有权和占有权人,到保护对"场所"(premises)享有合理隐私期待的人,使第三人得以主张不受政府无理搜查扣押的权利;(4)以社会习惯作为主要衡量标准,也使第四修正案保护范围可随着社会发展而变化。不过,在一些情形下,财产所有权人或占有权人因不享有隐私的合理期待,而不得主张第四修正案的权利。

三、财产权与隐私权的联系——社会历史语境探析

毫无疑问,第四修正案蕴含的隐私权,是美国最高法院对宪法进行积极能动的解释中诞生的。然而仔细回顾最高法院的判例,却难以看清最高法院如何在宪法第四修正案的文本中发现此项权利或利益。从财产到隐私的转变到底沿袭的是何路径,尚未有人做过分析。那么蕴含着隐私利益萌芽的博伊德案,便应是我们探寻第四修正案下的隐私权诞生的起点。

(一)博伊德案:从财产权中发现隐私利益

最高法院对第四修正案下隐私权的解读,最早始于1886年的博伊德案。笔者认为,最高法院实际上是在该案中从财产权中发展出隐私利益。博伊德案裁决于19世纪后半期。当时的美国财产法继受了洛克、布莱克斯通等英国法学家的财产权理论,个人的财产权获得了前所未有的保护。作为早期的财产权综合论者(integrated theorists),洛克、布莱克斯通等理论家,在强调财产的排他性权利在财产法发展中的重要地位同时,认为对财产概念的充分描述还应包括更为根本的权利,即对财产的获得、使用、处分的权利。[1] 由此,"财产成为一个含义宽泛的概念,能够在各种政治和法律理论中得以不同的适用"。[2] 此种强调财产概念一体化的综合理论,解释了为何18世纪的政治家和学者时常将"财产权"论述为无所不包的权利。譬如,美国宪法的缔造者之一詹姆斯·麦迪逊曾言,财产有时是在法律的意义上使用,指称"一个人的土地、商品或者货币"。[3] 但他也注意到,财产也有着"更宽泛、更为公平的含义,该含义包括了一个人对其赋予价值,并享有权利的任何一件东西"。[4] 在这个更为宽泛的含义下,麦迪逊论辩说,"一个人对其意见享有财产权","对自己人身的安全和自由"享有财产权,"同样,还可以说他对其权利享有财产权"。[5] 麦迪逊此处的

---

[1] See generally Adam Mossoff, "What Is Property? Putting Pieces Back Together", *Arizona Law Review*. Vol. 45: 371 (2003).

[2] Id., at 400.

[3] James Madison, Property, Nat'l Gazette, Mar. 5, 1792, reprinted in James Madison, *The Mind of the Founder* (Marvin Meyer ed., 1981). See Adam Mossoff, "What Is Property? Putting Pieces Back Together", *Arizona Law Review*, Vol. 45: 371, 377 (2003).

[4] Madison, *Id.*, at 68—69.

[5] Madison, *Id.*, 186.

观点,即根源于洛克的学说。洛克就在广泛含义上运用财产权概念,认为一个人采取行动"保护其财产(property)",就是采取行动保护"他的生命、自由和所有物(Life, Liberty, and Estate)"[1]。他在讨论市民社会的形成时,注意到人们进入到市民社会,是"为了彼此保护他们的生命、自由和所有物,我将三者统称为财产"。[2]

此种扩张性财产权概念在美国的继受,与19世纪美国社会发展背景密切相关。从殖民地时期开始,美国就深受新英格兰牧师带来的洛克理论的影响。美洲大陆的开发与工业制度的建立,需要鼓励个人发挥自己的天赋,去开辟这片尚未驯服的大陆,实现其发财致富的梦想。[3] 洛克的个人自然财产权理论与布莱克斯通的绝对财产权观念,正好满足了社会需要。无所不包的财产权概念,不仅反映了此时期私有财产在社会经济发展中所占据的重要地位,还体现了当时的私有财产权与自由价值的紧密联系。在19世纪的美国,社会的主流观念是,"财产是一个人自由意志的体现,是他的自由的外在领域"。[4] 财产权概念在传统上与自治(autonomy)相联系。通常认为,人们可以在他们自己的土地上,做他们想做的事情。[5]

洛克的理论"不仅对美国宪法的缔造者有着深远的影响,还影响着那些为这个初生的国家界定财产制度的下一代人"。[6] 因此,19世纪后期美国社会的财产权仍带有浓厚的个人主义气息。财产权在法律体系中的核心地位和宽泛含义,直接体现在美国司法实践中。直到20世纪初,财产权还统摄着一些人身权利。财产权中的概念,例如,非法侵入(trespass)也被美国最高法院适用于涉及婚姻权利的纠纷中。例如,1904年廷克诉科尔韦尔(Tinker v. Colwell)[7]一案中,法庭确认了普通法的规则,即丈夫对妻子的身体享有财产权,他有权要求妻子满足他个人的享受,如果这项权利受到侵犯,他有权以丈夫的名义起诉。而妻子与他人的通奸行为,"被视为对丈夫婚姻权利的侵入(trespass),尽管他

---

[1] Adam Mossoff, "What Is Property? Putting Pieces Back Together", *Arizona Law Review*, Vol. 45: 371, 401(2003).

[2] Id.

[3] See Willam H. Hamilton, "Property: According to Locke", *Yale Law Journal*, Vol. 41: 873 (1932).

[4] 沃纳:《论美国行政法》(第1卷),第4节(1889年)。转引自[美]伯纳德·施瓦茨:《美国法律史》,王军等译,法律出版社2007年版,第135页。

[5] Jennifer Nedelsky, Law, Boundaries, and the Bounded Self, 30 Representations (1990). See Joseph William Singer, *Property Law: Rules, Polices, and Practices*, Little, Brown and Company, 1993, p.22.

[6] Adam Mossoff, "What Is Property? Putting Pieces Back Together", *Arizona Law Review*, Vol. 45: 371, 378(2003).

[7] Tinker v. Colwell, 193 U.S. 473 (1904).

所承受的损害是其妻子在身体和精神上的堕落"。[1] 由此,我们也不难理解早期的美国最高法院采用财产法中的"非法侵入"(trespass)来审查政府实施的搜查。而在搜查扣押领域中适用此种财产权方法的历史,可以追溯到被博伊德法院援引的英国判例恩廷克诉卡林顿及其他三名国王信使案(*Entick v. Carrington and Three Other King's Messengers*)。该案法官卡恩顿便是从对前述洛克理论惊人相似的重述中[2],指出政府的搜查应具备正当根据,否则将被指控为非法侵入。而此种正当根据,即指政府享有财产法上的更高权利。

博伊德案中最高法院的判决,明显地承继了洛克与麦迪逊的思想。为将第四修正案适用于本案的事实,书写法庭意见的布拉德利大法官不得不将强制提交文件解释为"搜查和扣押",他追溯了权利法案的历史及当时搜查扣押的英国普通法,大段引用了卡姆登法官在恩廷克案中的陈述。在该案中,卡姆登法官一方面强调了个人财产神圣不可侵犯;另一方面又指出,文件是个人宝贵的财产,强制获得这些文件用作证据,无异于强迫他作出反对自己的证言。根据该判例,布拉德利法官如此阐释了第四修正案的实质:

> 这些原则的意义,远远超过提交到法院的充满外来不定因素的具体个案;它们适用于所有政府方及其雇员实施的,对**一个人的住宅的神圣性与生活的隐私**的侵犯。构成此种侵犯的实质的,并不是砸开他的房门,翻找他的抽屉的行为;而是对他**人身安全、人身自由和私人财产此种不可废止之权利**的侵犯,这些权利不会因他实施了某些公共违法行为,被判有罪而丧失——正是对此神圣权利的侵犯,支持并构成了卡姆登法官判决的实质。闯入住宅,打开盒子、抽屉是加重情节;但强迫或强制地获取一个人的证言或私人文件,作为证明其有罪或罚没其财产的证据,才是该判决所反对的内容。在此方面,第四和第五修正案几乎互相交叉。[3](强调为笔者所加)

布拉德利大法官也不得不承认,对第四修正案的此种解释,无法与其文义解释相一致,但他对此辩解道,"尽管该争议的程序并不具有许多真正的搜查扣押具有的恶劣情节,然而,正如前面所述,它具备了它们的内容和要旨,实现了其实质性目的。"[4] 不要忘记,那个时期财产权法律制度的核心,是创造并保护存于各种财富形式的个人权利。财产的功能之一便是在政府与私人权力之

---

[1] *Tinker v. Colwell*, 193 U.S. 483 (1904).
[2] 个人缔结社会的主要目的是为了保护他们的财产。在任何情形下,这样的权利都是神圣的、不可剥夺的,除非公共法律为了整体利益将其剥夺或削减。*Boyd v. U.S.*, 116 U.S. 616, at 627 (1886).
[3] Id., at 630.
[4] Id., at 622.

间划分界限,为个人或私有组织的活动界定范围,在此领域内,所有者享有比领域外更大的自由。[1] 正因如此,政府对私人财产的搜索翻寻,可以被解释为延展至对个人的"人身安全"、"人身自由"等神圣权利的侵犯。博伊德法院正是将上述"不可废止"的权利作为连接第四修正案和第五修正案的核心[2],通过构建第四和第五修正案"互相交叉"的理论,将保护财产权的第四修正案扩大为对"住宅的神圣性与生活的隐私"的保护,在第四修正案的沃土上播下了隐私权的种子。可见,在美国最高法院积极能动的司法干预下,19 世纪的财产权仍然可以作为捍卫个人自由的工具,为孕育中的隐私利益构筑起一道阻挡政府任意入侵的屏障。

(二) 奥姆斯特德案:隐私权的兴起

四十年后,在 1928 年奥姆斯特德案中,最高法院的多数意见力图支持政府的搭线窃听,以协助政府惩治犯罪。布兰代斯法官发表了具有深远影响的不同意见。尽管在奥姆斯特德案中他输掉了战役,但在 20 世纪的后半期他赢得了整个战争。他在奥姆斯特德中的不同意见最终成为最高法院的正式立场。[3] 那么,布兰代斯法官在其意见中是怎么看待财产与隐私的关系呢?

在讨论其意见之前,需要简单提及他年轻时候的经历。布兰代斯法官无疑是最高法院历史上的一个著名人物。在路易斯维尔长大之后,他进入哈佛法学院,后来成为波士顿的一名成功律师,很快便作为一位改革家而崭露头角。[4] 1890 年,作为一名年轻律师,他与另一名作者沃伦(Warren)在《哈佛法律评论》上共同发表了那篇美国隐私权的奠基之作——《隐私权》。如今但凡提到隐私权的起源,没有人能避开这一经典作品。在该文中,作者从人民对其人身和财产享有的权利谈起,指出,人们日渐强烈的智识和感情生活,以及随着文明的进步而增强的情绪告诉我们,"人生只有部分的痛苦、欢乐和利益植根于物理的存在。时代的发展要求赋予人们的情感、感受以法律的保护"。作者并未对隐私权定义多加着墨,而是直接采用托马斯·库利(Thomas Cooley)法官在 1880 年侵权法文章中谈到的"不受干扰的权利"(right to be let alone)予以定义。[5] 布兰代斯和沃伦的论文在学术界引起了广泛影响,但在那个财产法盛行的年代,尚未能触动法院的判例。例如,1902 年的纽约州法院拒绝承认隐私权,他们认为隐私权并不属于"对财产占有或享有"的附属权利。而其他法院坚持这

---

[1] Charles Reich,"The New Property",*Yale Law Journal*, Vol.73:771 (1964).

[2] See Note,"The Life and Times of Boyd v. United States (1886—1976)", *Michigan Law Review*, Vol.76:184, 188 (1977).

[3] Id., at 195 (1977).

[4] 参见伯纳德·施瓦茨:《美国最高法院史》,毕洪海等译,中国政法大学出版社 2005 年版,第 235—236 页。

[5] Warren & Brandies,"The Right to Privacy", *Harvard Law Review*, Vol.4:193 (1890).

样一种理论:与人格有关的利益不能得到保护,除非能够把他们归结为某种财产利益。[1] 1916 年,布兰代斯被威尔逊总统任命为最高法院大法官,接替逝世的约瑟夫·拉马尔。1928 年的奥姆斯特德案,为已经身在最高法院的布兰代斯法官提供了绝好的机会,于是在不同意见中,他执笔了最高法院关于第四修正案下隐私的最早论述。

布兰代斯法官首先阐释了最高法院对宪法解释的原则,指出法院应当对宪法作出随着时代发展而不拘泥于文字的解释,因此法官们的考虑"不应当是已经发生了什么,而是可能发生什么"[2]。他主要以恩廷克案(英国)、博伊德案和古尔德案为依据,认为它们体现了第四修正案旨在保护的"不受干扰的权利"(right to be let alone):

> 修正案所保障的保护在范围上更为广泛。宪法的缔造者是在**为追求幸福**创造有利的条件。他们认识到人的精神方面,及他的感受和智识的重要性。他们知道,人生只有部分的痛苦、欢乐和满足源于物质的存在。他们旨在保护美国人的信仰、思想、情感和感受。他们授予了人民不受干扰的权利——它是内容最为广泛的权利,也是文明人最为重视的权利。为保护该权利,政府对个人**隐私**的每一次不正当侵害,都必须视作是对第四修正案的违反,而不论政府所用的手段如何……(强调为笔者所加)

在不遗余力运用《隐私权》一文中的人的精神维度支持其观点后,布兰代斯接着探讨了不受干扰的权利的真谛在于防止个人自由受到政府的任意干涉:

> **通往被告住所的电话线连接在哪里,当然是无关紧要的。**该侵犯是为了协助执法的目的,同样也是不重要的。过去的经验应当教会我们,在政府抱着善意的目的时,我们却应以最大的警醒去捍卫自由。[3] (强调为笔者所加)

可以看出,布兰代斯法官眼中的隐私权,已经完全与财产权脱离了联系。这不仅表现在他不仅没有从财产权中引申出隐私权,而且还否认了对场所的物理侵入与侵犯隐私的相关性。[4] 其实在 20 世纪 20 年代的美国,财产权仍然受到较高的强调。尽管在第一次世界大战中,最高法院对联邦政府的战时权力,尤其是对私人财产权的限制,给予了坚决的支持,但在战后保守的政治气候下,最高法院转而开始对联邦政府管理经济的权力进行反对和限制。最高法院的 9 名大法官,至少有 6 人都对管制性法律抱有敌视态度。作为首席大法官的

---

[1] 伯纳德·施瓦茨:《美国法律史》,王军等译,法律出版社 2007 年版,第 160—161 页。
[2] Olmstead v. United States, 277 U.S. 438, 473(1928).
[3] Id., at 480.
[4] 即引文中强调的"通往被告住所的电话线连接在哪里,当然是无关紧要的"。

塔夫塔(Taft),尤为私有财产权的坚决维护者。[1] 在奥姆斯特德案中,也正是他代表法庭撰写了以狭隘的财产权概念审查搜查的多数意见。在这个保守的法庭上,布兰代斯法官可谓是一位支持美国法律从自由放任主义转向福利国家的先驱者。他对当时美国社会图景下的私有财产权的地位有着难得的远见卓识。在其1914年的著作中他曾言,"财产只是一种手段。我们的法院经常犯的一个错误是,它们把这些手段当成了目的"。[2]

从博伊德案到奥姆斯特德案的时期,财产法的变革是缓慢渐进的。与此同时,美国社会对隐私的需要也与日俱增。19世纪后期始,美国社会发生着巨大的变化,工业化使得人们大规模地从乡村迁移至城市。移民也大量涌入美国,在1840到1890年间,城市人口从1845000激增到22000000,城市人口的比例从11%增至35%。[3] 城市人口的日趋密集,使人们不得不紧密地毗邻而居,从而增加了地理上隐私的紧张。居住在城市中的人们尽管失去了地理上的隐私,可是他们的生活却更为私密。[4] 另一方面,伴随城市化的进程,人们的精神生活也丰富起来。新闻行业的兴旺,免费公共教育的发展与一个富足社会阶层的诞生,无一不刺激着隐私的需要。《隐私权》一文发表的前十年,也正是出版业发展最为强劲的十年。从1880到1890年,月报从7811增加到13559份。日报的发行量也从1870年的2607000激增到1890年的8387000份。[5] 1890年后,美国的中学也得到了极大的发展。原来在全国14岁到17岁的人口中,上中学的不到7%,到1920年,就达到了1/3。[6] 人们在智识、精神生活上的丰富与拥挤城市生活的紧张关系,强化了他们对隐私的渴望和需要。他们一旦体验到不受他人干扰的自由,便希望能获得他人的尊重与法律的保障。[7]

工业化和人口的压力,也促使最高法院对私有财产权作出一定调整。在1926年著名的分区权(zoning power)的判例中,最高法院指出,"直到近几年,都市生活都相对简单,但随着人口的急剧增长和聚集,问题会出现,并且会持续

---

〔1〕 参见王希:《原则与妥协——美国宪法的精神与实践》,北京大学出版社2005年版,第314—321页。

〔2〕 Brandeis, Bussiness—A Profession 322 (1914). See Bernard Schwartz, *The Law in America: A History*, McGraw-Hill, 1974, p.149.

〔3〕 Donald R. Pember, Privacy and Press, 7 (1972). See Richard C. Turkington & Anita L. Allen, *Privacy Law: Cases and Materials*, St. Paul. Minn., 1999, p.43.

〔4〕 Edwards Shils, Privacy: "Its Constitution and Vicissitudes", *Law and Contemporary Problems*, Vol.31: 281(1966).

〔5〕 Donald R. Pember, Privacy and Press, at 10—11 (1972), See Richard C. Turkington & Anita L. Allen, *Privacy Law: Cases and Materials*, St. Paul. Minn., 1999, p.43.

〔6〕 丹尼尔·J.布尔斯廷:《美国人——民主的历程》,谢延光译,上海译文出版社1997年版,第728页。

〔7〕 See Edwards Shils, Privacy: "Its Constitution and Vicissitudes", *Law and Contemporary Problems*, Vol.31: 281(1966).

积累,这就要求对城市社区中的私人土地的使用和占有作出限制"。[1] 基于社区的健康与安全考虑,个人不得完全无限制地使用财产权,这正反映了该时期财产权在保护个人自由意义上的削弱。

布兰代斯尽管认同随着时代的发展应对财产权进行广义解释,但并不认为财产权的范围可以扩及一切精神方面的事物。在1918年国际新闻机构诉美联社(*International News Service v. Associated Press*)[2]一案中,他讨论了法律已经将财产权的客体扩展到"文学、戏剧、音乐和其他艺术作品"以及"发明创造与发现",但认为,基于财产权的特定属性,其客体不应扩大到新闻。[3]

值得注意的是,布兰代斯法官在奥姆斯特德案中,并未从财产权中引申出隐私的权利,而是倚赖于"追求幸福"的概念。"追求幸福"源于1776年发表的《独立宣言》。托马斯·杰斐逊(Thomas Jefferson)宣称,"下述真理是不言自明的:一切人生来平等;造物主赋予他们以某些不可剥夺的权利,其中包括生命、自由和追求幸福……"杰斐逊有意以追求幸福权取代财产权,表明他将财产权看做是社会权利而非自然权利,反映了其共和主义思想的因素。帕林顿说,"用'追求幸福'代替'财产',这标志着对洛克传给英国辉格党中产阶级的财产权理论的彻底背离,取而代之的是更加广泛的社会学观念,而正是这一取代给这份文献以理想主义的气息,使之具有永恒的人性和生机。"[4] 不过,直至20世纪初,美国社会经济发展的需要使得"政府存在的目的即为保护生命、自由和财产,其中最主要的是财产"[5],而鲜有人注意到《独立宣言》中的"追求幸福"。布兰代斯法官在此引用"追求幸福"的概念而非"财产权",不仅区分了人类在精神与物质方面的不同利益,还得以从更宽泛的含义上解释宪法的目的。与其在《隐私权》一文中倡导的普通法权利不同,布兰代斯法官在此提出的隐私权是一种对抗政府的权利。他意在通过"追求幸福"权发展出一种新权利,使美国社会蓬勃发展的个人精神需要获得来自宪法的保护。

(三) 奥姆斯特德案——卡兹案:从财产权到隐私权

在20世纪前半期,法院开始从过去强调财产权利转变为强调人身权利,这也成为20世纪美国公法的主旋律之一。到20世纪中期,美国社会制度逐渐变成"政府具有明确责任促进社会福利的制度,甚至可以以牺牲个人财产权作为代价"。[6] 绝对的财产权开始受到削弱,与此同时,隐私的需要与利益也获得

---

[1] *Euclid v. Ambler Realty Co.*, 272 U. S. 365, 386—387 (1926).

[2] *International News Service v. Associated Press*, 248 U. S. 215 (1918).

[3] 法庭多数意见认为,新闻具有准财产权的性质。Id., at 235—236.

[4] 帕灵顿、沃农·路易:《美国思想史:1620—1920》,陈永国、李增、郭乙瑶译,吉林人民出版社2002年版,第300页。

[5] *Children's Hospital v. Adkins*, 284 Fed. 613, 622 (D. C. Cir. 1922).

[6] 参见伯纳德·施瓦茨:《美国法律史》,王军等译,法律出版社2007年版,第182、245页。

了法院认可。1967年的卡兹案最终推翻了财产权在第四修正案中的主导地位。这正反映了美国社会此消彼长的权利力量的对比变化。

在自由竞争主义经济理论指导下,美国长期积累的经济问题在1929年爆发,引发了全国范围内的经济危机。最高法院对私有财产的竭力保护以及对政府干预经济的种种限制,已被证明不能挽救美国的经济颓势。1933年罗斯福政府就任后,采取了有力的新政举措,对金融、银行、工业等行业实施了强制性管理。罗斯福在任期间改组法院计划的冲击,以及1937年至1941年最高法院显著的人事变动,使得自由派的法官在最高法院中占据着主导地位。新政获得了最高法院的支持,随之而来的是私有财产权的绝对地位在严峻的经济形势下受到削弱。第二次世界大战和紧随其后的冷战,也使美国政府的权力得到了极大扩张。法律倾向于对财产权作必要的限制,到20世纪中期后,财产权人的权利日益服从于公共利益的调整。

二战和冷战还在其他方面影响着美国的社会生活。在战争期间,美国间谍组织和反间谍组织得到前所未有的发展。战略局、军事情报局、联邦调查局以及后来的中央情报局等情报机构,广泛运用秘密技术来获取信息,并训练了大量掌握这类技术的人员。在战后生活中,这些秘密技术与人员仍在为各类调查机构服务。借助电子、核物理等科技的观察和录音、录像手段,在政府对私人领域的信息调查和获取中获得了广泛应用。尽管在和平时期,基于"安全"与"忠诚"的考虑而搜集情报的动机并不那么迫切,但在福利国家的旗帜下,政府活动日渐深入社会生活。政府出于制定政策、引导民意等目的,仍十分重视信息收集活动。而国家经济力量的逐渐恢复和发展,也为战后政府提供了更多的资源,使其能雇佣更多专业人员、应用新科技手段来采集信息。[1]

警察在长期与惯犯打交道的过程中,开始熟知"罪犯的黑社会",了解有关罪犯个人生活的很多情况。罪犯们不仅胆大包天,同时也享有更多资源,这不得不迫使本来人手不够、工作已经超负荷的警察也开始采用更新的技术。[2] 如前所述,通讯技术的革命使得电话窃听、谈话录音以及在罪犯所在场所安装窃听器(bugging)等侦查手段成为可能。自奥姆斯特德至卡兹案作出期间,呈交给最高法院审理的有关政府窃听的案件与日俱增。[3] 这正反映了在该时

---

[1] See Edward Shils, "Privacy: Its Constitution and Vicissitudes", *Law and Contemporary Problems*, Vol. 31: 281, 297—298 (1966).

[2] Id., 299—300.

[3] See e.g., *Goldstein v. United States*, 316 U.S. 114 (1942), *Goldman v. United States*, 316 U.S. 129(1942), *On Lee v. United States*, 343 U.S. 747(1952), *Rathbun v. United States*, 355 U.S. 107(1957). *Silverman v. United States*, 365 U.S. 505(1961). *Lopez v. United States*, 373 U.S. 427 (1963). *Berger v. New York*, 388 U.S. 41(1967).

期,政府运用窃听手段侦查刑事犯罪已经非常普遍,但对于政府侵入私人领域的界限应划在何处还存在着较大争议。

20世纪后期政府权力的增长及其对公民私人生活的渗透现状,也使得宪法面临着保护人身权和自由的时代任务。1953年,首席大法官文森突然去世,艾森豪威尔总统任命沃伦接替这个席位。从1953年到1969年的美国沃伦法院,迅速承担起司法创造的重任,以适应20世纪后期急剧的社会变革。在沃伦任期内,最高法院的主导趋势是将保护重心从财产权转到人身权。首席大法官沃伦在1955年的一篇文章中称,"当20世纪80年代的人从我们手中接过权利法案时,这份文件的含义会和我们从我们的父辈手中接过它的时候不完全一样。"[1]的确,被称为是"革命性的团体"与"社会变革的强大力量"[2]的沃伦法院,为美国公法领域的变革作出了卓越贡献。沃伦法院在人身权保护方面有三项发展[3]:(1)优先地位学说的接受[4]:该学说认为宪法赋予了人身权相对于财产权优先的地位。因此,最高法院在行使其审查功能时会运用双重标准。在涉及公民自由和人身权的案件中,司法克制原则并不严格约束法官。(2)裁定权利法案的保障措施趋向于约束各州。因此,在1967年沃尔夫案中,最高法院裁定第四修正案保障的隐私权如此根本,应通过第十四修正案适用于各州;在1961年马普诉俄亥俄州案中,第四修正案的救济手段——非法证据排除规则也作为第四修正案的一部分,约束各州的刑事司法。(3)权利本身实体性内容的扩张。在1965年著名的避孕案——格里斯沃尔德诉康涅狄格州(*Griswold v. Connecticut*)[5]案中,最高法院首次明确承认,**在第四修正案之外还存在着独立的受宪法保护的隐私领域**。以道格拉斯法官为代表的多数派意见认为,《权利法案》中明确列举的权利都有"一圈模糊的阴影地带(penumbras)",正是从这些明确指出权利的(阴影地带)的交错中,隐私权具备了它的"生命和内容"。这些明确列举的权利,包括《权利法案》的第一、三、四、五、九修正案。[6] 随后的伯格法院继而开拓了隐私权的新领域,将隐私权与自治(autonomy)相联系,保护人们独立作出某些决定的自治利益。

---

〔1〕 Warren, The Law and the Future, Fortune 106, 126 (Nov. 1955). 转引自〔美〕伯纳德·施瓦兹:《美国最高法院史》,毕洪海等译,中国政法大学出版社2005年版,第308页。

〔2〕 小卢卡斯·A.鲍威:《沃伦法院与美国政治》,欧海军译,中国政法大学出版社2005年版,第1页。

〔3〕 伯纳德·施瓦兹:《美国最高法院史》,毕洪海等译,中国政法大学出版社2005年版,第308—310页。

〔4〕 该学说源于休斯法院时期的 *United States v. Carolene Products Co.* 一案中的脚注。See 304 U.S. 144,152, n. 4 (1938).

〔5〕 *Griswold v. Connecticut*, 381 U.S. 479 (1965).

〔6〕 参见王希:《原则与妥协——美国宪法的精神与实践》,北京大学出版社2005年版,第429页。

因此,在卡兹案开庭前,美国法律体系就已形成了人身权优于财产权的格局。随着隐私权的宪法地位的明确,卡兹法庭更是毫不犹豫地抛弃了"非法侵入"的财产权方法,将第四修正案扩张为不倚赖于财产法规定、侧重保护个人隐私的法律。除了布莱克大法官一张反对票,法庭以7∶1的绝对多数通过了斯图尔特法官撰写的法庭意见。多数的自由派奉行扩张性的"自然法"正当程序和司法能动主义,从而在宪法中发现了隐私权。对此,布莱克法官在格里斯沃尔德案和卡兹案中发表了坚决的不同意见。这位来自美国参议院的政治家和改革者于1937年被罗斯福总统提名担任最高法院的法官。或许正是他在参议院工作的经历,使他清楚地记得,20世纪20、30年代的塔夫塔和休斯法院的保守派是如何扼杀他们所不喜欢的重要立法。因此,在他自己到最高法院任职后,一直积极主张司法克制,防止最高法院充当立法机构来权衡立法者的智慧、侵犯共和国代议民主制的核心。[1] 尽管如此,此种在20世纪中期后显得"老式"的法哲学未能成为最高法院的主流。但现在再回头来看,布莱克法官在卡兹案中的不同意见,也是饱含深意。[2] 正如他所批评的,从博伊德到卡兹,最高法院一直在自由运用宪法解释方法,去捕捉宪法语言与隐私的微弱联系。而正如布莱克法官所担心的,卡兹案确立的"宽泛、抽象、模糊"的"隐私"概念在以后的法律适用中也确实带来了不少问题。对此的详细分析,我将另文讨论。

四、卡兹案后财产权之地位及展望

严格说来,卡兹案后,财产法与第四修正案的联系并不清晰。在卡兹案中,法庭意见似乎暗示了财产利益并非完全被第四修正案所抛弃。法庭意见称:"第四修正案不能被解读为一个宽泛的宪法性'隐私权'。第四修正案保护个人的隐私不受某些政府行为的侵犯,但它赋予的保护不限于此,很多情形下与隐私权毫无关系"。[3] 至少对于刑事扣押,第四修正案自应包括对财产权的保

---

〔1〕 参见霍华德·鲍:《宪政与自由——铁面大法官胡果·L.布莱克》,王保军译,法律出版社2004年版。

〔2〕 布莱克大法官认为,通过任意地将宪法的保护不受不合理搜查和扣押的语言替换为法院意图保护隐私的语言,法院已使第四修正案成为自己的工具,只要法律触犯了本法院对隐私界定的宽泛概念,法院就可一概裁决其违反宪法。正如我在格里斯沃尔德诉康涅狄格州一案(Griswold v. State of Connecticut, 381 U.S. 479)中说的,"本法院谈到宪法的'隐私权'时,就像是宪法上有某项或更多的规定,来禁止通过任何可能剥夺个人'隐私'的法律,但实际上却没有这样的规定(p.374)。"(Dissenting opinion, at 508, 85 S. Ct. at 1695.) 当法院用一个"宽泛、抽象、模糊"的"隐私"概念来"全面替代第四修正案提供的反对不合理搜查和扣押的保障"时(See generally dissenting opinion, at 507—527, 85 S. Ct., at 1694—1705.),我在不同意见中清楚地表明了我对涉及的危险的担心。Katz v. U.S., 389 U.S. 347, 373, Black dissenting (1967).

〔3〕 Katz v. U.S., 389 U.S. 347, 350 (1967).

护,但仅就刑事搜查而言,卡兹案也未能干净快捷地斩断隐私与财产的关联。

在1978年拉卡斯诉伊利诺伊州(*Rakas v. Illinois*)[1]一案中,最高法院否认了汽车上的乘客持有的隐私期待。法庭运用的一个重要论证,即是作为被告的乘客并没有主张其对汽车或对被扣押物品的财产利益或占有利益(possessory interest),乘客也未能表明其对车厢和座位下面的部位享有合法的隐私期待。

在此案的法庭意见中,大法官雷奎斯特(Rehnquist)如此阐述了隐私与财产的关系:

> 对隐私的合法期待必须依赖于第四修正案以外的来源,可能是借助于动产或者不动产的概念,或者是求助于社会承认、允许的认识。**附着于财产的主要权利之一是排他权**(right to exclude)(see W. Blackstone, Commentaries, Book 2, ch.1),**一个人对财产的所有,或者对财产合法的占有或控制,很有可能依据排他权而享有隐私的合法期待。**当然,第四修正案保护的隐私的期待,不用建立在普通法中的动产或不动产的利益之上,也不用建立在对此种利益侵犯的基础上。这已在琼斯案和卡兹案中遭到反对。但是本法庭将第四修正案聚焦于隐私的合法期待,并没有完全抛弃运用财产的概念来决定是否存在修正案保护的隐私利益。**再没有比奥尔德曼诉美国一案**(*Alderman v. United States*, 394 U.S. 165, 89 S.Ct. 961, 22 L.Ed.2d 176(1969))**中的裁决能更好地说明这个主张了。**该案中,法庭裁决,个人在其家中的财产利益如此重大,可以允许他反对对他家中谈话的电子监听,即使他自己并不是谈话的主体之一。另一方面,即使享有对某场所的财产利益,也不足以确立对位于该场所的物品或在该场所进行的活动持有的对隐私的合理期待。[2] (强调为笔者所加)

在之后的判例中,法庭也反复强调了这样的观点,即财产上的权利只是考虑是否存在隐私的合理期待的因素之一,但并不是决定是否存在合理隐私期待的充分条件。[3] 关于财产与隐私的联系,最高法院依据的是财产权的基本属性"排他权"(right to exclude)。排他权是财产所有权人或占有权人享有的权利。因此,如果以排他权为隐私与财产的连接点,即是以财产权人来界定隐私权人,无疑会大大限缩第四修正案保护的人群。所以,最高法院必然会裁决,财

---

[1] *Rakas v. Illinois*, 439 U.S. 128 (1978).
[2] Id., at 143, n12 (1978).
[3] See e.g., *Rawlings v. Kentucky*, 448 U.S. 98(1980), *United States v. Salvucci*, 448 U.S. 83(1980). *Oliver v. United States*, 466 U.S. 170 (1984).

产权并不是决定隐私合理期待的充分条件。

虽然美国最高法院并未完全否认第四修正案保护的隐私权与财产权的联系,但笔者认为,在卡兹案后,二者联系将越来越弱,合理的隐私期待的判断将很少、甚至可以毫不倚赖财产法的方法或概念。除了因为第四修正案所保护的隐私利益已经发展出自己的标准,另一个原因便是财产权中"排他性"概念对判断隐私的意义开始减弱。

早在美国建国前,排他权就受到宪法之父们的关注,被认为是财产权的核心属性。[1] 雷奎斯特法官在上述拉卡斯案中所引用的布莱克斯通关于"排他权"的论述,直至19世纪初期仍在美国财产法理论中占据主导地位。科恩(Cohen)在其《财产与主权》一文中指出,"私人财产的核心总是排除他人的权利。法律不能保证我在物理上或社会能力上,实际地使用我所有的东西……但财产法能帮助我直接排除他人使用已分配给我的东西"。[2]

此种强调排他性与个人权利的绝对性的财产权概念,在20世纪前半期开始受到法律现实主义者们发起的"唯名主义"(nominalism)的冲击。韦斯利·霍菲尔德(Wesley N. Hohfeld)在1913年发表的那篇享誉法学界的论文,将"权利"的概念解析为社会中的个人相关的权利主张和义务,指出财产的所有权人享有的只是复杂的权利(right)、特权(privilege)、权力(power)和豁免(immunity)的混合物。财产应当看做是个人之间的相互关系,而非人和物的关系。[3]霍菲尔德的财产权观点,继而获得昂纳(A. M. Honore's)同样著名的《所有权》[4]一文的补充,发展为"权利束"理论,成为当代美国财产法的主流观点。该理论认为,财产权实质上是主体之间就一定资源或物的一束权利、义务和相互关系。

法学理论的变化,反映了现代财产法已摒弃了保护个人自由意志的传统理论,而越来越侧重于规范人与人基于利益关系而形成的权利与义务。历经几个世纪的发展,财产法已经充斥着用以界定人们之间基于财产而形成的各种关系的精确概念。正如约瑟夫·威廉·辛格指出的,"大部分财产权都被几个人共享或者分属于不同的人……比如房东与承租人,抵押人与抵押权人,私房屋主

---

[1] 例如,詹姆斯·麦迪逊认为,财产权意味着一个人可以对世界外部事物主张和行使排除其他任何人的支配权利。托马斯·杰弗逊认为知识产权实际上并非属于"财产",他论证道,"发明……在本质上不是财产的客体",因为思想"不能受限或被独占"。See Adam Mossoff, "What Is Property? Putting Pieces Back Together", *Arizona Law Review*, Vol. 45: 377 (2003).

[2] M. Cohen, Property and Sovereignty, in Law and Social Order 46 (1933). See Richard H. Chused, *A Modern Approach to Property*, West Publishing Co. 1978, p. 60.

[3] Wesley N. Hohfeld, "Some Fundamental Legal Conceptions as Applied in Judicial Reasoning", *Yale Law Journal*, Vol. 23: 16 (1913).

[4] A. M. Honore, *Ownership*, in *Oxford Essays in Jurisprudence* 107, A. G. Guest ed., 1961, pp. 112—124.

与留置权人,地役权人与供役地人,终生所有权和将来所有权,父母与子女,丈夫与妻子,立遗嘱人与继承权人,私房屋主联合会与单个业主,股东与经理,慈善基金会的受托人与受益人,雇主与员工,债权人与债务人,买方与卖方,寄托人与受托人。"[1] 在这样的情形下,财产所有权人或占有权人常常难以主张绝对的排他权。财产权涉及的复杂关系与利益,必然使以"排他权"为隐私与财产之连接点的方案逐渐远去。

财产权及其重要属性(即排他权)在20世纪末发展成了相对性的权利,与美国当时福利国家的社会背景密切相关。如果说在19世纪与20世纪之交,财产还意味着权力,那么到20世纪70年代中期以后,财产在法律上却意味着责任。[2] 个人财产权越来越多地受到了公共利益与人身权的限制,这在1971年 *State of New Jersey v. Shack and Tejeras*[3] 一案中得以充分体现。Tejeras 和 Shack 是分别来自"经济机会办公室"(Office of Economic Opportunity)设立的两个非营利组织的职员。为了对身为移民的农场工人提供帮助,他们进入了 Tedesco 拥有的农场。农场所有权人 Tedesco 要求两人离开农场,遭到拒绝,于是根据新泽西州的一项成文法向检察机关提起告诉。检察官发动了刑事非法侵入的指控(trespass)。被告在初审和上诉程序中被判有罪。案件最后上诉到新泽西州最高法院,法庭撤销了有罪判决,并发回初审法院,指令作出无罪判决。在这篇引用率极高的法庭意见中,温特劳布法官(Weintraub)指出,"财产权服务于人类的价值。它们因此而被承认,并受其限制。"[4] 州最高法院拒绝用"佃户"(tenant)的财产法概念界定农场工人,而是直接"根据移民工人和容纳他们居住的经营者的关系现状,公平地衡量当事人互相矛盾的需要"[5]。法庭强调,"处于极其不利地位"、"无依无傍,孤立"的移民农场工人群体,需要获得积极的帮助,才能实现国会颁布的《1964年经济机会法》(Economic Opportunity Act of 1964)的目的。因此,在财产权与其他权利的权衡中,"个人对其不动产的权利当然不是绝对的……个人在使用其财产时不得伤害其他人的权利"[6]。而对于"工人的隐私,或是其有尊严地生活,享受在公民之间平常的结社机会","这些权利如此之根本,不能因不动产的利益而否认它;它们也如此脆弱,而不能由不平等的当事人的交涉力量决定"[7]。

---

[1] 参见王铁雄:《财产权利平衡论——美国财产法理论之变迁路径》,中国法制出版社2007年版,第278—279页。

[2] 伯纳德·施瓦茨:《美国法律史》,王军等译,法律出版社2007年版,第289页。

[3] 58 N. J. 297, 277 A. 2d (1971).

[4] Id., at 303.

[5] Id., at 37.

[6] Id., at 305.

[7] Id., at 308.

从该案可以看出,在与保护社会弱势群体利益与公民隐私权等人身权利的抗衡中,财产权不得不败北而归。如果说,"财产的概念存在于既存的期望中;是能够从占有物中获取这样或那样的益处的信念"[1],那么到20世纪后期,财产权的所有者或占有者已不能确定地实现排除他人的期望:财产权上牵涉的复杂关系,以及它所受的其他权利的制衡,使我们并不能自动地判定财产权人对其财产享有合理的隐私期待。这足以证明,财产法的分析方法已经逐渐失去判断隐私是否存在的意义。公民是否享有隐私的合理期待,将更多地求助于卡兹案确立的社会习俗标准。雷奎斯特法官在拉卡斯案中的论述是正确的,因为财产与隐私的联系如今只是"可能"而已;但雷奎斯特法官为证明财产概念在判断隐私适用的价值时,却举了一个不甚恰当的例子。[2] 实际上,他所列举的审理奥尔德曼(Alderman)案的法庭不是出于保护家中的"财产利益",而是基于保护个人"住宅安全"的考虑,赋予了并非谈话方的户主主张第四修正案权利的诉讼资格。[3]

不过,例证失当并不等于结论错误。在卡兹之后,人们"合理的隐私期待"与财产法并非毫无关系。在卡兹案后的判例中,合理的隐私期待主要是由社会习惯与规范来界定。而社会习惯在很大程度上受到了既定实体法的影响,尤其在那些简单的财产关系的案件中,人们对财产权排他性的预期是与社会普遍承认的隐私是相符的。[4] 但此种符合,并不能视为财产权概念具有判断是否存在隐私利益的功能,而只能说明,财产权在一定程度上仍保留着其捍卫个人自由、自治的价值,因而对某些权利主体,可能会出现既受财产权保护,又受隐私权保护的情形。

---

〔1〕 Jeremy Bentham, The Theory of Legislation 111—113(C. K. Ogden ed. 1931). See Joseph William Singer, *Property Law*: *Rules*, *Polices*, *and Practices*, Little, Brown and Company, 1993, p.16.

〔2〕 雷奎斯特法官在拉卡斯案中的陈述道,"奥尔德曼诉美国一案中,法院认为个人在其家中的财产利益如此重大,可以允许他反对他家中谈话的电子监听"。笔者认为这是对奥尔德曼法庭意见的不准确解读。*Rakas v. Illinois*, 439 U. S. 128 (1978).

〔3〕 在奥尔德曼案中,最高法院驳斥了谈话主体并非屋主,因此屋主不得主张排除证据的错误观点。最高法院裁决,"我们坚持本法庭持有的观点,即在自己家中不受未经授权的侵犯的安全权利,并不限于不受警察观察或扣押有形财产——'文件'和'物品'——的保护。否则,第四修正案对住宅安全的明确规定将会近乎多余。" *Alderman v. United States*, 394 U. S. 165, 174 (1969).

〔4〕 此点在罗林斯诉肯塔基州(*Rawlings v. Kentucky*)一案中可以得到较好的阐释。该案中警察在有证搜查住宅时,被告罗林斯与其女友考克斯(Cox)正好在场。警察要求考克斯清空她的手提包,从而发现了被告罗林斯藏于考克斯手提包里的毒品。法庭通过分析考克斯与罗林斯间关系的诸多因素,包括他对其手提包没有任何可辨识的所有或占有利益,他们之间相处的时间短暂,他之前从未要求考克斯为他保管财产等,得出罗林斯对考克斯的手提包并不享有隐私的合理期待。在此案中,一个人对另一个人的所有物不享有排他权,正与隐私的合理期待的分析相符合。See *Rawlings v. Kentucky*, 448 U. S. 98 (1980).

五、结论

隐私权萌芽于 1886 年的博伊德案,至 1967 年卡兹案中隐私权地位的初步确立,前后历经八十年。八十年间,随着美国从初建伊始的新工业国家成功转型为强大的福利国家,关于隐私保护的粗疏法律框架也日渐丰满为精密的法律体系。在此背景下回顾第四修正案保护重心从财产到隐私的变迁历史,我们可以得出以下几项初步结论:

第一,隐私权的产生,以及与其他权利、权力间力量对比变化的根本动因,深深植根于美国社会的现实需要。为了鼓励民众去创造财富,推进工业制度在美洲大陆的建立,19 世纪的美国法律赋予财产权以支配地位并施以绝对保护。然而,19 世纪末 20 世纪初,美国社会的工业化与移民的大量涌入,刺激了人们对隐私利益的需要,也相应地使财产权受到一定限制。极端自由主义的财产权制度,最终引起潜伏已久的经济危机。罗斯福新政以及随后的第二次世界大战、冷战,都应时扩张了政府权力,削弱了绝对性的私有财产权。战后的美国政府以福利国家为目标,倚赖较为成熟的科技、经济力量,其权力深入公民的个人生活。于是,沃伦法院的自由派法官们,也开始将法律保护的触角逐渐从个人财产权转向人身权:他们不仅从宪法中发现了一项新的权利——隐私权,而且,将其视为第四修正案保护的核心领域。究其原因,正是社会的转型和发展,促成法律肯认政府权力与公民权利的变动,并决定了此权利的兴起与彼权利的衰落。

第二,政府权力与个人权利之间应当保持适当的平衡。20 世纪中期,美国政府权力与个人权利的关系出现了前所未有的紧张。法律为促进公共利益,扩大了政府的权力,对个人享有的私有财产权进行了大幅削减。诚如伯纳德·施瓦茨所言,随着财产权利在宪法上的原有地位的削弱,除非人身权得到相应扩大,个人才不至于最终被剥夺掉宪法的保护。[1] 政府权力在现代社会的膨胀和渗透,尽管带来了财产权的消减,却相应地刺激并形成了新的个人权利以保障个人利益。值得注意的是,即使最高法院未能将第四修正案拓展至保护隐私,在奥姆斯特德案后,美国国会也相继通过了《联邦通讯法》(1934 年)与《全面控制犯罪活动与街道安全法案》(1968 年),对政府窃听行为所侵犯的通讯隐私赋予法律的保护。

第三,第四修正案下的财产权与隐私权也呈现出此消彼长的关系。上述伯纳德·施瓦茨关于财产权与人身权的观点,似乎主张通过保持个人权利总量的

---

[1] 参见伯纳德·施瓦茨:《美国法律史》,王军等译,法律出版社 2007 年版,第 272 页。

平衡以对抗政府权力。但根据前文论述,还可对第四修正案下的财产权与隐私权的关系作更为清晰、准确的解释。不论是财产权还是隐私权,都旨在为生活在政府权力网络下的个人构筑一个自由的私人空间。美国都市生活的形成、现代政府的权力集中与福利国家体系的密织,使个人自由面临着强大政府权力的威胁,而现代财产权的相对性及其数世纪以来为本学科发展而形成的概念工具的细密性,使财产权已不能胜任捍卫个人自由的使命。此时,美国最高法院便通过自由的宪法解释,将隐私权纳入第四修正案的保护范围,填补了财产权受限缩后留下的大片空白,从而使个人在无所不在的政府视野下仍能保有一方自由领地。在卡兹案后,最高法院确立了"隐私的合理期待"的标准,使第四修正案对搜查的界定完全脱离了财产权概念的桎梏。由于现代财产权越来越多地涉及复杂的身份关系,财产权概念对于判断"隐私的合理期待"的意义也正在减弱。

第四,第四修正案保护中心从财产权到隐私权的迁移历程,与美国最高法院的权力与司法职能的定位有着密切联系。《1789年司法法》的第25条授予美国最高法院对所有涉及联邦宪法、联邦法和联邦条约的案件的终审权,由此最高法院可以对所有经过州法院审理的、但其审理结果被认为是没有给予联邦宪法和联邦法最完全尊重的案件进行"复审、或推翻或肯定原来的决定"。[1] 1803年联邦最高法院大法官约翰·马歇尔确立的司法审查权原则,又大大加强了最高法院在"三权"中的分量。自1789年至今,最高法院及其法官们在美国宪政舞台上扮演了重要角色,在回应社会需要、塑造国家与社会生活方面产生了深远的影响。第四修正案对隐私权保护的倾斜,正是美国最高法院积极司法的产物。最高法院成员所信奉的法哲学及其个人经历,也成为影响法庭意见最终形成的不可忽视的因素。以前文为例,正是布兰代斯、斯图尔特、沃伦等自由派法官对宪法的自由解释,才使第四修正案对"不合理搜查"的禁止涵盖了公民的隐私利益,从而突破了"人身、住宅、文件、财产"的文本限制,得以适用于政府实施的窃听等各种高科技实践之中。[2] 半个世纪以来,美国最高法院努力从宪法文本与历史中寻找隐私权

---

〔1〕 王希:《原则与妥协——美国宪法的精神与实践》,北京大学出版社2005年版,第131页。

〔2〕 在倡导司法克制的布莱克法官眼中,此种完全脱离宪法语言的解释却潜伏着对自由侵害的危险。因此,不论是在"发现"新的隐私权的格里斯沃尔德案,还是彻底推翻将"非法侵入"的财产概念作为判断搜查标准的卡兹案中,布莱克法官都对上述法哲学予以严厉抨击。不过,布莱克法官所反对的,是最高法院不应承担自由造法的职能,而并非反对保护公民的隐私。

的艰难历程足以证明,在与美国相似的现代社会中,刑事搜查所涉的人权保障将可能越来越脱离财产而倾向于隐私。

附　录

文中出现的美国联邦最高法院重要判例

年代	案件名称	意义
1886 年	博伊德诉美国案	孕育着第四修正案保护隐私利益的萌芽,是第四修正案从保护财产转向保护隐私的奠基性判例。
1921 年	古尔德诉美国案	全面阐释了纯粹证据法则,即政府不得对违禁品、犯罪果实以外的"纯粹的证据"进行搜查和扣押。
1928 年	奥姆斯特德诉美国案	布兰代斯法官在其著名的不同意见中,首次将隐私作为第四修正案保护的基本利益,并撰写了最高法院对隐私权含义的最初阐述。
1961 年	马普诉俄亥俄州案	第四修正案的救济手段——非法证据排除规则通过第十四修正案正当程序条款而适用于各州。
1965 年	格里斯沃尔德诉康涅狄格州案	最高法院首次明确承认,在第四修正案之外还存在着独立的受宪法保护的隐私领域。
1967 年	典狱官诉海登案	最高法院通过对第四修正案保护的隐私利益的肯认,废除了以财产法为依据的纯粹证据法则,扩大了审查政府搜查的范围,相应地将更多政府行为纳入到第四修正案的程序规制中。
1967 年	沃尔夫案	最高法院认为,第四修正案保障的隐私权如此根本,应通过第十四修正案适用于各州。
1967 年	卡兹诉美国案	最高法院彻底抛弃了界定搜查行为的财产方法,确立了"隐私的合理期待"标准,使隐私最终成为第四修正案所关注的首要利益。
1969 年	奥尔德曼诉美国案	基于保护个人住宅安全的考虑,赋予并非谈话方的户主主张第四修正案权利的诉讼资格。
1978 年	拉卡斯诉伊利诺伊州案	最高法院认为,一个人对财产的所有,或者对财产合法的占有或控制,很可能依据排他权而享有隐私的合法期待,从而确认了隐私与财产权的联系。
1984 年	奥利弗诉美国案	最高法院裁决个人对旷地的隐私期待不符合社会的合理预期,排除了第四修正案对个人在旷地内的活动的隐私利益的保护。

(续表)

年代	案件名称	意义
1990 年	明尼苏达州诉奥尔森案	最高法院依据社会习惯,裁决在主人家过夜的客人享有对隐私的合理期待,从而赋予不享有财产权的第三人以第四修正案的保护。
2001 年	凯乐诉美国案	最高法院将第四修正案的保护范围扩及所有的提高感官能力的科技的运用,但将其保护限定于住宅的信息获得。同时,对科技手段的限定是,尚未被公众普遍运用。

(初审编辑:朱桐辉、成协中)

美国私营监狱的复兴
——一个惩罚哲学的透视

陈 颀[*]

The Renaissance of American Private Prison:
A Perspective of Philosophy of Punishment

Chen Qi

内容摘要：美国私营监狱的复兴有着深刻的政治、经济和社会背景。当下英美学界对美国私营监狱的研究主要集中在成本—收益的实证分析和规范的惩罚哲学这两条进路。这两条进路面临各自的解释困境并且相互对立，其背后更深层的理论问题是惩罚哲学在20世纪晚期的迷失。福柯的作为规训权力的惩罚之理论模型，能在沟通上述两条进路的基础上更好地解释私营监狱的复兴现象。这意味着未来的规范的惩罚哲学应当超越抽象的哲学讨论，吸取人文社会科学各学科的理论资源，在理论和实践的结合中寻求可能的答案。

关键词：私营监狱 复兴 惩罚哲学 福柯

---

[*] 中山大学法学院2007级法学理论博士生，电子邮箱：andyegotist@yahoo.com.cn。感谢中山大学法学院刘星教授、黄建武教授的指导和批评，感谢匿名评审人的修改意见。本文得益于与黄卫、刘燕、张笑宇等朋友的讨论，在此一并致谢。当然，文责自负。

> 惩罚驯服人,但并不能让人"更好"。[1]
> 密纳发的猫头鹰要等黄昏到来,才会起飞。[2]

引言

现代监狱自诞生以来,便以国家机器的形象为世人所知。似乎国家天然地和合法地垄断了监狱权,正如国家天然地和合法地垄断刑罚和暴力一样。然而从 20 世纪下半叶起,在世界范围内兴起的私营监狱(private prison)或者说监狱私营化(prison privatization)[3]现象似乎正在淡化和挑战作为国家机器的监狱形象。

这一全球范围特别是以英美两国为代表的私营公司参与监狱以及其他监禁机构的建设、管理和为监狱提供服务的现象,也得到学术界的关注和研究。大致而言,西方学界的研究主要集中在成本—收益的经济分析和规范的惩罚哲学这两条进路,前者持经济学立场,为私营监狱的经济、现实和社会合理性辩护,后者则站在道德哲学—伦理学立场,从规范的惩罚哲学角度批评私营监狱。具体而言,学者的研究领域集中于国际范围特别是英美两国的监狱私营化的历史和缘由、发展趋势、成就、利弊得失、责任及其与公有监狱的比较等问题,以及各国私营监狱的比较研究。[4] 而国内学者对私营监狱的研究以简单评介为主[5],此外还讨论美国监狱私营化的原因、目的和效果,以及美国监狱私营化的政府角色研究等。[6]

本文的主要研究对象为美国私营监狱的复兴。[7] 这是因为美国的监狱私营化在西方各国监狱实践中最具典型性和影响力。这表现在:私营监狱和私营拘禁机构和在押囚犯的数量众多、增长迅速,私营监狱公司的市场化的运营管理和资本运作,以及联邦、州和各级地方政府对私营监狱的支持或默许态度等。[8]

---

[1] Friedrich W. Nietzsche, *On the Genealogy of Morals*, in Walter Kaufmann, trans. & ed., *Basic Writings of Nietzsche*, New York: Modern Library, 1968, p.83.

[2] 黑格尔:《法哲学原理》,贺麟、张企泰译,商务印书馆 1961 年版,第 14 页。

[3] 本文把"private prison"译为"私营监狱"而非"私有监狱",因为现有的私营监狱在刑罚层面上必须依赖国家,私营公司拥有的是监狱设施的产权和监禁犯人等监狱运营的权利。

[4] Chase Riveland, "Prison Management Trends, 1975—2025", *Crime & Justice*, Vol. 26: 163—204(1999).

[5] 例见于世忠、郑黎平:"评美国监狱的私营化趋势",载《浙江政法管理干部学院学报》1994 年第 4 期;杜强:"美国监狱私营化现象",载《社会》1999 年第 4 期。

[6] 例见王廷惠:"美国监狱私有化实践中的政府角色研究",载廖进球、陈富良主编:《规制与竞争前沿问题》(第二辑),中国社会科学出版社 2006 年版。

[7] 本文用"复兴"而不是"出现"来描述 20 世纪晚期美国私营监狱实践,是因为(西方)监狱自诞生至近代之前都属于私营而非公立。本文的"复兴"为中性含义。

[8] Chase Riveland, "Prison Management Trends, 1975—2025", supra note [4], at 164.

私营监狱的复兴有着深刻的政治、经济和社会背景。一般而言,研究者大多承认,兴起于20世纪80年代的美国监狱私营化的初始原因和解决目标,在于缓解美国联邦和各州监狱过于拥挤、床位不足的现象。这一现象的直接原因是美国社会20世纪中期以来居高不下的犯罪率。然而监狱私有化作为一种趋势,为何在20世纪80年代起得到美国各州政府、议会和监狱管理部门的青睐而得以壮大发展,学者从不同的角度进行探讨和争论。根据一个综述性的研究,学者们的不同见解可分为政治、经济、实用和法律等四个因素:政治原因如里根政府保守主义的政府意识形态——要求政府加大打击犯罪的力度、私营监狱公司的游说集团的压力等;实用原因如公立监狱的床位不足、管理混乱,而且面临不断增长的囚犯压力,以及由此而来的严峻财政压力;经济原因主要是在成本—收益分析视角上私营监狱足以比公立监狱提供更好的效率(efficiency);法律因素是法院特别是联邦法院禁止不合乎标准的监狱投入使用,这导致各级政府和监狱管理部门对新监狱的迫切需要。[1]

然而本文不准备投身于众说纷纭的"根本原因"研究,显而易见,美国监狱私有化的影响因素众多,一味探寻哪个或者哪些因素是影响或推动监狱私营化的根源无异于解开"阿里阿德涅线团"的死结。而且,对于当下拘禁超过12000名成年和青少年囚犯的美国私营监狱和被数家上市公司垄断的每年超过10亿美元的私营监狱工业市场而言[2],讨论到底是什么根本因素导致私营监狱的复兴已经不合时宜——实践、政治、经济、法律乃至更广泛的历史—社会因素都有影响。更重要的理论问题可能是,私营监狱为何能在美国刑罚—监狱体系中蓬勃发展并牢牢扎根,尽管自私营监狱的复兴之始各类批评和反对之声便不绝于耳。

监禁作为现代主要刑罚形式即自由刑的最重要方式,在惩罚哲学中通常被天经地义地视为由国家垄断,并且主流的惩罚哲学——无论是报应论还是功利论——都将惩罚的正当性这一规范问题建筑在国家对惩罚权的垄断之上。因此,晚近私营监狱的复兴无疑是对国家的刑罚垄断权的直接挑战。所以,探讨私营监狱与惩罚哲学的关系乃至潜在冲突无疑具有重要的学术与实践价值。本文倾向于把晚近美国监狱私营化的实践当成一个事实状况,探讨对这一事实状况的法哲学特别是惩罚哲学解释,及其对现有法律理论的可能启迪。

我将论证,成本—收益的经济分析和规范的惩罚哲学这两条进路都面临各

---

[1] Yijia Jing, "State prison privatization in the US: A study of the causes and magnitude", at http://www.ohiolink.edu/etd/send-pdf.cgi?osu112257130,最后访问日期2008年10月2日。尽管这一概括忽略了许多重要因素,比如惩罚实践的失败,但仍然是目前为止的比较全面的一项综述性研究。

[2] Paige M. Harrison & Jennifer C. Karberg, "Prison and Jail Inmates at Midyear 2003", Bureau of Justice Statistics Bulletin, 2004, p.1, at http://www.ojp.usdoj.gov/bjs/pub/pdf/pjim03.pdf,最后访问日期2008年10月2日。

自的问题,前者在社会科学方法论的严谨性问题上遭到质疑,后者无法在规范层面证明当代监狱实践的正当性,这背后更深层的理论问题是惩罚哲学在20世纪晚期的迷失。福柯的作为规训权力的惩罚的理论模型,能在沟通上述两条进路的基础上更好地解释私营监狱的复兴现象。但是福柯的理论模型不是完美的,仍然有待进一步深化。这意味着未来的规范的惩罚哲学必须超越抽象的哲学讨论,吸取人文和社会科学的各学科的理论资源,在理论和实践的结合中寻求可能的答案。

在结构安排上,本文第一部分讨论当下美国公立监狱的实践和理论上的双重困境,认为这导致作为解决监狱紧张和财政危机的应急手段的私营监狱得以复兴。正如第二部分所展示的,私营监狱的复兴引起从不同层面对私营监狱的三重批评,在学术上学者们主要采取了两条主要研究进路:以成本—收益为中心的实证分析为方法论的辩护进路和以规范化的合法性分析为方法论的质疑或反对进路。正如该部分细致辨析的,成本—收益的实证分析面临着社会科学方法研究本身的各种问题,而规范立场的惩罚哲学的问题在于不能在体系内自圆其说,且与现实的惩罚—监狱实践脱节。因此,在第三部分回顾了美国监狱的实践与规范化理论脱节的状况后,在第四部分我将转向一个福柯式的以规训权力为中心的监狱的理论模型以解释私营监狱的复兴现象,并分析私营监狱的复兴背后隐藏在现代监狱内部和深处的物质主义或者经济学的惩罚理论。本文并未简单地用福柯的理论模型否认惩罚的规范化理论的存在或可能性,而是通过该理论模型分析以往的惩罚哲学研究与监狱实践的缺陷所在,强调未来的规范性的惩罚哲学需要哲学与社会学、经济学和历史学等多学科的共同努力,在实践和理论的结合中寻找可能的答案。

一、美国私营监狱的复兴

从20世纪40年代到70年代这段并不漫长的时期里,公立监狱统治了美国的矫正和监禁领域。然而随着1960年以来美国监禁人口的持续增长,公立监狱的垄断局面在20世纪80年代中期被私营监狱的再度出现所打破。

(一)矫正理论的失败:公立监狱的内外困境

美国公立监狱在20世纪70年代后的困境有其复杂的内部和外部原因。内部因素是美国20世纪以来的主流刑罚理论——矫正理论——的失败引发监狱理论和实践的危机,这一因素往往被论者所忽略,但正如我们接下来要讨论到的,矫正实践的失败导致的刑罚和监禁理论及实践的一系列变化,是私营监狱复兴的一个重要内部因素。而且,只有深刻理解这一内部因素,我们才能更好地规范化评价私营监狱的可能意义和问题。

自1870年全美监狱大会宣言通过矫正思想的实践原则以来,监禁和刑罚矫正理论开始成为美国刑罚和监禁体系的主流理论,甚至以监狱和拘役所为代表的监禁体系都被称为"矫正机构"。

在刑罚理论上,矫正思想强调通过对罪犯的改造或再教育,使之适应社会或者再社会化。矫正理论的实践表现在刑罚体系和监狱内部两方面上。在刑罚体系上,矫正实践表现为缓刑、不定期刑和假释制度;在狱内制度上,矫正实践表现为各种矫正方案;而且,囚犯的狱内矫正计划的表现与不定期刑和假释制度的执行联结在一起。[1] 然而,数十年的矫正实践不仅造成政府部门的巨大财政支出,更致命的是矫正的实践完全失败了。这一重磅炸弹是由罗伯特·马丁森等人于1970年完成的研究报告向矫正理论的拥护者们投掷的。马丁森等在1974年发表著名的研究成果《有什么效果?关于监狱改革的问题与答案》[2],而后出版了人称为"马丁森炸弹"的《矫正治疗的实效》一书,宣称犯罪人矫正并无效果。这篇论文是马丁森与他的同事对1945年1月到1967年底之间完成的1000多项有关监狱矫正的研究重新加以检验的结果,他们认为其中只有231项符合传统的社会科学研究标准,然而这些彼此孤立的实例无法表明某种矫正效果的清晰模式。[3] 马丁森的批评导致一场关于矫正的命运的大辩论,虽然有支持者反驳马丁森的批评,然而批评者一直无法拿出比马丁森报告更实证严谨的矫正实效的分析,因而马丁森的"矫正无实效"的结论成为刑罚和监狱领域的一个共识。因此,大众、政府和学者和监狱部门的共识是:矫正的时代已经结束。

在实证研究外的刑罚理论界以及政治哲学界,对矫正的批评也益发严重。左翼的自由派批评矫正把罪犯当成"病人"来看待,其背后存在着严重的种族和阶级偏见,故而呼吁一种更为"公正(justice)"的刑罚理论;而右翼的保守派认为过分"溺爱"罪犯的矫正模式如假释、不确定刑制度是犯罪率居高不下的罪魁祸首,故而支持更严厉的狱内控制和以剥夺犯罪人犯罪能力和更具威慑刑的确定刑。[4] 两派不约而同地重燃对曾经被视为"不人道"和"残忍"的刑罚报应主义理论的兴趣,反映在监狱实践上便是里根政府时期确定刑的大量增加,和以监禁方式严惩毒品犯罪,以及视犯罪人的危险程度而对监狱分级的政策。"必须保护社会"为口号的报应主义似乎代替了以改造和治疗囚犯为目的矫正理论和实践。

---

[1] David R. Werner, *Correctional Education: Theory and Practice*, California: Interstate Publishers, Inc. 1990, p.121.

[2] Robert Martinson, "What Works? Questions and Answers about Prison Reform", *Public Interest*, Vol.12: 22—55(1974).

[3] 理查德·霍金斯、杰弗里·阿尔珀特:《美国监狱制度——刑罚与正义》,孙晓雳、林遐译,郭建安校,中国人民公安大学出版社1991年版,第58—59页。

[4] Robert Martinson, "What Works? —Questions and Answers about Prison Reform", supra note [2], at 47.

加大犯罪处罚力度的结果,使美国出现了因为囚禁人数不断增加所导致的监狱过度拥挤、与日俱增的营运开支、纳税人拒绝为建立新监狱买单等问题。美国的公立监狱体系正面临着严峻的危机。

(二)私营监狱的兴起

1985年,美国监禁人口超过74万人,其中有22.6万人是过去十年所增加的,到1990年,这一数字突破110万,1995年接近160万。[1] 而2003年美国监禁人口超过210万。[2] 监禁人口的剧增,使政府部门、议会和监狱管理部门不得不面临两个让人头疼的政治—经济问题:如何安置好庞大的监禁人口? 如何应付安置监禁人口造成的财政压力?

起初,政府部门试图尽量利用现有监狱容量尽力安置新增长的监禁人口,这一权宜之计让监狱在短时间内拥挤不堪,囚犯生存环境恶劣,最终引发法院系统的介入——法院要求相关部门必须建造更多合乎要求的新监狱以解决监狱拥挤的状况。对于政府部门而言,这一解决之道也是问题众多。首先,新监狱花费不菲;其次,建造周期长;再者,监狱的管理和服务人员的征募和培训需要时间和资金;最后,建造新监狱的支出也引发各州和地方政府的财政和预算危机。

与此同时,政府和监狱部门重新拾起被抛弃已久的监狱劳动方案,试图开放监狱工业以解决犯人懒散、改善矫正措施、设施和经费不足等问题,在支付犯人工资的前提下试图更好地"矫正"犯人,有助于犯人的就业前景和技能培训。因此在1979年美国政府废除了1940年限制州际监狱商品流通的法令,推出支持监狱工业的《珀西修正案》(Percy Amendment [1979])。然而受到官僚主义的惰性影响,且在许多州的监狱工业存在着巨大的法律障碍,公立监狱内部的监狱工业有其规模的局限;最大的问题是,政府主导的监狱工业并不能解决汹涌而来的监狱囚犯人数膨胀的浪潮。因此,作为解决矫正危机和监狱人口膨胀的方法,政府试图将监狱工业甚至是整个监狱"私有化"。

公立监狱在20世纪80年代中期面临的危机,迫使政府寻求私营部门的帮助。美国第一个地方政府层面的监狱私营化合同签订于1984年,州层面的监狱私营化合同签订于1985年。参与监狱私营化的第一家美国公司是成立于1983年、拥有不少前联邦监狱署官员和前州立监狱管理人员的美国矫正公司(Corrections Corporation of America)。稍后成立的是从著名的沃克安保集团(Wackenhut Security, Inc.)中分立出来的同样以营利为目的沃克矫正公司

---

[1] Hindelang Criminal Justice Research Ctr., U. S. Dep't Of Justice, *Sourcebook Of Criminal Justice Statistics* 2002, p. 478, at http://www.albany.edu/sourcebook/pdf/sb2002/sb2002-section6.pdf,最后访问日期2008年10月2日。

[2] Paige M. Harrison & Allen J. Beck, *Prisoners In* 2003, Bureau Of Justice Statistics, U. S. Dep't Of Justice, Bulletin No. NCJ 205335, 2004, p.2.

(Wackenhut Corrections Corporation)。在 90 年代中期,这两家公司占据了超过 75%的私营监狱的市场份额;到 1999 年底,美国私营机构监禁超过 30000 名青少年囚犯,约占青少年被矫正和监禁总人数的 30%;而到 2003 年底,美国 3/5 的州都有私营监狱,大多数州都与私营监狱公司签订了关押囚犯的合同;私营机构监禁了超过 94000 名成年囚犯,占美国联邦、州和地方矫正机构监禁总人数的 8.5%。[1] 私营监狱已经在美国矫正和监狱领域牢牢扎根。

私营监狱,如许多宁愿用"监狱私营化"作为替代用法的论者所言,在某种程度上而言是个相当模糊的称谓。具体而言,监狱私营化表现为两种形式。第一种形式是私营部门帮助政府建造新的监狱,运营管理权仍在政府部门手中,因而被称为是"名义上的私营化"。第二种形式是私营公司和政府部门签订合同,保证以比公立监狱更低的成本运作监狱,完全负责监狱事务的日常管理,因而被称为"运营的私营化"。后者并非是美国 20 世纪晚期的新鲜事物,早在 1970 年代美国联邦移民局(INS)就已经与私营企业签订合同,由后者负责建造拘留所和管理关押等待驱逐聆讼的非法移民者。[2] 然而不同寻常的是,现在由私人公司建造的是监狱,管理的是刑事罪犯,而过去数十年里刑事罪犯都号称属于国家刑罚体系所管辖。尽管存在这一本质差别,然而在实际上私营监狱和联邦移民局拘留的私营化程序大致相同:政府决定哪些监狱进行私营化和提出此类合同,私营企业进行投标,政府支付每个囚犯每天的费用,而企业承担管理监狱和供给囚犯的需求的职责。监狱承租人的私营化范围可以从不具备监狱设施所有权和部分监狱营运管理权,到完全的监狱设施所有权和完全的监狱内部的管理权力。尽管有这样的差别,然而私营监狱的指导思想是很明确的:私营企业将监狱运营成本维持在(合同)谈判金额以下,是政府支付囚犯日常费用和允许企业谋利的根本条件。

在现有的私营化图景中,国家拥有决定刑罚和判决阶段的全部权力,通过合同授权非政府机构执行监狱运营和管理的职能。在理论上,监狱私营化的承租人可以是私立的非营利组织,也可以是私营的营利组织,然而在实践中,美国(以及其他监狱私营化国家)所有私营监狱或者矫正机构都是由以营利为目的私营公司所承租和运营。正如有论者所言,这一现象引发了关于私营监狱的大多数争论,公众和学者们关注或质疑营利机构是否应该和如何可能成功管理和控制一个监狱。[3] 在支持者们看来,和其他私营化领域一样,私营公司当然可

---

[1] Paige M. Harrison & Jennifer C. Karberg, "Prison and Jail Inmates at Midyear 2003", Bureau of Justice Statistics Bulletin, 2004, p. 1, at http://www.ojp.usdoj.gov/bjs/pub/pdf/pjim03.pdf, 最后访问日期 2008 年 10 月 2 日。

[2] James Austin & Garry Coventry, "Are We Better Off? Comparing Private and Public Prisons in the United States", Current Issues In Crim. Just., Vol. 11: 179(1999).

[3] Sharon Dolovich, "State Punishment and Private Prisons", Duke Law Journal, Vol. 55: 437—546(2005).

以进入监狱市场,因为私营监狱可以以更低的成本提供更灵活高质的监狱服务,而反对者认为国家有责任承担管理好监狱的职责,而私营监狱并不见得能降低多少监狱运营成本,而肯定会使监狱状况更加糟糕。

因此,围绕私营监狱的争论可以分为如下三个互有重叠的层面:(1)私营监狱比公立监狱表现更好吗?也就是说,私营监狱能用更低的成本提供更好的监狱服务吗?如果私营监狱的效率更低的话,那么试图以私营监狱为解决监狱拥挤和财政危机的初衷显然是失败的。(2)私营监狱在合法性上是否存在着有问题的特性?(3)私营监狱是否在规范层面特别是道德或层面上存在着不可克服的缺陷?

这三个层面的争论引发了私营监狱研究的两条主要进路和质疑/辩护策略:以成本—收益为中心的实证分析为方法论的辩护进路,和以规范化的合法性分析为方法论的质疑或反对进路。

二、收益—成本分析与合法化论辩:私营监狱的两条研究进路

(一)"表现更好"的私营监狱?——成本—收益的实证分析

自创办之日起,私营监狱就面临严峻的竞争和挑战:必须以比公立监狱更低的成本运营私营监狱。私营公司投标的目的就是从政府处赢利,所以比起同等状况的公立监狱,私营监狱公司在运营上的成本需要相当大幅度的降低。与此同时,监狱合同禁止私营公司降低监禁条件、质量和囚犯安全状况的任何行为;对于这点,即便私营监狱最坚定的支持者也不得不承认:"减低成本并不意味着可以降低监禁质量。"[1]

赢得和维持监狱合同意味着激烈的竞争,这正是私营公司降低成本的主要动力和原因。因为一旦成本提升或者质量下降,私营公司就很难在监狱市场上赢得更多的合同。私营监狱通过一系列与公立监狱迥异的措施节约成本,如降低劳动成本,缓和监狱管理人员和囚犯之间的紧张状态,充分利用监狱容量,更有效率的采购等。[2]

到目前为止已有相当数量的对私营和公立的监狱运营成本的比较研究,这里将根据西格尔(Geoffrey F. Segal)在2002年底对有代表性的28项监狱成本研究所做的比较分析。西格尔把这些研究分成三类;第一类(表1A)是在方法论上自觉采用严格、中立、学术规范化研究方法的,有较高的可信程度的研究;第二类主要是政府部门或政府委托的关于私营监狱平均成本的研究;第三类研究一般因为在方法论上缺乏科学对比的严谨,故而一般被视为是不可靠的。见

---

[1] Charles H. Logan, *Private Prisons: Cons And Pros*, in Douglas C. McDonald, ed., *Private Prisons And The Public Interest*, New Brunswick: Rutgers University Press, 1990, p.2.

[2] Daniel W. Okada, "Maybe This Will Work", *Infrastructure Finance*, October 1996.

"表1"[1]：

表 1　监狱运营成本比较研究

表 1A		表 1B	
研究机构及时间	私营监狱大约节约成本	研究机构及时间	私营监狱大约节约成本
路易斯安那大学,1996	14%—16%	田纳西州汉密尔顿县,1989	5%
威斯康星州特别工作组,1996	11%—14%	得克萨斯日落咨询公司,1991	12.4%—20.2%
亚利桑那州矫正局,1997	17%	得克萨斯犯罪司法委员会,1991	8%—10%
宾夕法尼亚州特拉华县,1999	14%—16%	佛罗里达州矫正委员会,1993	8%—10%
佛罗里达州 OPPAGA,2000	3.5%—10.5%	澳大利亚,1993	23%
亚利桑那州矫正局,2000	12.23%	得克萨斯犯罪司法委员会,1994	18.6%—22.9%
表 1C		澳大利亚,1994	11%—28%
研究机构及时间	私营监狱大约节约成本	肯塔基州矫正局,1994	9%
城市学会,1989	0%	得克萨斯犯罪司法委员会,1995	20.5%—20.6%
塞勒斯研究,1989	63%	田纳西州财政评估委员会,1995	0%
加州矫正共同体,1993	0%	英国,1996	13%—22%
美国矫正协会:佛罗里达,1995	0%	英国,1996	11%—17%
		华盛顿州,	0%—2%
		肯塔基州矫正局,1996—1997	12%
		得克萨斯犯罪司法委员会,1997	14.9%—16.4%
		得克萨斯犯罪司法委员会,1999	4.4%—8.8%
		辛辛那提大学,1999	0—2.45 美元每人
		得克萨斯犯罪司法委员会,2001	10.7%—11.3%

通过对"表1"特别是"表1A"所显示的比较研究的数据的分析,我们可以断定在一般情况下私营监狱可以比同等情况下的公立监狱节约10%—15%的运营成本。这一结论也得到了有私营监狱经验的州政府部门以及官员的认同。正如西格尔所总结的,竞争压力激励着私营监狱提升效率、节约成本,通过创新规划和管理实践,私营监狱成功地降低了成本。

如果说私营监狱成功地降低运营成本,那么监狱质量和安全是不是因此成为牺牲品呢？现有研究似乎提供了明晰和重要的证据,说明比起公立监狱,私营监狱至少在运营质量上并未下降。来自莫尔(Adrian T. Moore)和西格尔的

---

[1] Geoffrey F. Segal, "The Extent, History, and Role Of Private Companies in The Delivery of Correctional Services in The United States", *Policy Study*, Vol. 302: 1—22(2002).

2002 年的报告,对现有的 18 个对各种标准的监狱质量所做的比较研究进行了分类和总结,分为严格学术规范的 A 类,和方法论与分析存在缺欠的 B 类,见"表2"[1]：

表 2　监狱质量比较研究

表 2A	
研究机构及时间	结论
都市学会,1989	私营监狱(PP)质量更好;职员和囚犯评分更高;更少越狱和骚乱
司法部,1991	PP 胜过公立监狱(SP)7—8 个维度
路易斯安那州州立大学,1996	私营监狱在 5 类比较中表现更好;公立监狱在 5 类比较中表现更好
亚利桑那州矫正局,1997	私营监狱在监狱安全、保护职员和囚犯及遵守专业标准上做得更好
美国青少年研究所,1998	私营监狱在总共 30 项比较中胜出 20 项
佛罗里达州累犯研究,1998	私营监狱在总共 5 项比较中胜出 4 项
达拉斯县司法治疗中心,1997,1999	参与私营治疗项目的囚犯比未参与项目的囚犯在累犯率下降 50%
OPPAGA 组织,2000	在三个效果显著的案例中,私营监狱的表现让人满意
亚利桑那州矫正局,2002	PP 在 10 项比较中胜出 8 项,1998 PP 在 10 项比较中胜出 5 项,1999
美国司法援助署,2001	PP 的职员和囚犯的攻击率更高;SP 的骚乱和死亡率更高。PP 在(矫正)方案设计上让人印象深刻。
表 2B	
研究机构及时间	结论
美国矫正协会:奥基乔比,1985	无根本差异;PP 运营上的显著改进。
银溪研究所,1988	PP 在大多数项目上表现更好,其余项目与公立监狱相同。
塞勒斯报告,1989	3 所中的 2 所 PP 表现更好。
田纳西财政报告,1995	PP 在整体上表现更好。
英国,1996,1997	PP 在整体上表现更好。
明尼苏达州囚犯访谈,1999	SP 的表现更好。

---

[1] Geoffrey F. Segal & Adrian T. Moore, "Weighing the Watchmen: Evaluating the Costs and Benefits of Outsourcing Correctional Services", *Policy Study*, Vol. 290: 3(2002).

莫尔和西格尔的报告说明了在大多数情况下,私营监狱的质量和表现并不比公立监狱差。然而另一方面,研究者对私营监狱与公立监狱的比较研究在项目设计内容和范围等方面一直存在争议,不断有新的研究成果号称自己比过去的项目更完善和科学,而之前的项目则存在着方法论和比较项目设计上的严重缺陷。[1]

除了监狱内部的质量比较外,对私营监狱在改造/矫正囚犯和降低累犯率方面的低效工作的攻击是反对者聚讼不绝的地方。虽然达拉斯县司法治疗中心的研究认为,参加私营矫正项目的囚犯比未参加该项目的同等囚犯在累犯率上降低50%,然而更多的研究认为私营监狱在矫正和威慑方面效果糟糕。[2] 2005年耶鲁大学的拜尔(Patrick Bayer)和波曾(David E. Pozen)在《法律经济学杂志》(Journal of Law and Economics)发表的对佛罗里达州矫正机构的囚犯重新犯罪(累犯)率的研究认为,虽然在运营成本上私营监狱要低于公立监狱,然而其代价是累犯率的增加。[3] 因此,即便坚持用成本—收益进路分析,从长远来看并不合算。因此,很难准确比较私营监狱和公立监狱的绩效。

(二) 合法性危机?——围绕私营监狱的合法性争辩

不仅是比较的实证研究没有定论,反对者们还担心以牟利为根本目的私营监狱无法阻止类似"扬斯敦(Youngstown)丑闻"的事件发生。

1997年落成之时,美国矫正公司(CCA)的俄亥俄州扬斯敦监狱接收了来自拥挤过度的华盛顿特区监狱体系的一批安全级别最高的"高风险"囚犯。然而该监狱的设计安全级别仅为中等,无法按规定的安全措施来安置这批最高安全级别的囚犯。因此在之后的18个月中,扬斯敦监狱发生了42起袭击事件和2起致命的刺伤事件,其中1名犯人因缺乏监狱足够的隔离设施而被刺死,此外2名管理人员被劫持后遭受生命危险。[4] 不仅如此,唯利是图的扬斯敦监狱还大量裁减管理人员,监狱老板还称"一顿给囚犯两片面包足矣"[5]。在扬斯敦,甚至连厕纸都定量供应,一旦有特殊情况发生,囚犯们只能用床单作为替

---

[1] 这方面的研究很多,如 Camp 等人 2002 年在《刑事评论》发表的研究,参见 Scott D. Camp, G. G. Gaes, J. Klein-Saffran, D. M. Daggett, and W. G. Saylor, "Using Inmate Survey Data in Assessing Prison Performance: A Case Study Comparing Private and Public Prisons", *Criminal Justice Review*, Vol. 27: 26—51(2002).

[2] Geoffrey F. Segal & Adrian T. Moore, "Weighing the Watchmen: Evaluating the Costs and Benefits of Outsourcing Correctional Services", *Policy Study*, Vol. 290: 3(2002), at 9.

[3] Patrick Bayer & David E. Pozen, "The Effectiveness Of Juvenile Correctional Facilities: Public Versus Private Management", *Journal of Law and Economics*, Vol. 48(2): 549—590(2005).

[4] 60 *Minutes*: *Private Prisons Break Rules to Make a Profit* (CBS television broadcast May 2, 1999).

[5] Mark Tatge, "Employees Criticize Privately Run Facilities", *Cleveland Plain Dealer*, Aug. 30, 1998, at 18A.

代品。[1]

扬斯敦并不是唯一爆发丑闻的监狱,其他监狱也有类似的问题发生。[2] 如果认真审视目前的监狱私营化状况,我们会发现出现类似"扬斯敦丑闻"的事件并不出奇——这植根于政府部门和私营公司的合同中。批评者认为,目前已经发生的监狱丑闻是政府和私营公司合谋降低监狱成本所导致的。政府签订合同的目的是为了减少支出,而私营公司的目的是为了赢利,在缺乏更有效的监管和激励机制的前提下,当然可能出现私营监狱为了削减成本而置监狱质量于不顾的状况。

与此同时,监狱事务并不仅仅局限于以管理者为中心的监狱运营事务,而且涉及一个国家(社会)—监狱—囚犯三者及其之间互动的复杂网络体系。私营化的反对者们据此认为允许私营公司控制监狱是把监狱从完整的司法系统割裂出来,因而是个不合法的政府授权。虽然支持者们区分了法院和监狱的不同功能——因而,私营监狱可以很好地执行对违反法律的犯罪人作出的正当判决。然而反对者坚持认为私营监狱容易混淆这两项功能,诚如 DiIulio 教授所言,私营监狱的管理人员拥有施行从剥夺放风权到强迫禁闭的惩罚性手段的特权,而私营监狱行使这些惩罚性手段时常常不顾犯人的性质或承受能力。[3]

更为危险的前景是,私营公司尝到利用私营监狱赢利的甜头后,会以一个私营监狱共同体的形式游说乃至操纵监狱和刑事领域,以求实行更严格和更长期的刑罚,而根本不顾对犯罪人的刑罚是否合理或者正当。目前几家独大的私营监狱工业体系已经让人隐约察觉到是出现某个私营监狱垄断体或托拉斯的危险先兆。已有证据表明,私营监狱所属的企业已经形成若干院外游说集团以影响联邦、州和地方的各级政府和机构的决策和立法。只要"政党存在着加大惩罚和监禁力度的经济动机,它们就会对犯罪判决的性质和范围施加影响",因此必然危害"惩罚的合法性",这是多洛维奇(Sharon Dolovich)在《杜克法学杂志》(*Duke Law Journal*)发表的论文所关切的中心议题。[4] 在她看来,政府不应当鼓励和扶持一个像私营监狱那样出于其本身的营利目的而在未来可能危及惩罚的合法性的工业部门出现。

在反对者们看来,私营监狱因其独特的性质而不能以与其他私营化部门类

---

[1] Cheryl W. Thompson, "Ohio Issues Restraining Order for Prison Firm; Control of Facility Cannot Be Changed", *Wash. Post*, Nov. 19, 1998, at B4.

[2] See Kim Bell, "Texas Jail Says Incident Was Over blown", *St. Louis Post-Dispatch*, Aug. 26, 1997, at 1A.

[3] John DiIulio, *The Duty To Govern: A Critical Perspective on the Private Management of Prisons and Jails*, in Douglas C. McDonald, ed. , *Private Prisons and the Public Interest*, New Brunswick: Rutgers University Press, 1990.

[4] Sharon Dolovich, "State Punishment and Private Prisons", *Duke Law Journal*, Vol. 55: 438.

似的方式得到正当化论证。这是因为,监狱关涉的乃是国家刑罚与个人自由,私营监狱的存在不能保证惩罚的合法性,而公立监狱的合法性来源于国家主权和社会—个人自由的划分。唯有坚持公立监狱的合法性,法治、人道等现代国家—社会的基本原则才能得到根本贯彻而不被侵蚀,个人自由才能得到真正落实和保障。

总之,反对者们怀疑,利益驱动下的私营监狱怎么可能公正地执行作为法院判决(潜在的)一部分的惩罚性措施,又怎么可能很好维护囚犯的基本权利——遑论囚犯改造和矫正实践?而且,鉴于监狱连接的是囚犯和社会,反对者们担心私营监狱最终会干涉整个司法和刑罚体系,乃至造成危害美国政治和社会秩序的恶果。

面对反对者们从实践到理论的各方面严厉批评,在我看来,私营监狱支持者们可以从三个方面进行回应。

首先,迄今为止的私营监狱实践和研究表明,私营监狱比起公立监狱节约了经济成本,而且在监狱质量上至少并不逊色。私营监狱偶有丑闻,公立监狱也绝非清净之地——事故和丑闻同样不断。因此,私营监狱固然有其缺陷,然而与公立监狱比较,迄今为止的私营监狱实践仍值得称道。

其次,私营监狱的确存在着只求利润而忽视质量的隐患,然而在政府部门与私营公司的合同里已经明确规定,私营公司只有在保证监狱质量不下降的情况下才能赢得和维持合同,这本身已经极大地约束私营监狱的运营实践。如果非要说这样的合同缺乏改进监狱状况和进行矫正实践的动力,那么政府可以改进现有合同的内容以加大提高监狱质量的条款的激励作用——把批评的中心指向私营公司未免过于偏颇。在政府、企业和学者的努力下,诸如政府官员失职、监狱独立王国、相关法规不足和冲突等困难不是根本性的,完全可以克服。

最后但并非不重要的,作为20世纪80年代西方国家特别是英美私营化实践的重要部分,私营监狱不仅带来了更高的经济效率和更富有创新精神的实践,同时也间接促进公立监狱的改革。与其他市场化的私营化部门一样,私营监狱当然可以组织和资助有关的研究智库和游说集团,然而它们都是在法律所允许的范围内设置和运作的。代表私营监狱利益的游说集团能更好地与政府部门和立法机构沟通和协商,改进私营监狱的未来实践。从这个意义上而言,私营监狱带来的竞争压力和创新动力所引发的"鳗鱼效应",可能比私营监狱节约成本本身更有意义。

因此,私营监狱支持者们可以用一个"双赢"的理论模型试图证明私营监狱与其他私营化部门一样,具备实践和规范意义的合法性。这一理论模型既有业已存在的成功的私营化实践作为直接论据,又有主流经济学和公共管理学说的强力支撑[1],因此获得不少支持者的肯定。

归根到底,从方法论上而言,规范化的监狱质量比较的一个不可或缺的前提是,我们必须有一个规范化的监狱理论告诉我们什么是"表现优异"的监狱,而什么不是。然而正如前面我们提过的,在矫正理论和实践遭到广泛质疑,刑罚—监狱的规范化理论仍然晦暗不明的情况下,研究者似乎也只能把精力投入到充满实践感的监狱成本—收益的实证分析上。

三、迷失的监狱规范化理论——对监狱的惩罚哲学分析的批判

(一) 暧昧的监狱规范化理论

正是因为成百上千的囚犯在监禁中被迫过着一种与正常的社会生活截然不同的与世隔绝的生活,我们得追问,监狱规范化的理论基础到底是什么?现在我们有大量探讨惩罚正当性的抽象理论,但没多少惩罚理论关心监狱的正当性问题。似乎只要在惩罚哲学特别是抽象的道德哲学层面证明了惩罚的正当性,作为惩罚的主要形式和机构的监狱的正当性就顺理成章地得到证明。

惩罚,通常意味着一定的政治组织(如国家)把痛苦加诸个人身上,它本身意味某种恶,正如边沁所言:"我们必须牢记,惩罚本身就是一种代价:它本身就是一种恶。"[2]因此,惩罚本身的正当性需要人类的证明,这就是自古到今无数关于惩罚正当或不正当的著作和文章出现的原因。现在,我们拥有从"报应""矫正"或"威慑"等抽象理念到"道德表达"、"耻辱标签"等没那么抽象的理念来论证刑罚的正当性。[3]

对比惩罚哲学的正当性论证,监狱的正当化论证则是另一番图景。社会学家、法律人、政策制定者们关心的乃是具体的监狱实践问题,比如什么人被关入监狱之中,他们因为何事被关进监狱,如何让监狱医务更有效率等。当然,这些具体的实践问题也会引发规范性的问题,比如为什么如此众多的大大超出人口比例的黑人和拉丁美裔人会被关押在监狱之中?然而另一方面,黑人监禁人口的例子反映了惩罚哲学的抽象话语和监禁实践话语的二元区分:监狱里充斥着混乱和不"道德"的现象,诸如囚犯间的暴力和性虐待,不成比例的少数民族监禁人口,体罚和斑纹的囚衣,乃至利用以营利为目的私营公司来管理监狱等。然而这一切并没有引发多少关于监狱合法化的争论,或者说远远没有引发像证

---

[1] D. C. McDonald & C. Patten, "Governments' Management of Private Prisons" (a research report submitted to the U. S. Department of Justice), at http://www.ncjrs.gov/pdffiles1/nij/grants/203968.pdf,最后访问日期 2008 年 10 月 2 日。

[2] Jeremy Bentham, *An Introduction to the Principles of Morals and Legislation*, J. H. Burns and H. L. A. Hart, eds., London: The Athlone Press, 1970, p.179.

[3] Antony Duff, *Punishment, Communication, and Community*, New York: Oxford University Press, 2001, p.2.

明国家刑罚正当性那样郑重其事的思辨讨论。在把监禁作为主要惩罚方式的当代,我们却从惩罚的道德性中抽出监狱的道德性。惩罚哲学在监狱规范化理论中被边缘化,反映了监狱规范化理论本身的含混和缺失。

惩罚的规范理论和具体实践并非总是脱节的。惩罚哲学最著名的两个代表人物康德和贝卡利亚各都有一套完整的惩罚哲学和相应的特定制度形式。康德的纯粹报应论认为,所有人都具有内在的平等的价值,因此需要法院和立法者在制度上平等地保障和执行这些价值,因此死刑必须作为对恶意杀害他人的报复。[1] 贝卡利亚同样认为法律面前人人平等,然而他推崇刑罚的威慑作用以反对他那个时代专横残暴的刑罚报应,因此他把合理的监禁判决作为刑罚的主要制度化形式。[2]

以美国历史为例,更晚近的例子是1962年美国法学会(American Law Institute)修订的具有规范指导作用和广泛影响力的《模范刑法典》(Model Penal Code)。该法典在刑罚规范理论和具体刑罚实践中都贯彻了以矫正为中心的刑罚哲学。[3] 矫正被视为合乎道德和科学:前者因为矫正更人道主义和更具社会亲和性,后者是因为矫正依赖于经验的实证。[4] 虽然20世纪50年代后失败的矫正实践宣告了矫正理念的幻灭,然而并没有导致人们对监狱失去信心。或许正是这点导致了惩罚的规范化理论与具体监狱实践的分离。如今在惩罚哲学上我们有报应、矫正、威慑、复原、混合、表达……乃至更多的规范化理论。于是在具体实践中,监狱似乎成了执行各种各样的惩罚的场所,犯罪人可能需要某种治疗,可能需要善意的威吓,可能需要重新回归社会,以及首要的,我们可能仅仅需要将犯罪人与外界隔离。惩罚就是监禁,所以监狱的规范理论和具体实践问题也将成为惩罚的问题。

(二)迷失的监狱:以监狱规范化理论为分析对象

20世纪70年代后,矫正作为美国刑罚体系的主流理念遭到了现实的严重挫败:一方面是监狱的矫正实践被宣布为失败,一方面监狱的威慑作用也在居高不下的犯罪率和累犯率面前遇到挫折。那么,是坚持矫正论,还是回到把监狱和刑罚当作是国家行使的对犯罪人之恶所做的报复的报应主义,抑或另外的

---

[1] Immanuel Kant, *The Metaphysics of Morals*, Mary J. Gregor & Roger J. Sullivan, trans., Cambridge: Cambridge University Press, 1996, p.333.

[2] Cesare Beccaria, *On Crimes and Punishments, and Other Writings*, Richard Bellamy, ed., Richard Davies, trans., New York: Cambridge University Press, 1995, p.59.

[3] 虽然《模范刑法典》并不具备法律效力,然而至少有37个州以该法典为蓝本制定本州刑法,而新泽西州、纽约州、宾夕法尼亚州和俄勒冈州几乎完全采用该法典。见维基(wiki)百科"Model_Penal_Code"条,at http://en.wikipedia.org/wiki/Model_Penal_Code,最后访问日期2008年10月2日。

[4] Francis A. Allen, *The Decline of the Rehabilitative Ideal: Penal Policy and Social Purpose*, New Haven: Yale University Press, 1981, p.12.

模式？讽刺的是,试图以惩罚哲学和各种主流理念或者理念之综合为基础的监狱合法化理论模型在实践中遭遇了或大或小的失败,正如下文分析的那样。

倘若监狱的确缺乏一个规范化的理论基础,那么实践上的理由是否能成为监狱优于其他惩罚的原因呢?我们首先讨论犯罪人的矫正治疗,因为尽管不再是监狱的规范理论的主流,矫正仍然是监狱实践的重要部分。治疗实践的动力之一就是它能在纪律化的状态下消耗犯罪人的时间,这与矫正理想的初衷——必须采用互相隔离的大监狱以求最有益于犯人的改造——刚好颠倒,治疗方案成为应付隔离化的庞大监狱的手段。庞大的监狱体系并不需要矫正作为惩罚哲学的基础,它需要的是日常的安全、食品卫生、治疗和娱乐事务。治疗方案在如何控制数量众多的监狱人口上发挥了"作用",但并不意味着治疗方案依赖于作为惩罚的监狱:治疗方案似乎成了某种最小化不安定因素的技术。

那么,惩罚实践成功地向违法者表达了某种代表否定的信息了吗?这是刑法学家和道德哲学家孜孜以求地寻找答案的问题。联邦、州和地方的监狱和拘留所关押了超过全美2%的劳动人口[1],这意味着什么?不用晦涩抽象的惩罚理论探求问题的答案,答案已经非常明显。这意味监狱发挥了作用。什么作用?监狱使得美国减少了2%的失业人口,解决了立法者们通过的越来越多犯罪立法所带来的麻烦。

另一个麻烦的问题是监狱似乎并不能解决犯罪问题。直到20世纪90年代中期,美国监禁人口仍随着犯罪率的上升而增加。刑罚的威慑论是监狱的一个重要的合法化理论,它认为对犯罪人施加足够痛苦的威胁,会在不违反犯罪人和其他人的人权的情况下,使他们不犯罪。这一理论被自身的功利主义进路证伪了,大量严谨的实证研究认为监禁几乎没有威慑犯罪的作用。[2] 我们甚至不能说监狱代表了某种刑罚上的报应主义。刑罚报应论把监禁当作是施加在犯罪人身上的报复性的痛苦,然而有研究表明,最顽固的罪犯同时也是最能抵御监禁的"痛苦"的犯罪人。

总之,监狱丝毫不按照刑罚目的所设计的那样运作。因此,以一个规范化的理论模型来批评监狱的具体实践的进路是无效和缺乏实际意义的。正因为如此,回顾私营监狱的种种争论,我们才能发现虽然相关的以惩罚哲学为基础的监狱规范化理论批判不断,然而在蓬勃发展、大致有序的私营监狱市场实践面前却是多么得苍白无力。

---

[1] Katherine Beckett & Bruce Western, "How Unregulated is the U. S. Labor Market? The Penal System as a Labor Market Institution", *Am. J. Soc.*, Vol. 104:1030(1999).

[2] Franklin Zimring, "Imprisonment Rates and the New Politics of Criminal Punishment", *Punishment & Society*, Vol. 3: 161(2001).

四、作为规训权力的惩罚和监狱——一个福柯式的监狱理论模型

蓬勃的私营监狱实践到底对惩罚哲学和法哲学意味着什么呢？仅仅是理论无效这么简单吗？当然并非如此。在这里，我们面临着规范化的惩罚理论和成本—收益的实证分析的双重困境。也就是说，这两种解释进路不仅互相抵触，还面临着各自的解释困境。在这两条研究进路的背后，私营监狱的复兴笼罩在相互抵触的惩罚哲学或实证分析的面纱中，仍然呈现出一幅暧昧不清的图景。

那么，我们一定无法跳出这两条对立的进路吗？或者，有没有这样的可能，这两条看似截然对立的进路背后，会有隐秘的相通之处？在我看来，私营监狱的蓬勃实践，恰恰预示着某种隐藏在现代监狱内部和深处的物质主义或者经济学的惩罚理论，就像福柯曾精彩绝伦地剖析的那样。

（一）作为规训权力的惩罚

传统的惩罚理论以及监狱实践的失败早就在福柯的意料之中。"如果说法律被设定为确定违法行为，监狱是进行这种镇压的工具，那么人们就不能不承认失败。"[1]然而监狱只是在"表面上"失败了，实际上并未偏离目标。因此，正如监狱必然制造过失犯一样，监狱也确立了一种公开的非法状态，也就是过失犯罪。[2]"过失犯"是福柯在《规训与惩罚》中特别强调的概念，意指犯罪人既是违反社会契约的"敌人"或"怪物"，也是能够通过惩罚和规训得到改造的司法主体。监狱及其一般的惩罚并不旨在消灭违法和犯罪行为，而是要"区分"和"操纵"它们，既规定宽容限度，有所放任又有所限制，有所排斥又有所利用，给犯罪活动提供一种普遍的"经济机制"。因此观察者们不应纠缠于监狱并没有消灭犯罪这一事实，而应该把注意力集中在监狱成功地制造出"过失犯罪"这一概念。

通过过失犯罪这种在经济或政治上危害较小的、有时可以利用的特殊非法活动形式，监狱成功地"揭示出犯罪行为背后的过失性质，在各种非法活动中确定过失犯罪"。由于在这一机制上监狱是成功的，所以监狱经历了近两个世纪的"失败"之后仍然存在，并持续塑造同样的结果，人们也因此并不愿意将其废除。

从更深入的层面看，从酷刑到监禁，表面上看是人道化和进步，然而这一变化后面不变的东西是：对人的肉体的控制。现代刑罚理论宣称刑罚的主要目的不是惩罚而是治病救人，正如吉登斯所言："现代监狱的根本原则是对个体进

---

[1] 米歇尔·福柯：《规训与惩罚》，刘北成、杨远婴译，生活·读书·新知三联书店2003年版，第306页。

[2] 同上注，第312页。

行'改造',为他们出狱后在社会中能起到健康、适当的作用做准备。监狱和长期刑也被视为对犯罪的有力威慑。"[1]然而在福柯看来,这种话语掩盖了权力对人的肉体进行征服的实质。政府并非通过赤裸裸的暴力"镇压",而是通过规训权力将人的肉体驯服,把身体变成了有序的可以操纵和利用的力量。而且西方资本主义的发展与规训技术有着密切联系。"在一个不大普遍的层次上,在生产机构、劳动分工和规训技术方面的技术性变化维持了一组十分紧密的关系。"[2]

最后,监狱所使用的规训技术扩及学校、医院、兵营、工厂等社会领域,形成所谓的"监禁之城",社会由此也变为"监禁社会"。对此,福柯写到:

> 所有这些都是为了制造出规训的个人。这种处于中心并被统一起来的人性,是复杂的权力关系的效果和工具,是受制于多种"监禁"机制的肉体和力量,是本身就是这种策略的要素的话语的对象。在这种人性中,我们应该能够听到隐隐传来的战斗厮杀声。[3]

(二)作为规训权力工具的私营监狱

在我看来,私营监狱的复兴可以在福柯那规训权力作为一种惩罚的理论模型下得到解释。

首先,私营监狱的兴起并不意味着惩罚的失败。通过对规训权力的概念分析,福柯提醒我们不要让国家主权权力模式遮蔽了我们的眼睛,不要错把刑罚权当然等同于国家惩罚权,把对惩罚的研究等同于对国家的研究。[4] 在通常意义的惩罚理论看来,私营监狱的兴起混淆了国家/社会的二元区分,对国家主权的完整性产生极大的侵蚀,从而必然影响到国家主权的刑罚权力和司法机关的司法权力的正常行使。因为事实是,不仅大量的惩罚没有由国家来行使,而且刑罚权的碎片化对公共与私人领域划分也提出了巨大问题。与通常视国家为刑罚的唯一正当执行者的刑罚哲学理论视野不同,福柯对权力的不同形式和概念(由此产生不同主体的惩罚)进行分析,区分了主权权力、司法权力和规训权力。他对权力的形式和概念的区分,是建立在现代社会主权权力逐渐收缩、

---

[1] 安东尼·吉登斯:《社会学》(第4版),赵旭东等译,北京大学出版社2003年版,第300页。
[2] 米歇尔·福柯:《必须保卫社会》,钱翰译,上海人民出版社1999年版,第13—14页。在我看来,正是在经济与规训权力的关系问题上,福柯的惩罚理论并不能很好地解释私营监狱的重生和蓬勃发展,福柯似乎忽视了经济—政治结构的强大决定作用。
[3] 米歇尔·福柯:《规训与惩罚》,刘北成、杨远婴译,生活·读书·新知三联书店2003年版,第354页。
[4] Davids Garland, *Punishment and Modern Society: A Society in Social Theory*, Oxford: Clarendon Press, 1990, p.129.

规训权力日益重要的历史分析上。[1] 福柯的对权力的分析进路完全颠覆了传统的国家与社会的二元结构。不仅如此,不同于强调国家与私人的合作或者治理模式的合法性的分析进路,福柯并没有从"惩罚合法性"进路着手,而是借助法律和刑罚"合法性"或者"规范性"的谱系学分析揭示了无处不在的规训权力以及生命权力。"法律既非权力的真相,也非权力的辩解。而只是复杂而零散的权力工具。具有禁止效果的法律形式需要安置在大量其他的非司法的机制之中。"[2]

其次,在福柯看来,以霍布斯为代表的强调国家与社会两分的经典契约论法律观,遮蔽了法律之外的权力的实际机制和规训程序。"我们面临着复杂的现象,这些现象并不遵循黑格尔的辩证法。"[3] 福柯对宏观式地把握权力不以为然,他不认为权力遵循自上而下、从普遍到特殊的演绎法则。为权力辩护的法律传递的是统治关系而不是统治权关系,然而这个统治关系"不仅仅是一个人统治其他人,或者一个一个集团统治另一个集团,而是能在社会内部运转的复杂的统治形式,因此,并不是处于中心地位的君主,而是相互关系中的臣民;不是唯一机构中的君主统治权,而是社会中内部产生和发生作用的复杂的奴役。"[4]

私营监狱的出现,并没有导致国家主权权力和司法权力所代表的惩罚哲学的消退,而恰恰意味着作为规训权力驯化了现代法律——惩罚制度本身,弥散到国家法律和惩罚制度的内部和深处。私营监狱只是现代以监狱、工厂、学校和医院为代表的规训权力的"监狱网络"的一部分。

然而,为什么是私营监狱而不是其他惩罚形态得以出现呢?正如我们前面分析过的,现代监狱自诞生以来,就在实践和理念上面临着种种危机和批评,然而作为集规训技术之大成的权力工具,监狱并不会为人们所放弃,而只是会在形式上改变——私营监狱就是现代监狱变迁的最新形式。

在福柯看来,"监狱网络"通过两个进程使得监狱的用途得到重大限制并改变内部功能。第一个进程是,"减少被当作一种被封闭与被监视的特殊非法活动的过失犯罪的效用(或者增加其不利之处)";第二个进程是,"随着规训网络日益发展,它们与刑罚机构的交流日益扩大,它们将获得越来越重要的权力,司法功能愈益大规模地转交给它们"。[5] 福柯所说的第一个进程意味着,面对

---

〔1〕 参见王立峰:"对法律惩罚的批判:马克思主义的进路",载《战略与管理》2003年第6期。

〔2〕 福柯原文出处不详,转引自诚之:"法律、权力与规训社会", at http://lawroad.net/bbs/archiver/tid-555.html,最后访问日期2008年10月2日。

〔3〕 福柯:《性经验史》,余碧平译,上海人民出版社2005年增订版,第66页。

〔4〕 米歇尔·福柯:《规训与惩罚》,刘北成、杨远婴译,生活·读书·新知三联书店2003年版,第25页。

〔5〕 同上注,第351页。

复杂和庞大的全球化下国家经济—政治体系,过失犯罪人的劳动力的作用是微不足道而可以忽略的,这是对被称为"监狱国家"的美国的犯罪刑罚体系的预言。"监狱国家"意味着近10%黑人被关押在各种监禁机构,意味着1995年中每10个拥有毒品或者贩毒的初犯有6个被判刑监禁,意味着2%的监禁人口成为国家在政治和经济上不需要的人口。[1] 然后,强大的惩罚国家面临着膨胀的刑罚—监狱体系所带来的沉重财政负担,然而监禁本身是不能放弃的。于是第二个进程产生了,规训网络本身而不是国家主权权力或者司法权力成为惩罚主体,或者说惩罚背后的权力就是匿名的不是主体的主体。私营监狱成为规训权力代替司法权力和主权权力的优良载体,它不仅没有降低监禁的质量(当然没有降低规训质量,研究者可以查看ACA公司引以为傲的监狱设计和安全管理)而且大幅降低监狱运营的成本——降低的成本有助于惩罚权力更好地控制和压抑不满或者无用的过失犯罪。

围绕着私营监狱,各级政府、议会、法院和监狱管理部门、私营公司、医院、精神治疗机构、培训机构……在近乎完美地处理了"监狱网络"在20世纪面临的最大危机之后,又天衣无缝地彼此整合,构筑21世纪新型的暧昧弥散却无处不在的"监狱国家"。

结论

现代国家,正如韦伯(Max Weber)影响巨大的经典定义所言,是某种能够成功地借助于对暴力的合法行使之垄断而在某一地域上维持统治的组织,其本质在于(合法的)暴力垄断。[2] 随着国家垄断机制的形成,暴力不再是国家统治的常态,它被授予给特定的组织(如军队、警察等)在特定时期或情况下(如战争、镇压犯罪等)使用。

而埃利亚斯(Norbert Elias)认为韦伯的定义失之偏颇。埃氏认为国家不仅是对军事或暴力的垄断,同时也是对税收和金融的垄断,简言之,是对暴力和税收的孪生或双重垄断。埃利亚斯认为这两种垄断是互为条件、缺一不可的。税收的垄断维持了暴力的垄断,后者反过来又维护了前者。二者不是谁先谁后的因果关系,而是同时产生的互动的双方,是同一垄断的两个方面。一方消失了,另一方亦随之消亡。[3]

---

[1] 卢瓦克·瓦关:"从福利国家到'监狱国家':美国将穷人关进监狱",载《〔法〕外交世界》1998年第7期(*Le Monde diplomatique*, July 1998), *at* http://www.xsjjy.com/rqwx/mgqiongren.htm,最后访问日期2008年10月2日。

[2] 马克斯·韦伯:《学术与政治》,冯克利译,生活·读书·新知三联书店1998年版,第55页。

[3] 埃利亚斯:《文明的进程》(第二卷),袁志英译,生活·读书·新知三联书店1999年版,第118—120页。

重温韦伯和埃利亚斯对现代国家及其合法性的经典研究,对我们当下的惩罚和监狱正当性问题研究大有裨益。

韦伯对暴力的论断提醒我们,虽然国家背后隐藏的可能是垄断性的镇压和暴力,然而在国家的合法化垄断暴力成为现代世界的常态之后,其对暴力的垄断权可能会产生某种形态的退缩或者弱化,就像暴力的某种合法授权,就像国家与私人的合作治理。回到监狱和惩罚议题上,私营监狱的出现也是在国家垄断机制形成后,暴力不再是国家统治的常态,国家统治和个人自由往往被"权利"等似乎不直接涉及强制性暴力的字眼所遮蔽,而监狱往往也有意无意地被隔绝在人们的日常生活之外。"随着自由刑逐渐替代死刑而成为刑罚体系的支柱,监狱便成为国家刑罚体系的物化象征。社会日益开放,整体自由增强,信息渠道畅通,社会关系日趋复杂,国家对社会的控制逐渐弱化,自由刑(监禁刑)功能将趋于降低。监狱的未来命运也将与之相关"。[1] 因此,私营监狱的出现并不稀奇,死抱着一种或者某种规范化的惩罚哲学,并不能对私营监狱的合法性造成致命的打击,因为,惩罚及其所依靠的暴力本身已经潜遁在法律背后。

埃利亚斯对韦伯的国家定义的补充是极具洞察力和解释力的,有助于我们更好地理解惩罚机制与财政经济的互动机制。对监狱理论和刑罚哲学研究而言,这意味着监狱理论和刑罚哲学的规范化理论不能脱离军事/暴力与税收/财政的互动结构,因为一旦忽视了暴力和刑罚的经济机制,规范化理论就有可能成为无本之木。我们前面讨论过的规范化刑罚哲学在具体监狱实践上的失败和无效,恰恰反映了埃利西斯的这一洞见。而私营监狱的复兴和发展,一方面映证了韦伯的国家强制性暴力垄断形成后,便不再是铁板一块不可分割,而是可以为其他主体所分化吸纳;另一方面,在埃利亚斯的国家模型中,私营监狱的出现可以帮助国家解决和平时期难以承担暴力—刑罚—监狱体系的巨大财政支出的难题。因此,在这个意义上而言,私营监狱反映的是国家惩罚体系20世纪晚期之后在暴力与财税的互动机制下的"合理"变迁。

因此,以往的惩罚哲学研究与监狱实践脱节乃至与更广阔的经济社会背景脱节的后果,往往导致惩罚哲学在解释具体的现实问题上的无力乃至失败。传统的惩罚正当性的坚持者以论证暴力—刑罚正当性的国家/社会二元对立的契约论法哲学模式,来批评暴力—刑罚的分散化和授权化,忽视了国家垄断机制形成后的暴力相对"弱化"的状况;而且,传统的惩罚正当性的坚持者更忽略了暴力—刑罚体系所依赖的财税经济基础,往往把国家用于惩罚的经济资源视为是无限的。在当代美国监狱出现极度拥挤和财政紧张之时,私营监狱的出现及

---

[1] 转引自佚名:"当代中国监狱结构与现代监狱制度建构论",监狱信息网,at http://prison.com.cn/Theoretics/2004-9-23/A1BB8D01-38FF-4CC1-BBAD-1D68B65D21E6.Html,最后访问日期2008年10月2日。

其发展很好地解决了这一问题。这一实践雄辩地说明,在国家暴力—财税机制下,私营监狱并非如某些论者所认为的那样侵蚀了国家的暴力—刑罚体系和机制,而是维护和增强了这一体系和机制。

以往的惩罚哲学及其所依赖的道德哲学讨论的无效,根本原因是忽略了刑罚体系本身就是公立和私营的经济部门的重要部分。[1] 在很大程度上讲,国际经济状况、国内政治—经济体制、资源限制和增长潜能影响并决定了如何和怎样去惩罚。因此,假如我们仍然是就事论事地用功利或者报应的概念,或者用惩罚哲学体系本身去论证需要更多或更少的刑罚,支持或反对某种刑罚或刑罚的方式,而忽略了实际的状况和限制,那几乎是没有任何实际意义的。

福柯对惩罚与监狱的解构,也让我们的讨论更加复杂和魅惑。福柯试图揭露的是"现行的科学—法律综合体之间的系谱。在这种综合体中,惩罚权力获得了自身的基础、证明和规则,扩大了自己的效应,并且用这种综合体掩饰自己超常的独特性。"[2]

福柯从根本上质疑现代国家的合法性和法律规范的正当性。在他看来,"监狱的出现标志着惩罚权力的制度化",它蕴涵了一套新的权力技术,具有新的独到功能。监狱是全面而严厉的"规训机构",监狱的各种矫正技术所试图恢复的与其说是"法律主体",不如说是"驯服的臣民"。私营监狱的出现并不意味着惩罚权力的减弱,而只是作为集规训技术之大成的监狱形态的变化。一方面是在置身于越来越庞大复杂的全球化背景之中的美国政治—经济体制下,越来越多无足轻重的过失犯被判决关押在监狱之中,另一方面则是在规训权力替代主权权力和司法权力的状况下,私营监狱能以更低的政治—经济成本执行更好或者同等的规训权力和技术。故而在福柯的惩罚理论框架中,惩罚理论或者监狱本身无所谓正当性,而只是一种新型国家权力以及一种新型身体处理技术的诞生过程而已,私营监狱的复兴则只是这一机制的最新变化。

福柯并非简单地反对国家、惩罚或者暴力的合理性,他对"惩罚合理性"的分析在于指明理性、人道与政治权力、法律权力之间的"名"、"实"关系,他说:

> 人类的所有行为都通过合理性而被安排和规划。在制度、行为和政治关系中都存在逻辑。甚至最残暴的行为中也存在合理性。暴力中最危险的就是它的合理性。当然,暴力本身是很可怕的。但是,暴力最深刻的根源以及暴力的持续来自于我们所使用的合理性形式。如果我们生活在理性的世界,我们就能消除暴力,这种想法是极端错误的。暴力与合理性并

---

[1] Sarah Armstrong, "Model Penal Code: Sentencing: Bureaucracy, Private Prisons, and the Future of Penal Reform", *Buff. Crim. L. R.*, Vol.7: 275(2003).

[2] 米歇尔·福柯:《规训与惩罚》,刘北成、杨远婴译,生活·读书·新知三联书店 2003 年版,第 351 页。

非两相对立。我的问题不是要审判理性,而是要搞清楚这种合理性与暴力竟然如此的相容。[1]

显然,福柯的分析并没有得到道德哲学家和法哲学家们的重视,虽然他的规训权力概念似乎已经成为当代惩罚实践的重要组成部分,但是我并不全部赞同福柯对惩罚或者暴力的合理性所做的解构、对国家和法律的合法性和规范性的批判以及对惩罚和权力关系的分析,也不认为在私营监狱这一案例中,福柯的规训权力的惩罚理论能够解释和说明全部问题。然而福柯的分析的价值在于,他从根本上质疑现代以来的法律和惩罚体制的正当性,提醒惩罚哲学和监狱规范化理论的革新很可能依赖于社会体制的整体性前提。

惩罚哲学作为一种论证惩罚正当性的理论,当然并不意味着现实的惩罚实践就一定如此。然而,私营监狱的出现及其成功实践,以及众多试图给私营监狱以"规范"的批判或赞成的惩罚哲学讨论的无效和失败,深刻地反映了当下监狱实践缺乏一个规范化的惩罚哲学基础的事实,也说明传统的惩罚哲学的思辨讨论距离惩罚实践过于遥远。

如果规范性的哲学理论不与正在发生变化的惩罚实践相结合,这种规范性理论将注定要失败。哲学家和法哲学家们是否能够更好地评价私营监狱等惩罚实践,或者提出更好的刑罚改革建议,取决于他们对事实的把握。那么,福柯的批判式的分析进路就自有其意义,哲学家因此也需要对福柯的权力概念进行辨析和思考乃至回应。更广泛地讲,未来的规范性的惩罚哲学需要哲学与社会学、经济学和历史学乃至知识社会学等多学科的共同努力,在实践和理论的结合中寻找可能的答案。[2] 唯有如此,在解释变动中的诸如私营监狱这样的惩罚实践的问题上,惩罚哲学才不会迷失答案。

最重要的可能是反思和寻找。至于答案本身,诚如福柯所言:"我知道我找不到答案,但这并不意味着我们就不去问问题。"[3]

(初审编辑:胡永恒)

---

[1] Michel Foucault, *Foucault Live (Interviews, 1961—1984)*, in Sylvère Lotringer, ed., Lysa Hochroth & John Johnston, trans., 2nd edition, New York: Semiotext(e), 1996, p.299.

[2] 需要指出的是,规范性(哲学)理论和社会理论之间存在着"应然"和"实然"之间的差别,因此,规范性理论必然不同于社会理论以及经验研究。然而另一方面,又不存在完全脱离"实然"状况的"应然"理论。一个规范性理论如果与实践脱节很大,却又支配人们的思维模式,势必会造成理论和实践的种种问题,比如传统的惩罚哲学在解释私营监狱问题上的迷失。

[3] Michel Foucault, *Politics and Reason*, in Lawrence Kritzman, *Michel Foucault: Politics, Philosophy, Culture: Interviews and Other Writings 1977—1984*, New York: Routledge, p.74. 中文版见福柯:"政治与理性",赵晓力、王宇洁译,at http://fabiusblog.blog.hexun.com/15515172_d.html,最后访问日期2008年10月2日。

"朗道尔革命"
——美国法律教育的转型

陈绪纲[*]

Langdell Revolution:
The Transformation of American Legal Education

Chen Xugang

内容摘要：本文首先回顾了1870年之前美国的法律教育模式，并简评了其特点。第二部分详述朗道尔独特的人生阅历、个性，及他的求学、执业经历。这一点可谓理解朗道尔之所以能成功创立现代美国法律教育模式的关键所在。第三部分讲述从旧法律教育模式到新教育模式转型的具体过程，及朗道尔革命的影响。文章的最后结语部分简单评述了朗道尔革命对当今中国徘徊不前的法学院教育改革的可能启示。

关键词：朗道尔　美国法律教育　革命　案例教学法　哈佛模式

本文试图阐述和理解"朗道尔革命"对于美国传统法律教育体制的冲击，

---

[*] 上海海运学院法学学士（1992）、北京大学法学硕士（1998）、哥伦比亚大学法学硕士（2004）、北京大学法学博士（2003），现为华中科技大学法学院副教授，电子邮箱：chenxug@gmail.com。哥大法学院的李本（Benjamin Liebman）教授为本文的写作提供了资料协助，特此致谢。

以及美国现代法律教育模式的转型及其意义。[1] 文章所涉主题,尽管属于外国法律史领域内的讨论,但作者并不试图将论文的主旨完全限定在美国法律教育史的背景之中,而是试图扩大到对当前中国法律教育的变革或徘徊前景的讨论语境中。

从他国历史经验的角度关注法律教育问题,并非完全出于丰富对各国法律教育了解与理解的知识库目的,更非仅在法律职业人自利的层面,探讨如何维持和扩大法律教育产业收入在 GDP 中的份额比例,而是出于更深层、更严肃的考量。在法治建设与迈向宪政制度发展的历史进程中,法律职业人所起的领导性作用比我们原本想象的要重大许多。[2] 而与此相适应的是,法律教育在形塑法律职业人的价值观念、专业水准、职业伦理,以及培养法律职业人服务于社会弱势群体,积极涉入社会公共事务方面的观念与精神,具有不可或缺的功能。一个强大、有力的法律职业共同体的建构,有赖于一个同样强大而高水准的法律教育。

一、1870 年之前的美国法律教育

当今美国的法律教育模式,是朗道尔在 1870 年以后在哈佛法学院创立的哈佛模式发展而来。尽管近三十年来有了一些变革,但整个模式的核心在一百多年里,可谓变动甚小。[3] 这一模式的基本特点是:(1) 法律教育是以隶属于大学(university-based)、三年学制研究生层次(at graduate level)的法学院(law school)为主体的职业(professional)教育训练;(2) 各法学院的法律教育采用案例教学法(case method);(3) 课堂上(尤其一年级的基础课上)主要采用苏格拉底式诘问法(Socratic method)教学,而非讲授式(lecture)教学。其中,案例教

---

[1] 文中使用的"革命"概念,是科学哲学家托马斯·库恩在《科学革命的结构》中所指出并使用的"革命"意义上的,也就是说,是一种"范式"上的转换与革新。参见托马斯·库恩:《科学革命的结构》,李宝恒、纪树立译,上海科学技术出版社 1980 年版。原译者把"paradigm"译作"规范",但我想更准确地译为"范式"。因为,至少在法学术语的背景中,"规范"作为一种应然的规则、概念、理论,或研究方法,与实证意义上的同类相对应。

[2] 这是笔者在拙著《法律职业与法治——以英格兰为例》一书中的主要论点,详尽的论证本文不适宜展开,感兴趣的读者,可参见陈绪纲:《法律职业与法治——以英格兰为例》,清华大学出版社 2007 年版。

[3] 这些变革主要是近年来兴起的诊所式教育(clinical legal education),以及学科间(特别是法律与经济学)的交叉与整合。但整个变革仍在原有模式的框架之内。有研究者认为,所有的变革加起来,占整体的 20% 到 25%。参见 John Sexton, "Legal Education, Today's Tomorrow", 3 *Green Bag* 2d, 417, p.417。这种一百多年来看起来一成不变的法律教育模式,自然也激起不少研究者的抨击、反思,提出改革方案的也不在少数。其中比较激烈的,参见 Jason M. Dolin, "Opportunity Lost: How Law School Disappoints Law Students, The Public, And The Legal Profession", 44 *Cal. W. L. Rev.* 219; Nancy B. Rapoport, "Eating Our Cake and Having It, Too: Why Real Change Is So Difficult in Law School", 81 *Ind. L. J.* 359; Morrison Torrey, "You Call That Education?", 19 *Wis. Women's L. J.* 93。

学法可谓核心。

不过在朗道尔之前的哈佛模式,乃至美国的法律教育模式,却并非如此。

(一) 法律学徒制

在北美殖民地历史早期,拓殖者中以律师为业者甚少,律师本身也并不受人欢迎。到 18 世纪时,尽管殖民地对律师不友好的情绪仍然存在,但随着人口增多,经济、商贸的发展,社会对法律服务的需求增加,法律职业发展起来,开始形成一股热潮。而当时年轻人能够得到正规法律训练的机会却并不多。南方的富家子弟,一般会选择去伦敦的四大律师公会接受教育。而更多的年轻人,倘若想成为一名执业律师,除了通过学徒制的法律教育(其实主要是靠自学成材),别无他途。[1]

学徒制法律教育并非一种机构性质的法律职业训练模式,它带有很大的个人机遇特点,很不稳定。一个水准较高的成功律师,往往也是忙碌得四脚朝天的人物,少有闲暇悉心指导自己的法律学徒。因此,学徒个人的造化,更多靠机遇,靠自己先天的资质与后天的勤奋,情况不同,也就会因此冰火两重天。倘若碰到一个肯悉心指导自己的好师傅,那是运气,自然不错。但若碰到一个糟糕或不肯传艺的师傅,那简直像作了包身工。在还不知打字机、复印机为何物的年代里,一个法律学徒的主要工作,就是奴工般地手工书写、誊抄各式各样的法律文件,罕有时间系统地学习各类法律知识。能够偷师瞟艺学到的,也不过是些只鳞片甲的知识。无怪乎当时有法律学徒出身的律师,猛烈抨击学徒制的不堪。[2]

北美独立、建国后,法律教育并未因此产生重大的变化,仍因循学徒制。不

---

[1] 关于这一段时期北美法律职业发展的粗略历史,可参见 Lawrence M. Friedman, *A History of American Law*, Second Edition, Simon & Schuster, 1973, pp. 94—102. 作为佐证的是,爱德蒙·伯克 1775 年曾在议会提起的与北美殖民地和解的动议演说中,提到了北美殖民地人民当时学习法律的普遍热情,而且他也注意到北美殖民地议会的很多议员都学习过法律(律师出身)。他提到曾有一位书商告诉他,布莱克斯通的《英格兰法释评》在北美殖民地的销量,跟在英格兰不相上下。参见 *Select Works of Edmund Burke*, *A New Imprint of the Payne Edition*, 4 vols, Liberty Fund, 1999, vol. 1, p. 241。1776 年《独立宣言》的签署者 56 人中,有 25 人为律师,而参加 1787 年制宪会议的 55 名代表中,有 31 位是律师出身。这也印证了伯克的判断。从这些来看,当时学习法律至少形成了一股热潮,而且,法律职业人已跻身精英阶层。其中声名卓著者如杰斐逊、汉密尔顿、亚当斯,都是律师出身。

[2] 曾经出席大陆会议和制宪会议,并担任过新泽西州长的威廉·利文斯顿(William Livingstone)就曾撰文公开抨击法律学徒制是"对诚实的侮辱……可耻、可憎、下作、丢脸",认为根本学不到什么法律知识。参见 Lawrence M. Friedman, *A History of American Law*, supra note, pp. 97—98. 不过,这的确与个人机遇有关,同样是法律学徒,年轻的杰斐逊运气就好很多,他的师傅韦思(George Wythe)悉心指导他,还把他引见给当时弗吉尼亚州州长,而且师徒二人成了终身的朋友。参见 *Works of Thomas Jefferson*, vol. 1, G. P. Putman's sons 1904, pp. 1—162。尽管如此,杰斐逊仍对法律学徒制持批评态度,他更偏向独立自学。参见 Brian J. Moline, "Early American Legal Education", 42 *Washburn L. J.* 775, p. 784。

过,学徒制本身却在悄悄发生变化。优胜劣汰导致了分化。一些指导法律学徒悉心、负责的师傅更受欢迎,吸引来的法律学徒也就更多。马萨诸塞州的帕森斯(Theophilus Parsons)律师就是这样的一位法律老师。1830 至 1860 年一直担任马萨诸塞州最高法院首席法官萧(Lemuel Shaw),也曾是一位勤勉尽责、受人欢迎的法律老师。他制定了详尽的规则,管理、训练自己的学徒。从某种意义上讲,萧的律师事务所变成了一个小型的机构性质的法律学校。有些律师师傅甚至在执业上花的精力与时间越来越少,而在培训自己的法律学徒方面投入更多的时间与精力,这已经有了作为教育机构性质存在的早期法律学校的影子。[1]

(二) 私人业主性质的法律学校

最早具备机构性质的法律教育,当属利奇菲尔德法律学校(Litchfield Law School)无疑。它是典型的私人业主性质的独立法律学校,由利弗(Tapping Reeve)法官约于 1784 年在康州的利奇菲尔德开办。这个学校开办得相当成功,规模也迅速扩大,开始在全国享有盛名,吸引了来自北美各地的法律学生。到 1833 年这所法律学校关闭时,在近五十年的时间里,它培养了上千名的法律毕业生。[2]

利奇菲尔德法律学校的教学模式,主要是法律原则的讲授(lecture method)与模拟法庭(moot court)辩论课相结合。课程以布莱克斯通的《英格兰法释评》为教本,讲义大纲的编排,也效仿布莱克斯通的方法与形式。课程的内容包括:不动产法、诉讼令状、法庭辩护与诉讼程序、证据法、遗嘱法、票据法、保险法、合同法、侵权法,以及代理法、衡平法等。学校每天早上九点正式上课,利弗或他的合作伙伴古德(James Gould)担任授课老师,授课时间约一个半小时左右,学生听课时需要认真记笔记。全部课程以专题性质展开,每一个专题性质的授课时间大约持续 18 个月,中间还有两个月的休假。学校为学生提供了法律图书馆,要求学生课外做相关的阅读。学校每周六对学生一周的学习做一次严格的小考。每周四的晚上或周五的下午,会有模拟法庭辩论课。这个学校在只有利弗一位授课老师的早期,模拟法庭辩论课只是选修性质,但在古德加入之后,模

---

[1] 参见 Lawrence M. Friedman, *A History of American Law*, Second Edition, Simon & Schuster, 1973, pp.318—320。弗里德曼在书中举了另外一个例子:后来成为北卡罗来纳州最高法院首席法官的亨德森(Leonard Henderson)曾在报纸上做广告称自己已经开了四家律师事务所招收法律学徒,现在正准备开第五家,而且详尽规定了学费,并承诺作为法律老师,他应尽的职责具体有哪些。

[2] Id., pp.319—320。这上千名的毕业生中,后来有 100 多人当上了国会议员,3 人当上了美国最高法院的大法官,另有为数不少的州法官,以及知名律师、政治家、教育家。参见 Andrew M. Siegel, "'To Learn And Make Respectable Hereafter': The Litchfield Law School in Cultural Context", 73 *N. Y. U. L. Rev.* 1978, p.1978。

拟法庭辩论课变成了必修课。但对学生注册和学习,学校并不采取严格的学年或学期制,即学生可以在一年中的任何时候来注册入学和上课。[1]

在大致同一历史时期,类似利奇菲尔德学校性质的法律学校也在其他一些州开办,只不过无论其规模、质量,还是声誉、存续的时间,都难与利奇菲尔德法律学校相比。尽管这类法律学校后来逐渐衰落或被大学收编,但到1850年,私人业主性质的独立法律学校仍有15所。[2]

(三) 大学里设置法律教授讲席

与此同时,另外一种类型的法律学校已经在旁觊觎,并最终崛起,取代了学徒制与私人业主性质的独立法律学校,成为主导美国法律教育的绝对力量。这就是隶属于大学的法学院的兴起。不过,走上这条道路并非一帆风顺。

在北美殖民地独立之前,尽管宗主国英国的法律教育模式,尤其是辩护律师(barrister)与事务律师(solicitor)的分层体制并未普遍复制到北美[3],但英国在法律制度与法律教育上的影响力是毋庸置疑的。英国辩护律师的训练与律师资格的授予,传统上由林肯公会(Lincoln's Inn)、格雷公会(Gray's Inn)、内殿公会(the Inner Temple)和中殿公会(the Middle Temple)这四大律师公会(Inns of Court)主持。这四大律师公会对法律学生的培训,采取资深律师指导下的学徒制(pupilage)。这种学徒制,表面上看起来似乎跟北美殖民地的学徒制相同。但这种学徒制附设在四大律师公会机构之内,并接受律师公会的指导,因此仍具备机构培训的性质。四大律师公会可以说兼具垄断性质的律师同业公会与律师学院的功能。而英国两所主要的大学牛津和剑桥虽然也讲授法律,并设有法律学位,但教学不涉及普通法,而集中于教会法与罗马法。1753年,威廉·布莱克斯通开始在牛津大学讲授英格兰法。1758年,牛津大学根据维纳(Charles Viner)的捐款,设置了普通法专任教授,即维纳讲席教授(Vinerian Professor of Law),布莱克斯通成为第一任维纳讲席教授。这在当时来说是

---

[1] 参见 Lawrence M. Friedman, *A History of American Law*, Second Edition, Simon & Schuster, 1973, p.320; Andrew M. Siegel, "'To Learn And Make Respectable Hereafter': The Litchfield Law School in Cultural Context", 73 *N. Y. U. L. Rev.* 1978, pp.2006—2009; Brian J. Moline, "Early American Legal Education", 42 *Washburn L. J.* 775, pp.795—797。另参见 Mark L. Jones, "Fundamental Dimensions of Law and Legal Education: An Historical Framework—A History of U. S. Legal Education, Phase I: From the Founding of the Republic Until the 1860s", 39 *J. Marshall L. Rev.* 1041, pp.1067—1068。

[2] 参见, Susan Katcher, "Legal Training in the United States: A Brief History", 24 *Wis. Int'l L. J.* 335, p.342。

[3] 不过早期的纽约州是一个罕见的例外,它完全照搬了英国的双层律师体制,参见, Brian J. Moline, "Early American Legal Education", 42 *Washburn L. J.* 775, p.785。

一个创举。[1]

这一做法不久在北美得到效仿。耶鲁的校长早在1777年就提议设立法律教授席位,但这一设想最终落实,则要到1801年。1779年,在弗吉尼亚新任州长杰斐逊的力促下,威廉与玛丽学院委任了他以前的法律老师乔治·韦思作为法律教授。这是北美的大学里第一次设置法律教授席位。其他著名大学如哈佛、布朗、普林斯顿、哥大、宾大(当时称作费城学院)、耶鲁等,都纷纷设置了法律教授席位。不过,当时这个时髦之举并未大获成功,它们吸引的学生远不如利奇菲尔德法律学校。尤其以哥大的法律教授肯特(James Kent)和宾大的威尔逊(James Wilson)为甚,这两所大学的法律教授因少有学生听课,很快难以为继。[2]

这一时期北美各大学里设置法律教授席位的做法之所以失败,一个很重要的原因就是:大学里法律教育的功能定位有误,它们并非出于培养执业律师而设立,而是把法律教育视为通识教育的一部分。[3] 但法律实际上早已成为一门专业性、技术性很强的学问,通识教育(liberal arts)的培养模式,无法满足法律毕业生将来的执业要求。这一时期大学里的法律教育项目,既无力跟仍处于主流地位的法律学徒制相竞争,也无法跟独立的法律学校相对抗。这一局面,甚至在各大学设立了独立于本科生院(college)机构与课程之外的大学法学院之后,仍维持不变。

(四)大学开办法学院

哈佛在1817年开办了北美历史上第一家隶属于大学的法学院,其他一些大学之后也很快纷纷效仿哈佛的这一做法。其中,不少大学的法学院,是通过收编业已存在的私人业主性质的独立法律学校而来,比如耶鲁法学院的开办就

---

[1] 布莱克斯通讲授的内容并不针对寻求律师执业训练准备的学生,而是一般的绅士教育在法律领域的补阙。或者说,仍处于大学通识教育的一部分。剑桥大学随牛津之后也设立了讲授英格兰法的唐宁讲席教授席位(Downing Professorship)。参见 J. H. Baker, *An Introduction to English Legal History*, Fourth Edition, Butterworths, 2002, pp. 170—171。

[2] 参见 Brian J. Moline, "Early American Legal Education", 42 *Washburn L. J.* 775, pp. 792—798; Andrew M. Siegel, "'To Learn And Make Respectable Hereafter': The Litchfield Law School in Cultural Context", 73 *N. Y. U. L. Rev.* 1978, pp. 2022—2024。

[3] 杰斐逊帮助威廉与玛丽学院设立法律教授席位的初衷,是为了向学生灌输共和主义的美德,他认为这些美德有助于激起公众对公共机构的信任。1787年制宪会议上表现活跃的威尔逊,在宾大作为法律教授讲授美国法时,也同样着重法律的理论层面,即法律在美国民主政治、权力制衡宪政制度下的道德基础。哥大的肯特也是把大学里的法律教育定位为绅士教育的一部分。参见 Mark Warren Bailey, "Early Legal Education in the United States: Natural Law Theory and Law as a Moral Science", 48 *J. Legal Educ.* 311, pp. 318—319; Andrew M. Siegel, "'To Learn And Make Respectable Hereafter': The Litchfield Law School in Cultural Context", 73 *N. Y. U. L. Rev.* 1978, pp. 2022—2023。统言之,他们都是把法律看做是道德哲学、政治哲学的一部分,把法律教育定位为人文通识教育、绅士教育,甚至是公民教育。他们没打算也没有向学生传授多少实用的法律技术知识。

是如此。[1] 早期的法学院拥有相当的独立性,尤其是在财务方面。当然,这也意味着大学给予法学院的财政或其他支持也相当有限,或者说根本没有。[2] 从整体上讲,法学院跟大学的关系在早期,远不若20世纪以来美国各大学与其隶属的法学院之间的关系那样紧密。很多法学院(尤其是收编来的)与自己的大学之间完全是一种貌合神离的关系。有的法学院甚至还存在不断改换门庭的做法(如西北大学法学院早期)。[3] 从这个意义上讲,法学院并未完全纳入大学,成为整个高等教育体系中的有机组成部分。[4] 这一时期的主流法律教育模式,仍是学徒制和偏重法律专门技术传授的独立法律学校。大学里的法学院,早期发展相当艰难、缓慢。以哈佛法学院为例,法学院开办十年之后的1827年,法学院陷入最低潮,教师只有一名,学生也只有一名。[5]

开办隶属于大学的法学院这一做法,毕竟跟前期设立法律教授席位有了很大的不同:前者的课程跟大学(即本科生院)分开,并且单独颁发法学士(LL.B)学位。单凭一位法律讲席教授撑起大学里的法律教育项目,的确太脆弱了些。而法学院毕竟是一个机构存在,它理应更稳定、更持久。

大学开办法学院,虽然开启了新的法律教育机制,但并未因此很快开创出崭新的局面。造成这种状况的因素较多。首要的因素是:大学里法学院的法律教育,无论在大学层面,还是在法学院层面,都缺乏创新的整体教育思路与理念。崭新的大学办学思想,要等到美国内战之后,才慢慢到来。法律教育乃至整个大学教育的理念仍因循18世纪的旧观念。早期设置的法律教授讲席,强调的是人文通识教育方面,把法律视为整个道德哲学与政治哲学的一部分,并

---

[1] 参见 Andrew M. Siegel, "'To Learn And Make Respectable Hereafter': The Litchfield Law School in Cultural Context", 73 *N. Y. U. L. Rev.* 1978, p. 2020。

[2] 哥大法学院在1858年到1891年德怀特(Theodore W. Dwight)退休时这近四十年间,完全是德怀特一人的天下。从某种意义上说,实际上是德怀特个人掌管的私人业主性质的法律学校与哥大的合伙制联盟。德怀特自己向学生收学费(新生每年100美元),自己付法学院开支,自己给自己安排一年6000美元的薪水,盈余部分,由他本人跟哥大校方五五分成。当密歇根大学校董会决定从大学基金里拿出1000美元给法学院教员发薪水时,这在当时是一桩新鲜事。参见,Lawrence M. Friedman, *A History of American Law*, Second Edition, Simon & Schuster 1973, p. 609。

[3] 西北大学(Northwestern University)现在的法学院,其前身是老的芝加哥大学(Chicago University,并非洛克菲勒家族捐助设立的芝大即 University of Chicago)的法律系,1873年,它变成了芝加哥大学与西北大学共同的法学院,可谓一仆二主。1886年,随着芝加哥大学关闭,才结束这一尴尬局面。1891年,法学院被正式合并到西北大学里。Id., p. 609。

[4] 参见 Id., pp. 608—609。

[5] 参见 http://www.law.harvard.edu/about/history.php,最后访问日期 2008年5月6日。如今在全美法学院排名第一的耶鲁法学院也强不到哪里去。在开办了45年后,到1869年,随着法学院最后一名教授去世,法学院没有了教员,也没资金,学生也所剩无几。耶鲁大学校方当时曾有意关闭法学院。参见 Mark Bartholomew, "Legal Separation: The Relationship between the Law School and the Central University in the Late Nineteenth Century", 53 *J. Legal Educ.* 368, pp. 368,370 esp. FN 3。

未把法律作为一门严谨、独立的学问去看待。而且,教育的供给端也忽视了教育需求端的现实需求。法律学生求学的主要目的是想成为执业律师,他们需要掌握的是对其将来法律职业生涯有帮助的专门、技术性质的实用法律知识,而不是大而无当的、空泛的法律与道德,法律与政治之类的法律基础理论知识。而大学开办法学院,尽管表面上实现了法律教育的机构化,但其教育目标与功能仍是相当模糊的。在如何处理本科通识教育与法律职业教育的关系定位上,也并未很好地厘定。而且,由于大学机构与法学院之间缺乏紧密有力的联系,大学的教育资源未能很好地与法学院的发展相结合。各法学院的发展多处于自力更生,或者确切地说是自生自灭的状态。这样的大学法学院,其性质无非是一个可以颁发大学文凭的私人法律学校而已。它们的沉浮任由法学院(尤其是主事者)随波逐流,就在情理之中了。[1]

第二个因素是法学院本身的办学管理松散的问题。法学院学生的入学门槛低,学制普遍过短。法学院提升到研究生院的层次的做法,即学生入学,需要有本科文凭或本科同等学力的资格要求,是朗道尔1870年主政哈佛法学院之后的产物,在此之前,既没有任何教育资历的要求,也没有任何入学考试。以那一时期两大精英法学院之一的哈佛法学院为例,在1830年至1860年间,总共只有不到一半的法学院新生在入学前拥有大学本科文凭。[2] 也就是说,大学法学院本质上就是一个法科性质的本科生院,但与此相对应的是,法学院的学制也普遍低于大学的本科生院,更不用说其他方面也低于本科生院的要求。在1850年时,许多大学的法学院标准学制仅仅为一年,到后来,大多为一年半,最多也不过两年。而且,学生注册入学、学习与毕业,没什么学年、学期和年级管理要求,学生可以在任意时间入学或毕业,条件是只要学生在法学院呆够规定

---

[1] 耶鲁法学院是一个极端例子。自1824年收编私人业主性质的法律学校开办法学院始,一直到1886年新的耶鲁校长就任后开始大力发展法学院这一长达六十多年的时间里,法学院毫无起色,甚至在1869年险遭关门的危机。参见 Mark Bartholomew, "Legal Separation: The Relationship between the Law School and the Central University in the Late Nineteenth Century", 53 *J. Legal Educ.* 368。

[2] 参见 Joel Seligman, *The High Citadel: The Influence of Harvard Law School*, Houghton Mifflin Company, 1978, p.27. 在北美各大学法学院发展早期,两所较为优秀的法学院——哥大法学院与哈佛法学院起初对法学院新生的入学资格要求,不要说本科教育,就是高中文凭的资格要求也没有。迟至1896年,76所法学院中,仅有7所要求新生入学前接受过高中教育。到20世纪初期,随着美国律师协会意识到律师过于泛滥,才开始提高法学院学生入学标准。到1903年时,全美将近一半的法学院要求学生入学时拥有高中文凭。哈佛法学院也只是在1895年才开始正式要求所有的新生入学时拥有本科文凭。而这一高标准入学要求,并没有得到其他法学院的响应。时隔21年后,宾大法学院在1916年才效仿了哈佛法学院的做法。又过了5年,才有更多精英大学的法学院,如哥大、斯坦福、耶鲁追随这一做法。参见 Laura I Appleman, "The Rise of Modern American Law School: How Professionalization, German Scholarship, and Legal Reform Shaped Our System of Legal Education", 39 *New Eng. L. Rev.* 251, pp.268—269。

的住校年限。很多学生甚至根本不耐烦呆足规定的年限以取得学位。法学院基本上也没什么严格的考试。法学士的学位没什么含金量,从某种意义讲,是空洞的荣誉性质的。[1]

第三个因素是:法学院的发展太过受限于知名教授的一人之力支撑。法学院表面上变成了一个机构,但实际上并没有脱开讲席教授的做法,往往由一两个教授主宰其沉浮,而且多为兼职教授,专职教授非常少,仍缺乏组织稳定的机构特征。从某些方面看,它甚至也无非是一个扩大版的学徒制而已。同样以哈佛法学院为例,从 1817 年到 1829 年开办初期,法学院发展启动相当缓慢,12 年里总归才培养了 25 名毕业生。1829 年,哈佛大学依靠丹恩(Nathan Dane)律师的巨额捐款(当时为 1 万美元),设置了丹恩讲席教授,聘最高法院大法官斯托里(Joseph Story)为丹恩教授。斯托里是当时首屈一指的法学家,骛趋其盛名,哈佛法学院注册学生人数一度达到史无前例的 163 名,法学院开办得稍有起色。但在 1845 年斯托里死后,斯托里的继任者明显缺乏他那样的全国声誉。哈佛法学院的发展开始停滞不前,步入哈佛法学院历史上所谓的"黑暗年代"。[2]

第四个因素:法学院课程设置一成不变,教学方法陈旧、落后,法学院的发展陷入停滞状态。被视为早期精英法学院之一的哈佛法学院,在 1845 年之后将近二十年时间里,从招生简章到课程设置,再到学位授予要求,甚至只字未改。当时的教学采取填鸭式的死记硬背方法(textbook method or lecture method)。老师根据自编的教科书讲义讲授,学生则在课上拼命记笔记。之后,老师在课堂上要求学生背诵(recitation)、复述已讲的内容,已检查学生是否牢记了课程内容。[3] 这种教条式的教学与学习方法,唯一锻炼的是学生的背功,对于学生将来法律执业所需的分析能力、归纳能力、推理能力等实际技能,无一训练。无怪乎 1864 年入学哈佛法学院的霍姆斯,在回忆自己在法学院所受的教育时,非常尖酸地抨击法学院给予他的训练极其有限。[4]

---

〔1〕 参见 William P. LaPiana, *Logic and Experience*: *The Origin of Modern American Legal Education*, Oxford University Press 1994, p.8; Lawrence M. Friedman, *A History of American Law*, Second Edition, Simon & Schuster 1973, p.609.

〔2〕 参见 Lawrence M. Friedman, *A History of American Law*, Ibid., pp.321—322 and p.610。如前已述,其实哥大法学院在其发展早期,也同样是由德怀特教授一人支撑。

〔3〕 参见 Joel Seligman, *The High Citadel*: *The Influence of Harvard Law School*, Houghton Mifflin Company, 1978, pp.27—28; Lawrence M. Friedman, *A History of American Law*, Ibid., pp.610—611。

〔4〕 参见 Joel Seligman, *The High Citadel*: *The Influence of Harvard Law School*, Ibid., p.28。霍姆斯甚至说,"很长时间以来,哈佛法学院的状况让马萨诸塞州蒙羞。"参见 William P. LaPiana, *Logic and Experience*: *The Origin of Modern American Legal Education*, Oxford University Press, 1994, p.9。

第五个因素:受限于大学管理层本身的不重视,以及法学院自身财力薄弱,法学院缺乏足够合格的专职教员。法学院聘请专职的法律教授,是在朗道尔主政哈佛法学院之后的新鲜做法。在此之前,各大学的法学院多聘请当地知名的律师、法官兼职担任教员。这一做法无疑掣肘了法学院的发展前景与空间。

第六方面的因素与杰克逊式的民粹主义民主运动有关。美国联邦政府体制,在1789年根据批准的新宪法投入运行后,尽管首任总统华盛顿竭力避免或弥合党争,但以首任财政部长汉密尔顿为首的联邦党人,与首任国务卿杰斐逊为首的民主共和党人的党争局面,还是不可避免地形成。杰斐逊式的民主共和党人在政治上维护州权、强调大众民主,在经济政策上主张维护农业经济;联邦党人则主张建立强有力的联邦政府,着重大力发展工商业经济与稳定的全国金融机构体制,在价值观念上更带有贵族精英主义的思想。1800年,杰斐逊当选第三届总统,联邦党人在总统大选和国会选举中全线溃败,联邦政权出现和平更替,这被称之为"1800年革命"。之后二十多年里,杰斐逊式的民主共和党人一直掌控着美国联邦政府。杰克逊式的民粹主义民主运动可谓杰斐逊"1800年革命"的延续,而且有过之无不及,从政治领域蔓延到社会生活的其他领域。单从法律职业与法律教育上讲,受这一运动的影响,一些职业资格准入要求被视为精英特权观念而纷纷遭到废弛。法官开始开放民选。在律师方面,在1800年,19个州中有14个州要求律师获得执业资格之前,需有2—3年,甚至是5年的职前训练(无论是法律学徒还是法律学校的培训)。到了1840年,这一要求大大放松,30个州中只有11个州有这样的规定。而到了1860年,39个州中仅有9个州有这样的规定。各个州的律师资格考试都非常随意。绝大部分州甚至并未要求律师在获得律师资格之前受过任何教育。可以说,许多律师在获准从事律师执业之前,未曾受过任何正规的法律教育。[1] 既然法律职业准入的门槛如此之低,职业资格要求如此之松,准备从事法律职业的学生,加入机构性质的法学院接受正规法律教育的动力,也就变得相当微弱了。这的确间接造成了法律教育,尤其是机构性质的大学法学院这一时期的尴尬局面。

大学法学院的开办,的确开启了法律教育的新机制,但因受制于多方的原因,时隔五十年后,法学院的发展仍困难重重、徘徊不前。耶鲁法学院与哈佛法学院是两个典型的例子,一个面临着关门的境地,另一个正酝酿一场革命的风

---

[1] 参见 Mark L. Jones, "Fundamental Dimensions of Law and Legal Education: An Historical Framework—A History of U.S. Legal Education, Phase I: From the Founding of the Republic Until the 1860s", 39 J. Marshall L. Rev. 1041, pp. 1048—1062; Joel Seligman, *The High Citadel: the Influence of Harvard Law School*, Houghton Mifflin Company, 1978, pp. 26—27; Susan Katcher, "Legal Training in the United States: A Brief History", 24 Wis. Int'l L. J. 335, pp. 345—347。这也正是出身寒微,未曾受过多少正规教育(包括法律教育),而完全靠自学成材的林肯得以成为执业律师,并能驰骋于政坛的时代。

暴。生存还是灭亡,的确是一个难题。对哈佛法学院乃至美国法律教育来说,1870年将是一个关键的转捩点。一个关键的历史人物将会登上历史舞台,领导现代美国法学院的兴起。

二、朗道尔其人

克里斯多福·哥伦布·朗道尔(Christopher Columbus Langdell)正如另外一个革命性人物克里斯多福·哥伦布一样,出身寒微,从其早年生涯中,看不出是一个能作出开创性功绩的人物。[1] 但当他在1906年去世时,美国公众舆论盛赞他是"这个国家有史以来最伟大的法律教师"。[2] 不过,这一说法尽管已属过誉之辞,仍不能全面代表他在美国法律教育史上的成就。时间又过了一百年,我们再回头看朗道尔的成就,就能清晰地发现,朗道尔在美国法律教育史上,绝非作为最伟大的法律教师(哪怕最伟大的法律教师也有成打)的荣誉身份而存在,而是作为法律教育独一无二的革命者,作为现代法律教育的奠基者而存在的。这是一个英雄开创新时代,而不是时势造英雄的年代。要理解这一点,离不开充分了解朗道尔的人生阅历、教育经历、性格特质,乃至其行事风格,以及他的法律思想与教育理念与哲学。

(一) 少年生涯(1826—1845)

朗道尔1826年5月22日生于新罕布什尔州的新波士顿镇,家中排行老三。出生之时家中还薄有资产,但显然在富裕甚至小康之下。1829年开始,家中连番出现悲剧性变故,先是一岁的小弟弟因眼疾(朗道尔晚年也饱受严重的眼疾困扰,一度接近失明)死亡,接着家产严重缩水。1833年,朗道尔的母亲突然去世,这使得他的家庭完全陷入崩溃。他的父亲约翰深受打击,显然也无力独自抚养四个孩子(除已死的小弟弟之外,朗道尔之后家里又添了个妹妹),便把他们分送到各个亲戚家寄养。家庭悲剧却并未因此结束。朗道尔十二三岁的大哥正处在敏感的年纪,失母之后又逢父亲性格变得幽闭避世,形同枯槁双

---

[1] 套用曾担任亚利桑那州立大学法学院(University of Arizona College of Law)和华盛顿大学法学院(Washington University School of Law)院长,如今已是罗切斯特大学(University of Rochester)校长的瑟利格曼年轻时的话说,"朗道尔原本不像是一个革命性人物"。参见Joel Seligman, *The High Citadel: The Influence of Harvard Law School*, Houghton Mifflin Company, 1978, p.29。关于哥伦布的生平,参见他的儿子费迪兰德为其撰写的传记,*The Life of The Admiral Christopher Columbus: by His Son Ferdinand*, Translated, Annotated, and with a new Introduction by Benjamin Keen, Second Edition, Rutgers University Press, 1992。

[2] 参见Bruce A. Kimball, "The Langdell Problem: Historicizing the Century of Historiography, 1906—2000S", 22 *Law & Hist. Rev.* 277, p.282。关于朗道尔的生平历史,我较多倚重了金博教授的研究,而舍弃了一些其他同类研究,最大的理由是:金博教授的研究成果,主要是对一手档案材料发掘而形成。另外,金博发表了多篇有关朗道尔的论文,是研究朗道尔的教育史专家。对于其他基于二手文献综述的论文或著作,我有选择性地使用。

失,离家出走后淹死。这些无疑对年幼的朗道尔内心造成一层又一层的痛苦打击。这导致成年后的朗道尔一直有着深深的孤独感,无法坦然面对亲朋好友的死亡。到1839年时,朗道尔的父亲陷入前所未有的经济困境,家中除了价值一百美元的银行股票与现金,其他流动财产一无所有。1840年,14岁的朗道尔开始为父亲帮工。随后几年家庭经济才开始略有好转。[1]

幸运的是,朗道尔的舅舅是一个好心的学校老师,他们兄妹几人并未因母亲去世、家庭经济陷入困境而失学。家庭接二连三的不幸,也并未令年少的朗道尔变得脆弱不堪,而是培养了他好学上进、坚韧不拔的性格,激起了他的远大志向。他在16岁那年第一次向自己的姐姐袒露心扉,表达自己想上大学的强烈愿望。姐姐也坚定地支持他的想法。1843年,朗道尔所上的学校新来了一位在达特茅斯学院(Dartmouth College)接受过本科教育,而刚从哈佛法学院毕业的年青律师克罗斯(David Cross)做兼职老师。朗道尔向克罗斯寻求建议,如何实现自己的人生目标。克罗斯向朗道尔展示了上大学、念法学院的法律职业人生前景。有了这个良师益友的榜样与建议,朗道尔更坚定了自己的志向,并且付诸行动,他开始夏天在曼彻斯特的各个磨坊打工攒学费,姐姐也打工挣钱支持他。[2]

(二)菲利普预科学校(1845—1848)

1845年,朗道尔根据克罗斯的建议,选择位于新罕布什尔州埃克塞特(Exeter)的私立菲利普预科学校(Phillips Academy)注册入学。朗道尔原本指望自己能申请到学校的奖学金,因为他将自己的一部分打工所得寄给他父亲贴补家用,攒的学费不足。不料申请被学校以"他言语迟滞、举止笨拙"为由拒绝。这是他一生中最令他伤心欲绝的挫折。朗道尔19世纪70年代在哈佛法学院任教时的爱徒,后来也接任他院长职位的埃姆斯(James Barr Ames)在记述其老师的生平中,讲到这一挫折时,说"他坐在学校大楼前的台阶上,放声痛哭"。交不起学费,又丧失获得奖学金的机会,无疑使他念大学的人生目标前景一片黯淡。好在他的姐姐和妹妹都坚定不移地支持、援助他,他自己靠节衣缩食,打各种零工,得以继续求学。第二年的夏天,他终于如愿获得了学校的奖学金,总算摆脱了失学的阴影。[3]

菲利普预科学校类似于英国的文法学校,三年的课程主要是古典学,即拉

---

[1] 参见 Bruce A. Kimball, "Young Christopher Langdell, 1826—1854: The Formation of an Educational Reformer", 52 *J. Legal Educ.* 189, pp. 191—196。

[2] Id., p. 197. 也可参见 W. Burlette Carter, "Reconstructing Langdell", 32 *Ga. L. Rev.* 1, p. 16。

[3] 参见 Bruce A. Kimball, "Young Christopher Langdell, 1826—1854: The Formation of an Educational Reformer", 52 *J. Legal Educ.* 189, p. 198。

丁文与希腊文,在高年级增添数学和地理学课程。[1] 朗道尔一入学,就积极融入学校的学习生活中,参加了精英学生自己组织的学校社团——金枝文学社（Golden Branch Literary Society）。金枝文学社组织会员进行写作、评论、演讲、辩论,还开辟了起初为会员专用、后来成为学校图书馆的图书室。朗道尔把自己课外的学习时间投入到文学社组织的各种活动中。一年后,他当选上文学社的副会长。在朗道尔的提议下,文学社1847年3月初投票决定组织一次模拟法庭辩论,并且由他和另外一个学生为此进行筹备。尽管文学社组织模拟法庭辩论完全突破了文学社的传统,但随后的模拟法庭辩论获得了很大的成功。在辩论赛中,朗道尔自己作为检察官辩手参与其事。这最早显示了朗道尔日后投身法律职业的人生理想。模拟法庭辩论结束不久,朗道尔因模拟法庭辩论赛的成功而当选新一任会长。与此同时,他利用文学社图书室的得天独厚条件,如饥似渴地广泛阅读各类藏书,在短短两年内,他的借书量达157本之多（仅次于另外4名会员）。朗道尔在会长任内最后的一个举措,是纠正会员滥用图书室图书的状况。对书籍的热爱和对图书馆建设的重视,将构成朗道尔一生的兴趣,对他日后领导哈佛法学院成功迈向一个崭新的时代,也是至关重要的一个因素。[2]

朗道尔在预科学校求学时期另外一个值得注意的方面,是他对教育的兴趣。这方面的兴趣可能与他舅舅的教师职业有关。在朗道尔借阅的一百多本书中,有一本是洛克的《论教育》（Some Thoughts Concerning Education）。这本书在那个时代的美国预科学校或大学图书馆里,都并不常见,学生也少阅读。洛克的《论教育》探讨的并非是针对一般人（社会公众）的大而化之的教育哲学,而是讲培养小孩如何成长为德才兼具的绅士,即拥有健全的心智与健康的身体的具体教育方式与方法。洛克在《论教育》中,严厉抨击了体罚和叱责等粗暴的传统说教模式,而主张通过家庭教师与家长耐心、细致、以身作则的示范作用,培养小孩的羞耻感和荣誉感,养成小孩良好的品格、性格与习惯。在文化教育方面,洛克坚决反对当时流行的强调死记硬背、填鸭喂养的灌输式教育,主张让学生直接面对大师的原始文本吸取学养,而且通过练习实践来在头脑中生根。可以肯定的是,朗道尔在上大学之前,就已经了解了洛克的教育思想。从朗道尔1870年入主哈佛法学院之后创立的崭新教育模式,尤其是案例教学法来看,其指导思想与洛克的启发式教学和重视一手文本的教育理念可谓一脉相

---

〔1〕 按照艾略特后来的说法,菲利普预科学校是那个时代全美古典学课程教授得最好的学校。参见 Charles Eliot, "The New Education II: Its Organization", *The Atlantic Monthly*, Volume 23, Issue 137, p. 362, 电子版: http://cdl.library.cornell.edu/cgi-bin/moa/sgml/moa-idx?notisid = ABK2934-0023-53,最后访问日期2008年5月21日。

〔2〕 参见 Bruce A. Kimball, "Young Christopher Langdell, 1826—1854: The Formation of an Educational Reformer", 52 *J. Legal Educ.* 189, pp. 198—203。

承,而与他此前在哈佛学院与哈佛法学院所亲历的教育模式,却没有任何关联。[1]

朗道尔在预科学校的勤奋好学,参与并领导精英学生社团,使他从一个腼腆、沉默寡言的少年,迅速成长为一个活跃、富有才干的自信青年。

(三) 求学哈佛(1848—1855)

1848 年,朗道尔已经年满 22 岁。他于当年 8 月入哈佛学院注册,以新生身份成为二年级学生。少年时的梦想可谓实现。不过在此之前,他又遭遇另一起家庭悲剧,他的妹妹一年前正值豆蔻年华(17 岁)之时早亡。妹妹曾在他念预科最艰难之时无私帮助过他,丧亲之痛无疑更坚定他继续求学的道路。

这一时期的哈佛学院既是全美数一数二的通识教育精英学院,也是精英阶层子弟汇聚的大本营。朗道尔既比他的哈佛同学更年长而成熟,也比他们家境更清寒。当时哈佛的学费一年是 100 美元,住宿费是 80 美元,每周的餐费是 3 美元。不算书本、衣物等正常学习和生活开支,一年最基本的费用也达到 300 美元以上。大学的确只有富家或至少小康以上家庭的子弟才上得起。如果单纯从摆脱贫困、维持生存角度讲,上大学并非朗道尔最现实、理性的选择。因为当时非熟练劳工一年也能挣 300 多美元,而熟练技工则能挣到多达 600 美元左右。即便是朗道尔想通过从事法律职业改变自己的社会身份、地位,规划一个更好的职业目标与人生前景,他也有更便捷的路径可走。当时大学法学院入学并不要求学生事先接受任何本科教育。事实上,当时也很少有法学院的学生在进入法学院前念过大学本科。这种灵活而放松的机制,为他提供了更多的选择。不过,已经年长到足够成熟的朗道尔,并没有选择这样的捷径。这一点,也正好说明朗道尔是一个有着自己独特的教育信念和理想追求的年轻人。以他自己的教育经历作为蓝本,在他 1870 年担任哈佛法学院院长之后,强调法学院新生事先接受过大学本科的通识教育,成为他最坚定主张的改革,也是遭到最大抵制的改革。但他一直坚持不懈,直到 25 年后他卸任那一年才获得成功,正式在哈佛法学院得以确立。[2]

哈佛学院尽管当时堪称北美一流的本科生院,但从现在的眼光看,或者从 1869 年后年轻的哈佛大学校长查尔斯·艾略特(Charles William Eliot)所全面革新的大学教育模式来看,无疑是落后不堪的。课程的设置强调经典教育,如拉丁文、希腊文、修辞学、数学、语言学、哲学、历史、自然历史等。除了高年级少

---

[1] 关于洛克的教育思想,参见洛克《论教育》各节,特别是第 195 节,*The Works Of John Locke*, Vol. IX, London: Thomas Tegg & Others, 1823. 另见 Bruce A. Kimball, "Young Christopher Langdell, 1826—1854: The Formation of an Educational Reformer", 52 *J. Legal Educ.* 189, pp. 202—203。

[2] 参见 Bruce A. Kimball, "Young Christopher Langdell, 1826—1854: The Formation of an Educational Reformer", 52 *J. Legal Educ.* 189, pp. 204, 220。

得可怜的选修课外,基本上都是必修课。更糟糕的是教学方法。当时标准的教学方法是要求学生背诵(recitation)课文。而即使是满堂灌式的讲授(lecture)教学的课程,却也仅限于对高年级学生开设。艾略特本人在 1908 年出版的《大学管理》一书中,曾对这种教育方式有详尽的描述。当时的情形是:老师在每堂课下课之前布置下次课要背诵的课文,每次都好几十页,指定每个学生要背其中的一部分。下次课就是检查学生是否会背课文,学生背完了,老师也不作讲解、评论。而学生背得出,背不出,其实差别并不大。即使经常背不出课文,但只要不缺课或缺席规定的宗教仪式,就没什么大不了的严重后果。这种教学方法并不在乎学生是否真的理解,甚至去学会分析课文的内容,而只强调学生记住课文内容就行。这是一种很容易令学生乏味、反胃的教育,非但不能让学生养成好学的精神与爱钻研的学习习惯,反得令一般学生学会投机之举,甚至通过作弊糊弄老师。上课变成了猫抓耗子的对抗性游戏。[1]

当时美国大学课堂流行的教学方法,显然违背了洛克所主张的教育方式。尽管如此,因其清寒的家庭背景,朗道尔相对年长、成熟,对如此来之不易的大学教育机会,朗道尔并未像一般同学那样跟老师玩起捉迷藏,他仍是勤奋刻苦地学习。从第一年的成绩上看,尽管他并非年级中最顶尖的学生,但也至少也是排名前十五的优秀学生。[2]

如果说当时大学里传统、老旧的教育模式,对日后的朗道尔没什么吸引力的话,他在进入哈佛学院第一学年所修的自然历史课程,则对他影响较深。自然历史课程,是朗道尔在哈佛唯一正式接受的科学教育训练,也是他一生中所得到的全部科学教育。自然历史当时分成植物学与动物学两部分,分别由当时哈佛两个最著名的教授,也是当时全美首屈一指的自然科学家讲授。尽管这门课程也遵循当时流行的教学模式,要求学生背诵课文,但老师带领学生参观植物园和动物标本馆,向学生展示各种动植物标本,而且教学生如何制作、保存标本。这门课程中,两位自然科学家向学生展示的分类学、严谨科学的研究方法与标本教育的方式,无疑对朗道尔影响不小。在他 1870 年成为哈佛法学院的

---

〔1〕 参见 Bruce A. Kimball, "Young Christopher Langdell, 1826—1854: The Formation of an Educational Reformer", 52 *J. Legal Educ.* 189, pp.205—208。这种教育方法有点类似中国旧时的私塾,其主要教育职能就是让学童背熟四书五经,但显然还做得不如有些私塾,起码好的私塾先生是会精讲课文的。本文对中国旧时的私塾教育历史并未做一般性梳理研究,但可参照个案,如民国奇人李宗吾的自述。他称最早的私塾读了四年,"除教背读外,一无所授。"后来,换了个私塾老师,注重讲解,受益甚多。参见李宗吾、张默生:《李宗吾传》,团结出版社 2004 年版,第 27—29 页。

〔2〕 金博根据史料修正了此前历史书中有关朗道尔是"年纪排名第二",或"最优秀的学生"的说法。学校临时放假也不会影响他专心学习。当时哈佛的一些精英学生社团,逐渐从学术社团沦落成了精英阶层子弟把控的势利眼社交小圈子,朗道尔有意疏远这些社交活动,潜心读书。参见,Bruce A. Kimball, "Young Christopher Langdell, 1826—1854: The Formation of an Educational Reformer", 52 *J. Legal Educ.* 189, pp.208—210,217—219。

教授、院长之后,他一再把法律跟自然科学相提并论,强调法律是一门科学。在他的眼中,法律作为一门科学,案例就是其样本。他在 1871 年出版的第一本案例教科书《合同法案例选编》前言中讲到:"法律是一门科学,它是由某些原则或原理组成的。掌握了这些原则或原理,能够不断地熟练、准确地适用到纷繁复杂的人类事务中,便是一个真正的律师所应该具备的。因此,每一个严肃认真的法律学生,都应以获得这种熟练技能为务。每一个原则,都是通过缓慢的变化达到它目前的状态的。换句话说,它是在数百年里通过无数的案例成长起来的(it is a growth, extending in many cases through centuries)。它们的成长轨迹主要通过一系列案例来探寻。"[1] 注意一点,朗道尔在这里把原则的发展看做是跟生物一样的成长(growth),而不是像社会学或道德哲学所看待的视角,即只是随社会状况的变化而产生的变迁(changes)。这明确显示了他的科学原旨主义视角下的法律观。尽管现代的评论者认为,自然科学与法学没什么可比性,批评朗道尔这是胡乱把自然科学的认识论与方法论延伸到法学中。[2] 但我认为,朗道尔此论此举,并非完全是从探讨法律是什么这一法理学角度出发的,而是从教育的角度出发的。他是在竭力重建法律作为一门严肃学科,从而可以在大学里研究和传授。[3]

在哈佛学院念了三个学期之后,受因于经济拮据,也大概因为对学校教育的失望,他在 1849 年年底向学校申请休学,选择冬季外出教书,并获得批准。在 1849 年年底到 1850 年年初的冬季学期,他在马萨诸塞州诺福克县一个叫德得姆(Dedham)的小镇教书。这次短暂的教书经历很狼狈,朗道尔很快被学校辞退。辞退的具体原因不清。校方的报告只是称朗道尔"与学校存在一些不愉快的分歧或误会"。之后,朗道尔想在哈佛法学院附近找一份合适的工作,也未能成功。此时的朗道尔已经 24 岁,身无分文,他的姐姐这一时期可能去了中西部,来自家庭的援助也指望不上,他可谓陷入人生的最低潮。1850 年初,朗道尔来到了他曾接受预科教育的埃克塞特附近的多佛(Dover)镇,终于找到了一份工作,当上了新罕布什尔州当地一位颇有名望的法学家史密斯家的家庭

---

[1] 参见,C. C. Langdell, *Selection of Cases on the Law of Contracts*, Little, Brown, and Company, 1871, p. vi。

[2] 参见,Thomas C. Grey, "Langdell's Orthodoxy", 45 *U. Pitt. L. Rev.* 1, pp. 25—30。

[3] 倒不是说朗道尔这一观点,是不真诚的投机之举(考虑到当时哈佛的校长艾略特是化学家出身),但把朗道尔的这一观点限制在他重振法学院的教育目标角度下是适当的。金博也主张不必过分夸大朗道尔有关法律与自然科学类比的观点,认为这一观点也并非朗道尔法理学的核心。他阅读过几乎所有朗道尔未出版的著作、笔记、演讲等材料,并没有找到朗道尔有关这一观点的进一步论述。参见,Bruce A. Kimball, "Young Christopher Langdell, 1826—1854: The Formation of an Educational Reformer", 52 *J. Legal Educ.* 189, pp. 214—215。

教师。[1]

  除了当家庭老师外,他还打些体力活零工来养活自己,并在这一年加入埃克塞特当地一家知名律师事务所,成为文书,开始为期十八个月的法律学徒实习。在完成了在律师事务所的培训后,按照当时的标准,他具有足够的条件和资历申请成为一个执业律师。事实上,他的教育背景和法律职业训练,已经超出当时绝大部分州的规定要求,也超过了当时大部分新律师所具备的才能。然而,有着独特的信念和人生理想追求的朗道尔,又一次选择了一条与众不同的道路。1851年11月,他重返哈佛校园,注册成为哈佛法学院的新生。[2]

  按罗彻斯特大学的历史学家金博教授的说法,朗道尔回到哈佛的确可谓赌博之举。当时他口袋里仅剩20美元,法学院又不提供奖学金,他如何付得起昂贵的学费和其他生活费用? 但幸运的是,他的成熟、独特,特别是学业上的出类拔萃,很快就获得法学院老师的认同。当年12月底,法学院决定免掉他的学费,这是哈佛法学院历史上的头一遭。免学费的条件,是要求他为法学院提供协助(类似于现在的助研)。1852年年初开始,他为法学院的帕森斯教授的《合同法》一书的撰写提供协助研究,主要任务是帮教授查找案例、撰写注解。朗道尔的工作因其专业、勤勉,赢得帕森斯教授的完全信赖,帕森斯教授甚至将其他助研学生的工作成果,交由朗道尔去订正、修改,实际让他成为一帮助研的头儿。当时一起做助研的同学,甚至认为朗道尔对该书的贡献超过了作者帕森斯本人。很多人认为,朗道尔的注解,比帕森斯正文里对法律原则的阐释更具价值。[3]

  朗道尔在担任帕森斯助研期间,就开始组织和领导一帮同学,尤其是那些助研同学阅读、讨论案例,尤其是重要的权威案例。这种方法后来被朗道尔视之为学习法律的(唯一正确)方法。这种学习方法,正是朗道尔19世纪70年代入主哈佛法学院后所开创的案例教学法的雏形。[4]

  朗道尔在助研岗位上的尽责、成功,使得他在1852年夏天又获得另外一个

---

[1] Bruce A. Kimball, "Young Christopher Langdell, 1826—1854: The Formation of an Educational Reformer", 52 *J. Legal Educ.* 189, pp. 222—223。在他人生低潮时找到的这份家庭教师工作,对朗道尔来说来之不易、弥足珍贵,这使得他对史密斯一家有很深的感情。他的学生小史密斯(Jeremiah Smith)当时尚十三岁,正在埃克塞特的预科学校就读,后来也上了哈佛学院和哈佛法学院。毕业后在新罕布什尔州执业,后成为该州最高法院的法官。1874年因患肺结核病退任,病愈后重操律师旧业。1890年,朗道尔不顾埃姆斯的反对,并且打破自己立下的规矩,即仅聘任刚从法学院毕业、没有多少律师执业经历的明星学生(跟埃姆斯一样)任教,力荐史密斯到哈佛法学院任教。史密斯后来也是朗道尔的遗嘱鉴定人。之所以不惜篇幅详述这一点,是为了说明作为改革者的朗道尔有非常重感情的一面。

[2] Id., pp. 222—223.

[3] Id., pp. 223—225.

[4] Id., p. 228.

兼职职位,即接替另外一名同学担任法学院图书馆馆员。当时图书馆馆员的薪水已经涨到了 200 美元,这无疑大大缓解了朗道尔的经济窘境。图书馆馆员一职不光解决了朗道尔的经济困难,同时也契合他爱书的性格,更为他刻苦读书提供了便利条件。朗道尔在就任图书馆馆员的两年中,成绩斐然,图书馆藏书量增加,哈佛校董的法学院视察委员会对此有相当好的评价。[1]

1853 年夏天,朗道尔完成了两年的课程学习,获得法学士学位。按理,他可以离开哈佛去执业,不过,他仍选择在哈佛校园多呆了一年,一方面继续担任图书馆馆员,另一方面仍为帕森斯教授作研究助理。1854 年夏天,根据帕森斯教授的推荐信,哈佛校方授予朗道尔名誉文学硕士学位(A.M)。之后,他又多呆了半年,仍担任图书馆馆员,并协助帕森斯完成《合同法》第二卷,直到 1855 年 1 月,终于离开哈佛,前往纽约华尔街执业。[2]

(四) 华尔街律师(1855—1870)

近一百年来,美国的历史学家和学者们在谈论朗道尔在华尔街当律师这一职业经历时,都倾向于认为他的律师执业生涯并不成功。[3] 比较常见的说法,是说他天真幼稚,性格乖张、顽固,存在缺陷,过于信赖书本知识的书呆子气,不能适应对抗激烈的法庭辩论。代理的诉讼案件相当少,过着与世隔绝的生活,是一个缺乏经验,不够优秀的律师。[4]

不过,历史学家金博与布朗(R. Blake Brown)2004 年发表的一篇论文,以详尽的一手档案资料为依据,对这个流行了近一百年的观点做了重大的驳斥,证明朗道尔是一个相当能干、忙碌而有享有名望的一流华尔街律师,他在华尔街的执业经历,足以跻身当时最顶尖(尽管并非最知名)的律师阶层。[5]

---

[1] 朗道尔每天在图书馆工作(或学习)得很晚,以至于他的同学谣传说他每天是睡在图书馆的桌子上。另外,他酷爱读书,是同学眼中的"书虫"。参见 Joel Seligman, *The High Citadel: the Influence of Harvard Law School*, Houghton Mifflin Company, 1978, pp.30—31. 不过,朗道尔的图书馆工作也有纰漏,他忘了对新购的书籍做一个书目单,对借书也忘了做注册登记(校方也注意到这一纰漏)。参见 Bruce A. Kimball, "Young Christopher Langdell, 1826—1854: The Formation of an Educational Reformer", 52 *J. Legal Educ.* 189, p.225. 他做图书馆员的经历,以及他在预科学校就开始的对图书馆建设的关注,也许还包括这一工作纰漏,使得他在就任法学院院长之后,打破了雇佣学生做兼职馆员的传统做法,聘请了一个专职的图书馆员。

[2] 参见 Bruce A. Kimball, "Young Christopher Langdell, 1826—1854: The Formation of an Educational Reformer", 52 J. Legal Educ.189, pp.234—235。

[3] 参见 Joel Seligman, *The High Citadel: the Influence of Harvard Law School*, Houghton Mifflin Company, 1978, p.31.

[4] 参见 Bruce A. Kimball & R. Blake Brown, "The Highest Legal Ability in the Nation: Langdell on Wall Street 1855—1870", 29 *Law & Soc. Inquiry* 39, pp.40—41; W. Burlette Carter, "Reconstructing Langdell", 32 *Ga. L. Rev.* 1, pp.14—15。

[5] 参见 Bruce A. Kimball & R. Blake Brown, "The Highest Legal Ability in the Nation: Langdell on Wall Street 1855—1870", 29 *Law & Soc. Inquiry* 39。金博与布朗在此论文中详尽列明了材料来源,尤其是历史学家此前 100 年来未曾检视、阅读过的许多一手档案材料。

朗道尔一生都抱持着一种真正的精英主义观念，即一个人的成功与否，应取决于其才干、学识与经验，而不是家世出身或其他因素。这也许正是他在青年时期坚忍不拔地追求自己的人生目标，珍惜教育机会刻苦勤奋学习的动力所在。1855年初入华尔街的朗道尔，正是抱着这样的信念。同样，他相信法律应该是非政治的，是理性的，不应该是恣意妄为的产物，也不应该因与法官的私人关系或影响力，而受到影响。[1] 这个信念对于出身寒微，缺乏显赫人物引荐、提携、庇护的新进律师朗道尔来说，不仅是一种心理安慰，更是对自己的律师职业生涯充满信心的精神保证。

虽然朗道尔初到人生地不熟的纽约两眼一抹黑，但哈佛法学院毕竟是当时的精英法学院，而且他也得到帕森斯教授无私的（推荐）帮助。到纽约后不久，朗道尔在一位哈佛法学院1850届毕业生的帮助与安排下，加入当地一家颇有名望的律师事务所。通过他在预科学校以及哈佛同学的校友联系网络，他开始获得案源。一年之后，他接手了他职业生涯中第一个比较重大的案件（上了判例报道）。这个案子涉及遗产纠纷，是一个法律问题相当复杂的案件。当时案件争议标的金额达多17万多美元，相当于现在的350万美元。案件所涉的其他当事人聘请的律师，都是波士顿当地响当当的人物。但不满30岁的新手律师朗道尔，在这个案件处理中的表现，一开始就体现了他的专业、尽责、细致与老练，以及一定的前瞻性律师策略。比如，他在大量查找了涉及案件每一个争点的司法判例基础上，撰写了一封长达20页的律师意见函，向他的当事人详尽解释了遗嘱的每一个条款，并分析了所涉及的相关法律争点。他还在接手案子的初期，向当事人建议：不要贸然将此案提交给遗嘱验证法庭，并分析了各项理由（利弊得失）。他还建议，在这个案件最后提交给马萨诸塞州最高法院时，考虑到本案涉及的法律问题如此复杂，在立案之时就应该提交书面的辩论摘要（这目前已经成为常规做法，但在当时还并不流行）。[2]

一般的新手律师，总是倾向于动不动就怂恿自己的当事人上法庭，那样新手律师既能挣得律师费，又可以借机会好好练练身手。不过，新手律师朗道尔又表现出自己行事独特的一面，却并不如此。他在对实体法与司法程序的详尽

---

[1] 参见 Bruce A. Kimball & R. Blake Brown, "The Highest Legal Ability in the Nation: Langdell on Wall Street 1855—1870", 29 Law & Soc. Inquiry 39, p.44. 金博与布朗在文中把朗道尔的这种观念称为"民主"（democracy）信念，即相信在一个民主社会里，这个社会应该向每个人提供平等的成功机会，而不论其身世、私人关系等。我倒不这么看。真正的精英主义本身就带有一种平权思想（金博与布朗所称的民主），即能否成为社会精英阶层的唯一标准是其才干、美德，而不是家世背景、私人裙带关系等。

[2] Id., pp.49—55. 其中一位当事人聘请的代理律师是 Emory Washburn，他曾担任过马萨诸塞州的州长，1855年加入哈佛法学院教书，在1870年朗道尔返回哈佛法学院担任院长时，他仍在哈佛法学院教书。另外一位当事人聘请的律师则是哈佛法学院为数不多的早期毕业生之一（1819届毕业生），是当地处理遗产案件数一数二的律师。

分析的基础上,建议自己的当事人尽力避开诉讼,寻求各当事方(也是亲戚)间的妥协,以便在法庭达成和解。不过,其他当事方在其律师的鼓动下,对这个和解提议置之不理。1856年夏天,这个遗产争夺案准备提交给仲裁人裁断。朗道尔向自己的当事人强烈反对进入仲裁程序。他的理由是:第一,仲裁人裁断程序既效率低下,又花费多多。他在华尔街执业一年半的经历,已经使得他充分了解法官有权指派仲裁人的程序,免不了存在腐败的做法(仲裁人的职位油水丰厚,法官往往指派自己的朋友担当仲裁人)。而且,仲裁程序同样需要各当事方律师出席,这增添了额外的律师费用。第二,仲裁决定没什么实效。朗道尔根据自己对衡平法的分析,认为只有衡平法庭的裁定才是唯一可以强制执行的。如果有当事方对仲裁人的仲裁决定持反对意见,仲裁决定实际上就无法得到执行,仲裁程序也就没什么用处。第三,朗道尔认为,仲裁人采用什么样的标准来作出决定,是模糊、不确定的,这对自己的当事人没有什么好处。遗憾的是,朗道尔的当事人并未听命于朗道尔的意见,仍然同意提交此案进入仲裁程序。[1]

在这个案件仍在处理过程中,朗道尔又得到另外一个机会。纽约当地律师界的领袖人物奥康纳(Charles O'Connor),当时正在代理一个巨额遗产纠纷案(按现在的币值标的高达3000多万美元)。奥康纳以事无巨细的庭前细致准备,以及不同寻常的赢案记录而闻名当时。他对朗道尔在遗嘱法上的专业素养印象深刻,遂邀请他加盟,协助案件代理。该案涉及的文件非常之多,光法庭证词就达2000多页,而且,案件涉及的判例也为数可观。朗道尔这一时期十分忙碌。他的主要工作是通过阅读大量的卷宗与判例,撰写书面的律师代理意见书摘要。这种做法可谓赋予了律师新的职能,为常规的法庭口头辩论之外,提供了新的辩护与代理策略。[2]

朗道尔的工作赢得了更多同行的赞赏与信任。抵达华尔街大约三年后,他离开了最初工作的律师所,与当地一名执业成功的律师组织了自己的合伙律师所,而且对自己的职业前景充满信心。1858年6月,朗道尔处理的第一个案件终于有了判决结果,他所有辩论意见都得到了法庭的支持。他赢了! 这对第一次代理案件,而且对手律师又都是实力雄厚、经验丰富的老律师的新手来说,喜悦之情自然难以掩饰。在解决跟当事人的律师费问题上,他显示出坚持自己的信念,或者说又一次显示自己特立独行的一面。他坚持要求依照律师的工作量与专业技能,来确定合理、公道的律师费,而不是根据案件标的价值大小的风

---

[1] Bruce A. Kimball & R. Blake Brown, "The Highest Legal Ability in the Nation: Langdell on Wall Street 1855—1870", 29 *Law & Soc. Inquiry* 39, pp.54—58.

[2] Id., pp.60—62.

险代理费。这与当时的流行做法是背道而驰的。[1]

到1860年时,朗道尔的律所又迎来一位新合伙人皮埃庞特(Edwards Pierrepont)。皮埃庞特曾经担任过纽约高等法庭的法官,是当地律师界的头面人物。有了这些合作,朗道尔的职业生涯可谓一帆风顺,稳步向前发展。他人生中头一次不再为经济问题而担忧。他开始全力接济他父亲。受1861年开始的内战影响,朗道尔的姐姐在堪萨斯州陷入困境。他寄钱援助他的姐姐,回报姐姐在他最困难的求学时期给予的无私帮助。1863年,朗道尔又参与了另外一个得到判例报道的案件中,这次的案子涉及两个教堂的合并事宜。朗道尔在职业生涯上的成功,使得他的家乡小镇的律师对他评价颇高,并邀请他回乡参加小镇的百年庆典。1864年,皮埃庞特离开朗道尔所在的律所,先后担任美国司法部长和美国驻英国大使。皮埃庞特的位置被朗道尔在哈佛的一个同学取代,朗道尔也因此成为资深合伙人。作为资深合伙人,朗道尔代理了更多重要的案子。1867年,朗道尔代理一个涉及一家破产公司股东权益(分红)的案件,对手律师是大名鼎鼎的菲尔德(David D. Field)。1869年,朗道尔又代理了一宗遗嘱纠纷案,对手是纽约州检察总长。这一案件的一方当事人是曼哈顿保险公司(Manhattan Insurance Company)和伊利铁路公司(Erie Railroad)的创办人洛德(David Lord)。洛德当时想寻找一位全美最能干的律师代理他,有律师向洛德推荐了朗道尔。朗道尔在华尔街的最后几年,除了繁忙的律师业务,他也参与了当时颇负盛名,也是美国最早一部法律词典的《布维尔法律辞典》(Bouvier's Law Dictionary)中一些词条(共6个主题词)的撰写。《布维尔法律辞典》的95位作者,都是美国法律职业界首屈一指的人物,除了当时一些著名律师外,有来自各精英大学的法学教授,以及法官与立法者(联邦参议员)。在华尔街执业期间,朗道尔还参加了纽约法学会(New York Law Institute)和纽约历史学会(New York Historical Society),并且帮助纽约法学会图书馆扩大藏书。凡此种种,都足以表明朗道尔在华尔街的15年律师执业生涯,是相当成功而卓著不凡的。他的职业专长领域跨及商法、衡平法、家事法,尤其是擅长遗嘱、遗产纠纷方面的法律问题。[2]

后来的历史证明,1869年对朗道尔来说,是他职业生涯乃至人生中的一个相当重要的年份。这一年的5月,哈佛校董挑选了年轻的化学教授艾略特担任校长。艾略特就任后,即着手对整个哈佛实施全面的改革。针对法学院部分,

---

[1] Bruce A. Kimball & R. Blake Brown, "The Highest Legal Ability in the Nation: Langdell on Wall Street 1855—1870", 29 *Law & Soc. Inquiry* 39, pp.62—65. 朗道尔最终收取的律师费是800美元,相当于现在的14000美元。律师费仅占他的当事人判决所得的1.5%。重要的是,朗道尔反感、厌恶当时一些律师故意拖长和操纵司法程序,以得到更高的律师费的卑下做法。

[2] Id., pp.65—76.

他对法学院的现状感到不满,同样准备力行改革。按照艾略特自己的回忆,他很快想起自己在哈佛学生时代曾相识的朗道尔,对其卓越的学识相当敬佩,便邀请朗道尔返回哈佛法学院教书,很快又任命朗道尔担任院长(Dean)。[1]

朗道尔之所以抛弃自己如日中天的律师职业生涯,除了他热爱教育,与艾略特在教育理念上的共识与共鸣外,另外一个因素也相当重要。19世纪60年代的纽约政界、司法界与律师界,是一个相互勾结、贪腐丛生的地方。以朗道尔自己的信念与性格,他对此深感厌恶,并且从1868年时就开始有意疏落律师执业。[2] 从某种意义上讲,来自艾略特的邀请的确是一个拯救,只不过并非是从失败的律师职业生涯(近一百年来所普遍认为的那样),而是从乌烟瘴气的华尔街法律职业圈里拯救出来。

三、革命:成就与启示

任何意义上的革命,都不可能是一人独力完成的。一个伟大人物背后,往往站着另一位伟大人物。就朗道尔而言,这句话显得尤其真切。没有哈佛大学那位富有远见卓识、雷厉风行的年轻校长艾略特的慧眼识贤与坚定支持,朗道尔对哈佛法学院的改造不可能走得那么远,朗道尔革命也不可能获得那么深远的影响。

(一) 现代美国大学教育体制改革总设计师——艾略特

艾略特1869年到1909年间担任哈佛大学校长,他是哈佛大学任职时间最长的校长,也是迄今为止最成功的校长。他对于哈佛大学乃至整个美国高等教育的深刻影响,至今也无人能与之相媲美。

艾略特1834年生于波士顿,1853年毕业于哈佛学院。1854年在哈佛担任数学辅导员(tutor)。1858年起担任数学与化学副教授。1863年,因未获得化学讲座教授职位,失意之下的他离开哈佛,赴欧洲游学,为期两年,主要考察德国与法国的教育体制。回美之后,接受新创办不久的麻省理工学院(Massachusetts Institute of Technology)的聘任,担任化学教授。当时美国首屈一指的杂志《大西洋月刊》(The Atlantic Monthly)在1869年2月与3月两期月刊中,连续刊登了艾略特撰写的《新式教育》(The New Education)一文。这篇文章代表了当时艾略特的教育理念,激起了一些头脑实际的哈佛校董们的强烈共鸣,是哈佛校董在当年5月挑选年仅35岁的艾略特担任校长一职的重要因素,也可谓他

---

[1] 参见 Joel Seligman, *The High Citadel: the Influence of Harvard Law School*, Houghton Mifflin Company, 1978, p.32.

[2] 参见 Bruce A. Kimball & R. Blake Brown, "The Highest Legal Ability in the Nation: Langdell on Wall Street 1855—1870", 29 *Law & Soc. Inquiry* 39, pp.45—48,83—100.

日后大展手脚的初步蓝图。这里值得详述一番。[1]

艾略特在文章一开头就指出了美国现有教育模式的不足,并且简单分析了美国与欧洲(大陆)在教育体制上的差异。他认为美国的教育因不受政府控制或引导,而显得更加自由。但在艾略特看来,自由意味着严肃的责任。艾略特接下来指出了德国一百多年来在应用学校(practical school)教育所取得的重要进展,以及法国六十年来在教育方法上的巨大变化,在国家行政、贸易、桥梁与道路建设、采矿、农业、商业等实用教育(practical education)领域方面取得的成就。他认为,美国人为了应付自己面临的挑战,依靠旧有的教育模式是不行的,必须找到更佳的教育方法,寻找实用教育的模式。过去二十年来,因为传统教育模式的缺陷凸现,美国人在教育上有了些新的尝试,现在是大胆抛弃已有教育模式的时候了。[2]

艾略特很快抛出自己的第一个重要的观点:没有广泛的机构组织,任何教育体制都不可能获得大的成功。他认为,美国的各个本科生院与其他相关学院的组织结构是松散而又僵化的,整个大学教育因循守旧。为解决这一问题,他认为新式教育体制应该是组织成功的。他总结了美国大学最近几十年的一些尝试,比如在本科教育中,以基础科学与应用科学、欧洲语言、数学课程取代传统的希腊文、拉丁文与数学课程的改革,艾略特认为,零星的、个别的,哪怕是天才般的尝试经验,价值并不大,只有大规模的革新经验,更多教育机构的尝试经验,一代人的体验,才深具价值。[3]

接下来,他花了十六页的篇幅,以数据和实证例子详述了近几十年美国各精英大学,尤其是哈佛、耶鲁、哥大、达特茅斯等学校在科学(实用)教育,也就是他所谓新式教育方面的尝试。艾略特所讲的这些设置科学课程的新式教育,实际上是指区别于传统人文通识教育(liberal arts)外的理工教育,是当时适应社会经济与科学发展需求,而更偏重实用与应用科学与技术的教育。他首先区分了美国新式教育中三种不同的机构或组织模式:(1)与本科生院(college)相

---

[1] 有关艾略特的简短生平,参见《哥大百科》第六版:http://www.encyclopedia.com/doc/1E1-Eliot-Ch.html,最后访问日期2008年5月12日。以及,维基百科http://en.wikilib.com/wiki/Charles_William_Eliot,最后访问日期2008年5月23日。当时,北美各大学学院完全从神职人员中挑选校长,艾略特因其非神职人员出身的科学家背景以及年纪轻,这一任命曾遭致反对。对于艾略特在哈佛校长任内的巨大成就,我采纳了耶鲁大学现任校长的评价。参见"Presidential Leadership—Keynote Address of Richard C. Levin Chinese-Foreign University Presidents' Forum",电子版:http://www.yale.edu/opa/president/speeches/20040804.html,最后访问日期2008年5月23日。中文版可参见理查德·C. 雷文:"大学校长的领导才能",载《国家行政学院学报》2004年第5期。注意:该文中Eliot译作"埃利奥特"。

[2] 参见Charles Eliot, "The New Education: Its Organization" in *The Atlantic Monthly*, Volume 23, Issue 136, pp. 203—204,电子版:http://cdl.library.cornell.edu/cgi-bin/moa/sgml/moa-idx?notisid=ABK2934-0023-33,最后访问日期2008年5月21日。

[3] Id., pp. 204—205.

关联的理学院(scientific "school");(2) 在本科生院内设置科学课程;(3) 创办独立学院,特别是不从事古典学教育的独立理工学院。美国当时大部分的新式教育都采取第一种组织模式,即与本科生院相关联的理学院。如耶鲁学院的谢菲尔德理学院(Sheffield Scientific School of Yale College)、哈佛学院的劳伦斯理学院(Lawrence Scientific School at Harvard College)、达特茅斯学院的钱德勒理学院(Chandler Scientific School of Dartmouth College)、哥伦比亚学院的矿产学院(School of Mines of Columbia College)。按照艾略特的说法,各个大学之所以采用这种机构组织模式,出于两层考虑:(1) 节约、利用本科生院已有的教育资源,如教学大楼、图书馆,以及其他教学设施,不必重复建设;(2) 借此鼓励本科生院的教授从事新设立的理学院的教学、研究工作。但在他看来,理学院需要单独的教学大楼、教学设备,以及相应的教学人员。本科生院的图书馆以及开设的课程,尽管向理学院学生开放,但并非总是能够予以充分依赖。根据他的了解,除了达特茅斯以外,其他大学的本科生院教授对于理学院的教学协助,象征意义大过实质意义。因为本科生院的教授们本来就对自己的本科教学不堪重负,根本无暇也无力来支持理学院的教学工作。组织草率、糟糕,而且很大程度上仍处于尝试性质的新式教育体系,在组织完善、历史悠久的本科生院面前,简直就像是丑小鸭。理学院的教师与学生觉得他们低本科生院一等,就不可避免了。[1]

但无论是在耶鲁还是在哈佛,创办新式教育的初衷,本意是定位为跟法学院、医学院、神学院一样的职业学院(professional school),以供完成本科学习的毕业生继续求学。然而,现实并未按照这个良好的预想发展。不管是在耶鲁还是在哈佛,获得理学士(B.S)之前拥有本科文学士学位(A.B)的人少之又少,绝大部分完成本科教育的毕业生都认为不值得继续在理学院求学。而在达特茅斯的钱德勒理学院,1854年到1864年间,总共有104位毕业生获得理学士学位,这些毕业生中没有一位此前获得过别的学位。也就是说,新式教育(理学院)并未吸引到多少已获得本科学位的学生,没有达到原本设想的本科后(post-graduate,即研究生)教育目标,甚至由于学制相对较短(一般为三年),以及入学标准、课程设置、学位授予标准、师资、教学资源等方面,要求与水准均低

---

[1] Charles Eliot, "The New Education: Its Organization", *The Atlantic Monthly*, Volume 23, Issue 136, pp. 205—206.

于传统的本科生院。[1]

艾略特接下来又考察了第二种模式,即在本科生院里设置科学课程的教育模式。这一模式的普遍做法是将科学课程与古典学课程并列,两者所使用的教学方法也一样。学生可以选择修哪一类课程,最终也决定其获得文学士还是理学士的学位。以布朗大学(Brown University)为例,由于哲学学士(科学课程的学位)的学制仅三年,而且课程范围不若文学士广泛,前者的文凭不如后者值钱,修科学课程的学生人数也不如后者。密歇根大学(University of Michigan)对理学士学位的设置是四年学制,采取了类似文理科混设一院的做法。低年级课程基本一样,到高年级,学生根据不同学位选修不同课程。但学生在高年级选择古典学课程,准备获得文学士学位的人数,远远多于理学士学生。[2]

艾略特根据自己的考察,认为在同一学院内,由同样的教师,以同样的教学方法,进行不同课程(指科学课程与古典学课程)的教学,对两者都没有好处。这种混合文理学院的做法在法国曾遭到失败,并予以放弃。而在德国,则走向另一个极端,甚至从高中时代就开始分科(文理科)。按艾略特的看法,在高等教育中,本科生院与理学院所着眼的教育目标、特质、精神是不一样的,两者混同会彼此伤害对方,因此应该分立。不过,艾略特也驳斥了理学院因其实用性质,不适合在大学里设置而应独立于大学之外的观点。[3]

---

[1] Charles Eliot, "The New Education: Its Organization", *The Atlantic Monthly*, Volume 23, Issue 136, pp. 206—213. 艾略特分别详述了耶鲁、哈佛、哥大、达特茅斯开办新式教育的发展状况。在耶鲁开办的新式教育中,先前拥有其他本科学位(文学士)的学生仍然较少,而且,没有入学考试,学制起先仅为两年。化学与土木工程专业虽然最终都获得理学士学位,但教学彼此不相干。耶鲁后来的情况稍好些,哲学人文系在语言学、哲学、历史与基础科学领域,开办真正意义上的本科后教育,在 1860 年首次创设了哲学博士学位,并且彻底改造了耶鲁的理学院,设置了为期三年的基础课程(general courses),包括数学、物理学、现代语言、文学、历史、政治经济学、商事法,以及化学科的特别课程(special courses),除了化学外,还包括法语、德语、英语、植物学、自然地理、物理学、逻辑归纳史、地质学、逻辑学,以及土木工程学特别课程,包括法语、德语、天文学、化学、物理学、矿物学、地质学。这些特别课程起先横跨两个学年。从 1862 年起,第一年的通识课程规定所有化学专业学生必修。其他专业学生也与此相同。这样,第一年是必修的基础课程,第二、三年是选修的特别课程。耶鲁在 1860 年还首度开始进行入学考试,试图提高入学标准及理学院的水准。哈佛的理学院迟至 1868 年才开始仿效耶鲁的做法,规定了入学标准。一直以来,劳伦斯理学院的各个专业系的教授及其学生都"各自为战",互不关联。学生仿佛是教授的私淑弟子,既没有共同的基础课程,也没有共同的学业上的训练。学生入学没有考试,门槛较低。授予理学士学位的条件也并不苛刻,只要学生住校最少一年,通过各系设置的考试,即可。如果学生住校时间达到 18 个月到 30 个月,考试也常常会获得通过。学生在校学习的课程专业范围也相当狭窄,除了本专业外(如化学、土木工程)无需精通任何外语,包括母语,无需掌握任何有关哲学、历史、政治学和物理学的一般知识。达特茅斯的情况也与此类同,也是入学标准低,只是课程范围稍广,而且从 1857 年起,三年学制改成四年。哥大的矿产学院创办较以上各学校更晚(1864 年),而且专业更狭窄,仅专注矿产与冶金学。艾略特认为哥大校长的办学观念是错误的,即三年的课程就能培养出合格的工程师,就能马上负责采矿、建筑道路和桥梁等重大工程。

[2] Id., pp. 213—214.

[3] Id., pp. 214—216.

艾略特考察了第三类科学教育模式,即独立的理工学院。他举例说明了创办于 1824 年、全美最古老的独立理学院伦斯勒理工学院(Rensselaer Polytechnic Institute),以及新创办的麻省理工学院。两校在很多方面是相似的:四年本科学制;学生入学时至少十六岁;入学时不要求具备拉丁文或希腊文知识,也不设置这样的课程。伦斯勒理工学院偏重土木工程,虽然整体上在校学生不少,但完成学业,最后拿到文凭的仅占一小部分比例(每年约 10 个毕业生)。艾略特对自己担任教职的麻省理工,情况更为了解。麻省理工在偏重理工的同时,也并未废弃人文教育。他认为,这在全美各大学中提供了最丰富的人文与理工的课程。麻省理工的学生在入学时要通过算术、代数、平面几何、英语文法、地理这几门课考试。第一年的课程是:代数、立体几何、三角学、初等力学、化学、英语、德语,以及绘画与机械制图。第二年的课程是:球面三角学、解析几何、微积分基本原理、图形天文学、勘探、物理学(声、热、光)、化学定性分析、英语、法语、德语,以及透视绘图。第三年的必修课程:物理学、地质学、历史、美国宪法、英语、法语(或西班牙语)、德语。其他课程,由学生根据自己的专业选修。有六门专业课程可供选:机械工程、土木工程、化学、地质学与采矿、建筑学、科学与文学通论。第四年,除了学生根据自己的专业选修,必修课程为:政治经济学、自然历史、法语(或意大利语)、德语。麻省理工对于学生的语言能力以及制图能力,比较重视,从课程设置中就可以看出来。同时,一些基本的人文教育课程也包含在理工教育中。[1]

艾略特认为,所谓本科生院培养全面的人才,而理工学院只是培养偏科人才的观念是错误的。在知识的宽广度方面,两种教育体系并无差异。学生的心智与先天禀性有所不同,比如有的倾向于科学,而不是语言与文学,在教育中因此应该因材施教。要培养学生成为优秀的化学家、建筑师、工程师,唯一可靠的方法,就是首先训练他们学会观察、思考、比较、推理、判断。每一个组织良好的理工学院,其教育首要目标,是培养学生的心智能力。好的课程设置,应该不仅为学生提供大量的信息,而且也能培养学生所需的实际技能。要达到这一点,专注、尽责的教师必不可缺。因为,在艾略特看来,照搬或设计一个全面的课程体制,是一件很容易的事情,但落到实处,却难上加难。因此,教师的数量与质量,是考察一个学校是否名副其实的第一重要因素,其重要性超过其他因素如教育设施、设备等。[2] 艾略特的这一观念,在他担任哈佛校长之后予以认真地实施。他大幅提高哈佛教授的薪金水准,广为延揽人才。

艾略特最后在回顾美国在科学教育方面的尝试时指出,在早期,理学院因

---

[1] Charles Eliot, "The New Education: Its Organization", *The Atlantic Monthly*, Volume 23, Issue 136, pp. 216—217.

[2] Id., pp. 218—219.

为入学标准低,学业上的要求也不够严格,理学院成了许多上不了本科生院,或受不了本科生院严格的古典学课程的懒惰或愚蠢学生的避难所。理学院送出去的毕业生,在人文修养方面不足,理工专业训练也不够,这极大地损害了科学教育的声誉,影响了科学教育的发展。[1]

  当时哈佛处于危机中心,艾略特的这一番言论可谓击中了哈佛的痛处。美国在内战后,社会、经济发展处于前所未有的历史新时期。就高等教育而言,旧式的古典学教育,已经无法适应工业化浪潮之下的社会需求,尤其是对科学技术与工程方面专业人才的需求。各大学创办理工学院或设置科学课程,原本就是对这一社会需求的部分回应。但二十多年的办学尝试表明,在旧的教育理念主导下,并未获得像样的成功。就哈佛的情形而言,尽管拥有"大学"之名,但哈佛其实只是一个规模很小的本科生院,每一个年级仅仅有150名注册学生,专职教员仅23名。创办二十多年的理学院,得不到神职人员出身的大学管理层的足够理解与重视。在图书馆、实验室和其他教学资源的使用上,也与本科生院存在紧张的冲突。另外三个职业学院(法学院、医学院、神学院)规模也很小,实行自我独立管理,与本科生院关系缺乏紧密的联系。艾略特之前的校长把主要时间、精力花在本科生院的古典学课程的教学,以及宗教传道说教上,对其他几个学院采取放任自流的政策,这些学院的发展也明显裹足不前(尤其法学院处于停滞状态)。而与此同时,中西部新设立的大学迅猛发展,同处新英格兰地区的老对手耶鲁也锐意进取。这使得无论是在哈佛教员还是校友中,引起了很强的危机感。[2] 适逢这一重大的历史关头,哈佛校董排除障碍,大胆破格启用年轻且缺乏大学管理经验,非神职人员出身背景的艾略特担任哈佛校长,也同样可谓革命之举。

  年轻、缺乏大学行政经验的艾略特,上任伊始即不负众望,很快就显露出自己的行政天才,表现出强悍而又不失耐心细致的领导作风。他在《新式教育》中曾首先提到大学应该组织完善的观念。他很快就着手完善哈佛各学院之间的组织结构,使之更加紧密。他为了使校长从具体的日常教学、督导事务中解放出来,首先在本科生院设置了院长(Dean)一职,对其他学院,他也如法炮制。这样,他不仅能主持本科生院的教师会议,而且能有时间主持出席其他各学院的教师会议。这也令他有更多时间关注、了解各个学院,而且能更好地与各个学院的教师沟通,并获得他们对改革方案的支持。作为加强大学组织结构的一

---

  [1] Charles Eliot, "The New Education: Its Organization", *The Atlantic Monthly*, Volume 23, Issue 136, pp.219—220.

  [2] 参见"Presidential Leadership—Keynote Address of Richard C. Levin Chinese-Foreign University Presidents' Forum",电子版:http://www.yale.edu/opa/president/speeches/20040804.html。最后访问日期2008年5月23日。以及,维基百科http://en.wikilib.com/wiki/Charles_William_Eliot,最后访问日期2008年5月23日。

部分,他还收回了各学院的独立财权,并且说服各个学院将本院课程向全校学生开放,将原本联系松散的各个学院整合起来,使哈佛变成了真正意义上的大学。[1]

艾略特的教育理念,突破了旧式教育纯粹为了传授古典知识,而不理会教育在经济、政治与社会发展中作用的传统观念束缚,具有较强的实用主义和功利主义色彩。他强调大学教育在社会、经济、政治的发展与时代变迁中,应发挥领导性功能,为社会培养大量亟需的专业人才。但他的教育思路并非将传统完全推倒重来,把综合性大学办成纯实用的理工技校,而是同时尊重深厚的人文教育传统精神与精英教育模式。[2] 艾略特承认,本科生院对于美国的大学来说,是独一无二的机构。本科生院历史悠久,有深厚的人文通识教育的基础与传统,但它不适于过早提供专业化与技术化的训练,而应给予学生足够宽广的通识教育与心智培养,让学生的兴趣与天性禀赋在课程与专业选择中发挥更大的作用,给予学生更大的自由权。出于这一教育理念,他上任伊始,就一反过去强求一律要求学生完成统一必修课程的简单做法,不顾重重阻力,在本科生院大力全面推行课程选修制,使得哈佛成为美国第一所不要求本科学生选择专业主修学科的大学。本科教育改革,尤其是选修制改革,一直被视为艾略特对美国高等教育转型的首要贡献。[3]

---

[1] 参见 "Presidential Leadership—Keynote Address of Richard C. Levin Chinese-Foreign University Presidents' Forum",电子版:http://www.yale.edu/opa/president/speeches/20040804.html。最后访问日期 2008 年 5 月 23 日。以及,维基百科 http://en.wikilib.com/wiki/Charles_William_Eliot,最后访问日期 2008 年 5 月 23 日。他上任第一年,主持本科生院教师会议达 45 次,而在理学院和各职业学院则达 44 次。最高法院大法官霍姆斯的父亲老霍姆斯当时是医学院的一名教授,对这位精力充沛、不知疲倦的年青校长的领导作风、坚韧顽强的性格,以及清晰明确的目标感印象深刻,有过描述。他称艾略特参加每个院系的会议,对各个院系的情况了如指掌。医学院改革阻力很大,艾略特则每每留医学院教授们开会到深夜十一二点。老霍姆斯说艾略特"主持会议时沉着自信、冷静从容,严肃认真而又富有幽默感,叫人不能不钦佩。"当改革的主要反对者比奇洛博士(Dr. Bigelow)称医学院八十年来都管理得好好的,为什么三四个月内就要完全改变医学院的办学方式呢,这怎么能做到? 温和而严肃的艾略特异常平静地说:"我能非常简单地回答您的问题,因为来了一位新校长。"

[2] 参见 Charles Eliot, "The New Education: Its Organization" in *The Atlantic Monthly*, Volume 23, Issue 136, p. 216, 电子版:http://cdl.library.cornell.edu/cgi-bin/moa/sgml/moa-idx?notisid=ABK2934-0023-33,最后访问日期 2008 年 5 月 21 日。艾略特认为美国的本科生院是独一无二的,意即应该保留。同时,他也并不主张完全照搬欧洲大学的模式。从后面的改革看,艾略特并未接受德国教育中过早分科(高中即分科)的做法,而是努力把理学院提升到研究生院的层次。而且,他也注意到理工科毕业生因缺乏人文通识教育,存在很大的缺陷。

[3] 参见 "Presidential Leadership—Keynote Address of Richard C. Levin Chinese-Foreign University Presidents' Forum",电子版:http://www.yale.edu/opa/president/speeches/20040804.html。最后访问日期 2008 年 5 月 23 日。艾略特有关选修课的改革曾遇到相当大的阻力,不仅遭到其他大学的反对与抵制,校方管理层中甚至有人声称要刺杀艾略特。参见,陈利民:"哈佛大学办学理念研究",华中科技大学 2005 年博士论文,第 58—62 页。

构成艾略特教育理念核心的另一项教育改革举措,是把文理科教研水平提升到研究生院层次。如果说艾略特主张在本科教育方面弱化、淡化过早专业化、技术化是背离欧洲,尤其是德国模式的话,这一改革则是全面向欧洲模式靠拢,包括向耶鲁学习、借鉴。在经历了两次试验失败之后,他举全哈佛各学院教员之力,创办了研究生部,并且于1873年在哈佛历史上第一次给毕业生颁授理学博士或哲学博士学位。[1]

艾略特第三方面的改革举措是对职业学院进行全面改造。在上任之前,他在《新式教育》一文中,就注意到并哀叹大学里职业教育水准的低下。他说:"'博学的职业'一词逐渐有了讽刺的味道。全国的律师、医生和牧师中,只有非常小部分人拥有文学士文凭。一般说来,法学士、医学博士文凭比文学士文凭明显更少文化,一些欠缺教育的年青人经过1年或18个月的学习后,就能成为成功的布道者。"[2]艾略特很快就发现,哈佛医学院、法学院与神学院,实际上比密歇根大学好不了多少。这些职业学院的学生绝大部分来自高中,毕业要求也非常低。神学院要求学生住校3年即可,没有任何考试。法学院学生的住校要求是18个月,也没有考试规定。而医学院则只有1年(另加3—6个月实习)。这些学院的课程都没有依年级循序渐进的概念,学生可以在任何时段入学学习。艾略特从上任一开始,就着手提高这些职业学院的入学标准与毕业要求,并且努力使得各学院的课程设置更具连贯性。在短短的两年内,他的改革就取得了显著的进展。神学院的改革相对轻松些,因为神学院原本对入学和毕业有严格要求,只是近些年实施上有所放松而已,现在恢复回去并没有遇到多少阻力。法学院改革难度更大。尽管法学院发展多年停滞不前,但法学院的三位教员却安于法学院现状。幸运的是,因为不满艾略特所推行的改革,有一位资深教授退休,艾略特借此机会在1870年2月聘任了朗道尔担任教授,并说服另两位教授在同年9月选举朗道尔担任法学院历史上头一次设置的院长一职,成为他在法学院改革的得力干将。艾略特对医学院的改革遇到的阻力最大。他采取了多种策略来化解阻力。除了收回了对各个职业学院财政上的控制,因

---

[1] 参见"Presidential Leadership—Keynote Address of Richard C. Levin Chinese-Foreign University Presidents' Forum",电子版:http://www.yale.edu/opa/president/speeches/20040804.html。最后访问日期2008年5月23日。

[2] 参见Charles Eliot, "The New Education: Its Organization" in *The Atlantic Monthly*, Volume 23, Issue 136, p.215,电子版:http://cdl.library.cornell.edu/cgi-bin/moa/sgml/moa-idx? notisid = ABK2934-0023-33。最后访问日期2008年5月23日。他以密歇根大学法学院和医学院为例说明。在1867—1868学年,在注册的387名法律学生中,没有一名学生此前获得过任何学位。而且教员仅4人。法学院学生入学除了年满十八岁,道德上无瑕疵外,没有任何其他入学要求(或考试)。获得法学士文凭的要求也很低,除了只需上满两个学期(每学期六个月)科,没有其他要求。在医学院方面,411个学生中,仅有19名拥有本科文凭。教员仅11人。而且医学院设在一个远离大医院的小镇。

而削弱了财力相对宽裕的医学院的抗拒能力外,他还非常耐心地说服医学院的教授支持他的改革方案。最终,医学院进行了彻底的改革:学制从18个月延长为3年;课程也进行了彻底的调整,使之趋于合理、连贯;考试也更严格了,未能通过年度考试的学生,不能进入下一学年的学习;毕业标准也提高,过去医药九大主要门类科目的考试,仅需多数(五门)过关,就可授予学位,现在则要求全部过关方能授予文凭。医学院和法学院在提高入学标准与毕业要求后,头几年的注册学生都大幅度下滑,直接影响学院的学费收入,这为反对改革的保守派人士提供了口实。不过,艾略特顶住压力,不为所动。又过了两三年,改革的成效终于凸显出来,注册的学生人数又开始慢慢增多,接着开始急剧上升,两个学院的学费收入也因此大幅增加。[1]

艾略特在《新式教育》一文中,就曾强调了人数充足、专注尽责的教师队伍,对于建设一所优秀大学的极端重要性。艾略特上任之后,就大力招募新鲜力量,这一做法一方面充实了教师队伍,另一方面通过汰旧换新,有利于涤荡抵制改革的保守势力,有利于为整个大学的教育改革打开更大的空间。他在招募优秀教员方面做到唯才是举、不拘一格,既延揽威望高、成就大的著名学者,同时也聘请名不见经传,但才华横溢的年轻学者。与此同时,他大力提高教授的薪水,加大学校基础建设投入,扩建图书馆、增建实验室等教学设施,开办新的学院。通过这些改革举措,他逐渐奠定了哈佛作为真正的大学,作为新式研究型大学的基础,哈佛模式也作为美国各大学效仿的标杆,并改变了美国大学教育的整个模式,引领美国的大学走向新的时代。[2]

(二)朗道尔的改革举措

有艾略特这么一位富有远见卓识,拥有清晰的改革目标与思路,并且做事

---

[1] 参见"Presidential Leadership—Keynote Address of Richard C. Levin Chinese-Foreign University Presidents' Forum",电子版:http://www.yale.edu/opa/president/speeches/20040804.html。最后访问日期2008年5月23日。医学院自1810年迁至波士顿后,完全自行其是,跟哈佛大学的隶属关系形同虚设。艾略特认为哈佛医学院的风气比所有其他学院的风气更坏,医学院及其附属牙医学院是哈佛大学装备最差的学院。但以比奇洛博士为代表的保守势力坚持认为医学是一门技艺而非科学,反对并抵制艾略特所拟议的所有改革措施。而艾略特毫不退让,双方僵持不下,甚至闹到校董会裁决。显然是支持艾略特改革的校董主席向各位校董披露,曾有哈佛医学院毕业生因医术低劣,盲目加大药剂量,导致三位病人死亡的事实。医学院改革在1871年得以全面展开。以上,请参见陈利民:"哈佛大学办学理念研究",华中科技大学2005年博士论文,第65—66页。

[2] 朗道尔无疑是一个成功的例子。艾略特大胆起用新人的例子是延聘32岁的植物学家萨珍特做教授。这位萨珍特此前未发表过任何论文,艾略特不顾反对意见,坚决聘任了萨珍特管理新建的阿诺德植物园,萨珍特最终使这个植物园闻名世界。艾略特还大幅提高教授薪水,从当时的3000美元提高到4000美元,而其他精英大学的教授薪水均在3000美元以下。优厚的薪水无疑十分有利于延聘全美最优秀的学者到哈佛任教。艾略特上任时哈佛教授总共才23名,到40年后他离任时,哈佛已经拥有169位教授。参见施晓光:"19世纪美国大学改革的旗帜——查理斯·艾略特的高等教育理论与实践",载《沈阳师范大学学报(社会科学版)》2003年第1期,第76—80页。

有条不紊、耐心细致,而又坚定果敢的大学校长做坚强支撑,无疑为朗道尔革命提供了一个好得不能再好的历史舞台。

不过,朗道尔也绝非只知道忠实执行长官意志的跑腿伙计之流,他以自己的远见、独特的创造性、决断力,以及同样的坚持不懈,彻底成功地改造了哈佛法学院,也因此影响了整个美国法律教育模式,同样居功厥伟。作为"长官"的艾略特深知这一点,以至于他在1915年的一个私人信件中称,任命朗道尔为哈佛法学院院长是他为哈佛大学所做的最好事情之一。[1]

朗道尔担任法学院院长后干的第一桩事情,就是重整法学院的图书馆。艾略特与朗道尔都非常重视法学院图书馆的建设,认为图书馆对于法律学生的重要性,正如实验室对于物理、化学系学生,博物馆对于自然科学学生的重要性一样。当时的情形是图书馆已经长期疏于管理,混乱不堪。1861年校董的巡访委员会吃惊地发现,过去12年来,已经有870册图书遗失,学生兼职的图书馆馆员根本没有履行保管好藏书的职责。为解决这一问题,朗道尔上任之后,一改前例,很快聘请一位专职的图书馆馆员,负责图书馆藏书的采买与日常管理。并且为图书馆制定了明确的规章,如未经图书馆馆员允许,不得随意进入图书馆;为频繁借用的图书或案例集制作复本;图书馆馆员或其助手在图书馆开放期间不得擅离职位,等等。这把图书馆转变成一个管理有序的法学院公共学习场所。朗道尔首创的法学院图书馆管理模式,也随着案例教学法等其他改革举措,为其他大学的法学院所接受和仿效。[2]

朗道尔上任后对于教学方面的第一项改革是恢复考试。事实上,甚至在他还未担任院长之前,在1870年发布的法学院文告中,就告知学生:院里保留根据学生毕业大考成绩授予学位的权利。要求法学院学生考试,却既激怒了在校注册学生,也惹恼了一些校友。他们认为:法学院根本没有举行考试的必要,就算学生通过了法学院的考试,也不能保证他们将来执业获得成功。而日后执业能否成功,而不是能否通过法学院的考试,才是学生上法学院的原因。他们甚至认为,不信赖学生自己对自己学习状况的评判,而执意通过考试来检查他们,这有损学生的尊严。这种说法可能在现代人听起来很奇怪,觉得不可理解。不过,在19世纪70年代的波士顿与坎布里奇,依然盛行绅士精神,这却是很有说服力的反对意见。因为,学生作为年轻绅士,如果法学院不相信学生自己的话,而去通过考试检查他们的话是否属实,这是对他们绅士道德的公然侮辱。还有反对意见认为,法学院采用考试检查学生,会导致学生注册减少,进一步削减法

---

[1] Bruce A. Kimball, "Warn Student that I entertain Heretical Opinions, Which They are not to Take as Law": The Inception of Case Method Teaching In The Classrooms of the Early C. C. Langdell, 1870—1883, 17 *Law & Hist. Rev.* 57, p.66, esp. FN37.

[2] 参见 G. Edward White, "Law Librarians", 11 *Green Bag* 2d 81, pp.86—89.

学院的学费收入。当时的实情是法学院的财政状况本来就不好。尽管有这么大的抗议声浪与反对意见,但朗道尔丝毫不为之所动,在1871年6月,首次举行了书面大考。[1]

革命才刚刚开始,要命的改革还多着呢。如果说恢复严格的书面考试,使得学生毕业更难了,朗道尔的另一个举措,则使得学生入校也变得更不容易了。申请入学的学生如果没有本科文凭(A.B)在手,就得通过入学考试。入学考试主考拉丁文知识(如果学生通晓法语,则可以免考拉丁文),而且还加试对布莱克斯通的《英格兰法释评》的掌握。[2] 这一做法实际上是要将法学院转变成一个研究生院。这一规定在1875年形成了法学院正式决议,要求1875年以后的法学院申请者要么拥有本科文凭,要么通过入学考试。但这一决议引起了很大的争议,甚至令哈佛校董也感到强烈不满,坚决要求法学院撤销这一决议。[3] 但朗道尔显然并未就此退缩,尽管决议得不到校方正式的批准,但在学生入学标准一直坚持按照这一决议的精神执行。终于在1895年朗道尔退休那一年,得到校方正式的批准。[4]

话说回来。如今中国的法律硕士教育尽管仍处在配额制计划经济下,但各法学院总想争取更多的名额,或者为用满自己已有的配额,纷纷下调录取分数线,降低入学标准。即便不用腹诽,是个明白人也能明眼看出这算的是一笔经济账。难道当时的朗道尔心里就没有一本账?不知道这样做会使得法学院注册学生会大大减少,从而使已经拮据的财政状况雪上加霜吗?历史书上讲朗道尔是一个很注重财政的人,在担任院长期间,把财务账目可是列得清清楚楚。[5] 毫无疑问,精明的朗道尔算着更大的一笔"账"。从现代企业经营管理角度讲,这一进一出提高标准与要求,实际上有助于产品质量的提升,品质提升同样有助于品牌的形成。低劣的学生被挡在门外,学习不认真、考试不合格的学生被淘汰出局,这无疑使得学生的整体专业素质提高了,毕业生的专业水准有更好的保障,哈佛法学院毕业生的口碑会更佳。有了这些,何愁优秀的学生

---

[1] 参见 Joel Seligman, *The High Citadel*: *The Influence of Harvard Law School*, Houghton Mifflin Company, 1978, pp.32—33。

[2] 拉丁文考试是选取维吉尔或西塞罗,或恺撒著作的段落翻译成英文。参见 Lawrence M. Friedman, *A History of American Law*, Second Edition, Simon & Schuster, 1973, p.612。

[3] 参见 Joel Seligman, *The High Citadel*: *The Influence of Harvard Law School*, Houghton Mifflin Company, 1978, p.39。

[4] 表面上是迟至1895年正式执行这一标准,但实际这一次是再一次提高门槛。因为1875年决议只是说明受过本科教育的毕业生,而这次则要求是被认可的本科生院(approved college),也就是说,将一些水平低下的野鸡大学的本科毕业生排除在门外。从1875年到1895年,即便又过了20年,在全美各法学院仍属前卫之举。当时芝加哥当地一家法律新闻报纸嘲笑哈佛法学院此举,是把未来的马歇尔、韦伯斯特和林肯都拒之门外了。参见 Id., p.41。

[5] Id., pp.31—32。

不会络绎不绝前来申请？一时的得失实在不足为虑。后来的历史也证明了这一点：改革初期，法学院注册学生人数出现减少，从1870—1871学年的165人减少到1872—1873学年的117人。但下一学年人数开始回升至141人，1874—1875学年则保持平稳，为144人，而到了1875—1876学年，注册人数猛增至173人，超出了改革前的学生人数。[1]

改革方案是全面而彻底的，出手的举措是一个接一个。朗道尔很快又对课程设置进行了改革，规定学生要获得LL.B学位，必须在两年内完成以下7门必修课：不动产法、合同法、侵权法、刑法、民事诉讼法、证据法、衡平法。这一改革杜绝了过去学生可以在任何时段注册，也可以自由学习任何课程的随意做法，从而确立了所有法律毕业生应该具备基本法律训练的做法。同时朗道尔还设置了高级选修课程：宪法、动产法、寄托法、海上保险法、公司法、航运与海商法、冲突法。这种基础必修课与高级课程选修的区分做法，甚至一年级学生（1L）必修的几大课程，如不动产法、合同法、侵权法、刑法、民事诉讼法、证据法（现多加上宪法），一直被美国大学各法学院沿袭至今。[2]

在课程设置基础上，朗道尔对学制也做了改革，自1871年起，18个月的学制延长为2年。1876又延长为3年（但第3年并不要求住校）。到了1899年，学制正式规定为3年。与课程、学制相对应的是，朗道尔还确立了年级制。过去学生只要满足住校时间要求，任何时候都可入校和离校，没有低年级、高年级的概念，现在彻底改变了。在1872年，朗道尔还规定了学年大考，学生除非通过第一学年大考，否则不得升级选修二年级的课程。[3]

争议最大，也是影响最深远的改革，是朗道尔对教学方法的改革。他首次引入了案例教学法，在课堂上采用苏格拉底式诘问法，完全抛弃了一直很流行的满堂灌式讲授与背诵课文的教学方法。不过，他的这一改革是渐进的，而不是激进的。他只是自己采用这种教学方法，并未规定其他教员向他看齐。在1870—1871年的招生简章中，有关法学院教学方法的介绍部分，仍跟四十年来的文字一样，即采用背诵、讲授、模拟法庭辩论，以及练习草拟状词（书面和口头辩论意见）。不过，在这段四十年未曾更改的常规介绍文字后面，增加了一段用词含混的说明："每个教师在自己的课程中，会采用根据他的判断最有利于学生的教学方式。"正是这一段神秘的文字，预示着一个全新教学方法的诞生。[4]

---

〔1〕 Joel Seligman, *The High Citadel: The Influence of Harvard Law School*, Houghton Mifflin Company, 1978, pp.35—37.

〔2〕 Id., p.33.

〔3〕 Id., p.612.

〔4〕 Id., pp.33—34.

按照金博教授对朗道尔的一手档案材料的发掘所见，事实上，在朗道尔1870春季学期在哈佛法学院教的第一门课"票据与合伙"上，他就开始使用教科书、实际案例，以及假设的事实情形来讲课，让学生理解判决意见中的法律原则，这个教学方法既不是纯粹的课文讲授，也非完全的案例教学，而是处在一个试验和过渡的阶段。[1]

1870年秋季学期，朗道尔为学生讲授合同法课程。他使用了他自己编的第一本案例教科书《合同法案例》作为上课教材。按照对当时上课情形的描述，学生坐在法学院的阶梯教室里，打开令他们觉得奇怪的教材。上课是以这样的方式开始的[2]：

"福克斯先生，你能陈述一下 Payne v. Cave 一案的事实吗？"
福克斯先生尽其所能陈述了案件的事实。
"劳尔先生，你能说一说原告的辩论意见吗？"
劳尔先生尽力讲出原告的辩论意见。
"亚当斯先生，你是否赞同这一辩论意见？"

接下来，朗道尔又向学生提了十几个问题。到此时，上课的学生完全陷入迷糊中。朗道尔根本就没有给学生讲有关这个案子的法律，也没有给学生讲法官判决的重要地方在哪里。相反，朗道尔对这个案件做了长篇大论的分析，但并未得出什么确定性的结论。之后，他又开始用同样的提问讲第二个案例。一下课，一些对此上课方式感到愤愤不平的学生，聚在了一起。他们声称："我们哪在乎什么迈尔斯（Myers）是否赞同判决意见？哪在乎什么费斯顿（Fessenden）对法官的意义意见是什么观点？我们只想知道：究竟什么是法律？"[3]

难怪学生感到愤怒，这种教学方法，跟他们所熟悉的满堂灌式的讲授完全不同。尤其是那些新生，他们根本不懂任何法律，最习惯的教学方式就是由老师讲一些体系连贯、简单明了的法律规则和原则，然后要他们熟记下来。但朗道尔既不跟学生讲授法律规则原则，也不给学生讲判决意见的含义。相反，他是让学生自己去阅读案例，自己去琢磨与分析，在课堂上则不停地向学生提问，让学生陈述案件的事实是怎样的，让学生陈述原被告的辩论意见，让学生回答法庭是如何作出判决的，法官的推理过程又是怎样的。他还让学生自己讲出对

---

[1] 参见 Bruce A. Kimball, "'Warn Students That I Entertain Heretical Opinions, Which They Are Not to Take as Law': The Inception of Case Method Teaching in the Classrooms of the Early C. C. Langdell, 1870—1883", 17 *Law & Hist. Rev.* 57, pp.66—72。

[2] 参见 William P. LaPiana, *Logic and Experience: The Origin of Modern American Legal Education*, Oxford University Press, 1994, p.22。

[3] 参见 Joel Seligman, *The High Citadel: The Influence of Harvard Law School*, Houghton Mifflin Company, 1978, p.34。

案件的分析和意见,让学生回答手头上的案件的判决跟以前学过的案件判决是否一致,是否能够予以区别对待,等等。[1] 大部分学生,尤其那些课前没有认真阅读过案例的学生,完全一头雾水,而回答不出问题的学生甚至感到被公开羞辱。退课的学生急剧增多,到年底时,只有七八名学生仍坚持上他的课。这在当时被看做是他的教学方法失败的证据。[2]

  一石激起千层浪。不光是大部分学生不接受朗道尔的新式教学方法,当地的律师界与司法界也大力反对。波士顿的一些律师担心哈佛法学院一反传统,聘请非法官出身的人担任教授(显然指朗道尔),现在朗道尔又别出心裁弄出新式案例教学法,这会使得哈佛法学院走向没落。出于这种担心,他们帮助波士顿大学在1872年创办了沿用旧的教材讲授方法教学的法学院。他自己的同事对案例教学法同样抱以怀疑的眼光,依旧采用沿袭已久的讲授式教学。对朗道尔改革,尤其是教学方法上的全新改革的反应,最终体现在了学生注册人数变化上。1872—1873学年,学生注册人数为117人,比上一学年的165人大幅降低。这同样引起了哈佛校友们的不安。[3] 在如此大的反对声浪面前,朗道尔寸步不让,他坚信自己的方法是正确的。[4] 有人曾讨论提出变通建议,将两种教学方法结合起来,但朗道尔完全坚持自己的新式教学方法,没有丝毫改变。虽然学校管理层的一些官员对朗道尔的新式教学方法同样缺乏信心,但他们抵制住了要求解聘朗道尔的呼吁。然而,最坚定的支持者仍是校长艾略特,他坚信朗道尔的路子是正确可靠的,并且积极为朗道尔辩护。[5]

  最有力的辩护者还是学生本身。尽管大部分学生完全被朗道尔的新式教

---

  [1] 参见 Russell L. Weaver, "Langdell's Legacy: Living with the Case Method", 36 *Vill. L. Rev.* 517, pp. 532—533。

  [2] 参见 Joel Seligman, *The High Citadel: The Influence of Harvard Law School*, Houghton Mifflin Company, 1978, p. 35。

  [3] 参见 Russell L. Weaver, "Langdell's Legacy: Living with the Case Method", 36 *Vill. L. Rev.* 517, pp. 533—541; Joel Seligman, *The High Citadel: The Influence of Harvard Law School*, Ibid., p. 35。

  [4] 朗道尔对案例教学法的信心,在1871年正式出版的《合同法案例》一书的序言中明确得到反映。他在一开头就解释了案例教学法的来由:"一年半前,在我担任现在的教职时,我就确信,法律只能通过某种形式的案例的方法来有效地教授或学习。自从我了解法律的性质,或开始法律学习以来,我就抱有这一观点。这一观点,主要是通过我自己作为学习者的经验而首先形成,之后的经历也同样强化和坚定了我的这一立场。"参见 C. C. Langdell, *Selection of Cases on the Law of Contracts*, Little, Brown, and Company 1871, Preface。

  [5] 艾略特甚至比朗道尔本人更积极地为他辩护。而朗道尔却终生信守"永不抱怨、从不解释"(never complain, never explain)的人生哲学。他不为自己的这一改革举措作出任何辩护,也不跟校方管理层成员或他的同事进行辩论。他认为新的教学方法好坏与否,要靠他教的学生将来执业成功与否来判断,这才是反击批评的唯一方式。参见 Russell L. Weaver, "Langdell's Legacy: Living with the Case Method", 36 *Vill. L. Rev.* 517, pp. 537—540。参见 Joel Seligman, *The High Citadel: The Influence of Harvard Law School*, Houghton Mifflin Company, 1978, p. 29。

学方法弄迷糊了,觉得没直接学到法律规则而退了课,但仍有一小部分学生非常欣赏朗道尔的案例教学法。他们认为这种新式教学方法比讲授式教学更好,坚持了下来。他们组成了一个小团体(叫 Pow Wow 俱乐部),成了朗道尔案例教学法改革的最坚定支持者。他们每周碰面,讨论案例,进行模拟法庭辩论。这一帮学生学习非常投入,课前课后,早晚都在讨论朗道尔案例教科书中的案例,甚至其他一些学生都嫌他们太聒噪。当有同学问其中一名成员,为何他如此偏爱新式教学方法时,这位学生回答说,案例教学法使他感到更自由、更坚强有力(stronger)、更优秀。他从中学到了更多别处学不到的东西。旧的讲授式教学,老师照本宣科,而那些教材他早就读过了,没有必要去上法学院让老师读给他听。去听老师照本宣科,纯是浪费时间。另外一个经历旧、新两种教学方法的哈佛毕业生,对此总结得更好。他认为,在新式案例教学法下,老师课前指定阅读哪些案例的任务,学生课前要阅读。老师上课的时候,点名要某位同学陈述案件的事实。这实际上教学生学会如何正确地把案件事实拢在一起,并陈述出来。这本身对于律师将来执业是相当重要的能力。接下来,老师可能会在课堂问学生是否赞同法庭的判决意见,并且要求说明自己赞同或不赞同的根据何在。意见不同的学生自然分成了不同的阵营。老师通过提问和学生的辩论,实际上将课堂变成了一个法庭。老师在总结同学的发言后,也会表达自己的意见。通过这种方式,学生们对案例中所涉及的法律原则印象更为深刻,因为这不是老师灌输给他们的,而是他们自己分析与课堂上辩论的结果。这位毕业生得出结论认为:案例教学法是最好的教育模式。[1]

好的迹象的确开始出现。原先不满朗道尔新式案例教学法的学生,有一部分因受那七八个坚持不懈的同学的狂热激情所感染,同时受他们的成功所吸引,纷纷回到了他的课堂,同样坚持了下来,也变成了新式教学方法的热诚支持者。与此同时,1873—1874 学年学生注册人数止跌回升,增加到了 138 人。这无疑使朗道尔,尤其是艾略特大松了一口气。[2] 更让朗道尔感到欣慰和鼓舞的是,经由他的案例教学法教出的毕业生成为非常成功的律师,在执业中展示了很强的职业能力,得到了法庭的称赞。

尽管如此,争论与反对仍然在持续。不过,朗道尔保持足够的耐心与信心。1872 年时,同事的反对开始公开化。主张旧式教科书讲授教学的内森尼尔·霍姆斯(Nathaniel Holmes)辞职,部分原因是不满朗道尔的改革。[3] 这空出的

---

〔1〕 参见 Russell L. Weaver, "Langdell's Legacy: Living with the Case Method", 36 *Vill. L. Rev.* 517, pp.532—541, esp. FN 38、FN 58、FN 59。

〔2〕 Id., pp.537—539, esp. FN 58、FN 61、FN 62、FN 63、FN 64。当时谣传说如果 1873—1874 学年法学院注册学生如果继续减少,朗道尔就会被解聘。参见 Joel Seligman, *The High Citadel: The Influence of Harvard Law School*, Houghton Mifflin Company 1978, p.35。

〔3〕 参见 Joel Seligman, *The High Citadel: The Influence of Harvard Law School*, Ibid, p.37。

教授职位,对朗道尔来说,是他确立和扩大改革一个难得机会。

在传统根深蒂固的地方,改革者既需要远见和勇气,更需要坚持下去的耐心与策略。指望一夕之间革除所有的弊端或弊政,是不现实的。冒进的改革貌似革命,却使革命成了短命。而真正的革命,反倒是坚持不懈、持久不断的改革成果累积而成。而其中成功重要的一环,就是人事上的汰旧换新与改革者的承继不绝。

朗道尔抓住这一机会,1873年时,力主任命他的得意门生埃姆斯为法学院的教授。此时的埃姆斯年仅27岁,前一年刚以优异成绩从哈佛法学院毕业,毕业后未执业,而是作为研究生继续留在哈佛。任命一个没有任何法律实务经验的年轻毕业生担任法学院教授,这完全颠覆了过去所有的传统。然而,能否成功聘任埃姆斯任教,对于朗道尔的诸多改革举措,尤其是备受争议的案例教学法能否成功,至关重要。迄今为止,朗道尔还是"一个人在战斗",他的全部支持更多来自艾略特校长,而不是来自他的同事。如果法学院的教职,大部分仍是由实质上兼职的知名律师或法官所把持,法学院的教学方法就仍会坚守旧式的教科书讲授,其他改革举措也难以得到其他同事的热诚支持。

在聘任埃姆斯的问题上,朗道尔尽管得到了艾略特的一贯支持,但同样遭到法学院其他同事的反对,哈佛大学管理层、校董,以及本科生院的一些重要人物也同样反对。作为妥协,也是囿于当时法学院的财政困难,难以聘任到优秀的法官或律师,最终决定聘任埃姆斯为副教授,聘期5年。[1] 受过案例教学法训练的埃姆斯,运用新的教学方法得心应手,甚至比他的老师朗道尔更加成功、有效,这使得他很快成为一名受欢迎的老师。这无疑使案例教学法更容易得到学生的接受。不到十年,朗道尔的案例教学法在哈佛法学院扎下根来,几乎每一个老师都使用案例教学法授课,而且,差不多每一门课程都运用这一新式教学方法。[2]

朗道尔在哈佛法学院院长任内25年,他的改革获得全面的成功。他通过提高入学标准,将哈佛法学院改造成一个全新的法律研究生院。通过课程设置、学制延长、教授聘任、教学方法等诸多改革举措,哈佛法学院终于摆脱了多

---

〔1〕 参见 Bruce A. Kimball, "The Principle, Politics, and Finances of Introducing Academic as the Standard of Hiring for 'the Teaching of Law as a Career,' 1870—1900", 31 *Law & Soc. Inquiry* 617, pp.624—626。当时哈佛大学教授年薪根据年资分成三级:4000美元、4500美元、5000美元。本科生院副教授年薪为2000美元,法学院副教授年薪为2250美元。当时波士顿地区一个成功律师的年收入,约是哈佛法学院教授年薪的2—3倍。而到1890年,这一差距拉大到3—4倍。

〔2〕 参见 Joel Seligman, *The High Citadel*: *The Influence of Harvard Law School*, Houghton Mifflin Company 1978, p.37; Russell L. Weaver, "Langdell's Legacy: Living with the Case Method", 36 *Vill. L. Rev.* 517, pp.540—541。

年停滞不前的发展状况,成为一个生机勃勃的顶尖法学院。[1]

(三) 哈佛模式的成功与影响

朗道尔革命铸就的哈佛模式,在各个层面上都获得了巨大的成功,接下来的故事虽然同样漫长而不轻松,但却相对简单:这是一个全面向外移植的过程。一些大学的法学院开始纷纷开始仿效哈佛法学院。这个移植过程尽管缓慢,但却势不可挡。尤其是新式案例教学法,在1894年朗道尔退休前一年,这一新式教学方法已经越出哈佛校园,得到其他六所法学院的接受。一些法学院甚至直接向哈佛法学院寻求帮助,请求他们派遣法学院的教授向他们传授如何运用案例教学法。随着更多的学校追随哈佛模式,涌现了越来越多的案例教科书。甚至英国人对哈佛法学院的模式也产生的深刻的印象,一个英国教授在1885年访问了哈佛法学院之后,他也出版了一本合同法案例教科书,供英国各大学教学使用。另外,哈佛法学院毕业生在其他大学法学院主动"移植"哈佛模式,也成为一个有趣的现象。哥大法学院和芝加哥大学法学院,就是其中典型的例子。来到20世纪初时,朗道尔所创造的办学模式,尤其是案例教学法,成为全美各大学法学院的主流模式。以大学法学院为主导的法律教育模式,逐渐取代了学徒制和私人业主性质的独立法律学校,成为美国法律教育的常规模式。[2]

四、结语

一百多年来,尽管在不同的时代仍能听到不同的尖锐批评声音,朗道尔创立的法学院教育模式的核心要素依旧屹然挺立。[3] 朗道尔领导的这场革命,对如今高速增长的中国法律教育,能有怎样的启示呢?

在正统的意识形态下,过去很多年,我们不是取消了法律教育乃至法律,就是把法律跟政治紧密地捆绑在一起,如同形成了一对畸形的孪生儿。孪生儿的比喻也许形象,如实说来,并不确切。法律其实一直是作为政治目标的附属工

---

[1] 从财政收入看,哈佛法学院在朗道尔就任院长时处于赤字状况,而到他退任那一年,法学院有价值36万美元的投资收入和25000美元的现金。学生人数则从1870年的136人增加到475人。参见 Russell L. Weaver, "Langdell's Legacy: Living with the Case Method", 36 *Vill. L. Rev.* 517, pp. 538, esp. FN 62。

[2] 参见,Russell L. Weaver, "Langdell's Legacy: Living with the Case Method", 36 *Vill. L. Rev.* 517, pp. 541—543。另外,哈佛模式成能够功移植到全美各个法学院,与美国律师协会(ABA)对朗道尔教改态度上的改变,也有很大的关系。美国律协起初认为朗道尔教改荒诞不经,尤其是对案例教学法及把法律教育提升到研究生水准这两个方面的改革存在疑虑。经历了四十年,美国律协才彻底转变了态度,完全接受了朗道尔创立的法学院教育模式,并且利用自己的影响力,游说各州议会接受这一模式。John Henry Schlegel, "Langdell's Legacy or, the Case of the Empty Envelope," 36 *Stan. L. Rev.* 1517, pp. 1520—1522。

[3] 两次比较大的批判声浪是20世纪20—30年代的法律现实主义运动,以及20世纪下半期的批判法学运动。参见 Susan Katcher, "Legal Training in the United States: A Brief History", 24 *Wis. Int'l L. J.* 335, pp. 365—370.

具而存在的。

然而,在任何一个以法治为主流价值的国家,法治本身却是作为宪政原则存在的。[1] 抛开社会政治权力结构的制度安排不谈,就法治本身的实现与坚持与否而言,它需要一个坚定秉持法律至上观念,以及具备相应法律职业价值观念与职业伦理的强大法律职业人群体。因为,一旦法治内化为法律职业人群体的现实生计,法治的得失就成为攸关法律职业人现实生计的严肃游戏。换句话说,法治具备的宪政理想价值意义,原本可能因高高在上而与普通人的日常生活相疏离隔膜,现在通过法律职业人群体的存在,回归到普通民众,尤其是法律职业人的日常生活与生计层面。而相比捍卫任何理想,捍卫现实生计在任何一个社会都是更加坚不可摧的精神力量。

毫无疑问,要造就这样一个强大的法律职业人群体,需要高效、同质的法律教育体系。这个法律教育体系不仅要培养专业素养合格的法律职业人,更重要的是,要确立法律作为一门专业的独立性,以及法律职业自治的传统。

在作者看来,抛开技术细节层面的问题,朗道尔革命实际有助于我们回答或重新阐释三个基本问题:(1)法律教育的目标是什么?进而,(2)法律在社会中的功能是什么?以及,再进一步,(3)法律是什么?

先说第三个问题。朗道尔一再坚称法律是一门科学,这一观点尽管在具备现代科学眼光的人看来是可笑的。但他更深的用意,在于确立法律是一门独立而严谨的学科。法律与政治,与道德哲学是截然区分开来的,它值得人们专注地学习和研究,它值得大学里传授,它值得人们以法律为业。没有这样一个信念与观念作为灵魂,无论是法律,还是法律教育本身,都将依附于外在的力量,成为政治势力的囚徒,经济势力的囚徒。

就法律教育的目标而言,朗道尔革命很好地呼应了美国内战后需要大量合格的法律专业人才的社会需求。艾略特在论《新式教育》中,就已经注意到欧洲大陆在应对工业化变革挑战所需的大量专业人才,尤其是科技专业人才方面,在教育思路与体制上的转变。从中世纪延续而来的通识(才)教育,关注于古典语言与学问的教育,难以适应工业化迅猛发展的专才需求。同样作为革命者的艾略特,显示出珍视传统的一面,并未全盘接受过早分(文理)科的德国教育模式,而是主张保留历史悠久的本科生院教育,以作为专才教育的通识基础,并通过选课制改革,赋予本科学生以更大的学习自由与专业兴趣空间。传统人文教育领域的政治、哲学、历史、文学等方面的素养,对于培养学生具备更宽广的心智空间,形成更健全的判断与人格,的确具有不可替代的作用。同时,他又提升专才教育到更高的研究生层次。艾略特的这一大学教育体制方案,从大学

---

[1] 我国在1999年把法治写进宪法,也正昭示了这一点。

教育的理想目标角度看,一举解决了不具备人文精神、只服膺工具理性的理工偏才问题,也消除了万金油式的通才不堪专业重任的问题。以此为基础,在研究生层次的职业学院(理学院、法学院、医学院乃至现代的商学院等)进一步培养,则有助于学生发展更为合格乃至精深的专业技能,达到职业上的最低合格要求。就教育理念而言,朗道尔革命可谓是艾略特革命在法律教育领域的延展与体现。

如今的中国正处在一场迟来的工业化浪潮中。成为"世界工厂",不仅意味着我们需要大量训练有素的产业工人,更意味着我们需要大量中、高端专业人才。我们如今在教育上面临的情形,跟美国内战后所遭遇的情形是何等的相似。他们成功的解决之道,多大程度上值得我们去借鉴,也许是一个见仁见智的问题。但全盘审视我们的教育理念与教育体制,以适应社会变革的发展要求,已经不容争辩,而且迫在眉睫。

抛开其他专业领域,就法律教育而言,如今中国大学的法律教育规模短短数年已经有了惊人的增长。无论是否可以就此认定已经存在泡沫现象,法律教育中水准降低的文凭"大跃进"现象,已是一个毋庸争议的事实。朗道尔革命,对于我们目前在法律学生准入标准、学制与课程设置、教材编写、教学方法、法律图书馆建设、教师人选等方面,都深具启发意义。尤其我们正走在实现法治理想的路上,优质的法律教育所造就的不单单是一个个优秀法律专业人才个体,而更是一个强大的法律职业人共同体。这自然更有利于法律发挥解决社会争议、实现社会稳定的制度功能,使法律最终成为治理社会的主要模式。

(初审编辑:丁晓东)

学术与实务之间
——法教义学视野下的司法考试(刑法篇)[*]

蔡桂生[**]

Between Academic Theory and Practice:
The Judicial Exam (Criminal Law Section)
in the Field of Rechtsdogmatik

Cai Guisheng

内容摘要:在区分规范法学和社科法学的前提下,本文主要立足于规范法学亦即法教义学的角度,来探讨学术与实务之间的司法考试相关问题。基于法教义学的内涵和功能之论述,本文在第二、三部分中,从法教义学之规范性思维及其操作化的角度对目前司法考试制度做了总体性思考,并以司法考试刑法篇为例做了实证化研究。文章的最后部分对司法考试之定位以及更根本意义上的法学学术和实务的互动关系做了进一步阐释。

关键词:法教义学 规范性思维 司法考试 学术与实务

---

[*] 本文系陈兴良教授主持的2007—2008年度司法部部级重大科研项目"国家司法考试题库研究与建设"(06SFB4003,委托课题)之部分学术成果。本文的写作,得到了陈兴良老师的鼓励和支持,受益于《北大法律评论》编辑们的评审意见的启发,没有这些帮助,本文是难以完成的,特此致谢。当然,文责自负。

[**] 北京大学法学院2008级博士生,电子邮箱:spirit1828@163.com。

法学的边界争议丛生。陷入方法论危机的中国法学似乎迷失于英美法系社会和政治理论的奔突之中,以至于忽视了自己的学科定位,故而对法学是否存在其作为独立学科的核心理论的拷问并不鲜见。这其实是法学虚无化的一种表征。正如政治学应当主要研究政治,美学应当主要研究美一样,法学也应当主要研究法,当然,交叉学科或者适当涉足其他学科之研究价值亦不可否认,这也便是在大陆法系的著作中能够见到的"法学 A"和"法学 B"的区分。[1] 法律并非被嘲笑和贬抑的对象,它需要被推崇和信仰,质言之,脱离法律的学术并不能称为法学学术,过多地越过法科边界并挤入(其他)人文社科之疆域,本身就是法学学者不自信的表现,这还往往使法律凸现其功能性意义,使其在成为政策性学科之同时,也将自己演化成为社科法学,并且轻视实在法,使真正意义上的法学受到强烈挑战。法学家不能完全像哲学家、文学家、伦理学家或社会学家那样来对待实在法。法学到底是一门社会科学吗?已经有人早早地回答了这个问题。[2] 在区分规范法学(主要是法学 A)和社科法学(主要是法学 B)的前提下,广义上的法学依然是面向世俗的学问,它必须为人们社会生活中的困惑、矛盾和冲突寻找到切实的法律解决方案,确立基本的原则,或为法律的决定作出合理而有说服力的论证。这也必然要求其(不管是法学 A 还是法学 B)承担起其应有的社会职责,而并非流于少数人自娱自乐的语义思辨,也并不排斥价值判断。其实,自娱自乐的语义思辨已经偏离了法学经世致用的历史责任,强调尊崇规范以及运用规范思维的规范法学不等于语义法学和纯粹的注释法学,拉伦茨早把法学直接等同于法教义学,这当然是在狭义的法学即规范法学的意义上作如是界定。因此,法教义学即狭义的法学,这确实是一个需要明确的问题。

　　故而,基于本文的定位,笔者并无意于忽视社科法学在切合中国实际和关注具体运作中的功绩,但为了避免无止境的规范法学和社科法学的宏大争议,并在规范法学的角度塑造法学品性,故择取法教义学下的司法考试这一视角,试图从法学思维规范化的角度来诠释以适用为中心的法教义学在其中的角色及功能,从而推进在司法考试中进行法教义学之规范性思维的考查,而这对我国规范性思维人才的选拔和法律之规范运作,乃至我国法学学术和实务之间的

---

　　[1] 即使在进行内在观点的法学(即指法教义学及其方法论——引者注)研究时,外在观点的考查仍是相当重要的。但是我们一定要清楚,此时外在观点的论述只是拿来作为一种证立规范主张或建议的论据而已。这毕竟与全然进行外在观点的研究不同。外在观点的法学将发展成各式各样的法社会学、法人类学、法律心理学、实证的法律经济分析等科学。颜厥安:《规范、论证与行动——法认识论论文集》,台湾元照出版社 2004 年版,第 24 页。在这个意义上,颜厥安教授将内在观点的法学称为"法学 A",将外在观点的法学称为"法学 B"。

　　[2] 如,郑戈:"法学是一门社会科学吗?",载《北大法律评论》第 1 卷第 1 辑,法律出版社1998 年版。

互动关系都有一定的积极意义。因此，笔者在本文的第一部分从法的解释出发论述了法教义学的内涵和功能，紧接着，在第二部分中，则从法教义学之规范性思维及其操作化的角度对目前司法考试制度作了总体性的思考，而在第三部分，笔者以司法考试刑法篇为例加以实证化的研究，主要探讨了法教义学之规范性思维在具体落实于部门法时的若干考查方式及其意义。依由以上三部分，笔者在文末进一步明确法教义学之规范性思维考查的注意点和重要性的同时，将司法考试理解为连接学术和实务的桥梁，对更根本意义上的法学学术和实务的互动关系作出勾勒。

一、法的解释和法教义学

（一）法的解释与法律诠释学

我们似乎正处于历史的一个转捩点:法治的舰艇正破冰前进,法律共同体正在形成。这是一个以人的理性判断能力为中心,以规则和制度运作为承载的群体。每个法治国家都必须有一个法律共同体,这样才能将法治的合力推到最大,才能捍卫现代法律制度的独立性。法律共同体主要包括法曹（法官、检察官、律师）和法学家。这群人有着自己的共通的专业认同和话语进路,以适当超脱日常生活的"专业化"的方式来关注日常生活。具体就法律共同体的内部的法官的地位而言,在不同法系国家也相异甚大,拥有"遵循先例"传统和"法官造法"权力的普通法法官,地位要高于遵循立法者之条文意图的大陆法系法官。在大陆法系,德国法有着和美国法不同的特征,法律的意义和权威相连,并且是统一、单义且明确的系统,统一性意味着法律通常被视为一个单一的必要关联的规范整体,其不能在逻辑上互相冲突或和政策抵触,不能拥有冲突和互相否定的多重法源。[1] 法官主要是找法和进行法律适用的,而"法学家们不仅创造了近代民族国家理论、法律实证主义和权力分立学说,而且还创造了法典编纂的内容、形式和风格,提出了具有决定意义的关于审判职责的观点"。[2] 在立法者短暂地取得优越地位后,法学家逐渐成为法律规范系统构建的主角,大陆法也就成了法学家的法。这里面起决定性作用的是谁对法律进行解释,谁掌握法律解释的话语权力。

文本是解释行为发生的前提,脱离文本的解释是无源之水。在伽达默尔看来,"某物只有通过解释才能成为一个事实,只有在解释的过程中,一个见解才

---

[1] James E. Herget, *Contemporary German Legal Philosophy*, University of Pennsylvania Press, 1996, p.116.

[2] 约翰·亨利·梅利曼:《大陆法系》第2版,顾培东、禄正平译,法律出版社2004年版,第56—57页。

是可以表达的"[1]。他同时认为,应用是首要的东西,对于各种形式的诠释学真正共同的东西,即"所要理解的意义只有在解释过程中才能具体化和臻于完满,但是这种解释工作完全受文本的意义制约。不管是法学家还是神学家,都不认为应用任务可以摆脱文本的制约"[2]。而从法学角度,法学则必须明确其决定性的文本形象(亦即法律规范——引者注),进行批判性地验证以及在不同的抽象层次上来共同反映整个(司法)程序。[3] 在两大法系,对法律及其程序进行解释的主体有所不同,在英美法系,掌握话语权的主要是法官,法官是推动法律变革的主要力量,也在法学发展中占据重要阵地,而在大陆法系则主要是法学家,这自从罗马法时期就已然如此。我国法律体系以中华法系为传统,近代主要继受于大陆法系,固然在新中国建立后归属于社会主义法系,但社会主义法系仍然以大陆法系为源头;至于我国当代借鉴英美法系的努力,也只是掺进了若干英美法系的制度因素而已,我国法律仍是以成文法为内核,总体上仍属于大陆法系;故而,法学家仍然是我国法律主要的学理解释者和法学学术推动者。至于司法解释和立法解释,由于其在司法实践中的实际有效适用,在一定程度上已可算作准立法。

在我国法律体系各部门法中,刑事和民事法律等较多借鉴大陆法系尤其是德国法(及日本法),在这样的传统下,法的解释对于法律文本的重要性是不言而喻的。在大陆法系,围绕着法的解释,形成了法律诠释学。诠释学又称为解释学,主要是针对文本和其他可解释的对象或活动作出理解和理性说明的知识体系。大陆法系的法律诠释学,需要溯至哲学解释学的创立。20 世纪以来,海德格尔、维特根斯坦都在承认文本本身作为客观存在的基础上否认"文本意义"的存在,认为是解释产生意义,而不是意义决定解释。从海德格尔到伽达默尔,哲学解释学应运而生,后者创立了本体论意义上的哲学解释学。哲学解释学的根本特征在于将解释学从方法论中解放出来,使之成为说明一切理解现象的基本条件的活动。它超越主体与客体的二元对立,认为历史是主客体的交融和统一,它既不是主观的,也不是客观的,而是一种涵养一切的过程和关系。[4] 哲学解释学的创立使得既有的法律诠释学更为发达,在对待价值判断

---

[1] 伽达默尔:"文本与解释",刘乃银译,载严平编选:《伽达默尔集》,上海远东出版社 2003 年版,第 58 页。

[2] 汉斯-格奥尔格·伽达默尔:《诠释学 I:真理与方法》,洪汉鼎译,商务印书馆 2007 年版,第 451—452 页。

[3] Johann Braun, *Einführung in die Rechtsphilosophie*, Mohr Siebeck Tübingen, 2006, S. 399.

[4] 参见陈兴良、周光权:"刑法司法解释的限度",载《法学》1997 年第 3 期,第 23 页;陈兴良:"法的解释与解释的法",载《法律科学》1997 年第 4 期,第 26 页。

尤其是非正当法上[1]更为理性,并兼具本体论和认识论上的意义,从而在世界范围受到重视。

(二) 法教义学的内涵及其功能

在法学领域,法律诠释学的主要内容体现于法教义学(Rechtsdogmatik,亦译为法律教义学、法释义学、法信条学)之中,相对于法律诠释学而言,"法教义学"是一个更专业更正式的用词,也有人认为,法教义学和法律解释学在历史发展过程中存在某种一致或重合。[2] 法教义学主要是诠释学而非经验科学在法学的反映。在德语圈中,法教义学这个术语出现的频率很高,人们常使用它,但却很少对它进行解释。法教义学体现了欧陆法,尤其是德国法的重要特征,而以实用主义哲学为基调的美国法学则没有强大的法教义学传统。[3] 我国亦缺乏法教义学之传统,法教义学一词在我国学界并不多见,这也导致陷入对英美法理学顶礼膜拜、对德国法学缺乏了解的我国法理学者对法教义学充满误解,以至于从功能论和实用主义角度对法教义学加以不必要的批判。大体地,中国法理学在价值立场上选择了实证主义,但在认识论和方法论上却抛弃了实证主义法理学之分析传统和"科学"的品格,而在弱暗处接通了受意识形态宰制的本体论。他们对实在法的制度和规则本身并不十分感兴趣,不是从实在法的内容本身出发来思考问题,而是把自己的理论兴趣转向对实在法的隐性背景的解释。这种理论被不适当地称为"注释法学"(真正的注释法学终归还是属于一门"法学"学问的)。此种"注释法学"所造成的损害是严重的,它不仅没有使法理学完成与其他学问(如政治学)的分离,而且败坏了法理学作为一门理论学科及大学基础(主干)课程的声名和学问的品格。[4] 中国法理学的这种取向不仅弱化了自己的学术地位,而且造成了真正的注释法学被贬低,同时还加深了对法教义学的误解,故而这里有必要对法教义学的来源做一交代。

"教义"一词首先源自于H.阿尔伯特在《批判理性论》中提出的"明希豪

---

[1] 进一步可参阅 Johann Braun, *Einführung in die Rechtsphilosophie*, Mohr Siebeck Tübingen, 2006, S. 52ff.

[2] 焦宝乾:"法教义学的观念及其演变",载《法商研究》2006年第4期,第88页。

[3] 参见武秀英、焦宝乾:"法教义学基本问题初探",载《河北法学》2006年第10期,第132—133页。

[4] 参见舒国滢:"走出概念的泥淖——'法理学'与'法哲学'之辩",载《学术界》2001年第1期,第108—109页。

森——三重困境"(Münchhausen-Trilemma)[1],颜厥安对此做了更为中国化的阐述,"释义学(juristische Dogmatik)本身之原意为教义学,原本是在基督教教会对其信仰基本原则(Dogma)的研究。之所以会产生教义学,正是因为对圣经的解释的历史发展的过程中义出多门,非常分歧,因此主流统治的教会机构,为了使信仰不至'走调',就制定了一些解释圣经与信仰的基本方针,作为神职人员解释圣经与信徒信仰的根据。"[2]从这里我们就可以非常明显地推知,法教义学之方法论主要涉及法律框架内对法律进行规范化的诠释,进行法律发现、法律推理、法律解释、漏洞补充、法律论证、价值衡量等思维进路的应用。质言之,法教义学是为法适用提供某种法律规则,因而它是以法适用为中心而展开的规范意义的学问。具体而言,其包括法教义学的司法层面和立法层面,法教义学的司法层面是法教义学的主要体现之处,也是法教义学的最初意义,即是以法的适用为中心的法的释义,而在立法层面,则是指制定、编纂和发展法律的工作。王泽鉴先生将法教义学这一术语翻译为"法律释义学",以阐释法教义学最重要和最初的含义。我们并不能认为"法律释义学"的译法有错,但是在字面上容易将法教义学立法层面内容忽略[3],故而笔者仍然采取被广泛采用的"法教义学"的译法,而对于"法信条学",由于其有忽略法教义学的产生背景的因素,纵然符合我国的无神论现状,但笔者从尊重原词意义出发,并不主张创设新词。

　　法学(狭义)即为法教义学,但对于缺乏法教义学传统的我国学界而言,法教义学的用词容易与注释法学、概念法学等相混淆。法教义学源自中世纪法学确立后的"找法"(Rechtsfindung),"找法"在欧陆有两种形式,即诠释和文本适用,其以适用为己任并在此"找法"程序中不能寻根究底。"找法"有两层面含义,其一,亦即寻找的法律目标业已存在,因此仅仅是被找到。其二,裁判并不允许在任何地方都能找到,而只能内涵于既定的文本内,须专业性地合乎规范。此意义上的找法是在诉讼程序中的,即通过既定文本的权威适用而使得法律问

---

〔1〕 即任何科学的命题都可能遇到"为什么"之无穷追问的挑战。亦即人们可能会就任何陈述或命题的理由、基础或根基提出疑问。如,加入一个人支持自己解决过的理由是另外一个或一套命题,那么这个命题或一套新的命题就相应地接受人们不断地发问。这个过程将一直进行下去,直到出现下面三种结果:(1)无穷地递归(无限倒退),以致无法确立任何论证的根基;(2)在相互支持的论点(论据)之间进行循环论证;(3)在某个主观选择的点上断然终止论证过程,例如通过宗教信条、政治意识形态或其他方式的"教义"来结束论证的链条。参见舒国滢:"走出'明希豪森困境'(代译序)",载罗伯特·阿列克西:《法律论证理论》,舒国滢译,中国法制出版社2002年版,第1—2页。

〔2〕 颜厥安:《法与实践理性》,台湾允晨文化实业股份有限公司1998年版,第165页。需指出的是,笔者为了保持全文统一,全部使用"教义学"、"法教义学"的译法。

〔3〕 关于这点,可以详细参考许德风:"论法教义学与价值判断",载《中外法学》2008年第2期,第167页。

题得到解答。[1] 围绕着"找法"之诠释,即形成了最初的经典的法教义学。法教义学在历史上先后经历了注释法学、概念法学、评价法学、新理性法等阶段。法教义学和注释法学的区别,实际上前已涉及,即真正的注释法学主要繁荣于罗马注释法学派,以对实在法(法典、法规、法条)的释义为中心,立法者制定和修改法律都会对纯粹的注释法学产生大的促进或打击[2],当代其实并没有人坚持纯粹的注释法学和其标签——法条主义。概念法学被认为是由普赫塔所创立,温特夏德为集大成者,主张法的概念具有一种独立的"理智的存在",法律规范不过是对概念进行"科学推论的产物",法律文本的规范意旨之探究应以立法原意为依归,在解释中要尽量消解、排斥法官的主观性。法教义学和概念法学之间存在相当密切的关系,法教义学在其历史演变上就经历过概念法学阶段。概念法学虽有高稳定性和安全性的优势,但是僵化、迟钝和脱离现实成为其致命的硬伤[3],当代以新理性法为特征的法教义学已经脱离纯粹的概念法学,当代法教义学是以法律规范系统内部的规则论证、推理、衡量思维的运用为特征的规范法学,其虽然以法律释义为主要载体,但仍包括立法层面的编纂、发展法律等工作,另外,现今的法教义学打破了封闭体系观念和民族(国家)观念,具有一定的反思批判功能,尤其是在其在强调反思与论辩的法律论证理论中亦取得一席之地[4],这些区别可以鲜明地将其与注释法学、概念法学区别开来;而关于法教义学和法社会学、法哲学的区别,考夫曼的观点值得重视,法律教义学是现行实证法的规范意义科学,法律社会学是关于法律与法律生活合法性的科学,法律哲学系有关应然法律、"正当法"、"公正法"[5] 他十分明确地将法教义学与法哲学加以区分,指出:

> 法哲学并非法学,更非法律教义学。……据康德,教义学是'对自身能力未先予批判的纯粹理性的独断过程',教义学者从某些未加检验就被当作真实的、先予的前提出发,法律教义学者不问法究竟是什么,法律认识在何种情况下、在何种范围中、以何种方式存在。这不意指法律教义学必然诱使无批判,但即便它是在批判,如对法律规范进行批判性审视,也总是

---

[1] Johann Braun, *Einführung in die Rechtsphilosophie*, Mohr Siebeck Tübingen, 2006, S. 44—45.

[2] 德国的法学家其实一直都非常认真地对待冯·克希曼的警示:"法律人被实在法变成了蠕虫,他们避开健康的木头,而以腐烂的木头为生,在其中做窝,繁衍……立法者改动法律规则的三个词,就能使整个图书馆变成废纸。"Julius von Kirchmann, *über die Wertlosigkeit der Jurisprudenz als Wissenschaft*, 1847, S.24f. 转引自许德风:"论法教义学与价值判断",载《中外法学》2008年第2期,第170页。

[3] 关于此点,可进一步参考蒙晓阳:"为概念法学正名",载《法学》2003年第12期;魏德士:《法理学》,丁晓春、吴越译,法律出版社2005年版,第205—207页。

[4] 参阅焦宝乾:"法教义学的观念及其演变",载《法商研究》2006年第4期,第89—91页。

[5] 参见考夫曼:《法律哲学》,刘幸义等译,法律出版社2004年版,第9页。

在系统内部论证,并不触及现存的体制。在法律教义学的定式里,这种态度完全正确。只是当它把法哲学和法律理论的非教义学(超教义学)思维方式,当作不必要、纯理论、甚至非科学的东西加以拒绝时,危险便显示出来。[1]

由此可见,作为诠释性学科,法教义学已经打破封闭的观念体系而不拒斥法社会学和法哲学等其他学科的成果,其也使用后者提供的事实。但诠释本身具有非经验的特征[2],故法教义学仍以法律规范系统内部的论证、阐释和发展为核心,并且以问题为中心在理性程序中使得规范与事实向价值开放。

作为为法律适用提供准则和方法的学问,法教义学在耶林那里就得到了相当的重视,以至于其把法教义学、哲学和历史视为法学的三大支柱。传统的法教义学意指法律各领域(如民法、行政法、商法等)是由基于现行法律规范和概念而高度构建的(highly structured)系统,以及此教义构成研究的单独学科内容[3],从而为法适用提供规则,其并不推崇那种被斥为死板的客观主义,也不需要强调流于实力政治的某种思潮或理论之竞争力。法律生命在于适用,当代法教义学亦不拒斥价值判断,但其主要工作仍是在法律自身的原理和法律信条的范围内进行规范性理性规则的论证、推理和价值衡量,此亦是法律学人在面对法曹时需认真从事的法律专业之重要任务,大陆法系发达的法教义学正说明了是学者而非法官在大陆法系主导着法律理论的发展。本文所研究的法教义学方法论便是结合司法考试偏重探讨应用法律的方法,而仅适当涉及法学方法论下何谓正确之法这一法哲学的基本问题。故而本文着力研究的法教义学是将法学作为法学而非社会科学来研究,并不把法学看做是某种学术流派,抑或某种社会或学术思潮。在法教义学内部,具体而言,法教义学包括宪法教义学、民法教义学、刑法教义学等各个部门法的法教义学,各个部门法只要存在有法典法规文本,就都能围绕着法典法规发展出该部门法法律规则论证、解释和发展的法律知识体系。因此,一般意义法教义学理论在具体部门法法教义学上也是大体适用的。以刑法为例,刑法教义学之基础和界限则是源自于刑法法规,致力于研究法规范的概念内容和结构,将法律素材编排成一个体系,并试图寻

---

[1] 阿图尔·考夫曼、温弗里德·哈斯默尔主编:《当代法哲学和法律理论导论》,郑永流译,法律出版社2002年版,第1、4页;亦可参见考夫曼:《法律哲学》,刘幸义等译,法律出版社2004年版,第15页。

[2] See Aulis Aarnio, *Introduction*, in Peczenik, *On Law and Reason*, Kluwer Academic Publishers, 1989, pp.2—3.

[3] See James E. Herget, *Contemporary German Legal Philosophy*, University of Pennsylvania Press, 1996, p.118.

找概念构成和系统学的新的方法。[1]司法考试和法教义学一样并不排斥价值判断,但由于现行法是到目前为止人们在价值判断问题上所能达成的最大妥协和共识[2],因此,从法教义学来角度理解司法考试,"教义"(或"信条")就是既有的法律规定,它们构成了框住司法考试的整个系统外延。这对于司法考试研究是相当重要的,因为司法考试必须以现有的法律规定为基础,一切司法考试上的追问到既有的法律规定处就必须终止,不得再质疑,再怀疑下去就是脱离了司法考试的意旨——它是遴选法曹而并非学人。对于法曹而言,贬抑法律的权威,不尊重法律不仅是不受欢迎的,而且是非理性和高成本的。

由于目前中国法学的方法论研究总体上还比较落后,还停留于宏观叙事的层次,没有充分走向细致化和具备充分的可操作性,所以推进法教义学的研究及其与部门法的结合就至关重要。同时,法教义学是法学学术的核心内容,大陆法系背景下的法治国必须有发达的法学学术,法学家的法必然要求有发达的法教义学。因此,以现存规则为中心,法教义学研究不仅有助于推进法学学术,而且可以通过司法考试这一连接实务的桥梁对法律实务产生良性影响,从而推进法治价值。此亦为法律知识共同体的整合之道。阿列克西将法教义学归纳为下列六个功能[3]:(1)稳定性功能:透过法教义学体系之建立及其制度化之运作,可以使得在实务中经常出现的问题拥有比较稳定的解决方案。(2)进步功能:这个功能与法教义学的稳定性功能密切相关。因为法教义学是在制度化的方式下运作,因此能将人、事、时的因素尽可能地掌握,这可以有效地促使法教义学对相关问题的讨论,能以更精致的方式进行研讨与思考,而不需要每次从头开始,这个条件的存在当然使得法学与法律制度能更有效地改善进步。(3)减轻负担功能:法教义学的存在,使得在大部分的个案中,可以直接援用已经被广泛接受的语句(包括概念及其逻辑与体系关联)来解决问题,而无须自最基本的概念开始讨论,这当然大大减轻了法官乃至全社会对于法律相关问题的讨论负担。(4)技术功能:由于法教义学将极为庞杂的实证法规范,建立为一种清晰的概念/逻辑体系,因此在资讯供给方面提供了非常便利的工具。这极有助于法学的教导与学习,也使得法学研究的成果能更有效地传递(空时与世代间)。(5)控制功能:透过法教义学概念体系的确立,我们可以更精准地、更广泛地检验法学论述或司法裁判中,各规范语句彼此之间是否逻辑相容或是否体系和谐。由于法教义学的研究往往已经将过去的案例列入考虑,甚至也预

---

[1] 参见汉斯·海因里希·耶赛克、托马斯·魏根特:《德国刑法教科书》(总论),徐久生译,中国法制出版社2001年版,第53页。
[2] 参见许德风:"论法教义学与价值判断",载《中外法学》2008年第2期,第173页。
[3] 参见颜厥安:《法与实践理性》,台湾允晨文化实业股份有限公司1998年版,第170—172页。

测性地处理了未来可能发生的案型,因此透过法教义学的协助来决定个案时,就不容易流于见树不见林。在这点上更有助于可普遍化原则以及正义的实现。(6)发现新知功能:由于法教义学提供了许多重要的区分、观点与基本的解决问题模式,在这个丰富有效的工具的支援下,一方面有助于初学者掌握了解学习的素材,另一方面也有助于发现新的观点以产生新的知识。

学人和法曹相比,前者偏重学术理论,亦即是法教义学的主要推进者,而后者更偏向于实践,主要是法教义学的应用者,但绝不必然。在法学家的法下,通过司法考试来考察法的理论,能够实现学术理论对于社会实践的理性引导。理性并非万能,理性亦可能毁灭,但没有理性指导的实践则必然是盲目的。司法实践假若没有理性的干预,就不可避免地走向歧途,故而学术理论对于实践的引导,至少需使客观实践具有经验理性乃至规范理性。而法教义学作为法律诠释学也不能脱离实践,这点在前述的法教义学的定位中已经讲明,而且诠释学本身就是一门现实的实践的学问。如伽达默尔所说,法律诠释学的基本要求是,法律对于法律共同体的一切成员都具有同样的约束力……解释的任务就是使法律具体化于每一种特殊情况,这也就是应用的任务。具体化的任务并不在于单纯地认识法律条文,如果我们想从法律上判断某个具体事例,那么我们理所当然地还必须了解司法实践以及规定这种实践的各种要素。[1] 在当代中国,实际上进行法律诠释促进法律理解规范化的主要力量是学人(包括学者和学理型法官),而脱离经验和实证的理性建构式法律诠释难免空泛,司法考试无疑是推进学人与法曹之沟通理性的重要药方。在当代中国司法考试制度下,学人命题,应试者通过考试后成为法曹,更不可避免地要求学人在司法考试中承担起法文化教化和职业培训的合格指挥者角色,担负起为法律实务和法律共同体之法治实践提供真正的智力支持的责任,这是对学人的必然要求;同样地,司法考试也给法学理论提供了检验舞台,应试者的评论亦能凸显部分学术理论的硬伤和缺陷。

二、规范性思维在司法考试中的提倡

法律人才遴选当是针对大脑思维的遴选,法学作为一门规范意义的科学,其要求精确地理解法律和规范化地进行思维,故而不应将其他标准作为遴选的最终标准,而应将已经真正入门的具备精确规范性思维的人才遴选出来。在一个民族中,具备此种特质的人必然是少数,他们虽有可能犯"小错误",但却目光深邃并能辨别是非,对时空观有着良好的领悟。易言之,遴选依据是法律智

---

[1] 参见汉斯-格奥尔格·伽达默尔:《诠释学 I:真理与方法》,洪汉鼎译,商务印书馆2007年版,第447—448页。

慧,而非在法律学习上精明取巧。在门槛较高且数量庞大的应考群体中,司法考试通过率仍必须保持在一个比较低的状态,宁缺毋滥是法律职业精英化的原则。通过司法考试来遴选法律人才,当然也有着其作为考试制度本身的缺陷,即只能通过相对公正并具有一定操作性的方式来考察,具体也就是表现在只能通过参考资格、考试内容、考试形式等方面来加以把握,而不可能也没有办法逾越考试的基本特征,正如我国历史上察举制和科举制之有别,察举也有科举所无法替代的一些优点,司法考试只能承担起所能承担的一些遴选责任,要求通过司法考试起到一劳永逸之遴选效果,甚至错位地期待司法考试担负起学术振兴的繁重使命,无疑有强司法考试及其研究者之所难的嫌疑。在司法考试制度之外,法学教育和国家司法体制等诸多关节也承担着重大责任。纵然如此,我们仍然能对目前司法考试制度作有益的思考,并做些许适当的改进。

(一)法教义学下的规范性思维

乌尔弗里德·诺伊曼对于教义学的地位谈到,教义学理论不是认识性的,而是规范性的,教义学理论有规范建议的特点(因为它不是由具有约束性决定职权的权威人士来表达的)。[1] 由于法教义学理论的规范建议特点,使法教义学在认识与规范创制之间具有特殊立场,这说明法教义学对于规范创制的意义,而拉德布鲁赫更认为作为文化科学的法学在方法论上和规范科学无甚区别,按照规范科学的方法,法学需由现行法与习惯(主要在民商事领域)出发,而不是立法者的经验直觉出发。[2] 按照笔者理解,基于解释学传统下的法教义学角度,法律方法主要强调一种规范系统内部的规范性思考方法和思维,并以此作为对规范创制的建议。法教义学由于其以法的适用为中心,必然具有和法律实务的紧密连接性,另外加上其理论体系和思维方式的规范性,使得其成为作为考试标准评判最为适合的理论选择。

在我国,作为命题人的学者有引导法曹职业良性准入的可能,不过,司法考试考查法律理论也并非即是考察某些学术或社会理论,而应是考察法曹所需掌握的法律思维下的法教义学,当然这点已经在贯彻。法教义学的考查选择使得规范性思维在司法考试中的提倡成为可能。规范性思维不仅强调尊重既有的规范(利用已经达成的妥协和共识来降低成本)来考虑问题,而且主张围绕着规范进行有序合理的逻辑化体系化的思考方法。由于规范性思维不仅仅体现在法律思维上,其还包括规范化的其他思维,比如数学思维,但由于规范性法律

---

[1] 参见阿图尔·考夫曼、温弗里德·哈斯默尔主编:《当代法哲学和法律理论导论》,郑永流译,法律出版社2002年版,第458页。

[2] 参阅拿特布尔格斯它:《法律哲学概论》,徐苏中译,上海法学编译社1931年版,第202—203页;亦可参见新勘校本拉德布鲁赫:《法律哲学概论》,徐苏中译,中国政法大学出版社2007年版。

思维可以作为规范性思维在法学领域的反映,故而,考察规范性法律思维可以间接地考查应试者的整个规范性思维模式,规范性思维在司法考试中是通过规范性法律思维的考查来实现的。从部门法领域来看,在民法领域,从《民法通则》到《担保法》《合同法》《物权法》的细化的发展过程以及民事司法上的理性化已经明了地说明了民法思维精确化、规范化和立法司法规范化、体系化的进程。在刑法领域,当代中国刑法的任务同样仍然是进一步规范化和精确化,这才有利于刑事司法公正和保障公民权利。这不仅仅要求法律思维当力求精确,而且要求希望参与实务运作的应试者具备规范性思维。故而,将规范性法律思维作为司法考试通过与淘汰的最重要衡量标准并无不妥。

(二) 规范性法律思维的操作化

具体而言,针对偏向大陆法系的我国司法考试之模式,法教义学所强调的规范性法律思维应在如下几个方面得到体现并与具体题目印合,从而实现规范性法律思维在司法考试中的操作化:(1) 对于法律基本概念的精确把握。概念是反映事物本质属性或特有属性的思维形式,是所有思维的基础,进行规范性思维必须以能运用法学上的概念为前提,而且必须注意的是,精确把握的必须是基本概念,"基本"不是指简单幼稚,而是指作为思维话语的范畴的基础性。(2) 对于法律知识结构和基本原则的领会和贯彻。法律知识结构的领会使得应试者能够进行系统思维,这是防止偏狭视野的重要途径,综合的方法才是最好的法律方法。法律基本原则的贯彻使得应试者能够领会法适用的尺度和尊重法权威。当然这两者都是大致的,因为应试者也是主体,只能通过思维科学进行了解,事实上这是主体间的一种互换角色的推断,这种推断是符合正常逻辑的。(3) 法律文本语言的理解和运用。关于语言的哲理意义,麦卡锡概括道:"鉴于言谈是人类生活之独特的、充满各方面的媒介,因而交往理论是关于人的科学的基础研究:它揭开社会文化的普遍基础。"[1]而具体到法律语言,奥地利法学家魏因贝格尔曾说,"规范语句是规范的语言表述,规范是规范语句之意义。"[2]法律语言中大量存在着规范语句,是不等同于日常语言的规范化语言,关乎正义实现和正当权利保障,自然地,对法律语言的理解和运用包括严谨的法律用语驾驭和精确的分析思维。严谨的法律语言固然和语言本身有关,比如说德语比英语严谨,但决定性的是驾驭者运用语言模式的严谨,不同语言之间并无优劣。人为划分的学科之本质,多为话语进路的区分辨认,比如自然科学中的数理逻辑符号进路,在法学领域的规则逻辑符号进路,其实质都是一

---

[1] 转引自汪行福:《通向话语民主之路——与哈贝马斯对话》,四川人民出版社2002年版,第300页。

[2] 转引自颜厥安:《规范、论证与行动——法认识论论文集》,台湾元照出版社2004年版,第232页。

种理性的施展系统,自然地,"法教义学"曾被称为"社会数学",是个"多维度的学科",可以分为以下三个维度:描述——经验的维度;逻辑——分析的维度;规范——实践的维度。[1] 在司法中,第一和第三个维度固不可缺,但针对作为人才遴选标准的规范性法律思维而言,第二个维度更显重要。逻辑分析思维纵然较明显地体现于自然科学,但无疑地并存于所有科学和学科中。在法学领域,逻辑分析思维主要应当体现在疑案处理中,即必须能根据现有的法律规则将囫囵的案例事实分割成一个个小事实,并做到精确的涵摄、等置,或将找出其中的时空联系和类型区分,从而做到精确的法律规范性的判断,而逻辑是能促进规范性分析的。这里的分析也必然是在法律规则的系统内基于一定的时空观而进行的,故而没有这种系统观和时空观的分析完全会误入歧途,亦印合于吴经熊先生所倡之"三度法律理论"(时间度、空间度、事实度)。

  应该说,这些要求在通过申论式的题目(理想情况下是具备一定篇幅的论文)进行考察是合理的,因为,作为一个思想—客体的规范一旦用语言表达,就是一种能够在主体之间传送的信息。[2] 法教义学将司法实践以合理方式系统化且容纳进整个法规范整体,法官也须在不同的裁决中引入他们自己的司法见解,二者共同决定司法实践[3];后者可能和亲身司法经验更为紧密从而较难通过考试进行全面的操作性考核,但可以至少肯定的一点是,申论式题目不仅具备考查法教义学的功能,同时可以促进考生阐述司法见解(虽然是拟制而不是真实的司法实践),推进考生和阅卷人之间的主体对话,只有这种模式才能让阅卷人看到考生在相对充足的时间内充分展示出的规范性思维能力和一定的(拟制)司法水平,这样才能判断其是否有法律思维上的缺陷,以及多大缺陷。这和做数学题相近,必须侧重考查数理构造和演算思维方法,所以艰难的大题目总是糅合几何、代数等,需要应试者充分展现其思维和符号表达能力。至于客观刻板唯一答案的客观题模式,应该说其只适合考察既存的相对简单的基石性概念、经典案例以及基础的法律规则。事实上,这和刑法领域的犯罪论体系的逻辑(即认识犯罪成立的逻辑)是相似的,先客观判断后主观评判的过程符合人类认识的规律。司法考试就是考试官对于适格考生的认识和发现过程,也应先察看该考生是否已入法门,而后再进行主观判断能力的审查。客观题只可

---

[1] 参见罗伯特·阿列克西:《法律论证理论》,舒国滢译,中国法制出版社2002年版,第311页。

[2] 尼尔·麦考密克、奥塔·魏因贝格尔:《制度法论》修订版,周叶谦译,中国政法大学出版社2004年版,第44页。

[3] Johann Braun, *Einführung in die Rechtsphilosophie*, Mohr Siebeck Tübingen, 2006, S. 399.

以针对法律知识中直接明证[1]的范畴加以考察,因为这是法之公理或抽象的法之经义(亦即不可贬抑的既存法律规定),同时也纳入已经成为定例的经典案例,这亦已成为具象的法之经义,难以产生争议。所谓经,在古代都是要背诵的,这可进行客观题的考察。但是,基本的法律知识的掌握,在当今的信息时代已经不再成为法律人保持特性的门槛了,既存的法律规定作为基本的法律知识已经极其容易检索和参考,所以客观题的覆盖面不宜过宽。另外要提及的是关于"通说"的考查,阿列克西认为,"为了能够把某个语句成为教义学语句,没有必要让绝大多数法律职业人都认为它是正确的语句,而只是他们把它看作法教义学语句就行了。"[2] 阿列克西实际上在这里否定了"教义学语句即为'通说'"这样一个判断,其认为"通说"所获得的认可度比"教义学语句"要高,那么可以推断,在我国司法考试中考查"通说"是可行的,因为即便我国尚缺乏学派之争和学术整理,理论"通说"的定型化程度和国内法学界地位还达不到德国理论"通说"所取得的在德国的高度,但是至少分别对于两国而言,我国的"通说"也能相当于德国的"教义学语句",所以将"通说"(除非这个"通说"在我国都名不符实)列入我国司法考试考查并不会有太多争议,只是置于主观式申论题中考查似乎更妥,毕竟它还并非定律而且它也侧重规范语句之表达和理解。

(三)客观—主观的递进式规范化考查

规范性法律思维的聚合便成为法教义学的体系性思维,对学人而言,主要是促进两个研究任务,即体系化的法教义学(理论的法教义学)和解释的法教义学(实践的法教义学)[3],后者作为法教义学的实践层面主要是导向法律实践的目标。[4] 规范性法律思维在法律职业中的意义主要是对于实践的法教义学在实务上的进一步拓展,丰富的实务又反过来能进一步推进实践的乃至理论的法教义学的研究工作,以此实现规范性沟通。

规范性法律思维标准对于法律职业是至关重要的,司法考试须给考生创造完整展现其法律思考能力的途径,才能使得考查法律思维的意旨得以实现。对基本概念的精确把握、对法律知识结构和原则的贯彻和领会以及对法言法语的理解、运用仍然应是核心考查重点。具体而言,法律概念的精确把握主要对应

---

[1] 对于某些非常明显地知道为真的事物,"就不会引起"证明的问题,因为对于这样的事物的怀疑"违背了我们的语言规则"。这便是直接明证。参见齐硕姆:《知识论》,邹惟远、邹晓蕾译,生活·读书·新知三联书店1988年版,第48页。

[2] 罗伯特·阿列克西:《法律论证理论》,舒国滢译,中国法制出版社2002年版,第320页。

[3] See Aulis Aarnio, *Reason and Authority*, Dartmouth Publishing Company, 1997, p.75. 转引自王夏昊:"法学方法论的概念及其地位",载《清华法学》2008年第1期,第148页。

[4] See Aulis Aarnio, *Introduction*, in Peczenik, *On Law and Reason*, Kluwer Academic Publishers, 1989, p.3.

法律事实发现能力,同时构成其他项能力考查的基础,对法律知识结构和原则的贯彻和领会主要涉及法律知识储备、法律思维推理能力、法律判断说理能力以及是否有法治信仰和法律道德,对法言法语的理解主要考察法律意旨理解能力,法言法语的运用主要关于法律思维推理能力、法律判断说理能力、法律文书表达能力。这些都是需要通过长期的系统的专业法学训练才能获得,故而笔者赞同部分学者提出的应当逐步把参加司法考试的资格改为具有法学本科以上学历,以将非法学专业的应考者排除出去。这是为了保证参考生必要的法律基础素质,而在有限的逐步缩减的放宽地区,可以允许法律专科学历考生参考。有学者认为只要司法考试增加测试应试者法律思维水平的内容和方式,辅之以实务技能的培训阶段,那么这种在报考门槛上的争议就可以平息。笔者认为,这种观点固然有其道理,也体现了公平性,但是直接通过学历资格限制的方式似乎更妥,因为让不具备相关资格的参加考试,还要耗费大量人力物力资源,而他们基本上难以通过或通过率极低,这样徒增考试成本和风险,对于国家和考生都不利,至于实务培训阶段则是另一个环节上的问题。[1] 所以,这部分人若真要参加司法考试,则可以通过获得法律硕士入学资格或取得法学本科学历(或放宽地区的法律专科学历)来取得参考资格。另外,在考查内容上,正如前所阐述,应当加大已成型的法律理论的考察,理论对于法律实践也有着重要的指导作用,避免使法律职业沦为仅靠经验办案的法律工匠。

  从客观到主观,乃是一个逻辑的顺序问题,这不仅仅体现在法律行为或事实的认识秩序上,而且在司法考试这种考察人的法律思维能力的认识活动中也是如此。因此,在司法考试中,客观题和申论式论述题都是必要的,而且有必要先进行客观题的筛选(第一试),再进行申论式论述题的筛选(第二试)。第一试判卷由电脑进行以减少成本,或者采用机考,每年上半年可举行多次,考查内容前已说明,第一试通过率应该控制在30%—40%,第二试为人工阅卷,每年下半年举行一次,主要是针对规范性法律思维的考查,由评卷委员会委员分别评分,取平均成绩,通过率在10%—15%。通过两次考试,通过率在3%—6%之间。由于我国法学教育规模已经明显大于2001年司法考试改革开始时的规模,这里面很可能已经带来了法学教育质量的下降,所以按照目前的办学规模,将通过率压缩到5%以下并不过分。至于口试模式,由于其仍要耗费较大的物力和人力,若条件具备则可加入,置于第二次考试通过之后。但因口试时间一般较短,十几分钟难以严谨判断一个人的规范性法律思维能力,故而口试阶段的淘汰性不应过强,通过率应当在90%以上,只是淘汰有明显缺陷的考生。此

---

[1] 我国统一司法考试后也有实习阶段,实践中出现了大量的挂靠在某律所即代表实习的情况,这在一定程度上架空了实习制度,但这是实习上虚置和缺乏监督的问题,而不应全归罪于前期的司法考试。

外,仍可参照一下日本的经验,亦即每位考生总的应考次数应有限制,具体而言,若第一次考试参考 3 次仍不通过,就应不能再被允许参加司法考试,而且第一次考试通过后取得的参加第二次考试的资格应在 2 年内有效,这也是为了避免国家和考生本人资源和精力的浪费,避免依赖持久战的纯粹应试型考生通过司法考试。

三、司法考试(刑法篇)的法教义学视角

除了实践性以外,规范性同样是法教义学的重要特征,故而在宪法及部门法上,规范宪法学、规范民法学、规范刑法学在某种意义更应当是宪法教义学、民法教义学、刑法教义学。以民法刑法为例,纵然民法和刑法二者乃是个性相异的部门法,但其实都是需要强调规范性的。虽然在漏洞补充上,民事法律上无法律可采习惯法,可以类推,刑事法律上由于罪刑法定禁止类推和排斥习惯法,但需注意的是,允许或禁止习惯法和类推在两个部门法的不同命运其实和法教义学之内涵毫无冲突。民事法律以规范化地保障私权实现和化解纠纷、维持民法规范之适用为己任,刑事法律以规范化地保障公民在刑事处理中的基本权利和维持刑法规范之适用为己任,在民法中采取习惯法和类推是为了使纠纷得到规范化处理,防止纠纷搁置(禁止拒绝裁判),而刑法中禁止则是为了保障公民不受非确定的非规范化的入罪,但是在出罪上,规范化的习惯法作为排除实质违法却是被允许的,同样,有利于被告人的类推并不被禁止。虽然刑法强调比民法更为严格的解释,但在维持法的规范适用、保障个体权利的这点上,它们是相同的,规范性作为法的特性,在任何部门法上是相一致的,故一般意义上的法教义学,乃基于民法教义学、刑法教义学等各部门法法教义学的共同支撑。因此这也使得我们可以通过个别部门法法教义学的考察来阐释一般意义上的法教义学的总体特征,而一般意义上的法教义学也需要通过具体的部门法法教义学来体现。对于具体部门法法教义学在司法考试中的考查所展开的研究,能大体使我们推知其他部门法乃至一般意义上的法教义学和司法考试的关系。在和法教义学紧密联系的司法考试中,作为规范法学的传统重点学科,民法、刑法乃第一、第二大户,在司法考试中起着举足轻重的作用。在德国、日本和韩国,民法、刑法、公法(或宪法)也是并列的三门必考科目。由于选择一部门法加以研究便能基本了解我国司考的基本考查方式,并由此了解法教义学与之的关系,鉴于民法和刑法在司法考试中的基本稳定性,大体可以将它们作为司法考试考查模式的代表性样本,又因同时研究民法和刑法确属不必要,故而笔者在本文中选择刑法作为一个样本对之展开案例考查形式、考查重点分值和主要内容以及司考中的怪现象三个方面相对较为系统的实证研究,并对该部门法考查模式提出法教义学角度的见解,从而为统一司法考试的整合或改进提供些许参考。

（一）案例考查与案例经典化

在2002—2007年的司法考试刑法试题中,案例形式的考查是很明显的。具体地,2002年选择题36道(计36分)以案例形式进行考查,加上卷四第1、2题20分、法律文书涉及刑法5分(亦可计为案例形式),共61分,在刑法总分65分中,案例考查的分值占据93.8%;按类似的方法统计其余年份,即得出图1的上图,六年间,案例形式考查的分值超过了刑法总分的65%,是重中之重。此外,值得注意的是,在以案例形式考察的选择题中,还加强了一种考查模式:即一道题目涉及四个案例。在2002年卷二有4道(计4分,相当于改革后的7分),1道单选、3道多选;按类似的方法统计其余年份,即得出图1的下图。

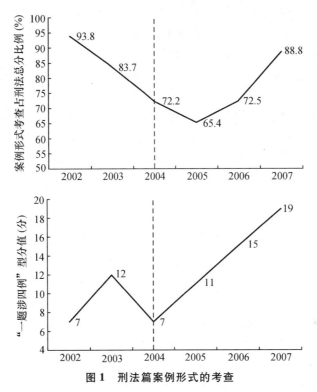

图1　刑法篇案例形式的考查

依统计结果我们发现,在既有的六年司法考试刑法篇中,单项和多项的考查不仅重视案例形式,而且在近三年中还在强化案例形式,并且自2004年后,"一涉四"的综合考查的趋势也在加强,从总体上可以说,案例考查的力度是持续加大的。案例考查的方式可以考查考生运用法律规定和法律基本理论解决问题的能力,但难以考查考生在解决问题这个过程中法律思维、法律推理的能力具体拓展的程度,而运用刑法教义学的综合性思维应该是司法考试刑法篇的考查重点。故而,案例考查不宜过偏和富有争议,且若按照两次考试的模式,第一次考试主要是针对刑法知识中直接明证的范畴和已成定例的经典案例加以考查,也就是须使这些被考查的案例走向经典化,因为它们要面对最大数量的考生,过多的案例考查并不合理。而且,由于首次考试应当是淘汰性的,将有争议的题目作为考题容易使考生对现行法律体系产生贬抑之辞,降低司法考试作为法律职业准入考试的权威性。因为这也是一种对于应考生进行职业思维规训的技术,如果这种技术是有争议或者有漏洞的,那么很明显,它就有可能成为一种徒具表相的玩意,而无法成为权威和职业尊严的有效分配手段,也不利于法教义学的稳定性功能和减轻负担功能的实现。故而,针对普通案例的考查,除非是常见和经典的案例,如果没有权威的法条依据或者定型的理论通说的话,一般而言,还是较容易产生争议,毕竟在考试的时候,每个考生就是每一道案例题目的法官。因此,为减少争议,一般应当在案情叙述中命题严格化、表述精确化,必要时可以将(较为偏僻的)法条列出,但目前,案例考查这种形式又是不可或缺的,因为若在客观题中仅仅考查记忆性知识或法条的话,则可能导致这一试成为"背书"考试,达不到有效淘汰部分基础法律素质差的考生的目的,故而目前的客观题模式还是基本可行的,只是需要在命题时注意精确、在适当的时候可以提示法条,以及避免为了案例而案例的命题倾向。至于客观题的分值,由于先后进行客观卷和主观卷的考查要明显更为合理,这种模式下并不将客观卷和主观卷的分值相加,所以各卷的分值就并不起到决定性作用,故无必要深加讨论。

(二) 考点分布和考查内容

六年间,刑法一共考查了453分,占据总分值3200分(400×2+600×4)的14.2%,在这1/7的分值里,依照《2007年国家司法考试辅导用书》(第二卷)和笔者统计的"刑法各章考查分值分布"(参见附录之(二)),在总共24章中,第19章侵犯财产罪、第18章侵犯公民人身权利、民主权利罪、第17章破坏社会主义市场经济秩序罪三章考查的分值最高,均超过了40分,分别为87.5分、60.75分和42分,各占刑法总分453分的19.3%、13.4%和9.3%,但是考虑到这三章中涉及的罪名分别为12个、38个、103个,实际上,破坏社会主义市场经济秩序罪这章考查的密度并不高,所以整个刑法篇的考查集中在侵犯财产罪和侵犯公民人身权利、民主权利罪两章(占刑法总分值的32.7%)。在刑法总则方面,重点考查的是第6章共同犯罪、第3章犯罪构成、第1章刑法概说,分别考了39.25分、20.5分和20分[1],也就是说,目前最常见也就是最经典的司考

---

[1] 需要说明的是,这并非是说其他分值中就一定不涉及这些总论内容,笔者的归类是以相对直接的考查方式作为判定根据的,这也是不得不采取的统计办法,因为一般而言,每道考题都往往综合考查总论和分论的内容,只能根据考查的侧重点来归类,同时,为了照顾到归类的精确,笔者对客观题依照各个选项、主观题依照具体答案分布进行了更细的统计,即比如1道单选题有4个选项,则每个选项算做0.25分,多选题(2004年后)每个选项算做0.5分,如果该选项涉及两个知识点,则每个知识点算做0.25分。

刑法题为：以侵犯财产罪和侵犯公民人身权利为背景来考查共同犯罪和犯罪构成。

在具体更细的刑法考查知识点分布上，笔者统计出了六年间"司法考试刑法篇46大黄金考点"（附录之（三））和"司法考试刑法篇考查频次最高的44个考点"（附录之（四）），应当说明，这些统计都是基于笔者对每道刑法司考题（包括案例、文书、论述等主观题）的人工分析所得，所以这能够较为准确地反映出司法考试刑法篇的具体特点，这46个考点和44个考点只占司法考试大纲（2007年）刑法篇总共480个考点的9.6%和9.2%，分值却占了65.5%，重要性可见一斑。另外，依据这两个统计得出的结论，考查分值最高的不一定就是考查频次最多的，但考查分值高的知识点一定在考查频次上也比较高，在统计过程中，笔者也注意到，在主观题领域涉及的知识点的分值相对更高，"（共同犯罪）必须有共同故意"这一考点之所以分值排第3而频次排第10，就是因为其常见诸主观题。在这个统计中，我们可知，盗窃罪、抢劫罪、诈骗罪、故意杀人罪、受贿罪、敲诈勒索罪、挪用公款罪是最容易考的7大罪名，共104分，分值占据了453分的23%，亦即重者恒重，这些都是传统罪名（其中挪用公款罪以法律解释驳杂而著名），可以说，司法考试刑法篇的最基本特征就是：运用刑法基本理论来解决传统罪名中刑法问题，或者以传统罪名为背景考查刑法总则。这也是围绕着刑法教义学的核心——规范化的规则适用而展开的。我们举2006年卷二第13题为例，如果考生不能良好地理解因果关系理论、迷信犯乃至对客观归责理论有所耳闻，他可能就会遇到麻烦。在这道题中，法律人必须使这些（案例）事实超越个案的意义，而这个"超越"就必然涉及一个可理解的框架，这个框架依据一个科学话语将事实体系化，科学话语自身又被组织为观念的范畴。这就是说，没有区分或分类，体系性就是不可想象的；而没有体系性，知识就是不可想象的。[1] 在这道题中，迷信犯这种犯罪形态作为犯罪类型化的划分，以及选项中关于刑法因果关系理论的考查也具有超越个案的含义，所以该题实际上是考查实践的法教义学，并间接考查了理论的法教义学。这也验证了，法律人在其工作过程中进行法的概念或范畴分析，是保证法律决定具有比纯道德决定更大的确定性的重要因素之一。[2] 这里，"相当因果关系"和"迷信犯"等就充当着"法的概念或范畴"的角色，它们也是刑法体系的构成要素。

由于分值在司法考试实践中的实际意义要重于考查频次，故而笔者所归纳出来的46大考点实际上便是司法考试刑法篇之重中之重。司法考试是由代表着学术权威的法学专家参与命题和判卷的，也是规范法学抑或法教义学的一个

---

〔1〕 See Geoffrey Samuel, *Epistemology and Method in Law*, Ashgate Publishing Limited, 2003, p.217.

〔2〕 王夏昊：“法学方法论的概念及其地位”，载《清华法学》2008年第1期，第154页。

实践。那么这46大考点在刑法学术研究中处于一个什么样的地位呢？笔者统计了中国期刊全文数据库（CNKI）全部期刊近十年的21496篇刑法类文章（附录之（五））。为了验证司法考试中黄金考点和刑法学术论文之热点的映合程度，笔者将"司法考试刑法篇46大黄金考点"和刑法类学术论文中各主题频次统计中的数值均转化为占总分值或总文章数的百分比，然后得出如下的折线图。

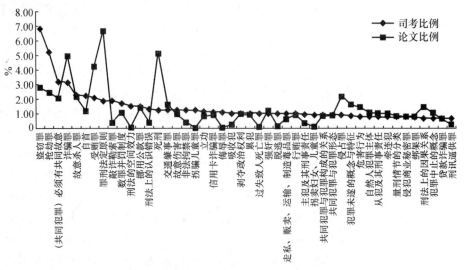

图2 46大刑法考点在司法考试和学术论文中的映合

从上面的折线图我们可以看出目前的司法考试刑法篇在具体内容上有以下两个特点：(1) 司考之重点大体上也是学术研究的重点。这实际上说明，我国目前司法考试在刑法篇的内容上是基本反映我国刑法研究的重点，质言之，目前刑法所重点考查的内容是大致合理的。(2) 刑法司考和刑法研究中反差较大的是在个别问题上，比如罪刑法定和死刑研究是刑法理论关注的重点，但在考查内容上不是特别明显。在个罪研究上，诈骗罪、侵占罪等为学术研究所青睐，而司考偏爱考查敲诈勒索罪、侮辱罪、脱逃罪等，这只能说明学术研究偏向研究更为基础的理论性强的罪名，而较少关注其他罪名，而这样的偏差同样不是特别大，这同样说明现行司考的刑法重点考查的内容是基本合理的。该折线图还能说明，目前的司法考试基本上是没有脱离学术研究的轨道，相反，在规范刑法学比较发达的重点罪名上，一般也都在司考中大题占据重要的分值，且考察频率不低，这就驳斥了那种认为规范刑法学的发达会导致客观主义死板考查方式的谬误。规范法学的提倡（尤其是规范性法学思维）确实对司法考试有所助益。

（三）怪现象

在第二部分，笔者从刑法学术和司考重点映合的角度为现行司考的考查内容作了合理性证成,在这部分,则主要涉及"死章节"、"死考点"和超纲这三个怪现象。关于非重点考查的内容,笔者注意到,在刑法篇中,第 2 章犯罪概说、第 9 章刑罚概说、第 13 章刑罚的消灭、第 21 章危害国防利益罪共 4 章一分未考,也基本上从没有在司法考试中直接出现过,可以认定为属于司法考试刑法篇中的"死章节"[1]。具体到知识点上,总共有"刑法的性质与任务"等 265 个考点从未考过,占总共 480 个考点的 55.2%。这个数字是很可观的,它们从来没有在司法考试中直接考查过,基本上都可以认定为"死考点",除了在前述的 4 个"死章节"中"死考点"率[2]为 100%外,其余集中在第 24 章军人违反职责罪("死考点"比率为 83.3%)、第 16 章危害公共安全罪(77.3%)、第 15 章危害国家安全罪(71.4%)、第 23 章渎职罪(70.8%)和第 7 章单位犯罪(62.5%),这 5 章的"死考点"比率均超过了 60%,加上"死章节"4 章,这 9 章共有 119 个考点,其中死考点 95 个,占 79.8%。这些游离于死活之间的章节中,除了危害公共安全罪和单位犯罪两章外,其余 7 章实际上是司法考试刑法篇中名存实亡的章节,每年只是象征性地考查一两次,或者根本不出现(参见附录之(六))。

　　进而论之,这些偏僻的刑法分则罪名和抽象的两章"概说"是否有必要在司法考试辅导用书中详细书写呢?笔者认为,对于这类的司法考试"异端",完全不写的话可能会导致司考辅导用书中的刑法教义学理论体系受到一定影响,但写多了也实际上对考生的影响并不大,对考生而言,仅仅是增加了司考辅导用书的厚度而已。所以这种章节,应当尽量简略,而像第 21 章和第 24 章这样的章节,完全就不需要纳入司考范围,由于其案件的稀少,如果法曹遇到这类案件,即时地去查阅相关法条就可以了,并不需要在全国统一司法考试这样的考试中进行考查。而其他"死考点"中也有一些考点纯粹是"摆设",实际上,这是一种浪费资源的表现,且起到迷惑考生的作用,还不如将这些考点的内容简化或合理地删除一些,容纳进刑法外的刑事法学科加以考查。在我国,较为成熟的可以纳入司考的学科是犯罪学(实际上有许多和刑法人类学和刑法社会学的内容相重合)。对于犯罪学的学科地位,罗克辛教授这样评价,"这五个领域(刑法,刑事诉讼法,刑事量刑法,刑事执行法,青少年刑法)都是规范科学,也就是说,他们都是研究法律的规则及其应用的,同时,与它们相对应的犯罪学则属于真正的学术领域。当人们把犯罪学最广泛的范围作为基础加以考虑时,那么,犯罪学就是'关于犯罪(Verbrechen)、违法者(Rechtsbrecher)、不良的社会

---

　　[1]　从今后的发展趋势看,称为"休眠章节"也未尝不可,因为它们像是"睡着了的章节",但又难保其什么时候又被考查到,不过基于本文研究的仅仅是 2002—2007 年的五年间,故在这五年里,他们确实是"死章节",其下的考点是"死考点"。
　　[2]　即"死考点"数量除以该章考点数量后得到的比率。

性反常行为以及控制这种行为的经验性知识的条理化总和'。在学术上,它从经验性方面代表了前面提到的全部法学学科。"[1]发达成熟的犯罪学理论研究,能够真正有效地起到综合治理社会、控制和减少犯罪的作用。由于犯罪学更为注重犯罪人人格,实际上,对于人格的把握也应当成为刑法思维的重要视角,将之合理有限地纳入司法考试主观题的考查并不违反司法考试以法教义学之法律适用为内容、规范性法律思维为中心的意旨。犯罪学提供的是不同的视角,从普通人到法律人,从犯罪嫌疑人到罪犯,都是一种类型划分,罪犯之所以是罪犯,只是法官认定他是罪犯,那么法官也是人,也有可能变成罪犯;重视人格事实上是对人之主体性的一种尊重。从刑法教义学角度而言,犯罪学不属于刑法教义学范畴的内容,但是作为社会科学的犯罪学内容是刑法教义学之辅助学科,可以为刑法法曹运用刑法教义学及方法解决具体案件的时候提供许多有益的参考。这实际上又涉及如何看待"法学A"和"法学B"的关系问题了,法学与其他社会科学以及自然科学的关系密切,但绝非取代性的关系。其他科学知识的增长,固然会增强法学的论证力量,但是此种研究无法形成决定性的法学论据。法学这种实践之知,绝不可能孤立,也不应该封闭,但却绝对有其独立运作之逻辑。[2]

另外,笔者还发现根据司考刑法大纲,有4个考过的知识点是"超纲"的,即煽动颠覆国家政权罪、为他人提供书号出版淫秽书刊罪、私赠文物藏品罪、拒绝提供间谍犯罪证据罪4个分则罪名的考查(分值共1.5分),分别出现于2003—2006年的第37、60、62、63题的单个选项中,该4题都是多项选择题,这4个"超纲"(笔者分别查阅了当年的大纲,仍属"超纲")罪名的考查直接分值虽小,但也会严重迷惑考生在这4道题上的作答,实际上牵涉到7分,这种情况应如何看待呢?应该说,完全在司考用书中能找到答案的命题只会鼓励考生去背书,而若是以考查规范性法学思维为重点的话,以"超纲"罪名作为背景加以考查也无不可,只是在能够找到替代性"不超纲"罪名的情况下,却仍考查"超纲"罪名,则让人感觉似无必要;若不得不涉及"超纲"罪名,笔者似觉得在题中列出法条为佳。2006年卷二第63题[3] C项中对"拒绝提供间谍犯罪证据罪"的考查就显得不必要,也许找替代性罪名不方便,但亦可直接出一个窝藏、包庇

---

[1] 克劳斯·罗克辛:《德国刑法学总论》第1卷,王世洲译,法律出版社2005年版,第7页。
[2] 参见颜厥安:《规范、论证与行动——法认识论论文集》,台湾元照出版社2004年版,第19—20页。
[3] 2006年卷二第63题:下列哪些行为不构成包庇罪?(答案是ABCD)
A. 国家机关工作人员包庇黑社会性质的组织的
B. 帮助当事人毁灭、伪造证据的
C. 明知他人有间谍行为,在国家安全机关向其收集有关证据时,拒绝提供,情节严重的
D. 包庇走私、贩卖、运输、制造毒品的犯罪分子的

罪的选项,从而该题答案就成为 ABD。2003 年卷二第 37 题如出一辙,2005 年卷二第 62 题的考查也类似前道题目,2004 年卷二第 60 题则不同于此种情况。不过,"超纲"的题目并非主流,故笔者不再赘述。

以上三部分的分析以刑法篇为代表大体说明了司考重点考查内容的基本合理性,以及客观题(以及少部分主观题)上有着案例考查模式、高分值考点和高频考点以及"死考点"等现象,这些情况通过观察六年的司考试卷,可以发现在其他部门法的考查上也是基本存在的,也就体现了本文在整体的司考上的意义。当然,这些分析也说明了目前司考仍存有一定弱点,如主观题比重仍是太小(仅占 1/4),且由于其在易操作性上不如客观题,考生也往往对之并不重视,判卷者也往往采取机械性的踩点给分的方法,这导致这一重要的能够较为全面地展示考生法律思维的考查模式流于形式,这是让人扼腕痛惜的。阿列克西曾精确地说,依据程序理论,一项规范的命题是正确的,或者说它在自由真实的条件下是真实的,只要此一规范命题可以是一个理性对谈程序的结果。[1] 机械性的踩点得分无疑扼杀了这样的理性对谈程序,这样的主观题也就不是规范性命题了。主观题具有融合各种能力考查的优势,甚至前面所述的加入辅助性学科如对犯罪学的考查,也更便于在主观题领域实现。毫无疑问,主观题应受到更多重视,无论是单列为一试还是如何,也无论是在考试上还是在判卷上。

四、连接实务的桥梁

假使法学不想转变成一种或者以自然法,或者以历史哲学,或者以社会哲学为根据的社会理论,而想维持其法学的角色,它就必须假定现行法秩序大体看来是合理的。[2]

(一)从法教义学学术到法律实务

法教义学以特定国家现行有效的法律为出发点和对象,它旨在为具体案件的解决寻找法律上的正当答案,其研究方法是法律人或法律家独有的"法学方法",即体系的、分析的评价方法,这种特殊的方法不仅构成了法教义学的核心,也刻画了法律决定的"性格"。[3] 与其他法学学科相比,法教义学的这些特性使它与法律实务更为密切相关。法教义学不仅解释有效的法律规范而且要将其体系化,(法教义学家的)体系化的工作使法教义学与法律实务相区别开,并因其深度论证和普遍性而主张比法律实务更理性[4],同时向法律实务提供

---

[1] 转引自考夫曼:《法律哲学》,刘幸义等译,法律出版社 2004 年版,第 398 页。
[2] 卡尔·拉伦茨:《法学方法论》,陈爱娥译,商务印书馆 2003 年版,第 77 页。
[3] See Peczenik, *On Law and Reason*, Kluwer Academic Publishers 1989, p.17.
[4] Id., p.18.

相应的信息[1]，而实务法律人（即法曹）在解释有效的法律规范时要利用法教义学所完成的体系化，他们两者必然地受制于相同的认识论前提，只是后者有正式的权力和义务裁判具体的案件和做法律决定，而前者只是在建议怎样合理地做法律决定。[2] 法教义学将法官规则系统化，提出并修正了法官规则的概念，还在规则体系中学习这一概念。在法律与案件判决间中等抽象程度上，法教义学阐释了判决规则，当法教义学被贯彻之时，它同时事实上约束着法官。法教义学也不仅作为法律的具体化来理解，而且从它这方面根据法律的含义和法律的内容，建构自己（变化）的标准。它至少事实上实现了对法官的约束，这归功于它的稳定化和区别化功能：它使得问题变得可决定，途径为，它缩小了可能的判决选择的圈子，刻画了问题的特征，并将之系统化，确定了相关性，提供了论证模式。只有利用法教义学的帮助工具，法官才能坚实地处理法律，才能察觉不同，并将案件分门别类。[3] 案件的处理必须借助法律思维，法律思维亦有助于推理——法律推理亦为一复杂过程，如果在逻辑的基础上检测其成分，也就变得更为明白。[4] 这样，法律思维即在法律实务中演化为理性指导乃至融入实践了。法乃实践之知，作为一种与道德原则紧密联系的实践理性，其就必然能把也需把法学学术和实务链接起来，法学学人倡导一种理性法，而法曹则实践着一种理性法，二者统一于法教义学这一知识论的前提。这种所谓实践理性，正是在法教义学有效地吸收法哲学成果[5]之后并加以系统体践的过程中，从而得以塑造的。

（二）法教义学实践中司法考试的角色

在作为遴选法律实务人才的司法考试中，主观题的设置乃是大展法律之规范语言魅力的舞台，规范性法律思维也才得以在这样题目下戴着法教义学的镣铐而"纵横驰骋"。司法考试对于法教义学的检测会部分地引导职业导向的高校学生在法学教育中注重接受法教义学的内容，为了防止法律功利主义和工具主义弥漫下高等法学教育沦为司法考试预备"背书"班、考生沦为法科技工和

---

[1] Aulis Aarnio, *Introduction*, in Peczenik, *On Law and Reason*, Kluwer Academic Publishers, 1989, p.3.

[2] 参见王夏昊："法学方法论的概念及其地位"，载《清华法学》2008年第1期，第149—150页。

[3] 阿图尔·考夫曼、温弗里德·哈斯默尔主编：《当代法哲学和法律理论导论》，郑永流译，法律出版社2002年版，第285页。

[4] See Csaba Varga, *The Socially Determined Nature of Legal Reasoning*, 1971, in Csaba Varga, *Law and Philosophy, Selected Papers in Legal Theory*, Budapest, 1994, p.337.

[5] 自20世纪70年代以来，国际法哲学的发展呈现出所谓"实践哲学的复归"。法哲学家们通过对康德"实践理性"的再审思，为法与道德哲学寻找到新的理论生长点。其中，受到哈贝马斯和阿佩尔等人的商谈理论或实践商谈理论影响的法律论证理论正是这种努力的代表。参阅舒国滢："战后德国法哲学的发展路向"，载《比较法研究》1995年第4期，第349页。

缺乏理性和常识,有必要借鉴德国的经验,在毕业和参加司法考试之间拉开一定的时间距离,或者参考日本的经验,设立专门的法科大学院(Law School),亦即法曹职业学院,这样才能保证高等法学教育作为法学基础通识教育的角色。另外,司法考试中的经典考题完全也可以是法学教育的良好教学素材,这倒无甚妨碍,关键在于训练法律思维和防止司法考试成为纯考记忆的考试。台湾地区开设了法律实例研究课程,旨在通过法律逻辑上的教学训练学生了解法律整体体系中各种规范的关联性,更从逻辑分节的各个命题之推理中,去理解复杂的概念,并且对于每一项构成要件事实的内涵与外延切实加以认识,在三段论法的过程中,能够加以通用正确选择。[1] 不过在这个过程中,仍然要注重法律的社会人文内涵,毕竟,法律乃是整个社会生活的一部分,绝不存在于真空之中。我国大陆目前也在开展法学判例和案例的教学工作,以刑法为例,较重要的是北京大学法学院陈兴良教授主持的"刑法判例研究"课程以及白建军教授的法意实证案例数据库的教研工作,这些多以社会发生的真实案例为基础,在规范性法律思维和社会人文精神方面均有较大意义。法学教育工作者将真实的典型案例、经典的司法考试题以及相关的实例研究运用于法学教学中,能够有助于打通学术、教育和实务,从而促进法学教学和实务,同时印合了法教义学的进步功能、技术功能、发现新知功能。

  对于司法考试之本身,司法考试对法教义学的考查也不代表其可以忽视人文精神和社会生活,其必须能够有效地吸收法教义学乃至其他法律理论的成果,并且紧密地切中法治现实,否则其就难免沦为机械化的不食人间烟火的司法考试。法教义学以规范为中心。只有在规范与具体的生活事实、当为与存在,相互对应时才能产生真实的法。[2] 在司法考试中,法教义学的现行法框架是既定的,但是在真正处理具体案件的时候一定要规范化地探究能有助于理性判决的东西,在法条的学理解释上,不仅要文义解释,而且可以沿革解释、目的解释等,只是不能逾越现行法秩序的制度界限,如具体的部门法设定的原则,简言之,即在处理具体论题(**主观题**)是须要说理,但不能违背法律。说理,表明法教义学在强调规范性之时也体现逻辑性,故而,具体到司法考试中,虽然不同部门法领域立法变更速度不一(比如商法、经济法变动快于民法、刑法),但是不可否认商法、经济法也是讲逻辑的,否则其就不成为法规范,商法、经济法的发展,更多涉及法律变动。因此,法教义学立法层面的意义虽然在现当代社会经济变革进程中有所凸显,但由于司法考试是以相对而言较为传统的公法、民法、刑法为主的(商经法比例不大,对于它们的考察当然可以有所不同,比如略

---

 〔1〕 参见苏俊雄:《刑事法学的方法与理论》,台湾环宇出版社 1974 年版,第 180—181 页。
 〔2〕 亚图·考夫曼:《类推与"事物本质"——兼论类型理论》,吴从周译,台湾学林文化事业有限公司 1999 年版,第 41 页。

偏向价值衡量、立法编纂、规则博弈,这点是要宽容的),法教义学之规范性思维在司法考试中的贯彻载体仍主要是法教义学的核心内容亦即法教义学的司法层面,其合理性不仅在于法教义学在引入相对开放的价值判断前早已摆脱法条主义桎梏,而且在于司法考试是司法考试,而非立法考试。

(三)从司法考试之法教义学实践到法学学术理论

在学术理论层面,司法考试中的法教义学实践亦能系统地推进学术理论,这又回到了理论的法教义学上来了,此亦所谓"学术与实务之间"。从法教义学的立法角度看,法教义学的研究实际上是要归于法律方法领域,将一些已经过理性与经验检验的法律原则整理编纂成法律。在这个过程里,必须经抽象概念思维来精炼这些法律原则,为达此一目的,也就需要发展法教义学来使整个法律体制之运作理论贯通。因此合理化的法教义学,其实并不只是在解释现行法(主要体现于司法层次)而已,它甚至还早于法典化之发展。在此一层次上,法教义学其实是理性自然法的实证法理论化。但是由于人之语言表达有限,而经验事件无穷,总是会有一些案件是无法直接涵摄于既有之抽象理性法原则之下,因此就需要发展法学方法论来协助此类法律适用之合理性。[1] 依此,前述观点主要是从立法工作推出法教义学,从法教义学司法层面推出法学方法论(其实即是法教义学方法论),魏因贝格尔则将法学学术之深刻目标视同法教义学方法论的提出[2],法教义学方法论乃是中国法学学术发展亟需重视的关系到法学学科品格的课题。形而下到实务层面,当我们面对司法考试的申论题或者超越司法考试而回到真实的法律诉讼中,我们实际上面临的依然是一个法教义学的问题——法律论证。进行法律论证,不仅是对法律问题的论证,而且包括对事实问题的论证,尤其是在司法实践活动中,判决结果并非直接从大前提与小前提中推导出来的,而是包括大量具体而微小的论证活动。对某一个具体事实问题或者法律问题,应当在听取控辩双方充分发表意见的基础上作出判断,而且这种判断结果应当是经过论证的,使之成为控辩双方论辩中引申出来的必然结论。因此,法律论证的问题,归根到底还是一个说理的问题。无论是控辩双方还是裁判者,都应当持之有故,言之有理。[3] 这种规范化的整体理性,既反映出法教义学的控制功能,更有助于正义的实现。

从学术到实务,从实务到学术,站在司法考试这座桥梁上,我们可以领会到,这是一个对话和沟通的图景,合理性似乎通过程序得以确立。当然这存有

---

〔1〕 颜厥安:《规范、论证与行动——法认识论论文集》,台湾元照出版社2004年版,第26—27页。

〔2〕 参阅尼尔·麦考密克、奥塔·魏因贝格尔:《制度法论》,修订版,周叶谦译,中国政法大学出版社2004年版,第56页。

〔3〕 陈兴良:"刑法教义学方法论",载《法学研究》2005年第2期,第56页。

争议,大词开始隐匿,小词兴起,兴许,形而上学开始衰微了,对话原则已经深刻。正如哈贝马斯所写,"理性萎缩成了形式合理性,因此,内容合理性变成了结果有效性。而这种有效性又取决于人们解决问题所遵守的操作程序的合理性。"[1]但具体在司法考试中,规范化法律思维仍然重要并需重点强调,精确性法律思维仍要全面推崇,法学精细化进程仍然在推进,而在欧罗巴,似乎有人在说法律过分精细庞杂了,可能妨碍适用。有趣的正义,被一条河所限定。在比利牛斯山那边是对的事,在山的这边则是错的。[2] 这确实是一个分离的世界,分离的领域,以至于我们要不断跨越学科界限、跨越学术与实务界限,乃至跨越比利牛斯山,但若没有分离没有界限了又怎样呢?也许也不是办法,因为那样努力研究就没有意义了,倡导规范性法律思维就没有可比性了,法律人的实践理性就变味了。这里面,其实最关键还是致力于推进法治和实现正义的那颗热血沸腾的心,是它让我们不甘心地挣扎着规范了起来。

附录:司法考试刑法篇实证研究

(一)我国司法考试中刑法篇所占分值[3]

	单项选择	多项选择	不定项选择	案例	文书	论述	总计	总分	占总分比例
2002	12	20	8	20	5	0	65	400	16.3%
2003	12	20	8	9	0	0	49	400	12.3%
2004	20	22	18	25	0	5	90	600	15.0%
2005	20	32	8	15	3	0	78	600	13.0%
2006	20	30	10	25	0	6	91	600	15.2%
2007	20	30	8	22	0	0	80	600	13.3%
共计	104	154	60	116	8	11	453	3200	(均值)14.2%

---

〔1〕 于尔根·哈贝马斯:《后形而上学思想》,曹卫东、付德根译,译林出版社2001年版,第34页。

〔2〕 Pascal,沉思录,E. Wasmuth编,第八版,1978年,第294片段,转引自考夫曼:《法律哲学》,刘幸义等译,法律出版社2004年版,第87页。

〔3〕 2002年卷四第十题刑法部分计5分;2004年卷四第七题涉及侮辱罪的部分内容,计5分;2005年卷四第六题法律文书中轻伤的法律判断计3分;2006年卷四第一题刑法3分、第四题26分中,刑法22分、第六题三选一的第一题中刑法占一半,故总分除6,为6分,共计31分。

（二）刑法各章考查分值分布

序	章名	分值	序	章名	分值	序	章名	分值
1	侵犯财产罪	87.5	10	刑罚的体系	14	19	军人违反职责罪	2.25
2	侵犯公民人身权利、民主权利罪	60.75	11	危害公共安全罪	13.5	20	危害国家安全罪	0.75
3	破坏社会主义市场经济秩序罪	42	12	罪数	12.5	21	犯罪概说	0
4	妨害社会管理秩序罪	39.75	13	犯罪的未完成形态	12.25	22	刑罚概说	0
5	共同犯罪	39.25	14	排除犯罪的事由	9.5	23	刑罚的消灭	0
6	刑罚的裁量	34.75	15	刑罚的执行	5.75	24	危害国防利益罪	0
7	贪污贿赂罪	24.5	16	渎职罪	4.5	25	超纲	1.5
8	犯罪构成	20.5	17	单位犯罪	3.5		共计	453
9	刑法概说	20	18	罪刑各论概说	3			

（三）司法考试刑法篇 46 大黄金考点

序	考点	分值	序	考点	分值	序	考点	分值
1	盗窃罪	31	17	非法拘禁罪	5.5	33	共同犯罪与犯罪形态	4
2	抢劫罪	23.75	18	拐骗儿童罪	5.5	34	侵占罪	4
3	（共同犯罪）必须有共同故意	14.5	19	立功	5	35	犯罪未遂的概念与特征	3.75
4	诈骗罪	14.25	20	信用卡诈骗罪	5	36	危害行为	3.5
5	故意杀人罪	10.25	21	侮辱罪	5	37	自然人犯罪主体	3.5
6	自首	10	22	吸收犯	4.5	38	从犯及其刑事责任	3.5
7	受贿罪	9.5	23	剥夺政治权利	4.5	39	牵连犯	3.5
8	罪刑法定原则	8.5	24	累犯	4.5	40	量刑情节的分类	3.5
9	敲诈勒索罪	8.5	25	过失致人死亡罪	4.5	41	侵犯商业秘密罪	3.25
10	数罪并罚制度	7.75	26	强奸罪	4.5	42	绑架罪	3.25
11	刑法的空间效力	7	27	脱逃罪	4.5	43	刑法上的因果关系	3
12	挪用公款罪	6.75	28	走私、贩卖、运输、制造毒品罪	4.5	44	犯罪中止的概念	3
13	刑法上的认识错误	6	29	行贿罪	4.5	45	贷款诈骗罪	3
14	死刑	5.5	30	主犯及其刑事责任	4.25	46	刑讯逼供罪	3
15	交通肇事罪	5.5	31	拐卖妇女、儿童罪	4.25		共计	296.5
16	故意伤害罪	5.5	32	共同犯罪与犯罪构成的关系	4		占 453 分比例	65.5%

（四）司法考试刑法篇考查频次最高的44个考点

序	考点	次	序	考点	次	序	考点	次
1	盗窃罪	34	16	刑法上的认识错误	6	31	危害行为	4
2	抢劫罪	18	17	故意伤害罪	6	32	正当防卫的条件	4
3	诈骗罪	16	18	绑架罪	6	33	犯罪未遂的概念与特征	4
4	故意杀人罪	14	19	主犯及其刑事责任	5	34	简单共同犯罪与复杂共同犯罪	4
5	受贿罪	12	20	从犯及其刑事责任	5	35	想象竞合犯	4
6	数罪并罚制度	10	21	吸收犯	5	36	牵连犯	4
7	拐卖妇女、儿童罪	10	22	死刑	5	37	剥夺政治权利	4
8	侵占罪	9	23	立功	5	38	累犯	4
9	挪用公款罪	9	24	强奸罪	5	39	从重、从轻、减轻与免除处罚制度	4
10	（共同犯罪）必须有共同故意	8	25	非法拘禁罪	5	40	缓刑制度	4
11	自首	8	26	拐骗儿童罪	5	41	交通肇事罪	4
12	信用卡诈骗罪	8	27	走私、贩卖、运输、制造毒品罪	5	42	出售、购买、运输假币罪	4
13	过失致人死亡罪	7	28	贪污罪	5	43	帮助毁灭、伪造证据罪	4
14	抢夺罪	7	29	罪刑法定原则	4	44	行贿罪	4
15	敲诈勒索罪	7	30	刑法的空间效力	4			

（五）46大黄金考点在刑法学术论文主题中的出现频次
（CNKI，1999—2008，检索项为"主题"，匹配为"精确"）

序	考点	频次	序	考点	频次	序	考点	频次
1	罪刑法定	1429	17	自然人犯罪	244	33	贷款诈骗罪	146
2	死刑	1108	18	犯罪中止/中止犯	230	34	走私、贩卖、运输、制造毒品罪	131
3	诈骗罪	1066	19	数罪并罚	225	35	刑法上的认识错误	88
4	受贿罪	910	20	牵连犯	220	36	敲诈勒索罪	87
5	盗窃罪	598	21	从犯	216	37	非法拘禁罪	85
6	抢劫罪	524	22	剥夺政治权利	214	38	主犯	75
7	故意杀人罪	462	23	故意伤害罪	209	39	刑讯逼供罪	52
8	侵占罪	462	24	累犯	194	40	吸收犯	45
9	共同故意/共犯*故意/共同犯罪*故意	438	25	行贿罪	190	41	脱逃罪	26
10	交通肇事罪	350	26	信用卡诈骗罪	185	42	拐卖妇女、儿童罪	21
11	犯罪未遂/未遂犯	348	27	共同犯罪*预备/未遂/中止	184	43	过失致人死亡罪	17
12	危害行为	315	28	共同犯罪*犯罪构成	178	44	侮辱罪	12
13	因果关系	309	29	量刑情节	178	45	空间效力	7
14	挪用公款罪	296	30	立功	176	46	拐骗儿童罪	3
15	强奸罪	260	31	绑架罪	175		共计	13118
16	自首	256	32	侵犯商业秘密罪	174		占总计21496篇文章比例	61.0%

（六）司法考试刑法各章"死考点"分布和比率

章数	考点数	死考点数	比率	章数	考点数	死考点数	比率	章数	考点数	死考点数	比率
1	8	3	37.5%	10	11	5	45.5%	19	12	3	25%
2	5	5	100%	11	10	3	30%	20	103	57	55.3%
3	19	11	57.9%	12	9	5	55.6%	21	8	8	100%
4	13	5	38.5%	13	7	7	100%	22	11	5	45.5%
5	12	6	50%	14	6	3	50%	23	24	17	70.8%
6	16	2	12.5%	15	7	5	71.4%	24	12	10	83.3%
7	8	5	62.5%	16	44	34	77.3%	共计	480	265	55.2%
8	10	5	50%	17	88	46	52.3%				
9	4	4	100%	18	33	11	33.3%				

（初审编辑：丁晓东）

欧盟纯粹经济损失赔偿研究

海尔穆特·库齐奥[*]

朱　岩　张玉东[**]　译

Recovery for Economic Loss in the European Union

Helmut Koziol

Translated by Zhu Yan & Zhang Yudong

内容摘要：侵权法上纯粹经济利益受到较少的保护，赔偿要件并不确定，对其可赔偿性缺乏统一的评价机制。对打开诉讼水闸（floodgates of litigation）的担忧、对无法预见且无法确定其损害界限的指责，以及对该种损失在其所隶属的财产损失上缺乏重要价值的批评等，一齐指向给予纯粹经济损失全面保护的反面。但合同法给予纯粹经济损失较为充分的保护，思考合同法上以及其他对纯粹经济损失给予赔偿的理由，如潜在的原告在人数上受到一定的限制、存在近因性或特殊关系、无额外注意义务加诸行为人、行为人出于故意等，可以使得主张承担纯粹经济损失责任的理由更为明确，并且需要将支持的因素和反对的

---

[*] 奥地利维也纳欧洲侵权法与保险法研究中心（简称 ECTIL）主任。本文原载于《亚利桑那法律评论》2006 年第 4 期（总第 48 卷）（*Arizona Law Review* Vol. 48 No. 4, 2006）。

[**] 朱岩为中国人民大学法学院副教授，法学博士（德国），德国洪堡基金会总理奖获得者（BUKAS），电子邮箱：zhuyanlaw@gmail.com；张玉东为中国人民大学法学院博士研究生，奥地利维也纳欧洲侵权法与保险法研究中心交流学者，电子邮箱：zhangyudong1981@yahoo.com.cn。

因素在其基本价值层面作出综合考量。

关键词：注意义务　水闸　合同责任与侵权责任的中间领域　纯粹经济损失

引论

从对欧洲各国法律制度的比较分析可知，在侵权法上，纯粹经济利益与其他权益（如人身权、财产权）相比，受到的保护较少。而且，纯粹经济损失赔偿的要件相当不确定，也没有一以贯之的制度来确定对该损失的可赔偿性。本文将在概述纯粹经济损失的概念之后，简要地评价一下为众人熟知的反对对纯粹经济损失给予赔偿的观点，即只有在法律有明确规定或作出严格限定的情况下，方可对纯粹经济损失给予赔偿。该观点从整体上表达了对防止打开诉讼水闸的渴望，同时，也体现了对无尽的法律诉讼给予限制和不能对被告加诸过重的潜在责任的基本原理。一个反对对纯粹经济损失给予全面保护的有力理由是，该损失无法预见且无法确定其界限。确实，这种排除规则（exclusionary rule）（纯粹经济损失赔偿除外）再次重复了财产损害的从属性价值，并且通过限制责任的承担以避免出现过度的警惕文化（vigilant culture）。以上考虑，并不必然导致在所有的案件中对纯粹经济损失都不给予赔偿的结论，只是不应对其给予全面保护。因此，本文将集中探讨应在何种程度上对纯粹经济损失给予赔偿。

值得注意的是，在合同法上，纯粹经济损失责任既没有引起争议也没有受到限制。通过对该现象和排除规则例外情况的理由的思考，显然有某些特定因素使得对纯粹经济损失的赔偿更具可能性。因此，法律在以下情况更容易对财产利益给予保护：潜在的原告被限制在一定的数量，存在近因/特殊关系（proximate/special relationship），无额外的注意义务加诸行为人，侵权者存在故意，等等。因此，将这些因素的基本价值（Basiswertung）与反对赔偿的理由进行综合考量，以决定是否具有充分的理由扩张侵权责任的保护范围以对特定类型的纯粹经济损失给予赔偿。本文将通过不同的例子来演示这一考量的过程。

本文意在找出穿梭于对纯粹经济损失给予赔偿与不给予赔偿边界上的那条金线（golden thread），以确定纯粹经济损失赔偿的持续且全面的制度中的关键性因素。

一、定义

比较法上的研究显示[1],不同学者对纯粹经济损失的定义存在着很大的差别。尽管在研究具体责任问题时并不需要纯粹经济损失的精确定义,但将其主要特征作一描述,也确实能为研究的进行提供有用的知识背景。Von Bar 指出根据利益导向(interest-oriented)的进路,纯粹经济损失是一种侵犯了除法律保护的权利和利益之外的损害。[2] 但该定义提出了什么是"受保护的利益"的问题。比如,合同关系在一定的条件下是受到法律保护的,不允许第三方侵犯。因此,从某种程度上说纯粹经济利益也是受到保护的。所以,就 Von Bar 对纯粹经济损失所下的定义而言,纯粹经济损失和整体财产损失(patrimonial loss)之间的区分并没有多大的意义,因为经济利益总会受到一定程度的保护,因此,也就不会剩下什么所谓的纯粹经济利益了。从而,那些真正有趣的案件也都因此不被涵盖在纯粹经济损失的范围内。所以,"受保护的利益"必须有一个更为严格的界定。[3] 根据 Bruce Feldthusen 的定义,"纯粹经济损失是一种经济损失,但该损失并非因原告的人身或财产遭受的实际损害(physical injury)而产生。"[4] Heinrich Honsell 的定义的主旨与此相同,纯粹经济损失是一种损害,该损害因侵犯有价值的事物(assets)而发生,但不是对"绝对受保护的利益"的侵害。[5] 因此,我们可以说纯粹经济损失是一种并非因侵害人身(生命、身体、健康、自由、其他人格权)或财产(有形财产和无形财产)而导致的损害。

因此,以下案件中的纯粹经济损失是存在争议的:

(1) D 因没有及时将机器送至 P 处而违约,并导致 P 的经营活动中止。当然,这是一个合同责任(与侵权责任相对照)的例子,本案中的纯粹经济损失在原则上应毫无限制地给予赔偿。

(2) D 在与 P 谈判的过程中误导 P,致使 P 签订了一个对自身十分不利的合同。该案件并非处在合同责任的核心领域,且根据一些法律的规定,该案可

---

[1] 参见 Willem H. van Boom, *Pure Economic Loss: a Comparative Perspective*, in Willem van Boom, Helmut Koziol & Christian A. Witting, eds., *Pure Economic Loss*, Vienna: Springer Wien New York, 2004, p.2。

[2] Christian von Bar, *Gemeineuropäisches Deliktsrecht Vol. II*, Munich: C. H. Beck, 1996, p.25。

[3] 参见 Willem van Boom, *supra note* [1], p.3; Israel Gilead, *The Limits of Tort Liability in Negligence and Pure Economic Loss*, in Herbert Hausmaninger et al., eds. *Development in Austria and Israeli Private Law*, Vienna: Springer Wien New York, 1999, p.203。

[4] Bruce Feldthusen, *The Economic Negligence: The Recovery of Pure Economic Loss*, Toronto: Carswell, 2000, p.1。

[5] Heinrich Honsell, *Der Ersatz reiner Vermögensschäden in Rechtsgeschichte und Rechtsvergleichung*, in Festschrift W. Lorenz 483 (Thomas Rauscher et al., eds., 2001)。

涵盖在侵权法范围内。

（3）D误导了P，但P根据这些错误的信息与X，而不是与D签订了合同。例如，X向专家D咨询评估一幅画的价值。P相信了该专家的意见，与X签订了一份买卖合同，并以D确定的价格为标准。但该幅画为仿制品，其价值远小于D所确定的价值。对此，毫无疑问应适用侵权法。

（4）银行D出具了一份招股说明书，并申请发行股票。P购买了该股票，但该股票迅速减值，因为招股说明书中忽略了一些已经为公众所知的重要信息。

（5）审计师D对公司X的账目出具了一份审计证明。基于该证明，P贷款给X公司，但后者不久破产。

侵权法提供了更进一步的例子：

（1）D以引诱X违约为手段，侵害了P与X之间的合同关系。

（2）P与D是竞争对手，由于D的宣传活动，P的销售额锐减。

以下案件构成了特殊的一组。在这些案件中，D造成了某人人身或财产的损害，但这些损害并未直接发生在P的身上，P仅于其纯粹经济利益上受到损害。

（1）D毁坏了X的财产，该财产为X与P之间所签订的合同的标的物。比如，D毁坏供电人X的电缆。用户P企业因停电而无法正常运行，并因此受到损害。

（2）D杀死了X。X的孩子P因而丧失了抚养费。

二、纯粹经济损失责任的限制

正如各国报告和比较法报告所显示的[1]，合同法保护纯粹经济损失，但在侵权法上，很多国家的法律不愿对纯粹经济损失给予保护。比如，德国法实际上对受保护的利益持限制赔偿的态度。《德国民法典》第823条第1款规定：

> 任何人违反法律故意或过失给他人的生命、身体、健康、自由、财产或其他权利造成损害的，均应给予赔偿。[2]

尽管该条文从表面上看很宽泛，但其留给纯粹经济损失适用的空间是十分

---

[1] 参见 K. Banakas, Efstathios, ed., *Civil Liability for Pure Economic Loss*, London: Kluwer Law International, 1996; Mauro Bussani & Vernon Valentin Palmer, eds., *Pure Economic Loss in Europe*, Cambridge: Cambridge University Press, 2003; Helmut Koziol & Christian A. Witting, eds., *Pure Economic Loss*, Vienna: Springer Wien New York, 2004; Jaap Spier & Olav Haazen, *Preliminary Observations*, in Jaap Spier, ed., *The Limits of Expanding Liability*, London: Kluwer Law International, 1998。

[2] 本译文引自 Basil S Markesinis & Hannes Unberath, *The German Law of Torts*, Portland: Hart Publishing, 2002. p.14.（本文用英文写作，故作者于此表明引文出处。——译者注）

狭小的。因为从条文中所明确列举的权利来看,"其他权利"只能被解释为"绝对权",而纯粹经济利益根本就不是权利。根据德国主流的学术及审判观点,纯粹经济利益仅在极为例外的案件中才会得到保护,即无法受到普遍的保护。[1]

从某种程度上说,在原则上不承认存在"纯粹经济损失"这一特殊类别的法律制度对纯粹经济利益均采取限制的保护方法,特别是在规定上较为概括的法国法和西班牙法。[2] 例如,《法国民法典》第1382条并不涉及对纯粹经济损失的限制:"任何行为致他人受到损害时,因其过错致损害发生之人,应对该他人负赔偿之责任。"[3]无论如何,在纯粹经济损失责任与人身或财产损害责任之间确实存在很大差别。

奥地利法上的情形与以上情形极为相似。在与《法国民法典》有类似规定的部分,《奥利地民法典》第1295条第1款规定:"任何人均有权利要求他人赔偿因该他人之过错而对其所造成的损害……"[4]但在法国法上,一个人只有在极为严格的条件下才对其造成的纯粹经济损失承担责任,如故意。[5]

如今,各国法律制度都呈现出加大保护纯粹经济利益的趋势。[6] 特别是

---

[1] 参见 Basil S Markesinis, Hannes Unberath, *The German Law of Torts*, Portland: Hart Publishing, 2002. p. 52; Mauro Bussani & Vernon Valentin Palmer, *The liability regimes of Europe-their facades and interiors*, in Mauro Bussani & Vernon Valentin Palmer, eds., *Pure Economic Loss in Europe*, Cambridge: Cambridge University Press, 2003, p. 120; Erwin Deutsch, *Der Ersatz reiner Vermögensschäden nach deutschem Recht*, in K. Banakas, Efstathios, ed., *Civil Liability for Pure Economic Loss*, London: Kluwer Law International, 1996, p. 55; Mathias Reimann, *Case 3: cable III-the day-to-day workers*, in Mauro Bussani & Vernon Valentin Palmer, eds., *Pure Economic Loss in Europe*, Cambridge: Cambridge University Press, 2003, p. 218。

[2] 参见 Miquel Martín Casals & Jordi Ribot, *Pure Economic Loss under Spanish Tort Law*, in Willem van Boom, Helmut Koziol & Christian A. Witting, eds., *Pure Economic Loss*, Vienna: Springer Wien New York, 2004, p. 62; Christophe Radé & Laurent Bloch, *Compensation for Pure Economic Loss Under French Law*, in Willem van Boom, Helmut Koziol & Christian A. Witting, eds., *Pure Economic Loss*, Vienna: Springer Wien New York, 2004, p. 41。

[3] 引文来源于 Légifrance, Le service public de l'accès au droit, http://www.legifrance.gouv.fr/html/codes_traduits/code_civil_textA.htm(last visited Nov. 6, 2006)。(Légifrance 是法国政府的关于法律法规及司法信息的官方网站。——译者注)

[4] 本英译文引自 Mauro Bussani & Vernon Valentin Palmer, eds., *Pure Economic Loss in Europe*, Cambridge: Cambridge University Press, 2003, p. 152。(本文用英文写作,故作者于此表明引文出处。——译者注)

[5] 参见 Bernhard Schilcher & Willibald Posch, *Civil Liability for Pure Economic Loss: An Austrian Perspective*, in K. Banakas, Efstathios, ed., *Civil Liability for Pure Economic Loss*, London: Kluwer Law International, 1996, p. 149; Helmut Koziol, *Characteristic Features of Austrian Tort Law*, in Herbert Hausmaninger et al., eds. *Development in Austria and Israeli Private Law*, Vienna: Springer Wien New York, 1999, p. 160. (同样也述及其例外)。

[6] Willem van Boom, Helmut Koziol & Christian A. Witting, *Outlook*, in Willem van Boom, Helmut Koziol & Christian A. Witting, eds., *Pure Economic Loss*, Vienna: Springer Wien New York, 2004, p. 191。

银行在很多情况下都要赔偿纯粹经济损失,即使其与原告之间并不存在合同关系。[1] 但在赔偿限度的问题上,各国法律制度间还存在很大的争议。

三、纯粹经济利益保护的相关因素

一个关键的问题是,侵权法为何要在人身及财产损害和纯粹经济损失之间作出区分,特别是在民法典对此没有明确规定的情况下。我觉得对这一问题的回答,同时也能够解答如何确定纯粹经济损失责任范围的问题。因此,我们要审视各国对待该问题的解决办法(第四部分),并探求该解决办法背后的理念(第五部分),以此来确定不同制度对两类损害作出不同程度保护的相关因素。之后,本文将在第六部分建议构建一种确认纯粹经济损失责任的动态系统(flexible system)。

（一）水闸理论

在侵权法上,限制对纯粹经济损失给予赔偿的主要理由之一是,如不对该赔偿进行限制,行为人在责任的承担上将没有限度,这是不合理的。对纯粹经济损失责任进行限制的一个关键因素是水闸理论。[2] 对"水闸(floodgate)"可作不同解释:一种解释是,法院将充斥着诉讼。[3] 但这似乎与反对意见无关。[4] 更重要的是第二种解释,即"被告将在不特定的时间、对不特定的人群承担不特定的责任"。[5] 换言之,如果令侵权人承担大量的纯粹经济损失责任,则每个人在行为出现过失时都将承受无法预知的风险。因此也会引发威慑过度(over deterrence)的现象。[6]

然而,Jaap Spier 和 Oliver Haazen 很恰当地提出了这样一个问题:"如何对遭受经济损失的受害者解释,在某榨油厂爆炸而遭到损失的周围受害人中,如

---

[1] 参见 Susanne Kalss, *The Liability of Banks*, in Willem van Boom, Helmut Koziol & Christian A. Witting, eds., *Pure Economic Loss*, Vienna: Springer Wien New York, 2004, p. 77。

[2] 参见 Willem H. van Boom, *Pure Economic Loss: a Comparative Perspective*, in Willem van Boom, Helmut Koziol & Christian A. Witting, eds., *Pure Economic Loss*, Vienna: Springer Wien New York, 2004, p. 33; Jaap Spier & Olav Haazen, *Preliminary Observations*, in Jaap Spier, ed. *The Limits of Expanding Liability*, London: Kluwer Law International, 1998, p. 10; W. V. Horton Rogers, *Comparative Report on Case 2 (Cable Case)*, in Jaap Spier, ed., *The Limits of Expanding Liability*, London: Kluwer Law International, 1998, p. 11。

[3] 另可参见 Bruce Feldthusen, *The Economic Negligence: The Recovery of Pure Economic Loss*, Toronto: Carswell, 2000, p. 11。

[4] 参见 Willem H. van Boom, *Pure Economic Loss: a Comparative Perspective*, in Willem van Boom, Helmut Koziol & Christian A. Witting, eds., *Pure Economic Loss*, Vienna: Springer Wien New York, 2004, p. 33。

[5] Id., p. 34.

[6] Israel Gilead, *The Limits of Tort Liability in Negligence and Pure Economic Loss*, in Herbert Hausmaninger et al., eds., *Development in Austria and Israeli Private Law*, Vienna: Springer Wien New York, 1999, p. 201。

果受害人仅遭受了纯粹经济损失（利润损失）则对其不予赔偿，而如果是他们榨油厂的财产受到损失，即使是很少的修理费，也要给予赔偿？"[1]他们指出了财产损害和人身伤害可能具有的巨大影响。但从个案的角度观察，水闸理论在很多时候会变得无足轻重，尽管不是毫无用处。因为，大多数事故可能并不会导致一个完整系列的损失。Jaap Spier 和 Oliver Haazen 反问道，在这样的情况下，水闸理论为什么要阻止主张权利。

答案或许是，对纯粹经济损失的赔偿并不仅仅取决于单个权利人损失的大小。确实，如果我们翻开竞争法会发现，起决定性作用的并不是竞争者遭受多大的损失，而是不公平。损失的大小与水闸理论无关：法律制度不应仅赔偿微小的损失，而让遭受重大损害的受害者自己承受该损害。相反，从受害人的角度看，受到严重伤害的受害人要比仅仅受到微小伤害的受害人更迫切地需要保护。

然而，水闸理论并不全然建立在个案中受害人的赔偿数额可能十分巨大这一观念之上。毕竟，即便不对普通的纯粹经济损失进行赔偿，如果人身伤害或者财产损害可归责于侵权人，则其仍要赔偿随后产生的（consequential）纯粹经济损失。更进一步说，如果损害大小本身是问题之所在，则通过规定责任上限即可解决。当然，仅在纯粹经济损失的案件中适用责任限制，会出现制度上的不连贯性；同理，这种限制赔偿的观点也应适用于人身伤害或财产损害的案件中。但在被告因过错而导致人身伤害或财产损害的情况下，不会有人赞同适用这种限制；事实上，只有在严格责任下，一些国家的法律制度才设定责任上限。[2] 因此，个案中损失的大小并不是水闸理论的关键因素。

此外，如果原告损失的大小是水闸理论中唯一的关键因素，则 Jaap Spier 和 Oliver Haazen 所提出的另外一个问题更会令人不安。他们说，"实际上，侵权法的目的就在于赔偿因违法行为而造成的损失。为什么在对待纯粹经济损失上就要有所不同？"[3]必须承认，侵权人在造成财产损失时应给予赔偿，而在造成纯粹经济损失时就不给予赔偿，这看上去并不一致。

由于受害人损失大小本身并不构成区分可赔偿损害与不可赔偿损害的有力基础，因此，我们要寻找其他足以支撑这一区分的理由。水闸理论的第二个基础似乎可表述为，如果侵权者承担纯粹经济损失责任，将会产生大量的原告

---

〔1〕 Jaap Spier & Olav Haazen, *Preliminary Observations*, in Jaap Spier, ed., *The Limits of Expanding Liability*, London: Kluwer Law International, 1998, pp.10—11.

〔2〕 参见 Bernhard A. Koch & Helmut Koziol, *Comparative Conclusions*, in Bernhard A. Koch & Helmut Koziol, eds., *Unification of Tort Law: Strict Liability*, Vienna: Springer Wien New York, 2002, p.139。

〔3〕 Jaap Spier & Olav Haazen, *Preliminary Observations*, in Jaap Spier, ed., *The Limits of Expanding Liability*, London: Kluwer Law International, 1998, p.10.

(claimants),因此,每个人在行为出现过失时都将面对不可预知的风险。这一结果将导致法律的威慑过度和对所有个人行为自由的不合理限制。[1] 只有不向人们施加对他人纯粹经济利益的注意义务,此种对自由之限制才能避免。因此,纯粹经济利益应仅在一定程度上受到保护。在大多数情况下,造成纯粹经济损失的行为并非是违法的(wrongful),如公平竞争所导致的竞争者的损害。但如果认为,造成纯粹经济损失的行为通常不具有违法性,则在拒绝对纯粹经济损失给予赔偿上就不存在制度上的不一致性。因为,侵权法的目的仅在于赔偿因违法行为造成的损害,如果行为不具有违法性,那么就不存在对纯粹经济损失给予赔偿的任何理由。但是,关键性的问题也因此当然地转变为:人们不得不问的是,何种理由能够解释拒绝对他人施加纯粹经济利益上的注意义务,并且这些理由在何种程度上是有效的。

(二)利益的本质

在界定特定利益应受保护的范围时,不仅要考虑权利人对权利保护的渴望,也需考虑行为人自由行动的利益及公共利益。生命权、自由、财产权有明确的内容(clear contours)并且十分易于察知(obvious)。合同权利(contractual rights)仅在具体案件中才有明确的内容,但其内容因案件的不同而各异,且往往难以察知。纯粹经济利益即使在具体的案件中也不具有明确的内容,且往往难以察知。[2]

通过使他人承担更大范围的注意义务,从而对既不具有明确内容也难以察知的利益(如纯粹经济利益)给予全面保护,会对他人的行为自由造成不合理的限制。因此,应限制对该种利益的保护。[3]

(三)利益的价值

保护的程度还取决于利益的价值。[4] 在利益的价值位阶上,基本人格权

---

[1] 参见 Rudolf Reinhardt, *Der Ersatz Des Drittschadens* 96 (1933); Eduard Picker, *Vertragliche und deliktische Schadenshaftung*, 1987 Juristenzeitung 1052; Efstathios K. Banakas, *Tender is the Night: Economic Loss-the Issues*, in K. Banakas, Efstathios, ed., *Civil Liability for Pure Economic Loss*, London: Kluwer Law International, 1996, p.9; Helmut Koziol, *The Auditor-Case*, in Jaap Spier, ed., *The Limits of Expanding Liability*, London: Kluwer Law International, 1998, p.28.

[2] 参见 Helmut Koziol, *Conclusions*, in Helmut Koziol, ed., *Unification of Tort Law: Wrongfulness*, Vienna: Springer Wien New York, 1998, p.132.; Helmut Koziol, *Generalnorm und Einzeltatbestände als Systeme der Verschuldenshaftung: Unterschiede und Angleichungsmöglichkeiten*, 1995 Zeitschrift für Europäisches Privatrecht [ZEuP] 361 [hereinafter, Koziol, *Generalnorm*]。

[3] 参见 Helmut Koziol, *Conclusions*, in Helmut Koziol, ed., *Unification of Tort Law: Wrongfulness*, Vienna: Springer Wien New York, 1998, p.132。参引的各国报告部分。

[4] Id.参引的各国报告部分。W. V. Horton Rogers, *Comparative Report on Case 2 (Cable Case)*, in Jaap Spier, ed., *The Limits of Expanding Liability*, London: Kluwer Law International, 1998, p.43。

位阶最高;物权(rights in rem)和无形财产权稍低于前者。[1] 纯粹经济利益或纯粹非精神利益——如盈利或度假的机会——排在最后。[2] 如果对纯粹经济利益的保护会在很大程度上限制他人的行为自由,那么从利益价值的位阶上看,似乎也不应对纯粹经济利益给予全面保护。

(四)初步的结论

在界定保护范围时,人们总是要从受保护的利益和行为人的利益两方面进行权衡。当然,每个人都期望自身的纯粹经济利益受到保护。但这些利益在价值的排序上很低,因此对权利人而言不具有实质性影响。相反,行为人的利益在影响力上要更大。如果对纯粹经济利益进行全面保护,则他人的行为自由将受到严重的限制。因为,第一,个案中所产生的赔偿数额可能是非常巨大的;第二,原告的数量也可能非常庞大;第三,纯粹经济利益本身难以察知,内容也不明确。因此,对纯粹经济利益进行全面保护,将会给尊重该利益的行为人施加过重负担。

需要强调的是,即便如此,根据上文的观点也并不能得出纯粹经济利益不应受到任何保护的结论,只是不应对纯粹经济利益给予全面保护。当有恰当的理由支持保护纯粹经济利益时,对该种利益的保护或许更为合理。关键在于,何时及在何种程度上对纯粹经济利益的保护是合理的,以及是否可以构建一个在原则上统一的保护制度。如此艰巨任务的完成,依我之见,最好是对各国的法律制度及其就该问题的处理方法作一考察,并从中吸取经验。

四、经济利益保护的可接受范围

(一)合同责任

在合同法上,欧洲各国法律均规定,合同一方当事人应就其给对方当事人造成的纯粹经济损失承担责任。[3] 合同法与侵权法对待纯粹经济损失的明显不同的态度,能够为我们在侵权法上合理确定纯粹经济损失的赔偿条件提供很

---

[1] 根据 Christian Witting 在"Distinguishing Between Property Damage and Pure Economic Loss in Negligence: a Personality Thesis", 21 *Legal Stud.* 481 (2001)一文中的论述,侵权法所保护利益的等级可以依据财产对人的重要性进行解释,由于个人人格中的一部分是由其所拥有的财产构成,因此从这个角度看财产是十分重要的。

[2] 参见 Bruce Feldthusen, *The Economic Negligence: The Recovery of Pure Economic Loss*, Toronto: Carswell, 2000, p.12; W. V. Horton Rogers, *Comparative Report on Case 2 (Cable Case)*, in Jaap Spier, ed., *The Limits of Expanding Liability*, London: Kluwer Law International, 1998, p.43。

[3] 参见 Helmut Koziol, *Generalnorm und Einzeltatbestände als Systeme der Verschuldenshaftung: Unterschiede und Angleichungsmöglichkeiten*, 1995 Zeitschrift für Europäisches Privatrecht [ZEuP] 360 [hereinafter, Koziol, *Generalnorm*]; Peter Wetterstein, *Compensation for Pure Economic Loss in Finnish Tort Law*, in Peter Wahlgren, ed., *Tort Liability and Insurance*, Stockholm: Stockholm Institute for Scandinavian Law, 2001, p.565。

多启示。当然,我们需要明确的是为何在合同法上对纯粹经济损失要进行全面保护。理由如下[1]:

首先,水闸理论与合同法无关。因为在违约责任中,仅需考虑对方当事人的纯粹经济损失。因此,不会出现大量的原告要求被告承担责任的情况。[2]

其次,合同关系仅是双方当事人彼此间权利义务的体现。因此,仅仅涉及对合同当事人双方行为自由的限制,而不会出现对所有他人的行为自由进行限制的情形。

再次,合同当事人因违约而可能受到侵害的纯粹经济利益,通常情况下都易于为相对人察知,而且内容明确。

此外,由于合同当事人在经济上很容易受到对方的侵害或影响,所以需要对其经济利益,包括纯粹经济利益,给予全面保护。[3] 因此,在合同关系上,双方当事人都有相当多的机会去影响对方的纯粹经济利益。所以,合同双方当事人需彼此谨慎行为,尤其在纯粹经济利益上。如果合同责任不对纯粹经济利益进行全面保护,则会产生很危险的后果。

最后,重要的是合同双方当事人通常都在追求各自的经济利益。[4] 根据欧洲所有国家的法律制度理念,如果某人为了个人的经济利益而在很大程度上对他人的利益构成威胁,则令其承担更大程度上的注意义务是合理的。

(二)类合同关系(near-contractual relationship)

人们普遍认为,企业(business venture)在签订合同之前彼此即负有特殊的注意义务。[5] 因此,如果当事人一方因不实陈述(misrepresentation)而导致对方当事人的纯粹经济损失,则其要承担缔约过失责任。有趣的是,这一规则并没有依严格意义上的合同责任来处理,而是采取了一种介于合同责任和侵权责任之间的责任方式进行处理。[6]

---

[1] 进一步的论述请参见 Helmut Koziol, *The Borderline Between Tort Liability and Contract*, in Helmut Koziol, ed., *Unification of Tort Law: Wrongfulness*, Vienna: Springer Wien New York, 1998, p.25。

[2] 参见 Helmut Koziol, *Delikt, Verletzung von Schuldverhältnissen und Zwischenbereich*, 1994 Juristische Blätter [JBl] 212。

[3] 参见 Claus-Wilhelm Canaris, *Schutzgesetz-Verkehrspflichten-Schutzpflichten*, in 2. Festschrift Für Karl Larenz Zum 80. Geburtstag 88 (Claus-Wilhelm Canaris & Uwe Diederichsen, eds., 1983)。

[4] 参见 Rudolf Welser, Vertretung Ohne Vollmacht 76 (1970); Franz Bydlinski, *Zur Haftung der Dienstleistungsberufe in Österreich und nach dem EG-Richtlinienvorschlag*, 1992 JBl 345。

[5] 参见 Willem H. van Boom, *Pure Economic Loss: A Comparative Perspective*, in Willem van Boom, Helmut Koziol & Christian A. Witting, eds., *Pure Economic Loss*, Vienna: Springer Wien New York, 2004, p.22。

[6] 赞同侵权责任的如 Christian von Bar, Vertragliche Schadensersatzansprüche ohne Vertrag? 1982 *Juristische Schulung* 637; Gert Brüggemeier, Gesellschaftliche Schadensverteilung und Deliktsrecht, 182 *Archiv für die civilistische Praxis* [AcP] 418 (1982); Ulrich Bälz, Zum Strukturwandel Des Systems Zivilrechtlicher Haftung 33, 48 (1991)。

支持对纯粹经济损失给予赔偿的学者,其意愿早已突破缔约过失领域而进入到近因关系或特殊关系领域了[1],这些领域均被认为与合同相关。[2] Bruce Feldthusen[3](还有 John Smillie[4])指出,合同法与缔约过失的紧密结合,对关于纯粹经济利益注意义务的确认具有很重要的作用。同时他指出了在不实陈述、服务、产品责任等案件中二者间所存在的诸多关联。我认为[5],这一思想在关于纯粹经济损失的赔偿范围的解释上是很有用的,它显示了在合同责任与侵权责任之间并不存在悬殊的差别,而是存在一个中间领域(intermediate stage),从而松动了二者之间的严格界限。[6]

我认为,对于侵权责任和违约责任区分的最基本的理由仅适用于各自的核心(core)领域。以上观点,仅有一些可以适用于这一广阔的中间领域,且在适用时需给出充分的理由。因此,我们必须接受的是,在侵权责任及违约责任间并不存在清晰的界限,相反,二者间存在诸多关联。[7]

(三) 引导第三方主体的陈述(statement to guide third parties)

毫不奇怪[8],许多法律制度规定,如陈述者在明知其陈述将会对第三方主体形成引导,且其作出该陈述的目的就是为了引导第三方主体,则该陈述者应对其陈述负责。[9] 从更宽泛的意义上讲,陈述者应当然地为其陈述负责。[10] 这种情况会在专家陈述(expert's statement)的案件中出现,因为通常专家以其

---

[1] 参见 Hedley Byrne v. Heller & Partners [1963] 2 All E. R. 575。

[2] 参见 Israel Gilead, *The Limits of Tort Liability in Negligence and Pure Economic Loss*, in Herbert Hausmaninger et al., eds. *Development in Austria and Israeli Private Law*, Vienna: Springer Wien New York, 1999, p. 205。

[3] Bruce Feldthusen, *The Economic Negligence: The Recovery of Pure Economic Loss*, Toronto: Carswell, 2000, p. 18。

[4] John A. Smillie, *Negligence and Economic Loss*, 32 U. Toronto L. J. 231 (1982)。

[5] Helmut Koziol, *The Borderline Between Tort Liability and Contract*, in Helmut Koziol, ed., *Unification of Tort Law: Wrongfulness*, Vienna: Springer Wien New York, 1998, p. 25。

[6] Peter Cane, "Economic Loss in Tort and Contract", 58 *Rabels Zeitschrift* 430 (1994),在该文中作者强调,有些案件在一国家是合同责任而在另一些国家则是类合同责任。这也同样显示了在侵权责任和违约责任领域之间并不存在一个界定十分清晰的界限。

[7] 参见 Claus-Wilhelm Canaris, *Schutzgesetz-Verkehrspflichten-Schutzpflichten*, in 2. Festschrift Für Karl Larenz Zum 80. Geburtstag 88 (Claus-Wilhelm Canaris & Uwe Diederichsen, eds., 1983). Austrian Supreme Court [Oberster Gerichtshof, OGH] in 1995 JBl 552。

[8] 参见 Bruce Feldthusen, *The Economic Negligence: The Recovery of Pure Economic Loss*, Toronto: Carswell, 2000, pp. 21,31。在该文中作者强调了与合同法的近似性。

[9] 参见 Willem H. van Boom, *Pure Economic Loss: a Comparative Perspective*, in Willem van Boom, Helmut Koziol & Christian A. Witting, eds., *Pure Economic Loss*, Vienna: Springer Wien New York, 2004, p. 19; Bruce Feldthusen, *The Economic Negligence: The Recovery of Pure Economic Loss*, Toronto: Carswell, 2000, pp. 21,43。

[10] 参见 Hedley Byrne v. Heller & Partners [1963] 2 All E. R. 575。及 Christian Witting 在"Justifying Liability to Third Parties for Negligent Misstatements", 20 *Oxford J. L. Stud.* 628 (2000) 一文中对该理由的很有说服力的批评。

专业知识所作出的阐释都会使他人产生信任。此外,第三方主体在大多数情况下会信任专家的意见,并为其陈述所引导。[1]

在专家陈述仅引导单一主体的案件中,该规则是十分关键的。比如,专家应借款方的要求对一幅画或不动产进行评估,专家的陈述会被提供给第三方主体,如银行。尽管受该专家陈述所引导的第三方主体的数量可能很大,但同样会成立专家责任,比如在审计师年度财务报表[2]或者招股说明书[3]的案件中。

(四)间接损失(consequential loss)

通常认为,侵权法上对法律所保护的权利受到侵害而随之产生的财产损失也应给予赔偿。即使就被告而言,该损失额度无法预见,也应如此。[4]

(五)故意致害(intentional infliction of harm)

正如 van Boom 在比较报告中[5]所指出的,在故意侵权的案件中,很容易突破违法性的界限,即用以达到目的的手段或者是违法的,或者手段与目的极不相称。[6] van Boom 将该原则总结为,故意侵害致纯粹经济损失,如无正当理由即为违法。

(六)侵害合同(infringement of contract)

van Boom 正确地指出,合同是产生、保护、认可和追求纯粹经济利益的相当不错的方式。[7] 此外,他同样指出,许多法律制度均不承认合同为受保护的权利,尽管他们似乎承认,在侵权法上,非合同当事人的第三方应对合同负有一定程度的义务。在该义务的注意程度和范围上,各国均不相同,但大多数法律

---

[1] 关于对信赖的考虑,请参见 Christian Witting, "Justifying Liability to Third Parties for Negligent Misstatements", 20 *Oxford J. L. Stud.* 626 (2000)。

[2] Helmut Koziol, *The Auditor-Case*, in Jaap Spier, ed., *The Limits of Expanding Liability*, London: Kluwer Law International, 1998, p. 28.

[3] 参见 Susanne Kalss, *The Liability of Banks*, in Willem van Boom, Helmut Koziol & Christian A. Witting, eds., *Pure Economic Loss*, Vienna: Springer Wien New York, 2004, p. 87。

[4] 参见 Christian von Bar, *Gemeineuropäisches Deliktsrecht Vol. II*, Munich: C. H. Beck, 1996, p. 142。

[5] 参见 Willem H. van Boom, *Pure Economic Loss: A Comparative Perspective*, in Willem van Boom, Helmut Koziol & Christian A. Witting, eds., *Pure Economic Loss*, Vienna: Springer Wien New York, 2004, p. 15; W. V. Horton Rogers, *Comparative Report on Case* 2 (*Cable Case*), in Jaap Spier, ed., *The Limits of Expanding Liability*, London: Kluwer Law International, 1998, pp. 40, 43; W. V. Horton Rogers, *Auditors' Liability*, in Willem van Boom, Helmut Koziol & Christian A. Witting, eds., *Pure Economic Loss*, Vienna: Springer Wien New York, 2004, p. 93。

[6] 在芬兰法上要求为犯罪行为,参见 Peter Wetterstein, *Compensation for Pure Economic Loss in Finnish Tort Law*, in Peter Wahlgren, ed., *Tort Liability and Insurance*, Stockholm: Stockholm Institute for Scandinavian Law, 2001, p. 569。

[7] 参见 Willem H. van Boom, *Pure Economic Loss: A Comparative Perspective*, in Willem van Boom, Helmut Koziol & Christian A. Witting, eds., *Pure Economic Loss*, Vienna: Springer Wien New York, 2004, p. 16。

制度在故意侵害合同的案件中,对该义务的适用会采取限制的态度。

很明显,在侵害合同的案件中,多数法律制度拒绝对合同给予特殊保护,然而,相较于其他纯粹经济损失案件,该类案件对责任成立的构成要件的要求会更低。从这一点上看,对合同利益的保护要比其他类型的故意致害(造成纯粹经济损失)的保护更多。因为,在合同利益保护的案件中,故意侵害就足够了,并不需要具有违法性或者手段与目的极不相称。

(七)关联损失(relational loss)

根据 van Boom 的比较研究,大多数司法系统均不对纯粹经济损失给予保护,但也存在例外。他指出,在关联损失的案件中(最明显的在人身伤害或死亡的案件中),配偶和孩子会特别获得一些财产损失赔偿,有时候是非财产损害赔偿。他发现很值得注意的是,在纯粹经济损失的赔偿上,用以赞同排除责任的言辞和防止打开诉讼水闸的政策,在亲属作为受害人的人身伤害案件中并不适用。[1]

另一个有趣的例外出现在转移损失(transferred loss)的案件中。由于在受害者与第三方之间存在特殊的关系,通常应由受害者遭受的损害,实际上是由第三方所承担。[2]

五、纯粹经济损失责任的十大"戒律"(commandments)

通过以上的简单介绍,我试图总结出在纯粹经济损失责任成立上最有意义的十条规则。

(一)限制潜在原告的数量

水闸理论和合同法上毫无争议的纯粹经济损失责任均指向第一规则:可能出现的潜在原告的数量越少,则纯粹经济损失责任越容易被认可。该规则除适用于违约责任案件外,在缔约过失责任案件和抚养费损失案件中也具有重要作用。

(二)无额外注意义务

需要指出的是,在侵权法上,如果纯粹经济损失是因受保护的权利(即受害人的人身权和财产权)受到侵害而产生,则行为人应负赔偿责任。之所以如此,首先是因为原告的数量并不会因承担此责任而增加,故水闸理论在此并不适用。其次,也是更为重要的是,对其他利益也受到侵害的权利人的纯粹经济

---

[1] 参见 Willem H. van Boom, *Pure Economic Loss: a Comparative Perspective*, in Willem van Boom, Helmut Koziol & Christian A. Witting, eds., *Pure Economic Loss*, Vienna: Springer Wien New York, 2004, p.25。

[2] Id., p.29; Peter Cane, "Economic Loss in Tort and Contract", 58 *Rabels Zeitschrift* 435 (1994)。

利益给予保护,并没有导致他人负担额外的注意义务,因此,并没有限制任何人的行为自由。从一定程度上讲,第二个理由在某人权利遭受侵害并因而导致他人纯粹经济利益遭受损失的案件中也同样很重要。例如,侵权者杀害了一个孩子的父亲,孩子因此丧失了抚养费。

此外,比较研究显示[1],如果出现损失移转,则第三方主体的纯粹经济损失(关联损失)应得到赔偿。比如,侵权者对雇员造成了伤害,致使雇员无法工作,但雇主仍须继续付薪水给雇员。我觉得这一观点与水闸理论是存在关联的。如果第三方的纯粹经济损失是由受害人的损害移转而来,则该赔偿责任的承担既不会增加额外注意义务而限制行为自由,也不会增加原告的数量或者扩张责任的范围。此时,侵权人的情形与其在侵犯受法律保护的权利并导致纯粹经济损失的情况没有什么区别。

因此,我们可以将第二条规则表述为,因保护财产利益而导致增加额外的注意义务越少,对行为自由的限制越小,则纯粹经济损失责任承担越合理。

(三)近因性与特殊关系

正如合同责任和缔约过失责任所证明的,近因性(proximity)或特殊关系因素在纯粹经济损失责任的成立上具有重要作用。原因在于,如果当事人双方接触的多,则彼此给对方造成损失的几率就会加大,因此,彼此需对对方的利益给予必要的注意。此外,如果存在近因性,则很容易对他人的利益给予更为适当的注意。因此,可以将第三条规则总结为,当事人之间的近因性越强,则纯粹经济损失责任越容易被接受。

(四)危险性

一个被普遍接受的规则是,行为的危险性越大,则需要行为人在行为时更为谨慎。[2] 这一思想与对纯粹经济利益注意义务[3]的产生有很大的关系,因此,与纯粹经济损失责任的成立也关系重大。

现在一个明显的趋势是,如果某陈述是由专家作出,则会令其就不实陈述承担责任。我认为,原因在于如果某陈述由专家作出,则每个人都更容易受到该陈述的引导,因为大家认为专家的意见是正确可信的。因此,当专家作出一个陈述后,就会增加他人因信赖该陈述而引发的风险。当然,如果该陈述非由

---

[1] 另参见 W. V. Horton Rogers, *Comparative Report on Case* 2 (*Cable Case*), in Jaap Spier, ed., *The Limits of Expanding Liability*, London: Kluwer Law International, 1998, p.40。

[2] 参见 Helmut Koziol, *Austrian Report*, in Helmut Koziol, ed., *Unification of Tort Law*: *Wrongfulness*, Vienna: Springer Wien New York, 1998, p.17; Bernhard A. Koch & Helmut Koziol, *Comparative Conclusions*, in Bernhard A. Koch & Helmut Koziol, eds., *Unification of Tort Law*: *Strict Liability*, Vienna: Springer Wien New York, 2002, p.158。

[3] Christian Witting, "Justifying Liability to Third Parties for Negligent Misstatements", 20 *Oxford J. L. Stud.* 637(2000).

专家作出,而是由对某一事实具有特殊知识的非专家作出,结果也是一样的。因此,第四个规则可以表述为,他人受某陈述引导的可能性越大,则陈述人承担该错误陈述(false statement)所造成的纯粹经济损失责任就越具有正当性。

（五）依赖(dependence)

在纯粹经济损失责任的成立上,对某陈述的信赖程度同样需要加以考虑。这与危险性因素有些相似,如果某陈述的受众(addressee)依据该陈述制定相应的计划,则其会在很大程度上依据该陈述而行事,受该陈述误导的危险性因而也相当高。此外,如果接受某陈述的人没有其他途径获得其计划所需的信息,则对此人似乎也应给予特殊保护。这一思想在审计师年度财务报表[1]和招股说明书[2]的案件中会有所体现。因此,第五条规则可以表述为,对某陈述的信任程度越高,则由陈述人承担该错误陈述引发的纯粹经济损失责任就越合理。

（六）易于察知与实际知晓

如上文所述,人们普遍认为,如果想要对某利益给予全面保护,则受保护的利益应当易于察知。[3] 纯粹经济利益难以察知；但对易于察知的要求在具体的案件中可以为对某利益的实际知晓所替代。原因在于,对于既难以察知又不为他人所知的利益给予保护,将会极大限制他人的行为自由。因此,根据通行的观点,对债权的保护(防止第三方侵害合同)与第三方是否知晓合同的存在有着紧密的关系。因此,第六条规则可以表述为,如果被告知晓某财产利益的存在,则令其承担纯粹经济损失责任就更容易被接受。

（七）明确的内容

如上所述,某利益具有明确的内容是该利益应受保护的原因之一。纯粹经济利益并不具有明确的内容,但当其为合同的标的物时,则其内容将会变得明确,故应对其予以进一步保护。当然,也有人会认为,此时的利益已非纯粹经济利益,而已经是权利了。但正如van Boom所指出的,大多数法律制度对债权并不给予受保护的权利的法律地位(即绝对权)。我认为,在侵害合同的情况下,首先该利益非为绝对权,至于称其为纯粹经济利益或者是受到有限保护的权利,这仅仅是学术术语的选择问题。重要的是,如果某财产利益具有明确的内容,则对其保护的范围就应更大,尽管这仅仅是在个案中成立。因此,我们可以

---

[1] 参见 Helmut Koziol, *The Auditor-Case*, in Jaap Spier, ed., *The Limits of Expanding Liability*, London: Kluwer Law International, 1998, p.35; W. V. Horton Rogers, *Auditors' Liability*, in Willem van Boom, Helmut Koziol & Christian A. Witting, eds., *Pure Economic Loss*, Vienna: Springer Wien New York, 2004, p.95。

[2] 参见 Susanne Kalss, *The Liability of Banks*, in Willem van Boom, Helmut Koziol & Christian A. Witting, eds., *Pure Economic Loss*, Vienna: Springer Wien New York, 2004, p.87。

[3] 参见 Helmut Koziol, *Conclusions*, in Helmut Koziol, ed., *Unification of Tort Law: Wrongfulness*, Vienna: Springer Wien New York, 1998, p.132。

将第七条规则总结为,纯粹经济利益的内容越明确,则行为人承担损害该利益的责任就越合理。

(八) 过失与故意

在合同法领域,合同责任实行严格责任,不然,则需过失方能成立合同责任。如果当事人双方之间在本质上存在类合同关系(near-contractual relationship),则过失也足以使纯粹经济损失责任成立。比如,缔约过失责任。但比较法上的研究结果显示,在侵权法关于纯粹经济损失责任成立的核心领域内,故意造成损害仍然是一个关键因素。[1] 因此,第八条规则可以表述为,如果侵权者的行为是故意的,则令其承担纯粹经济损失责任更能为人接受。

(九) 经济损失对原告的重要性

正如 van Boom 所指出的,在人身伤害及死亡的案件中,配偶及子女可以特别获得关联损失的赔偿。他认为很值得注意的是,在纯粹经济损失的赔偿上,用以赞同排除责任的言辞和防止打开诉讼水闸的政策,在亲属作为受害人的人身伤害案件中并不适用。

有两个理由支持这一观点。第一,侵害者侵害了价值位阶上最高的权利,即生命健康权。此外,也没有额外的注意义务加诸行为人身上并因此限制其行为自由。第二,对于受害人的亲属而言,财产利益对于他们十分重要。因为他们日常的生活费用是由受害人提供的。因此,该财产利益在价值序列上要高于获得利润的利益。因此,第九条规则可表述为,如对原告而言该财产利益十分重要,则令被告承担纯粹经济损失责任就更容易被接受。

(十) 被告的经济利益

在纯粹经济损失责任的成立上一个很重要的因素是,被告的行为是为了追求其自身的商业利益。这也是在合同责任上对纯粹经济损失给予全面保护的一个重要原因。[2] 此外,在专家因错误陈述(incorrect statement)而致害的认定上,也是一样的道理,因为专家的行为是为了追求其经济利益,即他是收取费用的。[3] 如果其行为并非为经济利益,则仅在该专家知道其陈述为错误的情况下才承担责任。因此,第十条规则可以表述为,被告的行为对其自身经济利益的追求越明显,则令其纯粹经济损失责任的承担就越合理。

---

[1] 参见 Peter Wetterstein, *Compensation for Pure Economic Loss in Finnish Tort Law*, in Peter Wahlgren, ed., *Tort Liability and Insurance*, Stockholm: Stockholm Institute for Scandinavian Law, 2001, p.573。

[2] 如果合同双方当事人所签订的合同并无商业利益的追求,则彼此之间无须负担对对方纯粹经济利益的注意义务。参见 OGH in 1990 JBl 801 and 1991 Österreichisches Bankarchiv [ÖBA] 525 及 Claus-Wilhelm Canaris 对该案的评注。

[3] 参见 § 1300 ABGB; Helmut Koziol, *The Auditor-Case*, in Jaap Spier, ed., *The Limits of Expanding Liability*, London: Kluwer Law International, 1998, p.25。

六、纯粹经济损失责任动态系统的构建

（一）动态系统理念概述

在先前学者的研究中,有很多很有意义的指导思想。在责任的成立上,W. Wilburg 的动态系统理念[1]中的所有思想都值得思考。但人们不仅要决定在责任的构成上需要考虑哪些因素,而且要考虑每个因素的不同分量。通过这样的方式思考问题,则在责任的成立上,即使缺少某个因素或者某个因素所占比重较少,但如果其他相关因素的比重较对其正常要求的比重为高,则责任仍然成立。Wilburg[2]强调:"如果某要件所起的作用特别大,其可以与其他要件一起或者仅依其本身即可证明损害赔偿责任的成立是正当的。"此外,"该系统可以包含所有能想象得到的案件及它们的特殊情况。与以往的原则相比,该系统更富有伸缩性;当与价值判断有关的单个因素,例如企业的危险性,随时间迁移而变化时,其不会像玻璃瓶那样易碎。这样,在对要件进行考量的时候,还可以合理地增加一些新的考虑因素"。

正如 Bernhard Schilcher 所指出的,法律的基本价值在一开始时就应该被界定。[3] 在纯粹经济损失案件中,我们需要确定通常情况下成立该类责任的相关因素的价值。一般情况下,我们必须认为,我们所要确定的责任成立的相关因素的价值,与对法律的基本价值的判定要求是相符合的。

（二）规则与价值的结合

根据 Wilburg 的动态系统理念,对于纯粹经济损失责任这一复杂问题的解决办法在于确定基本价值,然后将其与上文所提及的十条规则相结合。需要着重指出的是,此处的基本价值判断既包括侵权法上的基本价值判断,也包括合同法上的基本价值判断。这两种基本价值判断非常不同,但它们能提醒我们注意某些因素的重要性。

在合同法的价值判断上,当事人的违约责任一般是严格的,至多基于很小的过失,并且会毫无条件地包含纯粹经济损失。在与之相反的侵权法的价值判断上,只有在众多要件均满足的情况下才能成立纯粹经济损失责任,即故意侵

---

[1] Walter Wilburg, Die Elemente Des Schadensrechts (1941); Walter Wilburg, *The Development of a Flexible System in the Area of Private Law*, Herbert Hausmaninger, trans., Wein: Manz, 2000; Walter Wilburg, *Zusammenspiel der Kräfte im Aufbau des Schuldrechts*, 163 AcP 364 (1964);另见 Franz Bydlinski, Juristische Methodenlehre und Rechtsbegriff 529 (2d ed. 1991); Claus-Wilhelm Canaris, Systemdenken und Systembegriff in Der Jurisprudenz 74 (2d ed. 1983); Bernhard A. Koch, *Wilburg's Flexible System in a Nutshell*, in Helmut Koziol and Barbara Steininger, eds., *Yearbook on European Tort Law* 2001, Vienna: Springer Wien New York, 2002, p.545.

[2] Walter Wilburg, *The Development of a Flexible System in the Area of Private Law*, Herbert Hausmaninger trans., Wein: Manz, 2000.

[3] Bernhard Schilcher, Theorie Der Sozialen Schadensverteilung 204 (1977).

害纯粹经济利益且无正当理由。

从这两种不同的价值判断中我们可以发现,合同上的近因性以及有限的原告这两点,是在合同法上对纯粹经济利益进行全面保护的关键性因素。如果这些要件无法满足,则通常而言,责任仅能在很严重的过错(无正当理由的故意)案件中才能成立。但是我们会注意到,如果存在其他因素(在合同法上),则这些要件的重要性就会减弱。我将在第七部分说明在纯粹经济损失责任的成立上,不同因素的结合所具有的意义。

七、应用动态系统理论的成果

(一)人身伤害导致的关联损失

van Boom[1]用关联经济损失这个词汇来描绘这样一种情形,X 的人身或者财产受到侵害,间接地使 P 的纯粹经济利益遭受损失,X 的损害是 D 造成的。根据通说,关联损失不能获得赔偿。[2] 这一点可以从法律范围的不确定性及允许 P 主张权利而产生的后果上得到证明。或者可以认为,受害方仅是第二位的受害者(secondary victims)是该种案件的重点所在。这样做的理由很充分,因为几乎所有反对责任承担的理由都可适用于该类案件。有一个赞同 D 应承担责任的理由很恰当:即使 D 承担了责任,但 D 并没有因此而负担额外的注意义务。因为,从任何角度看,D 都应被禁止对 X 造成伤害,如果在这一过程中也对可能因 X 受到伤害而间接地受到纯粹经济损失的 P 给予保护,并没有给 D 增加额外的注意义务。但仅凭这一个理由并不足以推翻所有反对意见。如果能找到其他的因素与该理由相结合用以说明 D 应该承担责任,似乎更为合理。

van Boom[3]指出在违法致人死亡的案件中,配偶和子女可以特别获得一些抚养费损失赔偿。在这样的案件中,这种排除规则的例外是正当的,因为至少有两点重要的理由支持对该损失给予赔偿。首先,D 在尊重 X 的生命权上并没有承担额外的注意义务;其次,P 的生存依赖于 X 的经济支持,因此 P 的经济利益在价值的排序上很高。

此外,van Boom[4]提到受抚养者的损失是一种"转移损失"。如前所述,该观点支持对纯粹经济损失给予赔偿。但实际上,该观点在此并不适用。因为,在死亡案件中,如果没有侵权者的违法行为,则减少的收入原本是可以实现的,这并不能成为主张损害赔偿的基础。所以,受抚养人的损失是额外的损失,

---

[1] 参见 Willem H. Van Boom, *Pure Economic Loss: A Comparative Perspective*, in Willem van Boom, Helmut Koziol & Christian A. Witting, eds., *Pure Economic Loss*, Vienna: Springer Wien New York, 2004, p.24。

[2] Van Boomvan Boom ibid., p.18.

[3] Ibid., Van Boomvan Boom p.25.

[4] Ibid., van Boom, p.25.

而不是转移损失。然而,从更为宽泛的意义上看,van Boom 的思考是恰当的。如果受害人并没有被杀死而仅是受伤,但却因此而无法赚钱,则侵权者是要为受害人负担本应由后者负担的抚养费用。从这种意义上可以认为,杀人之后必须赔付的抚养费说明了损失已经转移到受抚养人的身上。我觉得这种意义上的转移可以作为一条额外的理由,因为毕竟不能令侵权者在杀人后得到了比伤人后更好的结果。

转移损失这个术语指的是这样的情况,通常应由 X 受害人承担的损害在实际上由第三方 P 承担,因为受害人与第三方之间存在特殊的关系。[1] 根据通说,X 或者 P 均有权利向侵害人 D 主张赔偿。这一排除规则例外的存在是正当的,因为只要损害赔偿的总额没有超过 X 可以主张的数额,就没有给 D 增加额外的责任负担。

(二) 财产损害导致的关联损失

在著名的"电缆案"中存在这样一个问题,被告切断了供电方的电缆,他是否应对工厂的纯粹经济损失承担责任。[2] 另外一个在本质上与该案相似的案件是,被告因过失造成了交通堵塞,原告因此被滞留,原告是否可以要求被告对其纯粹经济损承担负责。[3] 欧洲各国的法院和学者对第一个案件的意见很不一致[4],对第二个案件意见的差异要小一些。[5] von Boom[6] 正确地指出,如果仅仅以这些不便为日常生活所固有为理由而否定对纯粹经济损失给予赔偿,并不能令人信服。

然而,看一下纯粹经济损失责任成立的决定性因素,会发现绝大多数的理由均是反对对此类案件中的损失承担责任。首先,该类案件属于典型的无限损失(潜在的一系列损害)案件,因此,水闸理论在这里很重要。其次,在原被告

---

[1] Ibid., van Boom, p.29.

[2] Ibid., van Boom p.26; W. V. Horton Rogers, *Comparative Report on Case* 2 (*Cable Case*), in Jaap Spier, ed., *The Limits of Expanding Liability*, London: Kluwer Law International, 1998, p.11.

[3] 参见 *Case* 3, in Jaap Spier, ed., *The Limits of Expanding Liability*, London: Kluwer Law International, 1998。

[4] 参见 Willem H. van Boom, *Pure Economic Loss: A Comparative Perspective*, in Willem van Boom, Helmut Koziol & Christian A. Witting, eds., *Pure Economic Loss*, Vienna: Springer Wien New York, 2004, p.25;参见 Peter Wetterstein, *Compensation for Pure Economic Loss in Finnish Tort Law*, in Peter Wahlgren, ed., *Tort Liability and Insurance*, Stockholm: Stockholm Institute for Scandinavian Law,2001, p.567。

[5] 参见 J. Sinde Monteiro, *Comparative Law Report on Cases* 3 *and* 4, and the *Country reports on case* 3, in Jaap Spier, ed., *The Limits of Expanding Liability*, London: Kluwer Law International, 1998。

[6] 参见 Willem H. Van Boom, *Pure Economic Loss: a Comparative Perspective*, in Willem van Boom, Helmut Koziol & Christian A. Witting, eds., *Pure Economic Loss*, Vienna: Springer Wien New York, 2004, p.26。

之间并无近因性,且第三方的纯粹经济利益既难以察知也无明确的内容。再者,一般情况下,此种纯粹经济利益的重要性也相对较小。只有一个理由支持对该类纯粹经济损失给予赔偿:被告不会负担额外的注意义务,因为即使不考虑第三方的纯粹经济利益,被告也应该在电缆案中尊重所有者的财产权,在交通堵塞案中遵守交通规则。因此,通过正反两方面的衡量,我们可以得出在该类案件中对第三方的纯粹经济利益不应给予赔偿的结论。

在财产损害的案件中,如果出现转移损失的情况,则在人身伤害案件中不适用排除规则而对第三方纯粹经济损失给予赔偿的理由在此仍然成立。例如,X 对 P 做了一个有法律约束力的允诺,要将房子捐赠给 P。但在转移该财产之前,D 过失地将该房屋烧毁。由于是捐赠,所以 X 应该无偿将房屋转让给 P,X 没有受到损失。P 因对房屋无财产权利,因此受到了纯粹经济损失。P 所受到的损失是通过合同由 X 那里转移过来的。因此,如上所述,大多数观点主张对该纯粹经济损失给予赔偿。[1]

(三) 专家责任

根据基本的价值判断,专家对第三方纯粹经济损失承担责任,仅在专家故意造成该损失并无正当理由的情况下成立。但需注意的是,在对第三方的纯粹经济损失赔偿上,如果第三方因直接或者间接地信赖专家的意见但第三方没有为此而支付任何费用,则在此情况下对第三方纯粹经济损失的赔偿需要有更恰当的理由。因此,专家因故意错误陈述而承担纯粹经济损失责任的案件在生活中极少出现。

但大家普遍认为,如果专家的意见是针对第三方且着眼于对第三方的计划有所影响,那么在更多的情况下,专家应承担纯粹经济损失赔偿责任。因为,在这样的案件中存在近因性和高度危险性。[2] 因此,专家责任与合同责任就极为近似了,过失行为就足以导致责任的成立。[3]

(四) 期待继承

如果公证人本应按照客户的要求起草一份遗嘱,但因其过失而没有起草,则本应依据该遗嘱而取得财产的预期受益人就将会遭受纯粹经济损失。[4] 很

---

[1] 参见 Bruce Feldthusen, *The Economic Negligence: The Recovery of Pure Economic Loss*, Toronto: Carswell, 2000, p.45。

[2] 参见 § 1300 ABGB [Allgemeines Bürgerliches Gesetzbuch, General Civil Code]; W. V. Horton Rogers, *Auditors' Liability*, in Willem van Boom, Helmut Koziol & Christian A. Witting, eds., *Pure Economic Loss*, Vienna: Springer Wien New York, 2004, p.93。

[3] 参见 Rudolf Welser, Haftung Für Rat, Auskunft und Gutachten 86 (1983)。

[4] 参见 Willem H. van Boom, *Pure Economic Loss: A Comparative Perspective*, in Willem van Boom, Helmut Koziol & Christian A. Witting, eds., *Pure Economic Loss*, Vienna: Springer Wien New York, 2004, p.23。

多判决认为公证人应承担责任。其中主张进行赔偿的理由之一是,对于公证人而言,他并不会面临不确定责任的危险,因为潜在的受害方就是特定的与该笔遗产有关系的人。此外,公证人的客户没有遭受任何损失,所有的损失均已转移到了受益人的身上。所以,水闸理论并不适用于该类案件。另外,受益人也应包括在公证人客户的范围之内,因此二者间有一定程度的近因性;公证人不会承担额外的注意义务;受益人的利益易于察知且有明确的内容;遗产对于受益人相当重要;公证人收取了费用。

(五) 审计师责任[1]

有些观点明确反对审计师对第三方损失承担责任,因为第三方主体并非合同当事人。第一,如果审计师对所有的第三方主体承担责任,如所有的投资者,那么潜在原告的数量就会很大,因此水闸理论在此情况下很是重要。第二,在审计师和投资者之间并没有密切的接触,因此,类似于合同当事人之间的近因性并不存在。第三,通常而言,审计师并不知道谁会信赖其陈述,且不清楚谁会依据其年度财务报表制定什么样的计划。第四,第三方的经济利益可能并不相同,因此不会有明确的内容。第五,第三方在信息的获取上是免费的。第六,该类财产损失不像因死亡而导致的抚养费损失案件中的损失那样重要。

另一方面,有很多因素支持审计师承担责任。第一,公司与审计师之间存在着的合同,要求审计师应仔细撰写年度财务报表。因此,即使主张审计师应对第三方承担责任,也并没有因此而增加审计师的额外注意义务。

第二,尽管通常认为在审计师与第三方之间并不存在近因性,但专家与公司之间的合同无疑已经包含了对第三方保护的目的。实际上,在有关规范公布年度财务报表的法律中已经包含了对第三方保护的目的。[2] 此外,如果专家的意见意在对第三方计划有所影响,则近因性就是存在的。

第三,审计师的陈述有很高的危险性,因为他是一个专家。此外,法律规定年度财务报表必须公布,目的就是让第三方知晓该公司的财务状况。因此,一份粗心的年度财务报表对于要依赖其制定计划的人而言就是一个危险源,对购买股票和提供贷款的人尤其如此。但需要注意的是,一份错误的年度财务报表

---

[1] 更多细节参见 W. V. Horton Rogers, *Auditors' Liability*, in Willem van Boom, Helmut Koziol & Christian A. Witting, eds., *Pure Economic Loss*, Vienna: Springer Wien New York, 2004, p. 93; Helmut Koziol, *The Auditor-Case*, in Jaap Spier, ed., *The Limits of Expanding Liability*, London: Kluwer Law International, 1998, p. 25; Abschlussprüfer. Haftung und Versicherung (Helmut Koziol and Walter Doralt eds., 2004).

[2] 参见 Efstathios K. Banakas, *Tender is the Night: Economic Loss-the Issues*, in K. Banakas, Efstathios, ed., *Civil Liability for Pure Economic Loss*, London: Kluwer Law International, 1996, p. 23; Helmut Koziol, *Rechtsvergleichender überblick und Schlussfolgerungen*, in Abschlussprüfer. Haftung und Versicherung 150 (Helmut Koziol and Walter Doralt eds., 2004).

并没有给已经持有公司股份的股东造成特殊的危险。当然,他们可能会争辩说,如果他们知道公司正确的财务状况,则可能会尽早出售股票。但通常而言,他们无法通过尽早地出售股票而避免损失,因为股票的价格会在正确的年度财务报表公布的同时下滑。

第四,小投资者是要依赖于公布的审计师年度财务报表的,因为他们没有其他渠道获取公司信息。因此,他们不得不依赖于专家的意见。但必须承认,银行提供贷款或者公司投标收购,与小投资者的情况并不相同。银行可以自己获得信息。因此,有人提出了这样一个问题,公司年度财务报表的公布是为了所有第三方主体的利益,还是仅仅是为了一部分第三方主体的利益,如小投资者。[1] 公司的外部供应商和其他的合同当事人又该如何处理?当然,要在法律要求公布该年度财务报表所要保护的人群与其无意保护的人群之间,划出一条有说服力的界线是相当困难的。此外,将法律要求公司提供年度财务报表并将其公布看作是对公司承担有限责任的一种制度补充,似乎更为合理。这一观点会在很大程度上扩大保护的范围。最后但并非最不重要的是,从经济学的角度看,不允许某些特定的第三方主体信赖存在的年度财务报表,而令他们要求公司出具另外的年度财务报表,似乎并不合理。

尽管在通常情况下,对审计师而言,第三方主体的经济利益难以察知也不为其所知,但在特殊的情况下却并非如此。例如,审计师知道公司要将账目提交给银行;或者他知道自己陈述将会出现在招股说明书之中且投资人会信赖该账目;或者他知道法律规定该年度财务报表必须公布。

此外,在一定的案件中,第三方的经济利益可以被清晰地界定。例如,银行基于年度财务报表而提供贷款的利益;投资者基于包含有年度财务报表的招股说明书而购买股票的利益。

此外,审计师在起草年度财务报表上是收费的,也就是说,在提供专家陈述上是有经济利益的。有人可能会反对说,审计师是从公司获得报酬,而不是从要购买股票的投资者或要提供贷款的银行那里获得报酬。但该理由并不成立,因为,在财务审核的案件中,由于法律有规定,公司必须提供由审计师审核的年度财务报表。该报表需提交股东大会且必须公布。因此,公司所支付的报酬中对该报表的提供和公布已经有所考虑。此外,在审计师的酬劳中已经将其可能要对第三方主体承担责任的风险考虑在内了。

通过对审计师责任(对第三方)的正反两个方面的思考,我们可以得出如

---

[1] 参见 W. V. Horton Rogers, *Auditors' Liability*, in Willem van Boom, Helmut Koziol & Christian A. Witting, eds., *Pure Economic Loss*, Vienna: Springer Wien New York, 2004, p. 95; Helmut Koziol, *The Auditor-Case*, in Jaap Spier, ed., *The Limits of Expanding Liability*, London: Kluwer Law International, 1998, p. 35.

下结论:

由于水闸理论和其他的一些观点都反对审计师承担责任,法律的价值判断排除了审计师责任的承担,除非赞同审计师承担责任的理由自身表现得更为充分。因此,纯粹经济损失责任仅在审计师故意撰写错误的年度财务报表时才成立。[1]

同样,如果审计师被其合同的相对方(公司)告知其所要撰写的年度财务报表将被提供给一定的第三方主体,并且该第三方会以此报表为基础而作出相应的计划,则审计师要对其错误陈述给第三方造成的损失负责。在这样的案件中,水闸理论根本不重要,由于审计师知道第三方的利益所在,因此近因性是成立的。所以,在这样的情况下,审计师过失的责任成立。

此外,在法定账目(statutory account)的案件中,审计师知道该账目会与其所出具的证明(certification)共同公布,他是在给第三方提供信息。因此,在该类案件中成立近因性,同时水闸理论也有一定的影响。此外,第三方的经济利益缺乏明确的内容,且该利益也不如抚养费损失案件中利益重要。因此,在这样的情况下,似乎需要一些额外因素的加入,才能使审计师承担纯粹经济损失责任更为合理。

从这个角度讲,可以指出小投资者是不得不信赖公布的账目,这是一个支持审计师责任承担的有力因素。以此为基础,我们可以在小投资者与其他可通过其他渠道获得公司信息的主体(银行、外部供应商、公司收购者)之间作出区分。但正如上文所述,首先,很难在这些主体之间划定一条明确的界限,其次,如果不允许某些人信赖已存在的账目,而令他们要求公司提供新的账目,从经济学上看也是没有效率的。[2] 因此,如果我们出于现实情况的考虑而不支持这一结果,则应以同样的方式对待所有的第三方主体。

考虑到第三方主体对账目的不可避免的信任,因此,行之有效的规则应该是在本质上严格限制审计师对第三方主体的责任。换句话说,审计师责任仅在其违反了基本的审计原则时方可成立;除此之外,审计师对第三方的行为并不存在违法性。但是我并不支持这样的限制。首先,需要指出的是,小投资者除了选择信任审计师的陈述之外,其了解公司的信息上别无选择,作出这样的限制并不合理。其次,必须考虑到的是审计师对公司的注意义务,即使审计师对第三方的纯粹经济利益给予必要的注意,也并没有因此令其负担额外的注意义务。

---

〔1〕 参见 W. V. Horton Rogers, *Auditors' Liability*, in Willem van Boom, Helmut Koziol & Christian A. Witting, eds., *Pure Economic Loss*, Vienna: Springer Wien New York, 2004, p. 100。

〔2〕 参见 Bruce Feldthusen, *The Economic Negligence: The Recovery of Pure Economic Loss*, Toronto: Carswell, 2000, p. 101。

因此,在法定账目的案件中,审计师对第三方的责任并不应限定于某一特定人群,同时,也不应该限定于违反基本的审计规则。[1]

另一方面,一定要确保审计师的注意义务没有被过分扩张,并且要彻底审查原告的信赖范围,其后,需要恰当地确定原告所遭受的损失是否是因信赖公布的账目所致。此外,正如反对观点所特别强调的,在审计师存在很小的过失时,可以参照某些已有判决的做法[2],为审计师责任设定一个上限。因此,在有很少的因素支持承担责任的案件中,审计师的利益,尤其是可保险性(insurability)在责任的承担上影响会更大。

最后[3],审计师应承担在与公司签订合同时可以预见的损失的责任。[4] 理由在于:第一,审计师对第三方的责任不得不在其与公司签订的合同中得到解释,因为这是其仔细撰写年度财务报表的基础。第二,审计师在计算薪酬的时候,是有机会考虑其承担责任的风险和损失的可能性。审计师在以下情况不对损失承担责任:银行的损失扩展到了无法预见的极高数额;投资者的损失扩展到一个极高的数额;在签订审计合同时,公司尚未计划发行股票。

(六) 侵害合同

根据主流观点[5],第三方主体并不必然需要对其非为当事人的合同给予尊重。因此,由于合同权利并不在受保护的权利之列,人们必须将第三方主体对债权人的损失归入纯粹经济损失。然而,正如 van Boom 指出的,没有一个法律制度在对待侵害合同的问题上像对待其他类型纯粹经济损失一样严格。

合同权利相比于其他纯粹经济利益受到更大程度上的保护是恰当的。首先,如果被告劝诱债务人违约,债权人因此而遭受损失,水闸理论并不会反对对债权人所遭受的损失给予赔偿。因为,那样并不会出现不确定的多数人主张权利的危险,而是只有一个债权人在债务人被劝诱的违约中受到损失。此外,债权人的经济利益已经具体化了,并且债权人的地位为法律所承认。这种承认使

---

[1] 在该种意义上,请参见 2001 年 11 月 7 日奥地利最高法院判决(2002 ÖBA 820)及 Walter Doralt 的评论。

[2] 参见 2001 年 11 月 7 日奥地利最高法院判决(2002 ÖBA 820)及 Walter Doralt 的评论。

[3] 更详细的论述,请参见:Helmut Koziol, *The Auditor-Case*, in Jaap Spier, ed., *The Limits of Expanding Liability*, London: Kluwer Law International, 1998, p. 161.

[4] 参见《联合国国际货物销售公约》第 74 条第 2 款。

[5] 参见 Willem H. van Boom, *Pure Economic Loss: A Comparative Perspective*, in Willem van Boom, Helmut Koziol & Christian A. Witting, eds., *Pure Economic Loss*, Vienna: Springer Wien New York, 2004, p. 16.

得债权人应该在更大的程度上受到保护。如 van Boom 所指出的[1]，拒绝对债权给予上述保护，将无法满足任何市场经济对合同稳定性的需求。

然而，债权本身并不具有明确的内容，在权利内容上也因合同不同而各异。因此，如果对债权进行普遍的保护，则会在很大程度上限制第三方主体的行为自由，因为第三方主体需要在行为之前去调查是否存在合同关系及其内容。因此，只有在第三方主体明知合同存在的情况下，对债权的保护才是合理的。但如果令每一个过失引诱违约的行为都承担责任，在债权的保护上又将有些过度。van Boom 的比较研究显示[2]，大多数法律制度赞同将责任限定在故意侵害合同的范围内。我觉得作出这种限制的理由在于"心理成因（psychological causation）"[3]，因为需要考虑的是，原则上每个人都可以决定其想要如何行为，并进而对自身的决定负责。如果每个人都必须避免任何可能引导他人作出错误决定的言论或行为，那么，行为自由所受到的限制将难以让人忍受。因此，只有出于故意并因而带来高度危险的行为才是应该予以避免的。

八、《欧洲侵权法原则》与《奥地利损害赔偿法草案》

由欧洲侵权法研究小组所起草的《欧洲侵权法原则》反映了上文所触及的一些思想。其第 2:102 条规定[4]：

2:102 条　法律保护的利益

（1）某种利益受法律保护的范围取决于其本质；利益的价值越高，内容越明确，越易于察知，该种利益受到法律的保护就越广泛。

（2）生命，身体或精神的完整性，人的尊严与自由享有最为广泛的保护。

（3）财产权，包括无形财产权享有广泛的保护。

（4）纯粹经济利益或合同关系在保护上受到更多的限制。此种情况下，需特别地考虑行为人与受危险方之间的近因性或者行为人明知其行为将会导致损失的事实，即使行为人的利益在价值的排位上低于受害人的利益。

（5）责任的本质同样能够影响保护的范围。因此，利益在故意侵害情

---

[1] 参见 Willem H. van Boom, *Pure Economic Loss: A Comparative Perspective*, in Willem van Boom, Helmut Koziol & Christian A. Witting, eds., *Pure Economic Loss*, Vienna: Springer Wien New York, 2004, p.16.

[2] Id., p.17.

[3] Helmut Koziol, Österreichisches Haftpflichtrecht III4, 52 (3d ed. 1997).

[4] 具体细节请参见 Helmut Koziol, *General Conditions of Liability*, in *Principles of European Tort Law: Text and Commentary*, Vienna: Springer Wien New York, 2005, p.29.

况下所受到的保护要比其他情况下受到的保护更广泛。

（6）在确定保护范围时，需要考虑行为人的利益，尤其是行为自由的利益和实现权利的利益，同时也需要考虑公共利益。

在2005年春完成的《奥地利损害赔偿法草案》也体现了同样的理念。其第1293条第2款规定，利益的保护不仅取决于其价值和位阶、内容的明确、察知的难易，同时也要考虑他人的自由发展和权利的实现及公共利益。在这一统一的基础之上，草案于第1298条规定[1]：

1298条：

（1）尤其在债之关系、在法律行为接触、在可以查明相对人依赖于其解释说明或者此种解释说明的目的在于造成相对人的信赖的情况下，以及在保护财产的行为准则中，存在保护纯粹经济利益的注意义务。加害人意识到可能发生损害的并且所威胁的利益与所追求的利益严重不成比例的，通常存在保护纯粹经济利益的注意义务。

（2）知晓他人享有债权的，不得有意识地诱发债务人的违约行为，除非其为了维护自己所享有的成立在先的权利或者不知晓他人针对债务人享有债权。某人利用债务人的违约而从中获取利益，其仅在知晓债务人的义务或者此种义务十分明显或者其无法证明无此行为损害仍会发生的情况下承担责任。

结论

当然，对纯粹经济损失责任承担的相关因素的更为明确的确定，需要进一步加以研究。对此，我们需要更多比较法上的成果，需要对解决办法背后的理由做更为深刻的检讨，对理由的充分性做更富有洞察力的思考，同时，也要对相关利益作出更为精细的权衡。此外，也要运用法律经济分析的方法对相关责任问题进行研究，例如，资本市场领域责任问题的研究。尽管如此，我希望我的研究能为纯粹经济损失领域问题的进一步的研究提供一些路标。

（初审编辑：贺剑）

---

[1] 参见 Attila Fenyves, *Haftung für schuldhaftes oder sonst fehlerhaftes Verhalten*, in Entwurf Eines Neuen Österreichischen Schadenersatzrechts 51（Irmgard Griss, Georg Kathrein & Helmut Koziol eds., 2006）。

中国语境中的"权利能力"

周清林[*]

"Rechtsfäigkeit" in the Chinese Context

Zhou Qinglin

内容摘要：权利能力的德文表达是"Rechtsfäigkeit"。"Rechtsfäigkeit"的直译应当是"法律能力"。而我们之所以采用"权利能力"的译名，乃是基于我们对西方法学"权利本位"的判断。从构形上而言，"Recht"是修饰"Fäigkeit"的，"能力"理当是"法律或者权利"的基础，可是在被移植到中国来后，"权利"成了主宰，"能力"反而隐而不显。本文主要是追溯以权利为主导思想的中国法文化，是如何一步一步地去理解"权利能力"这个概念的内涵和外延的。在进行历史考察的基础上，努力从"能力"的奠基性出发，重新解读"Rechtsfäigkeit"一词。

关键词：权利能力　法律人格　能力

---

[*] 法学博士，西南政法大学民商法学院讲师，电子邮箱：ql506@yahoo.com.cn。感谢《北大法律评论》初审编辑尤陈俊先生对本文提出的宝贵意见和推荐非常有价值的资料，感谢李雨峰教授在我无法购置《跨语际实践——文学，民族文化与被译介的现代性(中国，1900—1937)》一书时，为我送来该书。同时，非常感谢两位匿名复审人提出的宝贵意见，尽管有些我不尽赞同，但却给了我很大的启发。最后，初审编辑尤陈俊先生对编辑工作的态度和对学术的热诚很令我感动，尤其是在我无法找到那篇英文资料时，时隔两月，他仍然未忘记，最后随着复审意见一起发给了我。当然文责自负。

引言

"权利能力"一词发端于德文。在德语中,"权利能力"表达为"Rechtsfäigkeit"。将"Rechtsfäigkeit"译成"权利能力",是在几种可能翻译中选择其一的结果,因为"Rechtsfäigkeit"至少还可以译为法律能力、权利义务能力、法律人格或者权利主体等。选择,总是价值偏好的结果。为何再三斟酌后,"Rechtsfäigkeit"被译定为"权利能力"?为何不把它译成法律能力?权利能力是否包含义务能力?这样的权利能力,其意义何在?这一切都需要等待理性的回答。

据学者考察,"权利能力"概念乃由日本民法转入中国。[1] 然而,作为"权利能力"的本源术语,却仍是来自于西方的德国。这个术语的翻译本身就已经表明,在当时具体的环境下,中国文化已经丧失了自己的中心性。在清末的这段时日里,西方的在场迫使中国文化无法在自身中维系原来的身份认同,参照世界其他国家尤其是西方成了情境所需。在既不能抛弃自己的固有传统又不能不借鉴西方理论和制度的两难下,作为中介的翻译担当了这一缓冲的角色。塔拉尔·阿萨德指出,"由于第三世界各个社会(当然包括社会人类学家传统上研究的社会)的语言与西方的语言(在当今世界,特别是英语)相比是'弱势'的,所以,它们在翻译中比西方语言更有可能屈从于强迫性的转型"。[2] 这种将翻译置于权力关系中的译介理论,使我们能抛开译者本身的个人自由选择和语言能力,从特定的历史时刻去捕捉翻译所用语言的语境,不先入为主地将其归结为外国的影响,也不简单地自大地理解为本土传统的必然逻辑推演。[3] 本文正是基于此,拟从具体的历史时刻探讨作为民法最基础的概念——权利能力——在中国的生长史,再比较它本来的面貌,看它是否见融于华夏文明。

一、权利能力的中国经历

根据诠释学的观点,任何翻译都是一种理解,而任何一种理解都建立在前理解的属于自己固有文化的基础之上。"Rechtsfäigkeit"被译成"权利能力",有当时的历史背景。在西方的坚船利炮下,清廷屡遭失败。经过洋务运动中体西

---

[1] 俞江:《近代中国民法学中的私权理论》,北京大学出版社2003年版,第133页。
[2] 转引自刘禾:《跨语际实践——文学,民族文化与被译介的现代性(中国,1900—1937)》,宋伟杰等译,生活·读书·新知三联书店2002年版,第4页。
[3] 刘禾:《跨语际实践——文学,民族文化与被译介的现代性(中国,1900—1937)》,宋伟杰等译,生活·读书·新知三联书店2002年版,第3—8页。

用下只求技术革新尝试的失败,清王朝开始了政治体制改革。[1] 西方政治制度之首倡,在于立法。沿学泰西之政治,自应从立法始。中国自古以来,历朝历代皆有立法,同样作为立法,为何要学西方?要想解答此一疑问,必然研究两种立法得以区分的精神气质。中国古代的法律体系都是诸法合一而由刑法统率,清朝律例同样如此。[2] 在没有公私法区分的大一统立法体系里,民法附属于刑法。不过,刑法调整的民事范围并不是整个日常生活的全部,无关紧要的民事部分,并不由刑法进行规范。在被统治者称为"细事"的这部分民事范畴里,国家不介入"细"的纠纷而由社会自身解决。[3] 这是否意味着在这个领域,人人都有自己的私权?当然不是。对此,黄宗智教授说道:

> 清代法典中几乎所有民事条例的出发点都是我所称的官僚——世袭家长统治主义,统治者的权威在理论上是绝对的。民事条例因而不能导源于'权利'(不管是神授、'天生',还是民间社会对专制主义的反抗),相反,它们由世袭的统治者赐予。因此而得出惩罚的论调和方法,统治者规定什么是对、什么是错,并制订对冒犯行为的处罚措施。在没有制订处罚的地方,如纯粹的民事条例,统治者表示与自己无关而把这些'细事'留给社会。国家法律从未承认任何高出君主意愿及有悖国家专制的东西,亦即由法律保障的不可侵犯的权利。[4]

换句通用的话,我国的固有法都以义务为中心。[5] 这个以义务为中心的法律,只不过是统治者治群的一个工具。既然我们将我国的固有法定性为"义务本位"的法,并且指出这种本位的法给中国的政治文明带来了障碍,因此借用西方的立法思想就不能再是"义务"本位。从当时的法律思想家们对西方民

---

[1] 根据李贵连教授的考察,晚清法律改革,虽然只有短短的十年,但是可分为两个阶段:1902 年到 1906 年的"新政"阶段和 1906 年到 1911 年的预备立宪阶段。第一阶段主要在于改造旧法,收回领事裁判权;第二阶段就是预备立宪。参见李贵连:"法治(Rule of Law):晚清法律改革者的理想——沈家本逝世 90 周年祭",载《华东政法学院学报》2003 年第 6 期。

[2] 如黄宗智教授所考察的,把法律设计为刑罚为主的作法,贯穿于整部《大清律例》中。"户律"(管民事方面的法律)中最重要四章的 140 例,除了 11 例外,都明确地提到处罚。参见黄宗智:《法典、习俗与司法实践:清代与民国的比较》,上海书店出版社 2007 年版,第 20—22 页。

[3] 根据黄宗智教授的考察,清代的"细事"概念,最接近于我们现代概念中的"民事"范畴,但实际上并不如此,而是应当理解为两个部分:(1) 国家法典以外以处理刑事为基本概念的延伸:细事即那些涉及相对小或轻刑罚的违法行为;(2) 社会应该自我管理和协调的意识形态的延伸。参见上注,第 23 页。

[4] 同上注,第 23—24 页。

[5] 张生:《民国初期民法的近代化——以固有法与继受法的整合为中心》,中国政法大学出版社 1992 年版,第 25 页。

事立法思想的定性来看,民法作为权利法成了西方立法思想中的一个重要标志。[1] 顺理成章,"权利"成了改造腐朽僵化的清朝律法体系的立法观念。

在此观念的影响下,《大清民律草案》横空出世。尽管该草案未获颁布,但至少前三编体现了权利本位的精神,因而是"依照权利(或权)与义务来制定一切。[2] 它规定法律赋予一个人能做什么的权利;完全没有提及清代法典中采用的禁与罚。而且法典本身即是处理民事的最终权威"。[3] 显然,这是在移植外国法律的过程中,对其自然法思想的初步继受。李显冬教授说:"质而言之,《民律一草》自觉不自觉地体现着自然法学派个人权利、人类理性才是法律的价值基点的价值取向。所以被认为是权利本位的民法。"[4]

民国成立后,尽管并没有把《大清民律草案》作为民事方面的法律予以继承,而是将沈家本修订过的作为过渡办法的《大清现行刑律》中有关民事部分作为适用依据,[5] 但是国民党改革者继承的却是1911年的民法典草案,同时随着清朝的覆亡,现代西方宪政个人权利的话语获得更大的影响。[6] 1929—1930年国民政府颁布的民法典就是以权利为出发点。在这样的大背景下,"Rechtsfäigkeit"这个词被理解为"权利能力"就理所当然。如谢鸿飞博士所言:"民法以权利为本位……且民事权利能力或权利能力,为民法理论和立法固有概念,轻率改变,反生滋扰。"[7] 问题是,"权利能力"这个词汇是否能完全概括"Rechtsfäigkeit"呢?从字面上而言,显然不能。"权利"仅仅是法律内容的一个方面,若以此规定,将会有以偏概全之念。胡长清先生说道:

> 所谓权利能力,不但指享有权利之能力而言,即负担义务之能力亦包

---

[1] 如光绪三十三年(1907)四月初四日,《南方日报》刊载了一篇题为《论中国急宜编订民法》的文章。该文后来被当时极具影响力的《东方杂志》转载。从该篇专论民法的文章来看,民法就是权利之法,如"民法之范围……所谓权利之主体与客体是也","若民法者,定私法上权利、义务之所在及其范围"。转引自张生:《中国近代民法法典化研究》,中国政法大学出版社2004年版,第46—47页。

[2] 《大清民律草案》由五编组成。头三编由"通则、债权和物权"组成,为日本学者松冈正义编纂。后两编由中国法学者朱献文、高种编纂,为亲属和继承。该草案于1911年10月26日呈递朝廷,未获颁布(参见黄宗智:《法典、习俗与司法实践:清代与民国的比较》,上海书店出版社2007年版,第16页)。张生先生认为,前三编为个人本位的,后两编为家族本位。参见张生:《中国近代民法法典化研究》,中国政法大学出版社1992年版,第87页。

[3] 黄宗智:《法典、习俗与司法实践:清代与民国的比较》,上海书店出版社2007年版,第46页。

[4] 李显冬:"从《大清律例》到《民国民法典》的转型——兼论中国古代固有民法的开放性体系",中国政法大学博士学位论文,第85页。

[5] 王伯琦:《近代法律思潮与中国固有文化》,清华大学出版社2005年版,第30页。

[6] 如民国新政府1912年的临时宪法重申了一些权利。即使如1914年的袁世凯宪法和1923年的曹锟宪法,都同样宣称了这些权利,国民党的《训政时期约法》也一样。参见黄宗智:《法典、习俗与司法实践:清代与民国的比较》,上海书店出版社2007年版,第46—47页。

[7] 梁慧星:《中国民法典草案建议稿附理由——总则编》,法律出版社2004年版,第21页。

含之。不过我民法原则上系权利本位的立法,故从权利方面立论,而称之为权利能力耳。但依鄙见,似以改称"权义能力"为适当。[1]

史尚宽先生同样认为权利能力同时也为义务能力,称之为"权利义务能力"会更妥当。[2] 亦即,之所以叫做"权利能力",并不是说"Rechtsfäigkeit"这个词的内涵就只有"权利"这个内容,而是为了彰显中国文化缺少的权利本位,因此从价值意义上以偏概全,姑且就这么叫了。若从其内容方面言之,称之为"权利义务能力"最为妥当。

但值得注意的一个现象就是,在这些论著里,"Rechtsfäigkeit"这个词统统地叫做"权利能力",而不是"民事权利能力"。[3] 可是,我们现在的《民法通则》却把它命名为"民事权利能力",这两者是否就是相等呢?首先来看一下这个词是如何来的。根据笔者所掌握的资料,在大清民律草案和民国民法典及主要著作里,皆未见"民事权利能力"一词,而只有"权利能力"。"民事权利能力"一词,首见于1922年由列宁直接指导下的《苏俄民法典》。该法典的总则规定:"全体公民不问性别、种族、民族、信仰、社会出身,均赋予民事权利能力,非依法律不得剥夺或加以限制"。我们国家在1955年10月5日提交的《中华人民共和国民法总则草稿》里,却没有采纳这样的词语,在第二章"权利主体(人)"的第9条规定:公民的权利能力从出生时开始,到死亡时终止。在1955年10月24日提交的第二次草稿里,"权利能力"这个词突然消失,代之以"公民享受民事权利和负担民事义务的能力,从出生时开始,到死亡的时候终止"。到1956年12月17日的第三次草稿时,继续沿用第二次的称谓。1957年1月15日提交的第四次草稿里,其规定有了变动。该草稿第5条规定:"中华人民共和国公民,都能够享有民事权利和负担民事义务"。从而去掉了开始与终止,更为重要的是去掉了"能力"。[4] 而在第二次民法典起草过程中,随着权利

---

[1] 胡长清:《中国民法总论》,中国政法大学出版社1997年版,第57页。

[2] 史尚宽:《民法总论》,中国政法大学出版社2000年版,第85页。

[3] 例如当时翻译的日本人富井政章的《民法原论》,以及颁布实行的《民国民法典·民法总则》,也只是规定了"权利能力",而没有以"民事权利能力"术语命名。如南京国民政府的《民法·总则》第6条规定:"人之权利能力,始于出生,终于死亡"。参见富井政章:《民法原论》(第一卷),陈海瀛、陈海超译,杨廷栋修正,中国政法大学出版社2003年版,第87—90页;李显冬:"从《大清律例》到《民国民法典》的转型——兼论中国古代固有民法的开放性体系",中国政法大学博士学位论文,第93页;朱勇:"私法原则与中国民法近代化",载《法学研究》2005年第6期。

[4] 显然,这部法典规定了一些极具私权特色的权利内容。除下页正文所引第3条外,第8条规定:"凡中华人民共和国公民,不分民族、种族、性别、职业、社会出身、宗教信仰、教育程度、财产状况,都有享受民事权利和负担相应义务的能力。"在第二次草稿里,删去了第3条的"自由"字样。从此,这个词就再也没有出现在法典中。在第三次草稿中,却再也没有用第一次的第3条和第二次的第6条的内容。但是,在第4条里规定了民事主体平等原则。参见何勤华、李秀清、陈颐编:《新中国民法典草案总览》(上卷),法律出版社2003年版,第3—4、14、26—27、37页。

概念的消失,"权利能力"这一表达,从享受民事权利和承担民事义务的能力,变成了具体规定下的法律关系参加者:经济关系中的单位和个人。[1] 1980年提交的《中华人民共和国民法草案》(征求意见稿)开始恢复民法的权利义务思维。其在第12条规定:"公民从出生的时候起到死亡的时候止,都具有权利能力,可以享受民事权利和承担民事义务"。1981年的"征求意见二稿"和"征求意见三稿",1982年的"征求意见四稿"都遵循了这个规定。[2] 可见,第三次民法典起草中的草案都没有出现"民事权利能力"这样的词语,只是规定"具有权利能力,可以享受民事权利和承担民事义务"。《民法通则》却在第9条径行规定:公民从出生时起到死亡时止,具有民事权利能力,依法享有民事权利,承担民事义务。第10条和第36条都明文规定了"民事权利能力"。[3] 如今,这个词语在我们的教科书中成了一个普及的词语。

那么,这种置换的可能来源是什么呢?笔者以为,我们应当从我们自身的历史渊源去找寻。新中国成立后,也许一开始我们还受制于自然法思想的民国时期立法理论的影响,如第一次民法典起草的第一次草稿的第3条规定:中华人民共和国公民都有权选用自己的姓名,自由设定住所,发明和著作以及在全国领域内自由设定住所,在法定范围内自由处理自己的财产;为法律行为及承担债务;并可遵照国家法令组织工商企业的民事权利。在废除六法全书思想的影响下,此后,这种"自由"的词汇就再也没有出现在法典中。自此,我们的立法就开始自行创制或者倚重于苏联。由于各种政治运动的发生,第一次民法典以夭折告终。在第二次民法典起草中,"权利义务"为中心的思维方式基本上被摒弃,代之以直接由法律规定哪些可以作为主体参与经济关系的立法方式。在乍暖还寒的第三次民法典起草中,理论界仍然很保守。对于决定西方法律的近代自由精神,起草者要么是陌生的,要么就如同陌生的。由此,我们实际上仍然受制约于苏联的立法和理论。从理论而言,苏联民法学者认为,权利能力是一种由"社会经济制度决定的社会属性",[4] 因而权利能力不存在天赋的问题,都是由经济基础决定,由作为统治阶级意志体现的法律所赋予。这一点自然也

---

[1] 实际上,只有中国社科院法学所于1963年提交的《中华人民共和国民法(草稿)》第二章采用了"权利的主体"这样的标题,其他一概未见权利或者义务字样。参见何勤华、李秀清、陈颐编:《新中国民法典草案总览》(下卷),法律出版社2003年版,第4、16—17、28、100、164页。

[2] 何勤华、李秀清、陈颐编:《新中国民法典草案总览》(下卷),法律出版社2003年版,第372、438、496、563页。

[3] 这并不是说,"民事权利能力"这个词首见于《民法通则》中,实际上在民法学著作中早就已经出现。如佟柔教授于1982年撰写的《中华人民共和国民法原理》(上册)部分的第三章"公民"里,就讲到"公民的民事权利能力"。参见全国第三期法律专业师资进修班民法班整理:《中华人民共和国民法原理》,第104页。

[4] C. M. 科尔涅耶夫等:《苏联民法》(上),中国社会科学院法学研究所民法经济法研究室译,法律出版社1984年版,第97页。

是我们立法的指针。佟柔教授就说到：

> 自然人享有民事权利的资格,不是天赋的,也不像自然法所说人基于自然属性就应该享有权利,我们认为权利能力也是一定经济基础之上的上层建筑,也是当时统治阶级的意志表现,民事权利能力是法律给予的。[1]

在立法上而言,苏联1961年《民法典》第9条规定:"苏俄和其他各加盟共和国的一切公民,都平等地具有享受民事权利和承担民事义务的能力。"同时,其第12条第2款规定:"除非在法律规定的情况下并依照法律规定的程序,对任何人的权利能力或行为能力,都不得加以限制。"[2]这一点在1980年提交的《中华人民共和国民法草案》(征求意见稿)第13条规定:"公民的权利能力一律平等,除法律特别规定的以外,不受任何限制。"这一条一直到1982年的第四稿都未变。这个权利能力受法律限制的思想,是《德国民法典》和《法国民法典》所不可能具有的,应该可以判断出受了苏联民法典的影响。[3] 在这样的理论之下,权利能力就完全成了实证法的规定,取决于法律的授予。尽管《民法通则》在第10条仅仅规定了"公民的民事权利能力一律平等",而没有例外的限制问题,但是像第一次民法草案第8条规定的"凡中华人民共和国公民,不分民族、种族、性别、职业、社会出身、宗教信仰、教育程度、财产状况,都有享受民事权利和负担相应义务的能力"情形,却未见于《民法通则》中。

据此,笔者认为,在我们国家,"权利能力"等于"民事权利能力",不是基于一个伦理角度的考虑,而完全是基于法律实证主义的视角。亦即,权利能力不是与生俱来的,而是来自于法律的赋予。既然不出于一个伦理的视角,而只从实证法的前提出发,那么作为一直规定于民法中的"权利能力",就成了由民法这个实证法来授予主体资格的制度。是以,"民事权利能力"就应当理解为由民法赋予民事主体资格的部门法术语。既然民事权利能力是民法授予的主体资格,是否存在不授予主体资格或者授予程度不同的主体资格的情况？亦即,是否存在对民事权利能力的限制问题呢？胡长清先生言,关于权利能力之范围

---

〔1〕 全国第三期法律专业师资进修班民法班整理:《中华人民共和国民法原理》,第104—105页。

〔2〕 苏俄民法典的条文,皆引用于李军、袁文波:"试论自然人'民事权利能力'",载《河南政法管理干部学院学报》1998年第3期。

〔3〕 这从沈敏锋先生于1982年写的文章可以看出。他认为:"第一部社会类型的民法是1922年的《苏俄民法典》,它在关于权利能力的条文和内容上都比资产阶级民法增加了许多,同时没有了资产阶级民法中所谓'天赋人权'的意义。承认人们都有平等的权利能力,但不是'天赋'的,而是法律赋予的,其内容是由一定的经济基础决定的、反映统治阶级意志。这就明确了权利能力的阶级实质。这一切,对以后对各社会主义国家的民事立法有着极大的影响。我国虽然尚未制定出民法典,但在民法理论上几乎是全盘接受苏联的。"参见沈敏锋:"对公民民事权利能力起止的异议",载《北京政法学院学报》1982年第2期。

有四点内容:(1) 凡人皆有权利能力;(2) 凡人当然有权利能力,所谓当然,不是天赋人权,而是为法律赋予;(3) 权利能力以平等为原则;(4) 权利能力限于法律之范围内。但是指出,中华民国《民法》于第 26 条规定:法人于法令限制内,有享受权利负担义务之能力。而于自然人则以其事属当然,不设规定。[1] 史尚宽先生言:权利能力又可分为一般的权利能力与特别的权利能力。自然人与法人基于性质上之差异,对外国人基于政策上考虑,得认有特别权利能力上之差异。[2] 亦可见,自然人间不存在权利能力的差异,只有针对自然人以外的人,如法人,才有这种差异。我国《民法通则》也只在第 9 条规定了"公民的民事权利能力一律平等",并没有规定法律主体的权利能力一律平等。自然,立法实际上就告诉我们,权利能力对待公民与法人应当有别,因此区分开一般与特殊的权利能力,也确有法律上的依据。梁慧星先生也认为,权利能力应区分为一般民事权利能力与特别民事权利能力。[3] 张俊浩教授实际上也持这种观点。[4] 可以说,目前学界一般认为,自然人的权利能力是当然平等的,权利能力之特别性只出现在法人与外国人领域。[5]

二、权利能力与人格之间关系的中国经历

按照权利本位将"Rechtsfäigkeit"译为"权利能力",并不能顺利解决"权利能力"与"人格"之间的关系。如何理解这两个概念之间的关联性,成了学界极具争论性的课题。俞江教授认为,日本民法在混杂移植法、德民法典的复杂过程中,由于对罗马法、德国法以及法国法之法律概念翻译、理解及表达上的局限和误差,"权利能力"和"人格"二词被交替使用,从而对我国清末和民国时期的立法和民法理论产生深刻影响,以至于"权利能力"被错误地解释为"人格"。[6] 确然,权

---

[1] 胡长清:《中国民法总论》,中国政法大学出版社 1997 年版,第 57 页。
[2] 史尚宽:《民法总论》,中国政法大学出版社 2000 年版,第 86—87 页。
[3] 梁慧星:《民法总论》,法律出版社 2001 年版,第 72 页。
[4] 如他对自然人与法人的区分。在法人的限制里有"性质限制与目的范围限制"等。参见张俊浩:《民法学原理》(上册),中国政法大学出版社 2000 年修订第三版,第 95—96,189—191 页。
[5] 沈敏锋先生认为,特别是在苏联的有关教科书上,绝大多数的公民权利能力是从出生时就享有的,这就叫做一般权利能力。而特殊的权利能力,并不是公民出生后享有的,如结婚的资格。并且反驳了认定结婚资格是行为能力的观点(参见沈敏锋:"对公民民事权利能力起止的异议",载《北京政法学院学报》1982 年第 2 期)。尹田教授也持这种观点。他认为,自然人的权利能力范围实际上有大有小,如结婚权利能力,并非人皆有之(参见尹田:"论自然人的法律人格与权利能力",载《法制与社会发展》2002 年第 1 期)。王泽鉴教授认为,权利能力为人之尊严的表现,法律有正当理由可以对之加以限制,如矿业权(参见王泽鉴:《民法总则》,中国政法大学出版社 2001 年版,第 105 页)。李永军教授对此作了出色的论述,反驳了这些认定权利能力不平等的理论,参见李永军:"论权利能力的本质",载《比较法研究》2005 年第 2 期。
[6] 俞江:《近代中国民法学中的私权理论》,北京大学出版社 2003 年版,第 133 页。确然,中国在近代中取西方法制化的道路上,日本具有极大的影响。其详细的资料,参见李贵连:"近代中国法律的变革与日本的影响",载《比较法研究》1994 年第 1 期。

利能力在近代以来的民法学者的著作中,就等同于法律人格。[1] 新中国成立以后至今,也承袭了这个观点。[2] 那么,我们又是如何在人格意义上理解"权利能力"这个概念呢? 这要从人格这个概念开始说起。

清末,"人格"这个概念已经得到了使用。严复先生在其于1900年完成、1903年出版的密尔的《群己权界论》这部译著里,是这样来翻译自由的:"自由之义,为及格之成人设也。若未成丁(成丁年格各国不同,经法二十五岁),举不得以自繇论"。然后他在这段文字上作了一个眉批:"人格不备,不得自繇"。[3] 可见,"人格"这个概念是在翻译自由的时候被使用的。要理解人格,应当从自由的意义上去理解。但是,严复先生却把它理解为"及格"和"成丁",即要想成为人格必须等到成年,否则人就没有成为人的资格。显然,这里的人格是在"人的资格"意义上理解的。[4] 沈家本先生也接受了"人格"一词。在《禁革买卖人口变通旧例议》中说到:"现在欧美各国,均无买卖人口之事,系用尊重人格之主义,其法实可采取。……不知奴亦人也,岂容任意残害? 生命固应重,人格尤宜尊。"[5] 显然,沈家本先生并不在"及格"这个意义上来理解"人格"。在笔者看来,沈家本先生的人格平等观念,主要是在身份平等的意义上使用。因为横亘在中国传统法律与西方法律中间的最大障碍,在于是否承认身份上的不同,进而区分人是否有高低贵贱之别。[6] 通过清末的"礼法"之争可以判断,人格概念在沈家本先生的手中,主要是指向主张"身份差异"的礼教的。那么,这是否意味着沈家本先生就完全摆脱了中国固有的思维,而采用了西方的人格理念呢? 非也。根据李贵连教授等的考察,沈家本先生对人格的认识,存在一个逐渐摆脱儒家认识框架的过程,最后似乎认同了"人格平等"这个

---

[1] 史尚宽:《民法总论》,中国政法大学出版社2000年版,第86页。胡长清先生虽然没有像史尚宽先生那样明言,但是从"第二章 人"可以推定,法律人格就等于权利能力。参见胡长清:《中国民法总论》,中国政法大学出版社1997年版,第55—100页。

[2] 全国第三期法律专业师资进修班民法班整理:《中华人民共和国民法原理》,第104—105页;梁慧星:《民法总论》,法律出版社2001年版,第70页。等等。

[3] 穆勒:《群己权界论》,严复译,转引自李贵连、俞江:"论沈家本的人格平等观",载《环球法律评论》2003年秋季号。

[4] 不过要说明一点的是,严复先生这里的"人格"有两点值得注意:(1)是在与自由同一个意义上使用的;(2)是以成年与否来判定人格有无的标志,即人格并非无条件,而受制于生理条件。因此,这里的"人的资格"应当是与身份无关,而只与生理特性有关。这里并不是说,"人格"一词为严复先生新创,而是中国古代以来一直都有的。但是,在中国古代,"人格"一词,主要是在中国式道德意义上的"人品"角度讲的。

[5] 转引自李贵连、俞江:"论沈家本的人格平等观",载《环球法律评论》2003年秋季号。

[6] 这从张之洞的反对可以看出。1901年,张之洞、刘坤一推荐沈家本为修订法律大臣。很有戏剧性的是,后来,张之洞也成了最反对沈家本所立法中的平等观念之人。其核心就是沈家本所立之法,"坏中国名教之际、启男女平等之风、悖圣贤修齐之教"。参见黄宗智:《法典、习俗与司法实践:清代与民国的比较》,上海书店出版社2007年版,第29—30页。

"人格"观念。[1] 如果遵循这样的"人格"观念,那么由他一手操刀的《大清民律草案》就应当完全体现这个平等逻辑,但事实上却并非如此。[2] 在该草案的前三编"总则、债权和物权"编里,由修订法律馆在日本法学家协助下起草,确实体现了西方近代法律思想的个人本位主义。但是在后两编"亲属、继承"里,是由修订法律馆会商礼学馆起草,却完全按照中国的伦常礼教来作为根据。[3] 可以说,清末时期,沈家本的立法理念主要奠基于人格平等观念进行,但是由于守旧势力的极力反对,这个人格平等的观念只能贯彻于草案的前三编。

民国成立后,沿用的只是修订过的《大清现行刑律》中的民事部分,因而在国民党政府的《民法》颁布实施前,亲属及继承等有关礼教方面的制度未有任何改变[4],直到1931年《民法》的颁布实施,才彻底地扫除了几千年来的宗法、家族制度。如当时的民法总则编的起草说明书指出:"男女平等之原则,本为吾党对内政策所规定,自应期其实现……至其他权义之关系,亦不因男女而有轩轾"。[5] 黄宗智教授说到,至1931年的国民政府《民法》的颁布,在后两编也完全采用了《德国民法典》的体例和思想。[6] 这意味着,在法典形式上,人格平等原则得到了实现。如胡汉民在《新民法的新精神》里所讲到的那样:"我们现在所编订的民法,却绝对免除这类不平等的情形。在条文中我们只讲'人'而不分性别无论男子女子,其行为能力的种种限制与保障,在法律上是完全相同,没有区别的。"[7] 不过,这个看上去仅仅是对清末立法延续的人格平等精神,在根基上已经开始改变清末人格平等的内涵。一般认为,清末立法的人格意蕴,

---

〔1〕 李贵连、俞江:"论沈家本的人格平等观",载《环球法律评论》2003年秋季号。杨鹤皋实际上也持这种观点。他从《删除奴隶律例议》、《禁革买卖人口变通旧例议》和《旗人遣军流徒各罪照民人实行发配折》里沈家本的思想出发,认定这些体现了"沈家本在法律面前人人平等的资产阶级法制主张"。参见杨鹤皋:《宋元明清法律思想研究》,北京大学出版社2001年版,第299页。

〔2〕 当然这不是说沈家本先生的观念有改变,而是基于政治现实。当时著名的"沈(家本)劳(乃宣)之间的礼法之争",使得沈派的失利是必然的。一方是由张之洞、刘坤一支持的保守派,实力强大;另一方则是由沈家本为首的立法派,实力弱小。参见李贵连、俞江:"论沈家本的人格平等观",载《环球法律评论》2003年秋季号;杨鹤皋:《宋元明清法律思想研究》,北京大学出版社2001年版,第299页。

〔3〕 这一点在它的立法理由书里有完全的体现。朱勇教授摘取了一大段,足资参考,参见朱勇:"私法原则与中国民法近代化",载《法学研究》2005年第6期。

〔4〕 关于此述,可参见王伯琦:《近代法律思潮与中国固有文化》,清华大学出版社2005年版,第30页。

〔5〕 谢振明:《中华民国立法史》(下册),中国政法大学出版社2000年版,第756页。

〔6〕 黄宗智:《法典、习俗与司法实践:清代与民国的比较》,上海书店出版社2007年版,第53页。

〔7〕 胡汉民:"新民法的新精神",载吴经熊、华懋生编:《法学文选》,中国政法大学出版社2003年版,第435页。

实乃个体人格。[1] 可是,胡汉民在《新民法的新精神》一文里说到,"新民法"应当注重团体的利益,注重社会公益。社会是一个整体,不是为许多个人而存在的,因此不能像从前的民法那样,以个人主义为立足点,"这层意思,兄弟自本院开始以来,已屡次报告过了"[2]。后在《民法亲属继承两编中家族制度规定之意义》一文中,胡汉民从孙中山先生的理论开始。孙中山先生说到:"外国人以个人为单位,由个人放大便是国家……外国不如中国……中国国民和国家结构的关系,先有家族,再推到宗教,然后才成国族,这种组织,一级一级的放大,有条不紊,大小结构的关系,当然很切实的。"胡汉民由此引申到,"真实的良好的家族主义,是民族主义的缩影……中华民族,因将藉此精神以存续其悠远的生命,世界各民族也必须靠此,才能巩固其生存的基础!"[3]是以,1931年的《民国民法典》以社会本位为立足点,希图强调社会公益的重要性。[4]那么,隐藏在这个社会本位的人格观念又是什么呢?也许我们可以从《民法总则起草说明书》第二项为"社会公益"的说明中看出某些蛛丝马迹:

> 自个人主义之说兴,自由解放之潮流,奔腾澎湃……。驯至放任过甚,人自为谋,置社会公益于不顾,其为弊害,日益显著。且我国人民本已自由过度,散漫不堪,尤须及早防范,藉障狂澜。[5]

如果结合家族→宗族→国族这个推论,可以判断出人格已经完全驶出自由的个人主义港湾,航向社会化人格的中国式人格理念中去了。[6] 不过,无论怎么说,人格平等的观念却被完全继受下来。

新中国成立后,人格平等的观念同样得到了实行。由于社会性质和沿用苏

---

[1] 这可从其接受所有权绝对思想、契约自由和过错责任原则判断。参见朱勇:"私法原则与中国民法近代化",载《法学研究》2005年第6期。同时,从国民党时期对1911年草案的批判可以看出。参见黄宗智:《法典、习俗与司法实践:清代与民国的比较》,上海书店出版社2007年版,第53页。

[2] 胡汉民:"新民法的新精神",载吴经熊、华懋生编:《法学文选》,中国政法大学出版社2003年版,第434—435页。

[3] 胡汉民:"民法亲属继承两编中家族制度规定之意义",载吴经熊、华懋生编:《法学文选》,中国政法大学出版社2003年版,第461页。

[4] 其社会本位不但体现在立法指导思想上,如胡汉民在1929年11月的《立法院演讲辞》中说到:"我们的立法乃以全国社会的公益利益为本位",还体现在所有权、契约自由和债权人请求完全偿还或损害赔偿请求权的限制和无过失责任的承认以及家长权行使的限制。参见张生:《中国近代民法法典化研究》,中国政法大学出版社2004年版,第205—206页。

[5] 转引自张生:《中国近代民法法典化研究》,中国政法大学出版社2004年版,第204—205页。

[6] 有学者甚至提出,从《大清民律草案》到《民国民法》,在由过错责任到过错与无过错并存的基本原则考察里,认为这反映了立法者加强社会控制,维持政权统治的深层次需要:"更深层次的原因还在于,贯彻这种立法思想正好符合稳固和加强这一时期国民党集权统治的需要。"何勤华、李秀清:《外国法与中国法——20世纪中国移植外国法反思》,中国政法大学出版社2003年版,第254页。

联理论的缘故,我们的人格平等观念建在"经济基础决定上层建筑"这个经典理论上。就像佟柔教授所说的那样,法律人格不由天赋而是统治阶级的意志表现,是由经济基础决定的法律赋予的。[1] 那么我国《民法通则》第9条规定的"公民的民事权利能力一律平等",也应当理解为所有人的人格都是法律赋予的结果。通过法律的赋予,一切人开始平等起来,再也没有身份的差异。法人则不能享受这种优待,其人格受目的事业范围的限制,这同样也取决于法律的规定。问题是,为什么同样作为人格,自然人的人格平等,而法人的人格却可以不平等呢?为什么自然人的人格和法人的人格之间还可以不平等呢?法人有无人格权呢?为什么我们难以发展出一般人格权呢?这些都是法律赋予理论很难解释清楚的。随着人本主义意识的加强,学界开始慢慢地向人格的本来意义,即人格的伦理意义靠拢。在这种思想的支配下,学界似乎出现了一种潮流,即严格区分权利能力和人格。为了彰显人格的伦理意义,学者们极力反对权利能力的技术含义,因为在这种技术化下,使得人格丧失了其应有的伦理内蕴。如尹田教授所言,"从严格意义上讲,法律人格与权利能力并不相同。较之权利能力,人格具有更高的抽象性,其描述的是人的一般法律地位、一般意义上的主体资格,其并不考虑和表达主体得具体享有之权利的范围"[2]。亦即,权利能力只不过是享有法律允许享有的权利的资格。是以,人格与权利能力的关系表现为:人格是权利能力的基础,权利能力只不过是人格的具体表现而已。付翠英博士则从人格是身份出发,来探讨人格与权利能力的区分。她认为,人格应当是作为自然人的身份而使用的,权利能力则是作为团体的身份而使用的。通过权利能力来取代人格或者民事主体,使得对团体而言也隐含了不平等的因素,同时使法人成为"人",违背客观事实,造成了对法律技术的错误运用。[3] 马俊驹教授更是认为,权利能力只不过是承袭了罗马法的人与人格分离的立法技术而已,因而人格都是法律拟制的产物。之所以要把人拟制为人格,是因为生活中的个人无规范性。除非通过法律的拟制,把生活中的"个人"变为法律范畴中的"人格",才能实现法律的社会性质。由此他断言:"法律人格具有群体性的本质"[4]。更有学者

---

[1] 全国第三期法律专业师资进修班民法班整理:《中华人民共和国民法原理》,第104—105页。

[2] 尹田:"论自然人的法律人格与权利能力",载《法制与社会发展》,2002年第1期。

[3] 付翠英:"人格·权利能力·民事主体辨思——我国民法典的选择",载《法学》2006年第8期。

[4] 马俊驹:"人与人格分离技术的形成、发展与变迁——兼论德国民法中的权利能力",载《现代法学》2006年第4期。

认为,民事权利能力到了该废除的时候了。[1]

三、中国语境下权利能力的评价

"权利能力"作为西学术语,自是在中国近代法学孕育之初而传入神州。渊源于两希文明的西方法学,深深地奠基于其固有的文化模式中,在列强的坚船利炮迫压之下,古老的中华文明是否就真能接受这种异域风情呢?笔者拟从以下两个方面评述之。

一方面,就权利能力的伦理人格本性而言,中国法文化始终接而不受。移译西方法学著作,从鸦片战争前就已开始。但是,真正成为挑战固有法理念的,却要从清末的礼法之争开始说起。1907年《大清新刑律草案》完成后,由宪政编查馆咨交各省签注意见,就此触发了礼教派与学理派间的激烈斗争。[2] 礼教派固守儒家的教诲,认定贵贱、尊卑、长幼、亲疏都应有别,不能齐一。而这种参差不齐的社会秩序则是由礼反映出来。通过"礼",社会就呈现出高低贵贱之别,儒家的理想秩序也就形成。是然,礼教派固守的礼,就是要保留一个身份差异的秩序,绝不能整齐划一而求平等。因而,平等在儒家看来,有悖人伦,不合于礼制。面对这样一个存留几千年的劲敌,沈家本自然深知其根本。因此,要在当时实行法治,必须首倡平等。如他自己所说的:

> 或者议曰:"以法治者,其流弊必入于申韩,学者不可不慎。"抑知申韩之学,以刻核为宗旨,恃威相劫,实专制之尤。泰西之学,以保护治安为宗旨,人人有自由之便利,仍人人不得稍越法律之范围。二者相衡,判然各别,则以申韩议泰西,亦未究阙宗旨耳。[3]

从论敌的攻击来看,沈家本在主张平等,因为论敌认为他在主张申韩之学,而法家主张法律面前人人平等。如商君云:"所谓壹刑者,刑无等级,自卿相、将军

---

[1] 该学者的理由有三点:(1)民事权利能力制度是等级社会、特权时代的产物,现代社会自然人权利能力的普及已使这一制度丧失存在的基础了;(2)法人民事权利能力的平等性的被确认,使民事权利能力制度不再成为划分不同法人的界限,这一制度在法人领域同样也不再具有存在的必要;(3)法人以外的组织权利能力的被承认,使权利能力制度在划分法人与法人以外的组织上的功能丧失。参见傅强:"论废除民事权利能力制度的必要性",载《新视野》2005年第5期。

[2] 礼教派以时为军机大臣兼掌学部的张之洞为代表,劳乃宣是其中最为积极的一个。礼教派的观点,如当时的大学堂总监刘廷琛所讲的那样:"礼教可废,则新律可行,礼教不可废,则新律不可行。"张之洞更是提出了制定法律的指导原则,即"因伦制礼,因礼制刑"。劳乃宣更是认定,新刑律有悖礼教,采用了西方的平等原则在立法。学理派以沈家本为代表,避开了平等原则,并没有正面回答劳乃宣的质问。一般认为,沈家本是提倡平等原则的。可以说,这场争论就是一场关于立法宗旨的争执问题。参见李贵连、俞江:"论沈家本的人格平等观",载《环球法律评论》2003年秋季号;杨鹤皋:《宋元明清法律思想研究》,北京大学出版社2001年版,第291—293页。

[3] 转引自杨鹤皋:《宋元明清法律思想研究》,北京大学出版社2001年版,第297—298页。

以至大夫、庶人有不从王令犯国禁乱上制者,罪死不赦。"[1]同时,从他自身的"人人有自由之便利,仍人人不得稍越法律之范围",也足可判断。可见,在以沈家本为代表的清末立法派那里,以之予以抗衡礼教的立法宗旨是西方的自由和平等观念。往后四年,这样的人格自由、平等观念完全体现在由他主持起草的《大清民律草案》的前三编里。尽管"立法派"一如既往失败,但是却向世人展示了完全不同的立法风格:它不再以统治者的绝对权力为出发点,不再采用禁与罚为立法模式,而完全依照权利与义务来制定一切,并且法典本身就是最终权威。[2] 在法制史上,一般认为1911年草案总体上是权利本位的立法。那么,该如何去理解这里的权利呢? 据刘广京考察,中文用"权利"一词翻译"rights"比日文书刊要早,它最先出现在1864年总理衙门斥资刊印的《万国公法》上。[3] 丁韪良在翻译《万国公法》时,已频频提到自主之权;并在若干用法中,"权利"一词被明确用于表述国家自主性和个人自主性为正当,但在19世纪90年代以前,"权利"一词并没有成为常用政治词汇,亦即,"权利"的正当性理念还没有和自主性连接。到了1900年至1911年这十年中,"权利"一词成为最常用的政治文化词汇,它不仅涵盖了西方"rights"的法律和个人普遍价值两方面的意义;甚至可以说,新政其间,是中国知识分子对"权利"的了解,最接近于西方"rights"的原意的唯一时期。国民党时代在继受《大清民律草案》前三编时,声称1911年草案过于强调权利而忽略了义务,太看重个人而强调个人本位。[4] 可见,在清末立法派那里,人格、权利、自由、身份平等和个人主义是在同一个意义上使用的。可以这样说,"权利本位"实际上就是西方意义上的"自由本位"、"个人本位",是脱离于中国伦常关系网络的人格本位。

这种从权利出发的立法思想,被20世纪中国的法律改革者和1925—1926年草案和国民政府的民法典所继受,但是这并不表明最终在南京国民政府手里这个相当于"自由本位"、"个人本位"的"权利本位"就当然地做了立法宗旨。南京国民政府时期,随着《大清民律草案》前三编被定性为"权利本位"或者"个人本位",这些"人格"、"权利"、"自由"词汇全部被置入"个人主义"当中。因此,在近代中国学者的眼里,这种"个人主义"的"个人本位"就是个人第一主义

---

[1]《商君书·赏刑》。
[2] 黄宗智:《法典、习俗与司法实践:清代与民国的比较》,上海书店出版社2007年版,第46页。
[3] 在汉语"权利"的来源上,刘禾表示了不同的看法。她认为,"权利"之译,可能来自于日语 kenri 的双程流传。参见刘禾:《跨语际实践——文学,民族文化与被译介的现代性(中国,1900—1937)》,宋伟杰等译,生活·读书·新知三联书店2002年版,第385页。
[4] 黄宗智:《法典、习俗与司法实践:清代与民国的比较》,上海书店出版社2007年版,第53页。

或无纪律的自由主义。[1]于是,在政治制度构架采纳孙中山先生的"家族→宗族→国族"的这个逻辑推论里,个人本位就被他们认为的社会本位所取代。通过这种转换,"权利"的西方伦理意蕴被取消。根据胡汉民所提出的立法思想,在社会本位下贯彻孙中山先生的"家族→宗族→国族"的这个政治指导思想,显然在立法思想上又回到了国家至上的国家本位中去了。至此,这个在清末意图冲破中国传统社会结构的"权利本位"又遭折返,个人本位被更高的国家本位所取代。此时,为何认为民国民法典是以权利为本位的呢?其最重要的原因,也许在于它采取的出发点不再是中国固有法典中的禁与罚,而是以权利为立脚点。可是,这里的立法指导思想却是家族本位式的社会本位,而完全不是自由人格意义上的个人本位,其"权利本位"的根基已遭彻底置换。应当如何去理解这个"权利本位"呢?

显然,之所以对《大清民律草案》和南京国民政府的民国民法都能予以权利本位的定性,主要理由就是其采取了权利为出发点,如债权、物权等,而没有沿用旧律的禁与罚。由于立法指导思想的根本转换,依笔者之见,在国民党时期作出两者都以权利为本位的判断,完全取决于实证法的规定。此时的"权利本位",不应当再具有西方本来意义上的伦理意蕴,而应当只是一个法典编撰中的术语。这里的权利本位完全只在法律关系角度而言,只不过是在法律关系里强调权利而已。如此,就像前述的胡长清先生和史尚宽先生认为的,"权利能力"这个术语还应当包括义务能力。看来,对权利能力的理解是基于法律关系而进行的,即进入法律关系享受权利和承担义务的能力。如此一来,"权利本位"就被倒空了实证法以外的所有意义,只剩下一个法律的空架构。

新中国成立后,由于我们社会主义的性质,马克思主义是我们当然的立法指导思想。法律作为统治阶级意志的表现,是一个阶级对另一个阶级专政的工具。随着第三次民法典起草以来对权利概念的恢复使用,"权利能力"这个概念被沿用,并且我们也声称我们的《民法通则》也属于"权利本位"。显然,我们的立法基础,较之于清末和民国时期已有很大的不同,那么这种"权利本位"又是在哪个意义上使用的呢?首先可以确定的是,这绝对不可能在天赋人权的意义上使用。如佟柔教授所说的,法律人格不是天赋的,而是统治阶级意志的表现,是由经济基础决定的法律赋予的[2];其次也不可能从属于家族本位,对于这种奠基于传统社会结构的伦常关系,我们是极力反对的。如果一定要真正地去解释这种本位,至少从制定《民法通则》前的指导性思想而言,这种本位思想只能是阶级本位。问题是,我们为什么还叫它"权利本位"呢?也只能有一个

---

[1] 金耀基:《金耀基自选集》,上海教育出版社2002年版,第148页。
[2] 全国第三期法律专业师资进修班民法班整理:《中华人民共和国民法原理》,第104—105页。

解释,那就是以权利作为构架整个法律的出发点。由此,我们得到一个有趣的现象,奠定于完全不同基础上的立法理论,由于都采用了权利作为出发点,因此都被定性为"权利本位"。

笔者只能这样断言,这种权利本位绝不是西方本来意义上的权利本位。这里的"权利本位",只是抽去了其基底色彩的纯粹法律架构方面的形式而已。从其能被融于各种理论基础而言,只能说它是纯粹实证法上的本位,即其本位是由实证法后面的指导思想赋予的本位,它本身只是一个纯粹的形式。既然隐去了支撑起权利本位的真正内涵,自然这种本位也都取决于法律的赋予。于是,权利能力这种法律人格当然也取决于法律的赋予,既然如此,也可以经过法律程序予以合法地剥夺。从《大清民律草案》到我们新中国的《民法通则》,除了实证法形式方面相通以外,在其深层的立法指导思想里实际上是不可通约。用这种看上去昭然若揭实则含混不清的"权利本位"来认定"Rechtsfäigkeit"理当被译为"权利能力",值得再做斟酌。如果只是在实证法意义上使用它,将会导致很多的问题。如在实证法上,作为法律关系承担者的人格,不但有能力享受权利,也有承担义务的能力,如此的片面化本就不合逻辑;如果只从实证法角度出发,那么凭什么要分别对待自然人与法人的权利能力呢? 同时,若是权利本位,为什么通说都认为权利能力是不得抛弃的呢? 另外,如果权利能力是法律赋予的,那么自然人的人格能否被法律所剥夺呢? 显然,若还遵循逻辑的话,这些都是权利能力的权利本位所无法解决的。那么,我们该如何从西方的意义上去理解这个"Rechtsfäigkeit"呢?

"Rechtsfäigkeit"这个词最重要的构成部分,是后半部分的"fäigkeit"。反观于近代以来的西方思想,正是建基于主体能动性这个概念上的"能力",才促使现代的"人格"理念得以完成。自笛卡尔提出"我思故我在"这个观念后,"我思"几乎成了确定世界存在的标准。尽管他很不老实地逸出了我思的范围,而导向实体有限自我和上帝的无限,但是却为这一切奠定了一个非物质性的"思"的基础。莱布尼茨的封闭的单子,更只是通过自身的思便可映现世界,尽管这个思有先定和谐的准备,但是也反映了单子无需和外界联系皆可规范的"我思"观念。而使单子成为单子的本质形式,就是作为"能—力"的"隐德来希"(Entelecheia)。所以,单子的真正本质就是"能—力"。[1] 此时,作为主体的"我思"的能动性和规范性,虽然没有明朗化,但是已经具备足够的基础。即

---

[1] 这里所指的是,单子是自发地朝向自己的纯粹形式进行的。单子的自发不是被决定的动物式的自发,而是有理智的自发,即自由。这种自由就是自我意识,即单子内含的纯粹形式,是能动的。而"力",按照他的说法,就是"现在状态中包含的向未来变化的东西"(参见江畅:《自主与和谐——莱布尼茨形而上学研究》,武汉大学出版社 2005 年版,第 60—66,140—147 页)。亦即,自我意识的能动性,能规范着单子一步一步地发展出宇宙和谐秩序出来。

使是在对笛卡尔天赋观念实行无情攻击的英国经验主义那里,他们也都承认心灵具有天赋能力。如洛克认为,虽然我们没有天赋的观念,但是我们却有天赋的能力,能把这些被动的观念改造成普遍的知识。[1] 贝克莱和休谟同样认为如此。[2] 这种自我的主动性能力,在康德那里以立法者的面貌出现。不但对自然界立法,而且是纯粹理性实践的基础,亦即是所有实践规范的真正基础。作为实践规范之一的法律,当然也是来自于这种自我的主动性能力——自由意志。康德整个法律的基础就是"天赋权利"(先验法)。获得的权利(获得法)是在天赋权利基础上产生的。"天赋权利(先验法)只具有唯一性",亦即,先验法只能是单个的自由意志。[3] 这个个体性的自由意志就是人格,是所有法律的基础,但首先展现为私法。费希特在他知识学的基础上构建了其法学理论体系。而作为其知识学基础的事实行动,实际上就是纯粹的思维本身,或者说纯粹的"我"本身,只是没有内容的"A 是 A"的纯形式。由此,"我 = 我"这个单一的、永远是同一的命题,就成了知识学的基础。而这种自我同一的形式并不静止,而是自我对自我的设定活动。[4] 这个第一原理当然也成了法学的基础。费希特整个法权概念演绎的第一定理便是"一个有限理性存在者不认为自身有一种自由的效用性,就不能设定自身"。这个定理的意思,就是"如果一个理性存在者应当设定自己为理性存在者,它就必须认为自身有这样一种能动性,这种能动性的最终根据完全存在于这个理性存在者本身"[5]。而这种自我设定活动其实就是人格,"原始法权学说是通过对人格概念的单纯分析产生的"[6]。由此,一切法律体系都从这个基础上产生。很自然,这个单一的自由意志首先展现的仍然是私法领域,即私人作为法律起源的领域。谢林承袭了这种自我的活动性。他说,"只能把自我设想为一般活动","我们把那种永恒的、

---

[1] 关于这一点,倪梁康教授有很好的论述。参见倪梁康:《自识与反思——近现代西方哲学的基本问题》,商务印书馆 2002 年版,第 105—109 页。

[2] 他们也都认为,心灵是观念的感知者,是能动的。它不但可以感知观念,而且还可以对观念进行加工,从而整合观念形成观念的集合。如贝克莱所说,"至于我的实体,即我的灵魂,我的心,我的能思维的原动力,我可以借反思明白地知道它"(《贝克莱哲学对话三篇》,转引自倪梁康:《自识与反思——近现代西方哲学的基本问题》,商务印书馆 2002 年版,第 134 页)。休谟认为,人类理性或研究的全部对象还是可以分为两类。一类是观念的关系,即几何、代数、三角和算数等科学;第二类是实际的事情。这类事情的联系,是心灵虚构出来的,但这也反映了心灵的能力。总之,这都反映了一点,一切知识或者非知识,都来自于心灵的能力,这是无可置疑的。关于休谟的资料,参见休谟:《人类理智研究》,吕大吉译,商务印书馆 1999 年版,第 19—25 页。

[3] Kant. *Kants Werke*. [Bang VI], Walter de Gruyter & Co. Berlin 1968. 237. 汉译本参见康德:《法的形而上学原理——权利的科学》,沈叔平译,林荣远校,商务印书馆 1991 年版,第 50 页。

[4] 费希特:《全部知识学的基础》,王玖兴译,商务印书馆 1986 年版,第 6—14 页。

[5] 费希特:《自然法权基础》,谢地坤、程志民译,梁志学校,商务印书馆 2004 年版,第 17 页。

[6] 同上注,第 99 页。

不包含时间里的自我意识的活动称为自我,这种活动是赋予一切事物以存在的东西,因而自身是根本不需要别的存在来支撑的,相反地,它是自己承负和支持自己的,客观上表现为永恒的生成,主观上表现为无限的创造"[1]。黑格尔认为,有、纯有是整个逻辑学的开端。而"有"就是纯粹的无规定性和空。也就是说,此时"有"作为世界的本原来讲,还没有任何意识,相反却是任何意识的本原。而这种"有"就是"思维本身或者直观本身"[2]。这同样也是法律的基础。黑格尔整个法哲学的起点是"抽象法",抽象法的意思,显然就是抽象的意志。抽象意志就是意志还处于它的抽象概念中的时候,只是一种直接规定性的意志,因而在这一阶段是对实在性的否定,只是抽象的自我相关性,所以此时的意志没有任何实际内容而只是对自身的纯粹意识。这种意志就是单个意志,即人格[3]。自然,人格作为法律的起点首先展现在私法领域,即自然法领域。萨维尼也认为,所谓人格的本性就是去形成一个关系中相互联系的能力(fähig)[4]。

就此,我们可以对西方的"能力"概念做一个概括。在笔者看来,"fäigkeit"有以下几层意思:能力就是自我意识,就是自由意志即人格[5];这种自由意志具有单一性,是单个的意志,即自我相关于自我的自我意识意义上的意志,因而具有个体性;这种个体性是建立在自我意识活动基础上的,因此不是静态的,其本身就是一个实践活动,并且是一切实践活动的基础;它本身具有规范性,并且是一切规范的基础;由于它仅仅自我相关又能作为规范,因此从法律的角度而言,它首先就只能是私法。是以,对"Rechtsfäigkeit"的翻译,最准确的莫过于"法律能力"或者"法律人格"。它是形成一切法律的基础,它自身就是这个基础,但是它又只是个体性的、仅仅自我相关。这就是为什么《德国民法典》要以人格作为开篇,然后使"人格"这个概念等同于"权利能力"的原因所在,这也是为什么它的《基本法》第1、2条都以规定人格为始的缘故。同时,作为法律人格的概念放在民法当中表明,它在沿袭它们的思维传统,即人格首先就是一个私法,然后在这个基础上产生一切法律来。可是,我们在理解这个词语的时候,几乎只从"Recht"这个维度进行,很少触及"fäigkeit"。即使触及,也是把它理

---

[1] 谢林:《先验唯心论体系》,梁志学、石泉译,商务印书馆1976年版,第31、41页。
[2] 黑格尔:《逻辑学》(上卷),杨一之译,商务印书馆1966年版,第69页。
[3] 以上所引,皆出自于黑格尔:《法哲学原理》,范扬、张企泰译,商务印书馆1961年版,第44—46页。
[4] Siehe Savigny. *System des heutigen Roemischen Rechts*, Bd. 2. Berlin bei Deil und Comp. 1840, s.1.
[5] 由此,笔者以为,"权利能力"这个词,本来就是在"人格"意义上使用的,并未构成误用。

解为"资格"〔1〕,进而理解为一种由法律所赋予的静态的资格〔2〕。如此,就会导致诸多的矛盾。〔3〕尤其是"权利本位"的判断而由此认定应当翻译成"权利能力",更是违背"Rechtsfäigkeit"的原有意义。"Rechtsfäigkeit"反映的应当是西方伦理学上的"伦理义务"本位,绝不是"权利本位"。亦即,在自然向人生成后,人就成了人格,即并非自然的生物而是一个自由的人格。如卢梭所说的,"一个人抛弃了自由,便贬低了自己的存在"〔4〕。所以,黑格尔法的命令就是"成为一个人(格),并尊敬他人为人格"〔5〕。可以说,在西方伦理学的意义上,成为一个人格,不是谁的权利,而是一个义务,因为每个人都应当自由地规定自己,自由地为自己的行动承担责任。如果说想成为人格是自己的权利,意味着他想真正地回归动物界渴望着四只脚走路,这为人类所不允许,因为不但侮辱了人类本身的高贵性,而且也为他自己不负责任制造理由。这种抛弃背景而擅自理解的方式,不值得赞同。

正是无法深入西方本身的理解,所以我们只能在实证法这个基础上进行。由此,法律人格就成了法律赋予的结果。若从西方伦理学意义上而论,正好与之相反。在这个纯粹实证主义的基础上,个人与人格完全分离,个人要想成为人格必须具备法律授予这个要件,否则个人就不能具有社会人的资格,就不可能被规范。基于此,有学者认为,"人格,总是人在社会中的资格,总是就人与人的关系而言。因而,作为法律范畴的'人格',必定是与现实的'人'相区别的",因此,法律人格具有群体性的本质。〔6〕可以说,这个观点在强调关系本位的中国社会里司空见惯。庞朴先生的话具有代表性:"用西方的观点看中国,可以说中国人没有形成一种独立的人格(韦伯);用中国的观点看西方,可以说西方人没有形成一种社会的人格。"〔7〕其实,这也是胡汉民提倡社会本位的原因。正如王伯琦教授对社会本位的论断一样:"所谓社会本位的法律,不

---

〔1〕 如张俊浩教授认为,"能力"即为"资格"。参见张俊浩:《民法学原理》(上册),中国政法大学出版社2000年修订第三版,第60页。

〔2〕 梁慧星先生持这种观点。参见梁慧星:《民法总论》,法律出版社2001年版,第70页。

〔3〕 这里最明显的是张俊浩教授的"权利能力"论述。他一方面主张"权利能力是与生俱来的,无论自然人或者法人均属如此",但是他又认为,"人的权利能力非依法律规定并经正当程序,也不得褫夺。"(参见张俊浩主编:《民法学原理》(上册),中国政法大学出版社2000年修订第三版,第61页。)他首先未区分自然人与法人的权利能力,一般而言,法人的权利能力并不是天赋的;其次,既然是与生俱来的,任何法律都不能剥夺,因为任何法律都是建立在这个基础上的,如果法律可以剥夺,那就认定法律有另外的终极来源,因而就可以推翻人的权利能力与生俱来的论调。

〔4〕 卢梭:《论人类不平等的起源和基础》,李常山译,东林校,商务印书馆1962年版,第137页。

〔5〕 黑格尔:《法哲学原理》,范扬、张企泰译,商务印书馆1961年版,第46页。

〔6〕 马俊驹:"人与人格分离技术的形成、发展与变迁——兼论德国民法中的权利能力",载《现代法学》2006年第4期。

〔7〕 转引自邓晓芒:《文学与文化三论》,湖北人民出版社2005年版,第80页。

过是权利本位法律的调整。它的基础还是权利,仅是有目的的予以限制而已","社会本位的法律,绝没有抹杀了个人,以个人的独立人格为基础推而至于社会","脱离了个人观念的社会观念是单纯的义务观念,单纯的义务观念近乎奴隶观念"。[1]

邓晓芒先生更是一针见血地指出:

> 人格的本义就是个人性,它只能是"独立"的。否定个人,就是否定个人的独立性,也就是否定人格本身。独立人格本身就是一种"社会的人格",因为它承认且只承认一个人人具有独立人格的社会……一种非个体的"人格",一种"群体"的私人! 这正如说一个"圆形"的方、"木制的"铁一样不通。[2]

正是未树立这种人格的观念,在纯粹实证主义的基础上导出了"民事权利能力"这个概念。[3] 这样的观念是基于苏联产生的,奠基于当时一切法律都是公法的意识。既然民法也是公法,都只是作为法律的一个部门,那么作为民法中的术语"权利能力",自然就只是民事权利能力而已。在这种大一统的法律体系观念下,私法不再存在,民事权利能力就变成了由民法赋予主体享受权利和承担义务的能力。现在我们虽然认同了民法就是私法的思想,但是我们主要是从私法与公法区分的角度进行论述,很少有从私法与公法联系的视角进行阐述的,更不要说进入西方法律体系的深处。从"人格"这个词的最初意义而言,它本身就是单一的意志,因而是自我规范。从法这个角度而言,只是私法,即私自的法而不具有公共性,因为只是自我相关,而不关涉他人。正是在这个基础上,亦即每个人都作为法律渊源的前提下,法律才不会是人格的异化,从而在法律下每个人也是自由的,不会因为法律而丧失自己与生俱来的人格。基于此,社会才由独立人格组成,适用于社会的法也源于此而产生。可以说,"Rechtsfäigkeit"是一切法律的源泉,这个词所反映出的原初私法意义,正是在这个意义上使用。正如王伯琦先生所说的:"学法律的人不得不从民法总则开始,大学法律系一年级第一学期即以民法总则为启蒙学科,因为民法总则第一页就是讲到'人',这个'人'字不了解,一切法律科学或法律哲学均无从下

---

〔1〕 王伯琦:《近代法律思潮与中国固有文化》,清华大学出版社2005年版,第238、248、58页。

〔2〕 邓晓芒:《文学与文化三论》,湖北人民出版社2005年版,第80页。

〔3〕 这里要说明一点的是,张俊浩教授并没有采用这个词。他认为,"权利能力"、"行为能力"、"责任能力"均为民法学的固有术语,有其固有的内涵,而不宜妄加变动。所以,他并未添加"民事"两字。参见张俊浩:《民法学原理》(上册),中国政法大学出版社2000年修订第三版,第61页。

手。"〔1〕一旦被改造为"民事权利能力",则其本来的私法意义,在我们的实证法下荡然无存。是以,我们对"Rechtsfäigkeit"这个词是接而不受的。

另一方面就伦理人格与形式理性的关系而言,我们也并未真正地区分开两者,从而将丧失伦理性的一切罪过都推给"权利能力"这个词语的创造。沿着法典编纂意义上的形式理性的轨道,我们采纳了以权利义务为出发点的"权利本位"的立法。要理解这种纯粹实证主义立法模式下的"权利能力",就应当与形式理性的法律关系统一起来进行才有可能。实际上,我们也只能在这个模式当中进行理解和解释。从上述胡长清、史尚宽两位先生的质疑可以看出,权利能力确实是在法律关系意义下被考究的。由此,权利能力被形式理性统辖,变成了享受权利和承担义务的能力。由于自然人与法人特性的不同,自然人与法人的权利能力就应当有别,如是导出了一般权利能力与特殊权利能力之分。最终在一般人格权的探讨里认定:由于权利能力这个词的无伦理性,所以《德国民法典》才无法发展出一般人格权理论出来。是以人格与权利能力要分开,人格是最为抽象的,权利能力则是人格的体现。〔2〕对于这些论断,笔者拟从两个方面进行阐述。

第一,未真正地区分人格的伦理意义与形式理性之间的关系。作为形式理性的权利能力而言,是为了迎合法律关系这个构架起整个法典体系的基础而论的。因此,要理解权利能力在形式理性下的意义,必然要理解法律关系作为形式理性经络的意义。民法总则中的法律关系,实则为分则中各个法律关系的抽象。而分则中的债权、物权、亲属与继承编,反映的是人格与外在世界的交互关系,因此,总则的法律关系理论,必然也建立在这样的人格与人格之间的关系上。是以,法律关系是建立在积极外向的人格意义上的,总是人格和外在世界中的他人之间的关系。如果人格转向它的消极意义,即它不再和外在世界中的他人相关而只是自我相关时,即消极的自由状况时,法律关系并不能调整它。从这个角度而言,形式理性下的人格理念是不能发展出一般人格权的,因为它不具备消极人格的理论。但是,如果不具备消极人格的理念,积极人格实际上不可能存在,因此,无论形式理性如何强调编纂技巧,也不可能抹杀消极人格作为法律关系的前提性。所以,《德国民法典》第823条第1款规定:故意或因过失不法侵害他人的生命、身体、健康、自由、所有权或其他权利的人,对他人负有赔偿由此而发生的损害的义务。是条足以说明,人格或者说权利能力还应当包含着一个形式理性下法律关系承担者所无法涵括的意义。这个意义,就是权利能力作为伦理意义奠基的消极人格或者否定性的自由意志。之所以《德国民

---

〔1〕 王伯琦:《近代法律思潮与中国固有文化》,清华大学出版社2005年版,第249页。
〔2〕 尹田:"论自然人的法律人格与权利能力",载《法制与社会发展》2002年第1期。

法典》无法发展一般人格权理论,全在于形式理性下的法律关系不具备这种消极性意义,但是立法者又知道消极人格是整个人格理论的基础,于是只好打破形式理性的逻辑性,在没有权利规定的情况下,在侵权行为里保护生命、身体等权利。可见,人格包含有两层意义,形式理性只是规定了其中的一种:积极人格。我们在借鉴《德国民法典》时,只是接受了其形式理性的含义,或者说只接受了法律关系下的权利能力意义,对于支撑起人格之所以为人格的伦理意蕴却置若罔闻。由此,权利能力就被定为享有权利和承担义务的能力。可见,我们绝不能把权利能力与形式理性等同,因而把无法发展出伦理尊严的一般人格权的罪过全部推给权利能力这个术语。

第二,未就形式理性下的自然人与法人进行区分。自从清末提出人格平等观念以来,自然人与法人都置于形式理性的权利能力这个概念之下,可我们又觉得,作为人格的权利能力的平等,并不能适用于自然人与法人之间以及法人相互之间,于是认为,自然人的权利能力具有一般性,而法人或者说团体的权利能力是特殊的。自然人与法人之所以能并列于权利能力之下,共享"人格"这个名称,并不是因为他们都具有相同的伦理属性,而是法典编纂的技术需要。在形式理性的要求下,把法律关系的主体提作整个法典的基础,因为他们是法律关系的承担者。因而,这样的权利能力,仅仅意味着法律关系承担者而已,除此之外,没有任何其他意义,即只有形式的意义。如果就此认定它们发生了实质性的混同,或者说权利能力替换了人格,或者权利能力这个概念就是为了法人而创设,是没有任何意义的。[1] 因为这种纯形式的意义,并不妨碍依照各自的属性,对自然人与法人的权利能力进行分别理解。例如自然人格,就不能像法人那样需要登记或者可以剥夺。完全可以这么说,自然人的权利能力,并不是完全丧失了伦理意义,而只是无法在形式理性下有着消极人格的一席之地而已;至于法人的权利能力,也不会因为分有权利能力这个词语而认定它有伦理的意味。因此,在这个形式理性的意义下,并不存在一般权利能力与特殊之别,因为权利能力不是为自然人或者法人而规定,也不是以自然人的人格为准来进行的,否则在《德国民法典》采取拟制说的法人理论里,就绝对不是一般与特殊的问题,而是有与无的问题了。如果真正地从区分自然人与法人的权利能力出发,就可以发现,各自按照自己的属性在享受着自己的权利能力这个积极人格,根本不具有比较的可能。既然对权利能力的理解需要结合形式理性,因此首先要认定,权利能力的第一层含义就是纯粹的形式,即纯粹的作为法律关系的承担者而出现,至于具体的权利享有和它无关。

---

[1] 尹田:"论法人人格权",载《法学研究》2004年第4期;付翠英:"人格·权利能力·民事主体辨思——我国民法典的选择",载《法学》2006年第8期。

结论：依然提问

从这些可以判断,我们实际上并未真正地接受"Rechtsfäigkeit"这个概念。既未从伦理意义上,也未从形式理性的意义上去接受。作为西方法律源泉的人格,本来就和"Rechtsfäigkeit"在同一个意义上使用,只不过从清末到民国再到我们现在,支撑起法律理念的基础理论发生了巨大的变化,但是这个独立的人格理念,却并未真正地进入到我们的文化中来。王伯琦先生面对当时国民党政府提倡的所谓社会本位立法主义,不无感慨地说道：

> 这种人格概念,是西洋法制的第一块基石,亦是中外法学教师对他的学生所讲的第一课,但是,这是我们固有文化的扬弃,固有道德的反叛,与我们的伦常观念,适相背道而驰……[1]

我们这种接而不受的态度,不禁让我们想起了华夏文明"同化"的魅力。本来奠基于各民族融合而成的"和而不同"的中华文明,这次是否也能如愿地同化西方的异域文化呢？鸦片战争以来我们对自己文化的危机感与失落感,迫使我们清醒地面对,正如《海外中国研究》丛书序所说的那样："我们在现时代所面对的,决不再是过去那些粗蛮古朴、很快就将被中华文明所同化的、马背上的战胜者,而是高度发达的、必将对我们的根本价值取向大大触动的文明"[2]。那么,对于这种高度发达的文明所产生出来的法律文化,在作为整个法律文化根基的"Rechtsfaeigkeit"或者说"人格"里,是否能真正地融入我们的文明中来呢？也许,提问本身是最好的结论,因为总还有希望在指引。

（初审编辑：尤陈俊、傅强）

---

[1] 王伯琦：《近代法律思潮与中国固有文化》,清华大学出版社2005年版,第54页。
[2] 余英时：《中国思想传统的现代诠释》,江苏人民出版社1998年版,序言,第1页。

1995年以来的中国法制：
稳步的发展与显著的延续性[*]

郭丹青[**]

周 琰[***] 译

The Chinese Legal System Since 1995:
Steady Development and Striking Continuities

Donald C. Clarke

Translated by Zhou Yan

  1995年3月,《中国季刊》(*The China Quarterly*)曾就中国法律制度的动态推出了一期专刊,涵盖了如下广泛的议题:立法程序[1]、依靠法院和行政机关[2]的

---

 [*] 本文英文原稿系郭丹青教授为刊于 *The China Quarterly*(No.191, Sep 2007) 中的 "China's Legal System: New Developments, New Challenges" 系列文章所撰写的导言。译为中文时较之英文原文略有删节和修改,请读者引用时注意核对。本文中的"本刊"、"本期"、"本期专刊",如无特别说明,均指 *The China Quarterly* 该期杂志。本译稿已经由郭丹青教授本人审定。——编者注
 [**] 美国乔治华盛顿大学法学院教授,电子邮箱:dcclarke@yahoo.com。
 [***] 法学博士,比利时欧洲法学理论研究院(EALT)英法双语法学硕士,现任职于司法部研究室,电子邮箱:zhouyanemail@yahoo.com.cn。
 [1] Murray Scot Tanner, "How a Bill Becomes Law in China: Stages and Processes in Lawmaking", *The China Quarterly*, No.141: 39—64(March 1995).
 [2] Anthony R. Dicks, "Compartmentalized Law and Judicial Restraint: an Inductive View of Some Jurisdictional Barriers to Reform", *The China Quarterly*, No.141: 82—109(March 1995).

法律解释活动以及民事判决执行[1]来实现的法律实施,法律服务队伍的建设[2],刑法与人权[3],外贸和投资法的关键领域[4],以及中国在国际法律秩序中的地位和角色[5]。

十余年过去了,选择这样一个时机来重新审视中国的法律制度,评价20世纪90年代中期以来取得的进展,是很合适的,这也正是本期专刊的目的所在。我们邀请了许多当时的作者来发表意见,同时也有新面孔加入。此外,我们还约请一些中国的法律学者从点评者的角度参与讨论,并将他们的意见收录于此。我们没有要求这些作者再去分析他们上次分析过的问题;本期专刊所涉及的领域,都取决于他们对现阶段中国法律重要问题的洞察和兴趣。尽管本期专刊未能涵盖所有重要的议题,但是应当说,这里所列出的全部问题都很重要。

正如陆思礼(Stanley Lubman)在1995年专刊的开篇评论中所指出的,"预测未来中国法律制度的格局和命运是有风险的"[6],将十多年前一些专家对中国法律制度的看法与如今的现状做对比,将非常有意思。我们回顾一下1995年专刊里的内容,陆思礼当时曾提出了一系列可能不利于未来中国法律改革的因素,其中尤其值得注意的是"中国国家机构的权能弱化"和中央政府对地方控制力的削减。[7] 但着眼于今天,中国持久强大的国家权力不得不令人震惊。谭睦瑞(Murray Scot Tanner)的文章提到,有研究表明"80年代出现的地方化浪潮自90年代初期就发生了重大逆转,并造成中央国家权力在财政、行政管理、人事、监督和强制方面重新强势的局面"。[8] 举一个例子,十余年前政府的财政收入仅占GDP的1/10,这用经济学家Arthur Kroeber的话来说是非常"可怜的数字",但现在却已经涨到1/5了。[9] 即使地方保护主义没有明显下降,但似乎也没有明显恶化。无论在法律上还是在事实上,中国都没有成为联邦国

---

[1] Donald C. Clarke, "The Execution of Civil Judgments in China", *The China Quarterly*, No. 141: 65—81(March 1995).

[2] William P. Alford(安守廉), "Tasselled Loafers for Barefoot Lawyers: Transformation and Tension in the World of Chinese Legal Workers", *The China Quarterly*, No. 141: 22—38(March 1995).

[3] Donald C. Clarke and James V. Feinerman, "Antagonistic Contradictions: Criminal Law and Human Rights in China", *The China Quarterly*, No. 141: 135—154(March 1995).

[4] Pitman B. Potter, "Foreign Investment Law in the People's Republic of China: Dilemmas of State Control", *The China Quarterly*, No. 141: 155—185(March 1995).

[5] James V. Feinerman, "Chinese Participation in the International Legal Order: Rogue Elephant or Team Player?" *The China Quarterly*, No. 141: 186—210(March 1995).

[6] Stanley Lubman, "Introduction: The Future of Chinese Law", *The China Quarterly*, No. 141: 1—21(March 1995), at p.14.

[7] Id., pp.14—15.

[8] 参见Murray Scot Tanner and Eric Green, "Principals and Secret Agents: Central versus Local Control Over Policing and Obstacles to 'Rule of Law' in China", *The China Quarterly*, No. 191: 644—670(September 2007)。

[9] Arthur Kroeber, "The Underestimated Party-State", *Financial Times*, 26 (February 2007).

家。考虑到在一定程度上法律改革必须依靠强有力的中央政府,因而法律改革未来的前景可能要比 1995 年时的情况要好,至少不会更差。

但是与此同时,某些延续性仍然很突出。例如,我在 1995 年专刊中,曾呼吁关注法院在执行自己的判决时遇到的严重问题。[1] 李本(Benjamin Liebman)在本期专刊中提到,上述情况以及造成该情况的诸如地方控制等法院体制问题,并没有根本性的变化。[2] 谭睦瑞指出,与 20 世纪 90 年代中期一样,今天的公安机关依然是地方化的。本人在本期专刊中的论文认为,中国官方依然对自下而上地解决法律问题的方式怀有疑虑。而且,陆思礼曾指出"法治……也并没有清楚地区别于官僚政治的规律性",这在今天的中国依然成立,例如"双规"的存在。

一、中央和地方政府:公安与法院

1995 年的专刊没有考察到法律制度的一个重要方面,也是用以区分国家法律制度与其他规则体系的确切特征,即通过人身强制达到的可执行性要素。本期专刊中,谭睦瑞和 Eric Green 从中央与地方关系的角度考察了公安制度。[3] 正如两位作者所指出的,大部分关于中央与地方关系的研究都着眼于经济领域。然而一般来说,强制力是国家权力的核心要素,尤其是法律制度的核心要素。深入理解中央与地方的互动是如何影响强制力的实施,这将会大大丰富我们的认知。

两位作者首先观察到,在像中国这样的一个单一制国家里,包括公安在内的地方官员可被视为中央的代理人。中央监管地方官员活动的合法权力没有受到多大质疑,遭到更多质疑的是它是否具有这样的能力。而中央在监管地方官员方面的能力和意愿,在不同部门又存在很大差别。首先,某些地方官员以及某些活动,较之其他更容易被监管。中央可以监管某项税收是否按数量上交,但是以维护社会秩序和保护公民权利为目标的公安工作,却更加难以量化,并且还可能存在矛盾。诸如逮捕数量或破案率这样相对容易量化的指标,可能很容易被人为造假,也可能是不一定要无条件地最大化的指标。

其次,政府官僚机构往往根据某些程式化的"历史教训"来运作,即使这些历史本身就是有争议的。在中国,处理公安工作中中央与地方关系的历史教

---

[1] Donald C. Clarke, "The Execution of Civil Judgments in China", *The China Quarterly*, No. 141: 65—81 (September 1995).

[2] 参见 Benjamin L. Liebman, "China's Courts: Restricted Reform", *The China Quarterly*, No. 191: 620—638 (September 2007)。

[3] Murray Scot Tanner and Eric Green, "Principals and Secret Agents: Central versus Local Control Over Policing and Obstacles to 'Rule of Law' in China", *The China Quarterly*, No. 191: 644—670 (September 2007).

训,是 20 世纪 30 年代中华苏维埃时期中央化保安队伍(centralized security forces)的弊端。受此影响,中国没有延续苏联的集权式的公安体制,这样做如何影响高层领导人与警察的关系,也是 Tanner 和 Green 所探讨的问题。

Tanner 和 Green 由此得出结论,上述两个因素导致了"一个相对地方化的、诸侯式的执法体系和国家强制体系,而这个体系构成了中国建设法治社会的主要障碍"。

两位作者还指出某些导致地方化的公安机关的体制性特征。上级公安机关有权对下级公安机关实行业务领导,但下级公安机关却在组织、人事、财务上听命于当地同级权力部门。地方党委有权力协调解决本级法院、公安以及检察机关的不同意见。地方权力部门在当地公安机关人事任免方面享有广泛权力,有时是依照现行规定,有时则不是。不同于解放军高层军官和省委书记,省级公安机关一把手似乎并不存在易地轮岗的状况。而且自 20 世纪 50 年代后期起,公安机关的大部分预算是由地方政府承担的。

根深蒂固的地方控制,使得中央监管变得很困难,与此同时,警察的不规范行为又时有发生。近来,随着互联网和其他通讯技术的广泛传播以及对媒体监控的放松,至少从总体上使得常规渠道以外的监督更为可行。但正如 Tanner 和 Green 所指出的,这让中央陷入一个困境:"要么选择接受地方党委的控制以及因此……带来的各种危险诱因;要么选择接受加强党外的监督机制和信息网络的风险",与一些社会力量来合作。他们的结论是,到目前为止,中央选择了接受地方控制的危险:"事实上,在过去的三年里,党的决策层放弃了建立那些难以驾驭的社会机构,而不是着力于调动它们去加强中央的监管能力。"

我已经花了大量的篇幅来介绍 Tanner 和 Green 的研究成果,这是因为它与李本对法院制度的研究不谋而合。这就意味着我们可以针对整个法律制度作出重要总结。李本对法院在中国法律制度中的作用进行了有价值的研究[1],他指出,无论是十分关键的延续性因素,还是初期的发展,都是意义重大的。

同中国社会其他领域的发展规模相比,中国法院在 1995 年以后发生的变化要小得多。法院的权威程度没有发生根本变化,他们仍然是"众多有权解决纠纷的科层机构中的一个而已"。[2] 尽管偶尔也会有改革的呼声,但是法院的财权和人事权仍掌握在地方手中。同时,尽管 1995 年以来社会经济活动的总量迅猛增长,但是诉讼的数量并没有相应的增长。从绝对意义上说,法院在解决经济纠纷的过程中一贯不那么重要;从相对的意义上说,在过去十二年里,法

---

[1] Benjamin L. Liebman, "China's Courts: Restricted Reform", *The China Quarterly*, No. 191: 620—638(September 2007).

[2] 参见 Ibid。

院同其他机构相较可能变得更加不重要了。

但与此同时,法院也发生了明显变化:审理了更多的维权诉讼案件[1];法官在寻求判案指导时,也更多地求助于同僚,而不是向上级政治权威请示[2];法院与其他机构(例如媒体)发生冲突的情况也逐渐增多。[3] 上述这些趋势并不是必然发生的,也并不意味着中国的法律制度会与西方法律制度趋同。但正如李本指出的,法院在中国社会中的作用越来越受到争议,这一事实本身就是个很有意义的事情。

一个始终贯穿李本文章的核心问题是,为什么法院会发生刚才所述的变革?法院被希望发挥什么样的作用?法院在中国的政治制度中能够发挥怎样的作用?

在这里,李本的讨论方式与 Tanner、Green 非常类似。与公安机关一样,法院是在很大程度上摆脱了中央政府控制的国家权力机关。它们几乎在所有的事务上都听命于地方政府。但与此同时,它们所发挥的作用对中央政府又有一定的好处。除了履行解决纠纷、化解冤情的职责以缓解社会冲突以外,法院还被中央政府视为监督其他国家机关的众多机构之一。这样,中央政府愿意适度扩充法院的权力,以加强它们的监督职能。

但正如 Tanner 和 Green 所指出的,如果某种监督机能带有逃避国家控制的风险,那么国家会乐意放弃这种监督机能。

沈岿在其评论中基本认同李本的观点,但提出了另外一种阐释。[4] 他认为,无疑"司法改革目前还没有使法院在中国政治体制中的地位和作用发生任何重大变化"。但他指出,司法独立并不是衡量法院制度的唯一尺度。他指出,法院改革实际上比人大[5]或党的变革都要大,而且成功的改革引起

---

[1] 这里的"维权诉讼",是指针对官方或非官方的权力机构提出的,维护特定政治、经济或者社会权利的诉讼,即所谓维权运动的做法。我在这里并不是指那些针对违约方来维护其合同权利的诉讼。

[2] Benjamin L. Liebman and Tim Wu, "China's Network Justice" (9 January 2007), http://ssrn.com/abstract=956310.

[3] 有趣的是,Liebman 在本期专刊中提到,当法院与媒体就某一案件发生意见冲突时,政治权威往往更倾向于采纳媒体的而非法院的观点。或者,无论是出于何种原因,至少是将媒体的意见作为决定性意见。

[4] Shen Kui, "Commentary on 'China's Courts: Restricted Reform'", *The China Quarterly*, No.191: 639—643 (September 2007).

[5] 尽管大家已普遍认为人大不再是以前那种毫无意义的橡皮图章,但这并不等于说人大的作用发生了多大变化。参见,例如,Peter Ford, "China's Congress Follows the Script, Literally", *Christian Science Monitor*, 12 (March 2007); Kristine Kwok, "'Fake' Representatives Need Training: Deputy", *South China Morning Post*, 13 (March 2007)。其中引述了人大代表的抱怨,即认为许多人大代表缺乏审查立法草案工作方面的训练,一旦法案被提交到人大审议,就基本上来不及作任何重大的改动。

了人们对进一步改革的更大的期望。法院在某种意义上的确是非常特殊的,因为它们是一个社会仍可以抱有很高期望(其实超出实际表现)的一个机构。沈岿承认法院的作用正越来越受争议,但却视之为改革的伟大成果。

二、法律与经济:非政府机构的作用是什么?

我本人在本期专刊中提交的论文,是一篇关于过去几年内有关商事立法的回顾。[1] 正如本期专刊所涉及法律制度的许多其他方面一样,某些领域变化巨大,其他领域延续性依旧。

中国的立法机构工作一直相当繁忙,基础立法工作看来已基本完成,其中包括关于各种商业机构的法律法规,还包括关于合同、银行业、担保贷款、破产、房地产以及证券的法律法规。尚未完成的部分,例如一部完备的反垄断法,也基本成型。

然而,一个保护商业的法律体系的重要特征却尚未出现,那就是一个好的、自下而上的、可以填补不可避免的立法空白的制度。经常与法律空白和法律的不确定性因素打交道的国家机构,是法院和基层行政机关。基层行政机关确实可以通过简单地制定规则来填补法律空白,实际上也是如此行事。但这并不是一个特别好的制度,因为没有好的办法确保行政机构不会超越职权,也不能确保新的规则不与其他法律法规相冲突。与之相较,法院的判决则受制于上级法院统一的司法监督,但是法院通过制定司法解释来填补立法空白的权力却被严格限制,对于那些十分棘手的案件,法院经常是干脆不予受理。

同时,现有的法律环境不利于非政府组织的发展壮大,以解决那些国家立法没有预料到或者不能有效解决的、不计其数的问题。因而有必要进一步肯定非政府组织可能起到的重要作用。

张宪初在其评论中同意中国已具有一个相当不错的法律框架,但他同时指出法律的实施仍存在很大问题。[2] 他将法律实施问题归因于国家主导的发展模式,因为国家在制定所有的规则时,往往采取粗率的、自上而下的方式,没有充分考虑到商务实践,从而导致了违规行为。他还指出,法律实施经常因国家违反自己的规定而被掣肘,例如国务院出台的政府规章就否定了破产法对破产财产分配的规定。张宪初提示我们,或许最为重要的是商事立法的叙事背景最近已经发生了很大变化。在第一期专刊出版之时,这类立法并没有在公众中引起多大争论。但是如今经济和商事立法都已经成为政治争论的对象,并受到强

---

[1] Donald C. Clarke, "Legislating for a Market Economy in China", *The China Quarterly*, No. 191: 567—585 (September 2007).

[2] Xianchu Zhang, "Commentary on 'Legislating for a Market Economy in China'", *The China Quarterly*, No. 191: 586—589 (September 2007).

烈质疑。

费能文（James Feinerman）的论文讨论了商法体系中一个非常特殊的领域，即公司治理的最新进展。[1] 在中国的经济改革进程中，公司治理在两个不同领域有着不同的含义。首先，我们可以从国企改革的角度对它加以阐释。尽管早在三中全会经济体制改革的初期，国企改革就已经被提上了政府的工作日程，但直到1993年《公司法》的出台，政府才开始通过基础性的组织结构变革推进国企改革。1993年出台的《公司法》，起初的目的并不是要有效构建商事活动主体，而其本质上是要改革现存的国有企业。《公司法》虽然在某种程度上涉及一些公司内部治理问题，但它所设想的公司是国家的股权和影响占主导地位的公司。

与之相较，我们也可以将公司治理这个概念适用于以公司法人形式存在的所有商事主体，尤其是上市公司。在这种意义上，公共政策应关注的事情就不一样。公司治理就不再是国家控制资产管理的内部程序，而成为考量（也可能在法律上予以规定）企业管理者、大股东和小股东之间的关系的一种方式。

在《公司法》实施的十多年来，公司治理的意义，已经在很大程度上从第一种概念转向第二种概念。尤其是最近对国有持股制度的改革，使得政府可以通过在市场上出售股份，完全变现其在上市公司中的全部资产，这在某种意义上是从未有过的可能性，这也使得我们更有必要将公司治理同国企经营管理问题区别对待。

费能文与评议人汤欣都指出中国的公司治理体制存在许多问题，比如对股东权益的保护远远不够，董事会被管理者所操纵，独立董事很少并且权力微弱，信息披露不可信等。尽管费能文指出2005年新修订的《公司法》和《证券法》提供了一些新的保护措施，汤欣却在其评论[2]中强调，重要的是如何在实践中实现这些书面上的权利。

特别有意思的是，两位作者对非官方或者非政府机构在监督法律遵守方面所起作用的相关评论，与本期专刊其他作者的观点不谋而合。自2001年至2003年，最高人民法院连续出台了三个文件，用以指导股东对企业及其管理者各种违反证券法的行为提起的诉讼案件。这些文件的累积效应，严重限制了股东对违规行为提起诉讼的权利，实际上使股东根本无法针对操纵市场和内幕交易的违规行为提起诉讼。虽然股东可以对违反信息披露制度的行为提起诉讼，

---

[1] James Feinerman, "New Hope for Corporate Governance in China?", *The China Quarterly*, No. 191: 590—612 (September 2007).

[2] Tang Xin, "Commentary on 'New Hope for Corporate Governance in China?'", *The China Quarterly*, No. 191: 613—619 (September 2007).

但前提是由诸如中国证券监督管理委员会的行政主管部门或刑事法庭这种官方机构先认定了违法行为的存在。简而言之,希望当私人原告,必须先从政府机构那边获得法院大门的钥匙。

这一前置程序,不仅会导致某些案件的不公正处理,而且还阻断了一个其他一些国家所具有的对政府治理起重要补充作用的机制,即通过私人诉讼来实现公共政策目标。与许多其他法律领域中的情况类似,在有效执法这一目标只有通过提高国家难以控制的公众参与才能实现的情况下,国家依旧宁愿选择更低的有效性。

三、国家与家庭:新型关系中的内在矛盾

彭文浩(Michael Palmer)在1995年的专刊和本期专刊中讨论的都是亲属法的发展。[1] 由于在过去十二年中经济的迅猛发展,家庭和社会关系大体上也随之发生了巨大变化。与这些变化同等重要的是,中国已经出现了相当多的公开争论,其焦点是家庭以及性生活领域的国家法律应当怎样把握适度的分寸和范围。除了关于国家计划生育政策的争论是受到限制的,亲属法中几乎其他所有内容都是可以公开讨论的。[2]

不同于本期专刊中研究的其他一些法律领域,国家看起来情愿退出家庭生活领域并减少干预。以前,工作单位同意是结婚的必备条件,现在已被废除。申请结婚的双方,只需要简单地声明自己已具备结婚的条件,而不再需要工作单位出具函件。与此相对应,以前离婚双方所必须出具的工作单位同意函,现在也已经被废止。简而言之,亲属法已经承认了(也可能推动了)工作单位作为城镇居民与国家之间的必要媒介的削弱。

但是与此同时,彭文浩也提出,国家已经开始着手用法律调控一个早先看来本质上还属于私人的领域,即家庭暴力。这与最近十几年许多西方国家的情况是类似的。然而不管国家是"进"还是"退",都可以用一个原理来解释,那就是抽象的公民身份在很大程度上从社会背景中分离出来。换句话说,想要结婚的人们,无论是农民还是公务员,无论是国有企业员工还是个体户,法律都同等对待。人身伤害的性质越来越趋向于不以当事人双方的身份或者关系而改变。当然,现在这种抽象的公民身份理念,显然与毛泽东时代盛行的观念完全不同,当时个人被法律视作生活在特定的社会背景中,最为众所周知的是阶级背景。

---

〔1〕 Michael Palmer,"Transforming Family Law in Post-Deng China: Marriage, Divorce and Reproduction", *The China Quarterly*, No.191: 675—695(September 2007).

〔2〕 Daniel Bell, "Sexual Development", 28 January 2007, http://commentisfree.guardian.co.uk/daniel_a_bell/2007/01/sexual_development.html.

傅华伶在评论彭文浩的观点时,回应了上述部分问题。[1] 他认为,中国的法律改革在很大程度上遵循了一个自由主义的模式,目标是党政分开和调整国家在经济和社会生活中的作用。然而,他提醒大家注意中国政治和法律改革的困境,即核心政策领域的严格限制与边缘领域的自由发展结合进行。在亲属法领域,这一困境表现为一方面对生育子女进行严格控制,与这种强大的控制相比,结婚和离婚自由显得"渐淡化和边缘化"。[2] 如此一来,我们可以很清晰地看出,法律制度对抽象公民身份理念的日益接受,并不必然意味着公民拥有越来越多的自由。它所反映的是一种不同的治理原则,但同样与强化国家控制力和削弱国家控制力都不矛盾。

傅华伶同时还指出,在那些政府不再强制调整的领域,一些人因此而获得更多的自由,可能意味着剥夺了另外一些人的自由。很多传统的社会福利体制就因经济改革而遭受冲击。举例来说,随着离婚越来越为社会和法律所接受,因此而遭受伤害的人可依赖的制度性保护较之以前越来越少。

四、国内和国际法律秩序:一条双行道

彭德(Pitman B. Potter)的文章分析了中国在国际法律秩序中的参与情况。[3] 费能文在1995年的专刊中发表的论文,名为"中国在国际法律秩序中的参与:离群的猛象还是合作伙伴"(Chinese Participation in the International Legal Order: Rogue Elephant or Team Player?)。如今毋庸置疑的是,中国至少是愿意被视作是好的合作伙伴。彭德考察了中国参与国际法律秩序的两个关键领域:人权外交与加入WTO。

正如彭德所指出的,中国在国际法律秩序中的参与,离不开它的国内法律秩序。国际人权和贸易机制准则,必须有相应的国内法来支撑,才能使这种参与变得有意义。与此同时,想要完全取得一致,既无法期待也不可能。中国的参与政策表明,它是自觉参与国际规范的制定过程,而不是被动地简单接受或者彻底拒绝。中国非常希望影响国际规则的制定,因为中国政府并不全然接受现行的规则体系。但是为了加入其中,中国还是必须接受该框架中的部分规则,即使是其不愿意接受的。

任何想参与国际法律制度的国家都适用上述论断,但对于中国而言还有一个附加因素,那就是在某些领域和在某种程度上,国际参与是中央政府用来加

---

[1] Fu Hualing, "Commentary on 'Transforming Family Law in Post-Deng China'", *The China Quarterly*, No. 191: 696—698(September 2007).

[2] 参见 Ibid.

[3] Pitman B. Potter, "China and the International Legal System: Challenges of Participation", *The China Quarterly*, No. 191: 699—715(September 2007).

强对地方政府控制力的工具。这在中国加入 WTO 组织时表现得最为清楚。尽管中国是一个中央集权国家,所有权力形式上都归属中央政府,但事实上地方政府还是享有相当大的自主权力。虽然中国在 WTO 的成员身份并没有赋予中央政府针对地方政府的任何新权力,但它还是有一定的意义:它使中央政府的某些举措更具合法性。不仅如此,将自己置身于 WTO 的规则之下,从而限制自己的行为空间,中央政府可以借此增加与地方政府博弈的筹码,例如在取消地方贸易壁垒方面。

与本期专刊的其他许多作者相同,彭德指出,在某些领域取得巨大进展的同时,其他一些领域的习惯和实践却又带有很大的延续性。例如,这些年来在透明度原则及可问责性原则方面就进展缓慢。尽管已经公开接受和认同这些原则,但相关的强制性标准却几乎不存在[1],或即使存在也没有被遵守[2]。因此,一方面,有些 WTO 规则也许非常容易被接受,另一方面,其他一些规则却将会面临一种近乎文化性的强大阻力。

李兆杰在其评论中认同了彭德的观点,中国的角色定位已经从"具有受害心理的弱者"转向了"积极的守卫者"[3]。从总体上来说,现有制度是符合中国的利益的。他也指出,国际准则在影响国内法律制度形成方面,发挥了非常重要的作用。虽然可以说,即使中国没有加入 WTO 组织,也会发生很多法律和政策变革,但很明显的是,加入 WTO 加快了这些改革的步伐。除了 WTO 的那些强制性规则,国际准则也正在发挥其影响。在中国刑事诉讼法修改过程中提出的很多议案和采取的措施,都来源于国际人权法的标准。无论是在贸易还是人权领域,中国的政治文化看起来能够接受把国际法律准则作为支撑某项政策的有说服力(尽管不一定是压倒性)的依据。和数十年前的情况相比,这显然是翻天覆地的变化了。

秦娅(Julia Ya Qin)在本期专刊中,讨论了国内与国际法律规则在特定领域的互动,即中国加入世贸组织以及随之带来的国际法义务如何影响了国内法

---

[1] 即使在房地产这样似乎不太敏感的领域,最近通过的《物权法》第 18 条规定只有权利人和"利害关系人"才有权查阅所有权登记资料。这实际上等于说,登记机关如果认定某人的动机不正当,就可以拒绝其查阅资料。国家工商行政管理总局同样也不太愿意允许公众无限制地查阅公司注册记录。立法情况也与此类似,虽然有不少规章要求公众参与,但没有规定具体程序,而且该义务本身相当模糊。例如,2001 年国务院制定的《行政法规制定程序条例》第 12 条提到,应通过举行小组讨论和听证会等方式征求公民建议。但具有讽刺意味的是,国务院自己制定的关于信息公开的法规草案却没有对社会公开,使得有意义的公民建议变得不可能。参见 Mure Dickie,"China Refuse to Be Open on Transparency", *Financial Times*, 18(January 2007)。

[2] 这里最明显的例子是法院的审判过程,尽管近三十年以前的 1979 年《法院组织法》就已经确立了审判公开的原则,现在的审判还难以做到真正意义上的公开,即法院必须对所有愿意旁听的人一视同仁,包括法院希望拒之门外的人。

[3] James Li Zhaojie, "Commentary on 'China and the International Legal System: Challenges of Participation'", *The China Quarterly*, No. 191: 716—719(September 2007)。

律制度。[1]

评价中国加入世贸组织的意义要从多个角度考察。首先,相对于加入之前的经济和政治框架,以及相对于对其他成员国的要求,中国承担的义务有多广泛?其次,如果中国所承担的义务超过其他成员国的义务,那么这种额外强加的义务是不公平或者在其他方面不应受欢迎的,还是对中国加入 WTO 对世界贸易版图所产生的影响的合理忧虑的反应?再次,中国承担的义务会在多大程度上影响其国内政策?这些义务在多大程度上是即使没有加入世贸组织也会被采纳的国内经济改革政策的产物呢?最后,中国承担的义务对国内法的影响是什么?

最后一个问题大概是最好回答的。尽管中国法律在这方面的规定还不太清晰,但秦娅指出,已经达成共识的观点是,世贸的各协定不能直接产生国内法律效力,还必须通过国内立法来实施;这一点,与包括美国在内的其他一些国家相同。

第一个问题的答案也相对明确,中国承诺的范围非常广泛,在很多方面超过了世贸组织协定的基本要求,也超过了对其他成员国的要求。例如,尽管世贸组织一般只是贸易协定,而不涉及投资协定,中国却作出涉及面很广的承诺,同意通过承担服务贸易总协定项下的义务来放松对外国投资的限制。中国也同意了在某些方面为外国投资者和外资企业提供国民待遇,例如在生产货物所需投入货物和服务的采购方面,而其他世贸组织国家都未作出此项承诺。中国还承诺:一旦出现出口猛涨的情况,要接受专为中国产品设置的保障措施;针对其他国家产品采取的保障措施必须与其他任何来源的类似产品保持一致,不得歧视。

更有争议的是,这些义务是否因为中国是大国以及中国在经济领域发挥巨大作用就获得正当性?或者说,这些所谓"WTO 外"的承诺,只不过是中国贸易伙伴中的贸易保护主义力量在狮子大开口?此外,存在争议的还有,某些政府的政策,能否"归咎"于加入世贸组织的协定的要求,还是作为经济改革的不可避免的因素因而无论如何都必须被政府所采取的?

无论怎样看待这些问题,秦娅清晰地指出,中国承担的义务,即便不具有直接强制力,也已经对国内法律制度产生了重大的影响。她认为,中国承担的义务,在某种意义上使现行经济改革政策宪法化:任何对现行政策的颠覆,不仅在国内层面很难操作,而且也会违反中国在国际法上的义务。这些义务虽然经常执行不力,但也有一定的重要性。特别要注意的是,不仅诸如市场化、自由定价

---

[1] Julia Ya Qin, "Trade, Investment and Beyond: The Impact of WTO Accession on China's Legal System", *The China Quarterly*, No. 191: 720—741(September 2007).

这样的政策已经被宪法化,而且某些诸如透明性原则等程序性价值也已被公开接受,即便还不是付诸实践的规则,也已经成为衡量政府行为的标尺了。

简而言之,从秦娅的论点可以得出这样的结论:追问中国的世贸组织义务是否可在国内法中直接执行没有太大意义。无论是否可执行,这些义务都正在对中国国内经济、政治制度以及有关政府经济管理的讨论产生影响。

黄东黎在其评论[1]中支持了秦娅的观点,认为中国的 WTO 义务已经对国内的政治讨论产生了实实在在的影响,让那些(例如曾经出现在物权法的争议中的[2])认为经济改革有悖于社会主义因而应该予以纠正的观点更难以被接纳。与秦娅的观点一致,黄东黎认为中国的 WTO 义务虽然不具有国内可执行性,在国际上也只有限的可执行性[3],但是对国内法却产生了重大影响。

五、结论

自 1995 年发行专刊以来的十二年来,中国法律制度发生了非常巨大的变化。但是本期专刊论文的一个关键主题是,存在于中国社会多个领域中的强大延续性与其他领域中发生的巨大变化同样惊人。当然,在中国的政治制度方面可以看到类似的延续性。关于中国法律制度仍在某种程度上被政治所控制的看法并不是新观点,本刊的研究也印证了这一点。但更令人感兴趣的是,这同时也暗示着,法律制度的重要变化有可能就是政治制度发生变化的信号。

(初审编辑:缪因知、丁晓东)

---

[1] Huang Dongli, "Commentary on 'Trade, Investment and Beyond'", *The China Quarterly*, No.191: 742—744(September 2007).

[2] Mure Dickie, "China Delays Property Law amid Rights Dispute", *Financial Times*, 9(March 2006). 该文讨论了北京大学教授巩献田以宪法为依据对物权法草案提出的质疑。

[3] 认为自己受到侵害的 WTO 成员国,必须经过一个长期的纠纷解决程序:即使胜诉,最多也只能对侵害国实施得到 WTO 批准的报复措施。但如果任何一方不是 WTO 成员国,它就完全可以随便实施同样的报复措施。在这个意义上,WTO 成员国的身份,并不意味着要受到贸易伙伴国更多的强制。

编 后 小 记

近几个月来,编辑部隔三岔五地收到一些来自沿海某市检察院的投稿。坦率地说,那些文章大而泛之且无甚新意,具体内容是什么我早已忘记,但其中一封来信所附的一段文字却至今记忆犹新,其大意是说如果需要版面费,请不要超过多少钱云云。更有意思的是,最近又收到一封来信,信中所写的内容颇有意思。除了在一些地方做隐名处理外,原文抄录如下:

"先前我们以×市检察院研究室×××同志的名义与油箱(原文如此)给你们投了很多与检察工作有关的××与××检察机关的稿件,很多稿件你们都审稿通过,但因为我们不愿意支付版面费而没发表,从而给你们的编辑工作带来很多麻烦,在此我们表示深深的歉意。我们对我们投的稿件现作出明确的表示:除非我们在投稿中明确表示愿意支付版面费,否则我们是不同意支付版面费的,因为通过支付版面费而发表与检察工作有关的文章与我们检察理论研究宗旨相违背,我们院领导不同意我们这样做的,敬请谅解。"

读罢来信,不禁莞尔,也感莫名其妙。事实上,对于那些批量化生产的文章,我们从来没有通知投稿者说已通过审稿。而且,那些文章也根本不可能会通过我们《北大法律评论》(以下简称《评论》)的审查程序,因为无论是就质量还是风格而言,它们都与我们的选文标准相去甚远。近年来,我也曾听说国内某些刊物以向作者收取所谓"版面费"作为发表文章的条件(其中的一些还打着"核心期刊"的旗号)。而我们《评论》一向视诸如此类的"生财之道"为极端劣习,并嗤之以鼻。《吕氏春秋》中曾有言"太上求诸己,其次反诸人",因此,相形之下,那封来信中所谓因"不愿意支付版面费"而致文章无法在我们《评论》刊登的无中生有之言,说得委实有些滑稽。

之所以讲这么一个事例，目的并不是要讥讽投稿者或博君一笑，而是我觉得可以从这一事例反思它之所以发生的相关背景。差不多十年来，随着中国大学的扩招从本科阶段蔓延到硕士甚至博士阶段，为了证明所谓的"高素质"，不仅很多学校作出硬性规定，硕士生、博士生要想顺利毕业，必须要在一定级别的刊物上发表一定数量的论文，而且对于本科生而言，虽无明文规定，"发表论文"也变相地成为评奖学金、各种先进的首选捷径，以至于每天都有成百上千的所谓论文由学生们投到各种刊物的编辑手上。记得某位教授说过，即便是将目前中国所有学术刊物的版面都用来满足硕士生、博士生发表论文的需要，也不过是杯水车薪。学生的情况这样，教师在某种程度上亦如此。根据教育部官方网站上的一份统计，2006年全国普通高等院校共计1867所，其中本科院校720所，专科院校1147所。而在教师职称评定等方面，以"论文发表数"为主要衡量指标的科研能力，被奉为是一个极其关键的考核标准。因此，和学生们一样，无论学术研究能力是如何参差不齐，几乎所有的教师都得撰写学术论文，然后想方设法地投到各种刊物以求发表。这股学术论文创作的风潮并不局限于大学之中，在创建"学习型社会"的口号之下，包括法院、检察院在内的很多实务部门也纷纷投身其中。以中国的法院为例，一些研究发现，在很多地方的法院系统内部，发表学术论文，事实上已经成为考评机制中一个相当重要的激励因素。总之，不管大家撰写论文的真正动机究竟为何，一个不争的事实是，围绕着论文的撰写与发表，中国目前已经形成了整条产业链乃至供大于求的市场：真真假假的所谓学术论文铺天盖地，而能将其发表的刊物则相对有限。因此，即便是某些二、三流甚至不入流的刊物，也成了一些人眼中的"香饽饽"，从而滋生出收取所谓"版面费"、花钱雇人代写论文这样的畸形现象。

在这种情形之下，我们实际上正在面对一个令人忧心的危机。一些刊物"生财有道"所导致的结果，不仅仅只是"钱文交易"下产生大量的文字垃圾，更为严重的是，一些懵懵懂懂的人们可能会认为"钱文交易"的法则适用于所有的刊物，进而使得学术之外的乌烟瘴气弥散开来。长此以往，不仅只是斯文扫地，学术的尊严又将何在？！

从1998年创刊以来，《评论》如今已走过整整十个年头。十年来，编辑委员会的成员不知已经更换了多少拨，但一直不变的是我们始终坚持学术自主、自尊和自律的原则，秉承兼容并包、思想自由的北大传统精神。我们奉行两轮审稿、双匿名复审等制度，只发表可能条件下最具学术质量的文章；我们筛选文章的唯一标准是其学术质量，而不考虑作者的身份与以往学术经历；我们自第5卷第1辑起开始支付作者、译者稿酬，并坚决拒斥一些刊物收取"版面费"的恶习。我们希望通过这些方式来形成良性循环，从而提高对中国目前最具学术创造力的那部分学人的吸引力，最终成就一份第一流的法学学术刊物。我们甚至还为此设立了一些自我约束的制度以避嫌,例如编辑在任期间和离任后两年内都不得在《评论》上发表文章。所有的一切,并不仅仅是因为我们刊物冠以"北大"之名而必须维护北大的声誉,还在于我们认为这些是坚守学术风骨和捍卫学术尊严最最切实的方式。所幸的是,十年来,《评论》已经赢得了学界的认可和赞誉。时至今日,我们已经具备了可能条件下所能具备的某些外在形式要件,但我们更看重的是《评论》在学界的无形声誉,并继续为之努力不懈。

值此《评论》创刊十周年之际,我们不想以那些浮华的方式专事庆祝,也无意为所取得的一些成绩沾沾自喜,我们只是想以心里不变的承诺和手中未改的实践来默默予以纪念。谨以此与同道共勉!

尤陈俊

2008 年 12 月于北大畅春新园

注 释 体 例

援用本刊规范：
苏力："作为社会控制的文学与法律——从元杂剧切入"，载《北大法律评论》第 7 卷第 1 辑，北京大学出版社 2006 年版。

一、一般体例

1. 引征应能体现所援用文献、资料等的信息特点，能（1）与其他文献、资料等相区别；（2）能说明该文献、资料等的相关来源，方便读者查找。
2. 引征注释以页下脚注形式，每页重新编号。
3. 正文中出现一百字以上的引文，不必加注引号，直接将引文部分左边缩排两格，并使用楷体字予以区分。一百字以下引文，加注引号，直接放在正文中。
4. 直接引征不使用引导词或加引导词，间接性的带有作者个人的概括理解的，支持性或背景性的引用，可使用"参见"、"例如"、"例见"、"又见"、"参照"等；对立性引征的引导词为"相反"、"不同的见解，参见"、"但见"等。
5. 作者（包括编者、译者、机构作者等）为三人以上时，可仅列出第一人，使用"等"予以省略。
6. 引征二手文献、资料，需注明该原始文献资料的作者、标题，在其后注明"转引自"该援引的文献、资料等。
7. 引征信札、访谈、演讲、电影、电视、广播、录音、未刊稿等文献、资料等，在其后注明资料形成时间、地点或出品时间、出品机构等能显示其独立存在的特征。
8. 不提倡引征作者自己的未刊稿，除非是即将出版或已经在一定范围内公开的。
9. 引征网页应出自大型学术网站或新闻网站，由站方管理员添加设置的网页，应附有详细的可以直接确认定位到具体征引内容所在网页的 URL 链接地址，并注明最后访问日期。不提倡从 BBS、BLOG 等普通用户可以任意删改的网页中引征。
10. 英文以外作品的引征，从该文种的学术引征惯例，但须清楚可循。
11. 其他未尽事宜，参见本刊近期已刊登文章的处理办法。

二、引用例证

中文

1. 著作
   - 朱慈蕴:《公司法人格否认法理研究》,法律出版社1998年版,第32页。
2. 译作
   - 孟德斯鸠:《论法的精神》(下册),张雁深译,商务印书馆1963年版,第32页。
3. 编辑(主编)作品
   - 朱景文主编:《对西方法律传统的挑战——美国批判法律研究运动》,中国检察出版社1996年版,第32页。
4. 杂志/报刊
   - 张维迎、柯荣住:"诉讼过程中的逆向选择及其解释——以契约纠纷的基层法院判决书为例的经验研究",载《中国社会科学》2002年第2期。
   - 刘晓林:"行政许可法带给我们什么",《人民日报》(海外版)2003年9月6日第H版。
5. 著作中的文章
   宋格文:"天人之间:汉代的契约与国家",李明德译,载高道蕴等主编:《美国学者论中国法律传统》,中国政法大学出版社1994年版,第32页。
6. 网上文献资料引征
   - 梁戈:"评美国高教独立性存在与发展的历史条件",http://www.edu.cn/20020318/3022829.shtml,最后访问日期2008年8月1日。

　　注释中重复引用文献、资料时,若为注释中次第紧连援用同一文献的情形,使用"同上注,第2页""Id., p.2"等。

　　若为非次第紧连,但在同页出现的文献,可将文献的版次、出处等简略,仅使用"同前注""supra note",但须注明引用文献的名称和作者,以便于识别。如"苏力:《送法下乡》,同前注"。

英文

1. 英文期刊文章　consecutively paginated journals
Frank K. Upham, "Who Will Find the Defendant if He Stays with His Sheep? Justice in Rural China", *Yale Law Journal*, Vol.114: 1675 (2005).

2. 文集中的文章　shorter works in collection
Lars Anell, *Foreword*, in Daniel Gervais, *The TRIPS Agreement: Drafting History and Analysis*, London: Sweet & Maxwell, 1998, p.1.

3. 英文书　books
Richard A. Posner, *The Problems of Jurisprudence*, Cambridge, MA: Harvard University Press, 1990, p.456.

4. 英美案例　cases
New York Times Co. v. Sullivan, 76 U.S. 254 (1964).(正文中出现也要斜体)
Kobe, Inc. v. Dempsey Pump Co., 198 F.2d 416, 420 (10th Cir. 1952).

5. 未发表文章　unpublished manuscripts

Yu Li, *On the Wealth and Risk Effects of the Glass-Steagall Overhaul: Evidence from the Stock Market*, New York University, 2001 (*unpublished manuscript, on file with author*).

6. 信件　letters

Letter from A to B of 12/23/2005, p. 2.

7. 采访　interviews

Telephone interview with A, (Oct 2, 1992).

8. 网页　internet sources

Lu Xue, *Zhou Zhengqing Talks on the Forthcoming Revision of Securities Law*, at http://www.fsi.com.cn/celeb300/visited303/303_0312/303_03123001.htm? 最后访问日期 2008 年 8 月 1 日。